东西哲学与
文明互鉴文库

中山大学东西哲学与文明互鉴研究中心　主编

黄俊杰　主编

东亚视域中孔子的形象与思想

商务印书馆
The Commercial Press

总　序

声一无听，物一无文。文，交错也，物相杂故曰文。

举凡古老文明之所以多诞生于大江大河流域或环海之滨，正因彼乃四通八达万方汇聚之所，故各方人群、各种发明、各类技术可以于此相聚会通、相激相荡，由此而有各古老文明孕育生发。故文明本身即诞生于不同因素、不同力量之交流互鉴之中。

而文明之生长持续、繁荣壮大，更离不开与其他文明的相互交流、彼此互鉴。他山之石，可以攻玉。凡古老文明中之源远流长者莫不善于借鉴、吸收外来文明以吐故纳新而生生不息。

当今之世，有各类不同文明并存于天地之间。面对此文明多元之事实，有宣扬本文明之优越而盲目排外者，有信奉文明冲突而彼此敌视者。

然天地之大，无不持载，无不覆帱。我们坚信万物可以并育而不相害，道可以并行而不相悖；我们更坚信，欲求各自文明之持续繁荣发展，必须于不同文明间相互学习、互镜互鉴。兼之，今日之人类实已作为命运共同体生活于同一片天地，必然甚至已经面临若干共同挑战，故我们必须于不同文明间互相学习彼此智慧以应对这些共同挑战。而一切文明之智慧最为集中的体现莫若各民族之哲学，因哲学即爱智慧。

故我们推出此文库，以期让东西哲学与各大文明互镜互鉴，彼此激发，以为各文明也为人类整体走向更加美好的未来寻求智慧之道。

中山大学东西哲学与文明互鉴研究中心

目　录

引　言

一

　　《东亚视域中孔子的形象与思想》这部书共包括 13 篇论文,除了第 5 篇曾德明与林纯瑜的《西藏文化中的孔子形象》、第 8 篇韩东育的《关于日本"圣人观"中的孔子地位问题——兼论中国的有关话题》,以及第 10 篇黄俊杰的《朝鲜时代君臣对话中的孔子与〈论语〉:论述脉络与政治作用(14—19 世纪)》曾在期刊发表,其余各篇都是 2013 年 7 月 5 日在台大"东亚儒学研究计划"所举办的同名研讨会上发表的论文,经作者修订、送审通过后收录于本书。这部书各篇论文论述之要点,各文作者均有详尽的论述,所以我就不再赘述,我想在引言中宏观孔子形象及其思想在东亚各国的发展,以作为读者披阅本书之参考。

　　孔子与耶稣是东西文化史上最重要的人物,关于耶稣的形象在西方文化史上之变迁,早有耶鲁大学帕利坎(Jaroslav Pelikan)教授所著《历代耶稣形象》(*Jesus through the Centuries: His Place in the History of Culture*, New Haven and London: Yale University Press, 1986)一书,采文化史研究进路,将耶稣形象之变迁置于文化史脉络中加以探讨。但孔子形象在东亚文化史中的变迁及其意义,一直缺乏全面性探讨的专著。孔子形象之建构与变迁,系东亚各国思想与文化变迁之温度计,既显示东亚各国历史之转捩点,又体显东亚各国儒家知识系统("道统")与政治权力系统("政统")之不可分割性、互为紧张性及其不稳定之平衡性,所以,以"孔子形象"之变迁作为研究主轴,可以深入分析东亚各国思想之升沉与世运之兴衰,这是编辑本书之原初用意。

二

东亚学者对孔子形象之重塑以及对《论语》的解释,在东亚学术史上有其指标性的意义,如皇侃(488—545)的《论语义疏》代表六朝义疏之学的大成;而韩愈(768—824)、李翱(774—836)的《论语笔解》代表中唐儒学复兴及其与古文运动的结合;程门诸子的《论语》诠释代表理学中语录体裁的兴起;而朱子(1130—1200)集注《论语》更奠定东亚文明与思想的基石。自朱子以降,《论语》诠释又围绕着《集注》而展开。朱子门人羽翼集注,至《集注大全》而集大成;而如陈天祥(1230—1316)、王夫之(1619—1692)、毛奇龄(1623—1716)等人的诠释,则以检讨《集注》、批判《大全》为主,展开朱子学与反朱学的争论。至清代朴学兴起,又有汉宋之争,焦循(1763—1820)、黄式三(1789—1862)等人的诠释,基本上围绕着这个主题而展开。逮乎清末,随着公羊学的复兴,今古文之争复起,如宋翔凤(1779—1860)的诠释即是以公羊学为主。

孔子形象的变迁在朝鲜与日本也具有思想史的指标意义。自汉武帝提倡儒术,置五经博士,并令天下郡国设太学,儒学影响所及之处广矣。百济约与高丽同期,于公元375年已有博士官之设置,并建立官学校,此博士当是五经博士。百济国王亦于公元3世纪末派遣博士王仁携《论语》等典籍东渡日本传播儒教。公元682年,新罗王朝受到唐代重视《论语》和《孝经》的影响,在国学中特别将《论语》和《孝经》指定为必修课程。在高丽时期（918—1392），《论语》地位日隆，出现朝鲜史上第一部重要的《论语》注释经典——金仁存（？—1127）约于1105年撰写《论语新义》，作为经筵讲论的参考。性理学传入之后，李穑（1328—1396，字颖叔，号牧隐，谥号文靖）最早根据朱熹的《论语集注》解释《论语》，胡炳文（1250—1333）解释《论语集注》的《论语通》在高丽末期知识分子之间颇为流通，被誉为韩国性理学始祖的郑梦周（1337—1392，字达可，初名梦兰、梦龙，号圃隐，谥号文忠）解释《论语》，都为李氏朝鲜以性理学为主的《论语》解释奠立了基础。

日本方面对《论语》的接受与发展，已有林泰辅（1854—1922）《论语年谱》《论语年谱附录》及《论语源流》等书详尽介绍，可以窥见在大和（250—538）、飞鸟（600—710）、奈良（710—794）、平安（794—1184）等时代，《论语》已是下达政令时的参考著作，也是贵族学习的必修经典。日本人对《论语》的解释则要到中世时期的五山禅僧开始，此时引入了朱熹的新注，与之同期尚有中世时期博士清原家流行的《论语抄》，是作为口语体的讲义录。洎乎江户时代（1603—1868），就进入百家争鸣的局面，各学派儒者皆有《论语》的注释书，约三四百本以上。明治维新以后，日本人对《论语》之敬崇一如往昔：官方的侍讲官必向天皇讲《论语》；教育界的修身书教材中，《论语》亦必不可少；20世纪企业家涩泽荣一（1840—1931）在1923年著有《论语讲义》，亦有推波助澜之功。即使在现今日本，《论语》仍是日本古典汉文中最热门的文本，国、高中学校的古典汉文引为教材比例最高。因此，通过东亚《论语》注释之资料，而分析孔子形象之变迁，当是一条有效的研究进路。

采取这种研究进路的著作中，日本前辈学者藤塚邻（1879—1948）所撰《论语总说》（东京：国书刊行会，1949年、1988年）一书，堪称细密扎实，但其书仅在第3篇论述荻生徂徕之《论语征》（論語徵）及其对清儒之影响，盖其书之重点在中国而不在日本也。松川健二（1932—2017）所编《论语思想史》（《論語の思想史》，东京：汲古书院，1994年）一书，集18位学者之力，分论自汉至清的中国论语学发展史,仅以 4 章篇幅论朝鲜及日本之论语学,日本部分则仅论伊藤仁斋及荻生徂徕对《论语》之解释,其不足之处实皎然可见。拙著《德川日本论语诠释史论》(台北:台大出版中心,2006 年初版、2007 年第 2 版;韩文译本 2011 年在韩国成均馆大学出版;日文译本 2014 年在东京贝利坎(ぺりかん)出版社出版),或可对此一缺憾稍加弥补。

三

除了"本《论语》释孔子"的研究进路之外,关于孔子形象变迁的研究较少触及的是古代中国神话或谶纬形象中的孔子,以及近现代以小说或影视传播的孔子形象,这些虽然都是"虚构"的孔子形象,但却在庶民阶层中得到其广大的影响。

孔子形象自汉代以降就有各种神话与传说。谶纬作品将孔子神格化,推尊孔子为教主者有之,描述孔子是水精之子者亦有之,现代学者虽视之为荒诞无稽,但这些神怪形象却相当广泛地流传于民间文化,并且都与祭祀孔子有关,而这些都是根据谶纬之说。关于与孔子神话有关的谶纬文献,日本学者安居香山(1921—1989)、中村璋八(1926—2015)辑有《重修纬书集成》(共六卷,东京:明德出版社,1985 年),搜罗有《易经》(卷 1)、《书》(卷 2)、《诗·礼·乐》(卷 3)、《春秋》(卷 4)、《孝经·论语》(卷 5)、《河图·洛书》(卷 6)等有诸多与孔子神话形象有关的文献。1933 年,周予同(1898—1981)即撰有《纬谶中的孔圣与他的门徒》(收入朱维铮编:《周予同经学史论著选集》,上海:上海人民出版社,1983 年)一文,用心比对零星的谶纬文献,加以解释,重现孔子及其弟子的神话。日本浅野裕一(1946—)则著有《孔子神话:儒教作为宗教的形成》(《孔子神話:宗教としての儒教の形成》,东京:岩波书店,1997 年),该书共分 10 章,从孔子作为韦伯(Max Weber,1864—1920)所谓"克理斯玛"(Charisma)支配型的孔子形象入手,进而分述两汉时代纬书中的孔子形象,以及历经魏晋的变迁到唐代正式封孔子为文宣王的过程,一直到康有为的《孔子改制考》。全书扣紧孔子作为"王者"形象,基本上处理了两汉有关神话中孔子被视为"素王"及历经魏晋到唐宋有关"素王说"被后代承认的变迁过程,资料翔实、考据甚精、论证严谨、条理分明,颇具参考价值,但仍欠缺比较全面性地处理孔子形象的变迁:除跳过元明清等时代的孔子形象,也较少从经典诠释的角度,补充相关孔子形象解释诸问题,也不涉东亚其他国家孔子的形象之比较。

孔子的形象除了谶纬的神话形象,到了唐代以后,佛教勃兴,儒教式微,还出现一些讽刺孔子的文学作品,可视为孔子形象转变的一个类型。例如敦煌石室遗书的《孔子备问书》多涉及佛教内容,此件与约10世纪敦煌写本《孔子项讬相问书》的问答中,孔子成为被调侃揶揄的对象。此外,最近的研究指出,至少在11世纪中叶以前,亦即敦煌石窟封闭之前,已有人使用藏文Kong tse 或Kong tshe 来翻译孔子的名字,而在西藏的文献中,孔子成为占卜大师,被视为消灾仪式"道"(gTo)的创始人,同时也是继承文殊师利菩萨的传人之一(参考曾德明、林纯瑜:《西藏文化中的孔子形象》,刊于《台湾东亚文明研究学刊》第4卷第2期,2007年12月,页169—207,收入本书第5章)。这样的形象研究为孔子研究开启一扇新的窗口。

至于现代小说化的孔子形象,在东亚国家中则以日本最为发达。近现代以前中国与朝鲜知识分子,很少将圣人孔子小说化,1928年林语堂(1895—1976)撰《子见南子》的舞台戏剧本问世(刊于《奔流》月刊,第1卷第6期),描绘孔子的情感世界,可谓开其先锋,但也引起争议。约1950年中国作家徐讦(1908—1980)也撰有《子谏盗跖》剧本(收于徐讦:《徐讦文集》第16卷,上海:上海三联书店,2008年,页324—333)。最近10年来,有关孔子生平的新书不少,例如戴梅可(Michael Nylan)与魏伟森(Thomas Wilson)合编《幻化之龙:两千年中国历史变迁中的孔子》(*Lives of Confucius*, New York: Doubleday, 2010),琼斯(David Jones)编有关孔子的论文集《今日孔子：与〈论语〉的当代邂逅》（*Confucius Now: Contemporary Encounters with the Analects*, Chicago: Open Court, 2008），金安平以英文所写的孔子传，中译本见《孔子：喧嚣时代的孤独哲人》（台北：时报文化出版公司，2008年），以及薛仁明的《孔子随喜》（北京：新星出版社，2013年）等。孔子之被小说化或进一步人性化，在江户时代的日本就已经出现，例如国学派的铃木朖（1764—1837）撰写题为《论语参解》的论语注释书（文政三年［1820］自序）将男女情爱、恋慕之情读入《论语》，展现《论语》强烈的庶民性格；相较于近代以前的中国与朝鲜，实难以想象以男女情爱之脉络解读《论语》的情形。

在明治维新以后的日本，一些知识分子用小说的方式描绘孔子的形象，通过小说使孔子的神圣形象进一步人性化、生活化与情感化，这种小说化的孔子形象显然是当时东亚的其他地区所缺乏的。诸如中岛敦（1909—1942）的《弟子》（收入《中岛敦全集》3，东京：筑摩书房，1993年），系改编《史记》的《孔子世家》和《孔子弟子列传》而成为小说，描绘孔子弟子的形象，当然同时也涉及孔子的形象。其次如下村湖人（1884—1955）著有《论语物语》（中译本系《论语故事》，林耀南译，台北：协志出版股份有限公司，1987年）、《现代译论语》（收入《下村湖人全集》第8卷，东京：国土社，1975年）。《论语物语》一书通过孔子与门人的对话，探讨师生情谊及孔门弟子的内心纠葛，企图还给孔子及其门人真情性格。战后最著名的则是井上靖（1907—1991）的小说《孔子》，井上靖6次走过孔子周游列国路径，通过虚构人物的回顾，结合史料与自己考察经验，将孔子及其弟子的人格、思想、事迹，用小说笔法细腻刻画。

小说多强调孔子形象的庶民化、生活化甚至情感化，近年来在中国的文化热潮中，有关《孔子》的影视传播亦有推波助澜之功，2009年上映的影片《孔子》，亦引起一股风潮，显见孔子形象从批孔扬秦时代至今已有一番逆转。日本广播协会（NHK）在2008年10月也有综合节目《汉语论语》，针对现代日本社会各种行业者所面临的种种困难，由演员引用《论语》指点迷津的节目形式颇受欢迎。韩国的电视台也曾制作名为《儒教三千年》的影片。以上通过小说与电影传播有关孔子的形象，时空有别，国情不一，各自有其解读孔子形象之角度。我们可以看到孔子形象也正通过影视传播搭上全球化列车，使孔子走出经典或知识分子的世界，朝向更广泛多元的方向发展。这样的 21 世纪孔子现象，值得进一步观察。

四

《论语》常被当成一部讲述政治道德的伦理书籍，而被运用在政治活动之中，但《论语》之所以吸引人，更在于它是一部修身立命之书，可广泛应用于社会的各行各业之中，例如早在明治时期涩泽荣一就撰有《论语和算盘》（《論語と算盤》，东京：国书刊行会，1885 年、2001 年，中译本由台北正中书局于 1988 年出版）一书，申论"义利合一""士魂商才"结合的重要，被视为讲商场伦理的"圣经"。最近有人将《论语》应用在棒球界。日本棒球监督教练野村克也出版《野村的实践〈论语〉》（《野村の実践「論語」》，东京：小学馆，2010 年），野村根据他对棒球的指导经验，体验《论语》这部经典教导的人生之道，诸如如何成为领导者、如何知礼节与磨炼德行、如何创造出向心力强的组织等等，他发现这些都可应用在棒球的训练与指导之上。

韩国方面，关于孔子形象的争议也出现在文化界。1999 年《孔子最好活着》出版，此书认为国际货币危机源自于经济密切结合政治，政治之所以不道德，是因未能正确地实行作为国家理念的儒教。本书以感情性要求，批判韩国严峻的经济危机，希望回归孔子的政治伦理。不过，《孔子最好活着》一书出版不久，2001 年又有《孔子死了最好》一书出版，对前书进行回应并批判。《孔子死了最好》一书作者对于支配韩国人内面性的儒教文化的虚伪和伪善，提出严厉的批判，将今日韩国所有的矛盾与不合理之事，都归结到孔子而得出孔子必须死的结论,进一步主张重新解读历史及应堂堂正正地应付现代社会。作者宣称此书既是为了 21 世纪的人而写,也是对应韩国人面临认同困扰而写。

以上韩、日两国有关对孔子的尊敬与批判现象,以及孔子仍可在一些职业伦理上发挥关键性的指导作用的现象,显示了 21 世纪孔子形象仍有其高度的参考价值,这也可以引导我们进一步思考"孔子在 21 世纪"的文化现象之现代意义。

五

以上简单介绍孔子形象在《论语》解释史中、在神话或谶纬文献中、在现代小说与传播媒体中变迁之大致状况,以作为读者阅读本书之参考背景。

本书共分四篇,分论中国、日本、朝鲜与越南等国历史上,孔子的形象及其思想之变迁。本书之出版,如能为东亚文化视域中的孔子研究,开启一个新的视窗,则幸甚焉。

黄俊杰

2015 年 10 月 15 日

于台大高研院

中国篇

1　大儒与至圣

——战国至汉初的孔子形象

伍振勋*

一、前言

　　孔子在世时，其生平行事即在在显示他拥有独特品格，或被时人称许为"圣人之后""达人"，肯定他的"当世"之才；[1] 孔子本人亦自许"天命"在身，必须承担行道救世之责。孔子死后，孔门弟子继承孔子的救世之教，孔子作为"圣人"的形象因而日益鲜明。[2]

　　战国时期，孔子是儒者自我认同的对象，他是"儒之所至"。据《韩非子·显学》的说法：孔子之后，儒学成为"世之显学"，而"儒之所至，孔丘也"，所以儒者八家虽"取舍相反不同"，但皆自谓"真孔[子]"。[3] 这里描述的"儒分为八"、彼此争取儒学正统的孔门生态，在《荀子·非十二子》当中也留下了真切的记录。荀子不以为然地提及：子思、孟轲虽然自称本

* 　台湾大学中国文学系教授。
① 　《左传·昭公七年》记鲁国贵族孟僖子之语。杨伯峻：《春秋左传注》，台北：燕京文化公司，1987 年，页 1295—1296。
② 　关于孔门后学塑造孔子的圣人形象课题，参见浅野裕一：《孔子神話——宗教としての儒教の形成》第 3 章《孔子の聖人化》，东京：岩波书店，1997 年，页 49—93 注。
③ 　《韩非子·显学》，梁启雄：《韩子浅解》，北京：中华书局，2009 年，页 491—493。

身的学说是"真先君子之言也",然而实际上却在误导后学对于孔子的认识。[①]战国儒者以孔子为自我认同的对象,他们所认同的孔子形象是什么? 这样的孔子形象对于彼时儒者的意义是什么?

至于汉代初期,中国思想史即将进入"经学时代"前夕,《史记·孔子世家》作为史上第一本"孔子传记"问世。《孔子世家》书写的特殊之处在于:司马迁不是传记作家,他却在《史记》全书中留下唯一的传记作品。在《史记》当中,唯有孔子一人,司马迁采取"以年为叙"的行文方式(孔子生、年十七、年三十、年三十五、年四十二、年五十、年五十六、年六十三、年七十三、孔子卒),完整记述其生平行事。正确地说,司马迁不是以传记作家的立场书写一本"孔子传记",而是以史家身份对孔子表达出强烈的认同感,将孔子生平视为"神圣典范"而书写的一篇"圣人叙事"。[②]在某种意义上,孔子堪称司马迁心目中的"史上第一人物"。[③]他所刻画出的孔子形象是什么? 这样的孔子形象对于史家的意义是什么?

综观战国儒者(如孟、荀)到汉初史家(如司马迁)对于孔子的认同,可见孔子生平对于后世学者有着不同的意义,反映了孔子形象的不同面貌。为了具体展示这一时期的孔子形象,本文拟从孔子生平的典范意义、孔子生命风姿的形象意义、孔子经世能力的评价等三个侧面加以考察说明。

二、"大儒"与"至圣":孔子生平的典范意义

对于"道统"一词如果采取比较宽泛的用法,可以说历代儒者都有符合

[①] 《荀子·非十二子》,王先谦撰,沈啸寰、王星贤点校:《荀子集解》,北京:中华书局,1988年,页94—95。

[②] 《史记·孔子世家》的叙事形式、意旨及总体意义,请参见拙文《圣人叙事与神圣典范:〈史记·孔子世家〉析论》,《清华学报》新39卷第2期(2009年6月),页227—259。又,该拙文的见解构成此处部分讨论课题的基础,此处在论述时,或有略引该拙文的内容要点,或有补充修订处,为免烦琐,以下就不一一注出。

[③] 阮芝生从孔子在《史记》中的出现次数异常频繁且广泛分布于全书、司马迁多方记述孔子活动与引述孔子之言以及对孔子的极高评价等具体现象,得到此一结论。阮芝生:《论史记中的孔子与春秋》,《台大历史学报》第23期(1999年6月),页1—60。

时代的道统论述。在汉代以后，或是以经籍传述为主轴的道统论述（汉代通经致用的儒者，如董仲舒；或"文儒"型的儒者，如扬雄），或是以"道体"观念为主轴的道统论述（道学家的儒者，如朱熹）。① 至于先秦儒者的道统论述则是以圣贤事功为主轴。如孟子、荀子所言：

> 昔者禹抑洪水而天下平，周公兼夷狄驱猛兽而百姓宁，孔子成《春秋》而乱臣贼子惧。《诗》云："戎狄是膺，荆舒是惩，则莫我敢承。"无父无君，是周公所膺也。我亦欲正人心，息邪说，距诐行，放淫辞，以承三圣者；岂好辩哉？予不得已也。能言距杨墨者，圣人之徒也。②

> 若夫总方略，齐言行，一统类，而群天下之英杰而告之以大古，教之以至顺，奥窔之间，簟席之上，敛然圣王之文章具焉，佛然平世之俗起焉，六说者不能入也，十二子者不能亲也……是圣人之不得势者也，仲尼、子弓是也。一天下，财万物，长养人民，兼利天下，通达之属，莫不从服，六说者立息，十二子者迁化，则圣人之得势者，舜、禹是也。今夫仁人也，将何务哉？上则法舜、禹之制，下则法仲尼、子弓之义，以务息十二子之说，如是则天下之害除，仁人之事毕，圣王之迹著矣。③

首先，孟、荀都以继承孔子的志业自任。孔子的志业为何？在孟子的圣

---

① 陈荣捷认为朱熹的"道统"观念反映的是宋代新儒家哲学的发展与完成，不是历史性或经籍上的统绪，乃是来自理之哲学的内在需要。陈荣捷：《朱熹集新儒学之大成》，氏著：《朱学论集》，台北：台湾学生书局，1982 年，页 13—18。余英时则强调朱熹的"道统"观念所重者在"致君行道"的政治含义，认为"道体"是"道统"的精神内核，"道统"是"道体"的历史见证，两者"体用一源，显微无间"，并且直接和"治道"相关。余英时：《道学、道统与"政治文化"》，氏著：《宋明理学与政治文化》，台北：允晨文化，2004 年，页 26—60。
② 《孟子集注·滕文公章句下》，朱熹：《四书章句集注》，北京：中华书局，1983 年，页 273。
③ 《荀子·非十二子》，页 95—97。

贤谱系当中，从禹、周公、孔子而下，至孟子本身，其实都是人道社会的捍卫者。人类历史就在"一治一乱"的律动中蜿蜒前行，其中的历史启示在于人们总是生活在一个随时可能被"禽兽"统治的世界，此时必然有圣贤人物兴起。尧、禹之时洪水泛滥，禹"驱蛇龙"，"人得平土而居之"；周文、武之时，夷夏同流，周公"诛纣伐奄"，驱逐那些坏民宫室田园的人形之兽，"天下大悦"；春秋之时，孔子作《春秋》，笔伐那些弑君、弑父的禽兽之行，使乱臣贼子惧；至于孟子之世，"处士横议"，充斥无父、无君的禽兽之言，这是一个新的蛮荒时代，孟子通过辩论非难，"言距杨墨"，以言行道，"正人心，息邪说，距诐行，放淫辞"，驱逐人心之兽。孟子认为圣贤事功在于捍卫人道社会，其中彰显了孔子作《春秋》一事的行道意义。

　　相较于孟子的圣贤谱系凸显的是出类拔萃的个人，各自以其殊异的身份、能力建立事功；荀子则是将圣贤谱系类型化，周公、孔子同样可以视为"大儒"。孔子作为一个"大儒"的典范，他是如何行道的？行道者必须具备的条件为何？所谓"总方略，齐言行，一统类"，"总""齐""一"诸字都有完备、全尽之意，意指大儒在本身的言行及经世能力各方面都能达到完美的状态，特别是一个儒者所应具备的学养，其实必须通过他的道德实践来加以检验，"其言有类，其行有礼，其举事无悔，其持险应变曲当，与时迁徙，与世偃仰，千举万变，其道一也。是大儒之稽也。"[1]"其言有类，其行有礼"即是完美的言行表现，儒者的一言一行都带有道德法则的意义；而在经世能力方面，他必须在面对道德危机的重大变故之时具备妥善处理道德困境的能力。凭借如上的道德实践学养，他可以凭借"师"的身份，得天下英才而教之，成为民间的学术领袖。"奥窔之间，簟席之上，敛然圣王之文章具焉，佛然平世之俗起焉"，虽然"不得势"、无置锥之地，但在一室之内，就足以传述圣王政教，使当代移风易俗。对荀子来说，儒者应捍卫人道社会，当然毋庸置疑，但

---

[1]《荀子·儒效》，页138。

更重要的是儒者必须具备充分的道德实践能力，才能有效介入公共领域的政治事务，改变这个价值观日趋混乱的世界。可以说，荀子从孔子身上所看到的正是这样的"大儒"形象。

其次，孟、荀的道统论述，因同样面对诸子言说兴起的时代课题，而均强调儒者的使命在于以言行道。大体来说，先秦时代仍是一个"思想从属于行动"的年代，言说主要是作为一种行动方式存在。孟子自承"好辩"，荀子亦直言"今圣王没，天下乱，奸言起，君子无势以临之，无刑以禁之，故辩说也[①]"。辩说是一种道德行动，所以它以"非难"作为主要的表现形式。孟子的辩论充满战斗气息，他要"闲先圣之道，距杨墨，放淫辞"，"闲"（捍卫）、"距"（抗拒）、"放"（驱逐）的用语，都透露出这是一场道德的"圣战"；荀子亦然，"以正道而辨奸，犹引绳以持曲直，是故邪说不能乱，百家无所窜"，儒者的以言行道，乃是以彻底导正"使天下混然不知是非治乱之所在"的邪说、奸言为目标。儒者如何以言行道？

> "敢问夫子恶乎长？"曰："我知言，我善养吾浩然之气。""敢问何谓浩然之气？"曰："难言也。其为气也，至大至刚，以直养而无害，则塞于天地之间。其为气也，配义与道，无是，馁也。是集义所生者，非义袭而取之也。行有不慊于心，则馁矣。……""何谓知言？"曰："诐辞知其所蔽，淫辞知其所陷，邪辞知其所离，遁辞知其所穷。生于其心，害于其政；发于其政，害于其事。圣人复起，必从吾言矣。"[②]

> 略法先王而不知其统，犹然而材剧志大，闻见杂博。案往旧造说，谓之五行，甚僻违而无类，幽隐而无说，闭约而无解。案饰其辞而祇敬之曰：此真先君子之言也。子思唱之，孟轲和之，世俗之沟犹

---

① 《荀子·正名》，页 422。
② 《四书章句集注·孟子集注·公孙丑章句上》，页 231—233。

督儒，嚾嚾然不知其所非也，遂受而传之，以为仲尼、子游为兹厚于后世，是则子思、孟轲之罪也。[①]

就孟子的自述来看，以言行道，一方面凭借的是某种充沛的道德精神能量，可以顶天立地，一往直前，展现无所畏惧、难以动摇的正义力量；一方面则是能够穿透言说表层，揭发言说者的心中所"蔽"、所"陷"、所"离"、所"穷"之处，从言说者的心思源头处予以痛击。但在荀子看来，孟子的这般能力虽然或许可以称得上"材剧志大"，但因为学养不足，所以未能具备充分的道德实践能力。荀子"非十二子"，从批评的语句格式加以区分，他一方面非难儒门以外的"百家异说"，包括它嚣、魏牟，陈仲、史鰌，墨翟、宋钘，慎到、田骈，惠施、邓析等五说、十子，指陈这些言说所言非道，"欺惑愚众"，这大抵是基于不同的道术观念而批判他们"蔽于一曲而暗于大理"；另一方面，荀子也非难思、孟一系的儒者，"略法先王而不知其统……甚僻违而无类，幽隐而无说，闭约而无解"云云，批评的重点其实不在道术观念的异同，而是指陈思、孟之儒欠缺以言行道的道德实践能力，无法展现"大儒之效"。[②]粗略言之，对于如何在诸子言说盛行的年代以言行道一事，荀子既关切语言是言说的基础，因此强调"正名"的重要，"后王之成名"是一切言说的准则，如此才能通情达理、妥善处理事务；此外，荀子也关切思想是行动的基础，因此强调"解蔽"的重要，唯有"大清明"的心术，才能"知道"，承担治理天下的责任。荀子要求儒者对于语言、思想现象应该有更深入的掌握，如此才能使"百家无所窜"。

就战国时期"儒分为八"的儒门生态而言，确实存在着因不同师承而彼此非难的情形，如上述荀子非难思、孟一系的儒者无法传承孔子之道，荀子

---

① 《荀子·非十二子》，页94—95。
② 详见拙文《道统意识与德行论述：荀子非难思、孟的旨趣重探》，《台大中文学报》第35期（2011年12月），页1—40。

亦曾被他系儒者质疑"不及孔子",这显示先秦儒者都在追随孔子的典范而以成为新一代的孔子自期,这是对于成为完美行动者的自我追求,肯定儒者的目标在于发挥"大儒之效"。荀子的弟子必须为其师辩护,因为"孙卿不及孔子"的质疑,等同质疑荀子不是"大儒",如此,荀门儒者因为欠缺行道能力也将失去其存在价值。[①]

战国时期,孔子是儒者可学、可及的"大儒"典范。显示彼时的"士"依然保有贵族身份的尊严与教养,所以每一个儒者都应该依靠君子之学的学养,使自己拥有足够的能力,继承孔子志业,通过以言行道来改变世界。[②]然而到了汉初,孔子逐渐不再是儒者可学、可及的典范了。司马迁著述《史记》,将孟、荀生平叙写为"大儒"典范,《孟子荀卿列传》赞颂了孟、荀以道自任的大儒风范。至于孔子生平的意义,司马迁则是通过《孔子世家》的"圣人叙事",将孔子塑造为"至圣"的形象,揭示孔子的生平志业包括建立现实的政治事功、延续传统的文化价值理想,以及通过整编"六艺"擘画了永恒的政教律法。[③]此一典范的意义在于孔子形象的至上性与神圣性,他不再仅是孟、荀时代的可学、可及的"大儒"式圣人,而是跟一般儒者的生命才性有别的至高无上的神圣生命。检视这一典范意义的转移迹象,既见证了汉代经学政治的来临,也反映了身为帝国臣民的士人自我认同发生了重大转变。

三、从不遇到历险:"君子固穷"的主题与变奏

果如上节所述,战国至汉初,孔子生平的典范意义已然有所转移。在此

---

① 详见拙文《秦汉时期的荀子形象:"大儒"论述的三种类型及其思想史意义》,《邯郸学院学报》第 22 卷第 4 期(2012 年 12 月),页 81—90。
② 先秦士人志在改变世界,而不仅是解释世界。参见余英时:《士与中国文化》,上海:上海人民出版社,2003 年,页 599—620。
③ 详见拙文《圣人叙事与神圣典范:〈史记·孔子世家〉析论》。

前提下,此一时期对于孔子形象所紧密依附的生命风姿是否也有不同的观看角度?兹以孔子面对仕宦际遇之抉择时所表现的生命风姿为重点,考察各种观看角度所揭示的孔子形象意义。为求聚焦,以下将以孔子的"固穷"形象作为讨论主轴,并通过这一形象跟音乐相关的隐喻联想,提出三种主要的意义类型。

(一)"金声玉振"的孔子——"圣之时者也"

姑不论参政仕宦(成为王者师或获取官职)对于一个君子是否绝对必要,对于冀望通过政治活动实现自我理想的儒者来说,作为一个行道者,一生不断在寻求施展政治抱负,确实是孔子的主要形象。例如,在孟子的心目中,孔子积极求仕,"三月无君,则皇皇如也,出疆必载质",[1] 因为这是身为"劳心者"之士人,履行其社会职能的必要之举;更难能可贵的是,孔子在积极求仕的过程中展现出某种灵活而完美的形象:

> 孟子曰:伯夷,圣之清者也;伊尹,圣之任者也;柳下惠,圣之和者也;孔子,圣之时者也。孔子之谓集大成。集大成也者,金声而玉振之也。[2]

伯夷、伊尹、柳下惠、孔子代表"圣"的四种类型。就其同者而言,他们都是通过仕宦行道,有功于政治的"圣"者,"得百里之地而君之,皆能以朝诸侯有天下。行一不义、杀一不辜而得天下,皆不为也"。[3] 就其异者而言,各人对于如何仕宦行道所抱持的原则各执一端:伯夷以清洁自持为原则、伊尹以承担责任为原则、柳下惠以敦厚随和为原则。相较之下,孔子超越了各执一

---

① 《四书章句集注·孟子集注·滕文公章句下》,页266。
② 《四书章句集注·孟子集注·万章章句下》,页315。
③ 《四书章句集注·孟子集注·公孙丑章句上》,页234。

端的原则，他能因时处顺，"有见行可之仕，有际可之仕，有公养之仕。于季桓子，见行可之仕也；于卫灵公，际可之仕也；于卫孝公，公养之仕也"。[①] "可以仕则仕，可以止则止，可以久则久，可以速则速。"[②] 灵活面对现实处境，又具有统一的原则与调性，宛如音乐演奏"集众音之小成，而为一大成也"，构成一阕最完美的乐章。

孟子在此所言，透显的是仕宦际遇已成为彼时儒者的切身问题。面对多变的时局，各种际遇的抉择倍加艰难。士人面对不同的现实处境如何坚持自身应有的原则，孟子将孔子视为自己可以学习的完美典范。关于孔子的际遇，孟子曾提及孔子的不得志之时："孔子不悦于鲁卫，遭宋桓司马将要而杀之，微服而过宋。是时孔子当阨，主司城贞子，为陈侯周臣。"[③] "君子之戹于陈蔡之间，无上下之交也。"[④] 在孟子看来，孔子作为一个仕宦行道的典范，乃在于他在面对不遇的困境时，虽然能够"知命"，体谅现实不能尽如人意，但仍然坚守宾主之礼、君臣之义的"交际"之道。如果孔子的生命是一首完美的乐章，"始条理也"，"终条理也"，则孟子乃是通过他对孔子"交际"之道的会心，听到了其中"义""命"的主旋律。孟子坚定地说道，"无义、无命"，"何以为孔子"？

作为一个积极求仕的行道者，孔子从任官的祖国出走之后，除了在鲁国的兄弟之邦卫国寻求机会，还带着学生前往宋国以及陈、蔡。孔门师生一行曾经"在陈绝粮"，甚至被包围于陈、蔡之间的野地，此即所谓"陈、蔡之厄"。据《论语》所记，可见这是孔子出仕行旅中最大的一次挫折，因而引发子路的信心危机，孔子则以"君子固穷"回应，以此彰显君子志于道的自我人格。[⑤] 孔子传达的"君子固穷"的叮咛，孟子从中体会了君子的"交际"之

---

① 《四书章句集注·孟子集注·万章章句下》，页 320。
② 《四书章句集注·孟子集注·公孙丑章句上》，页 234。
③ 《四书章句集注·孟子集注·万章章句上》，页 311。
④ 《四书章句集注·孟子集注·尽心章句下》，页 368。
⑤ 《四书章句集注·论语集注·卫灵公》："在陈绝粮，从者病，莫能兴。子路愠见曰：'君子亦有穷乎？'子曰：'君子固穷，小人穷斯滥矣。'"（页 161）

道，以及一首完美结合"义"与"命"的生命乐章。此外，"陈、蔡之厄"的事件也备受战国、两汉学者关注，而以故事的形式流传。除了儒家的文献流传此一故事，《庄子》中更可见多则道家版的叙事。考察儒、道学者对此事的叙述与解释，亦是探究孔子形象意义的一条重要线索。

（二）"弦歌鼓琴，未尝绝音"的孔子——"陈、蔡之厄"的故事

儒家文献《荀子·宥坐》、《孔子家语·困誓》、《孔子家语·在厄》、《韩诗外传》（卷7）、《说苑·杂言》等，皆对孔子陈、蔡之厄的事件有所记述；而近年出土的郭店楚简"穷达以时"一篇，虽未直接提及此一事件，但其论述内容也与此事相关，借此为孔子不得志的人生辩护。[①] 兹举两则如下：

> 孔子南适楚，厄于陈、蔡之间，七日不火食，藜羹不糁，弟子皆有饥色。子路进问之曰："由闻之：为善者天报之以福，为不善者天报之以祸。今夫子累德、积义、怀美，行之日久矣，奚居之隐也？"孔子曰："由不识，吾语女。女以知者为必用邪？王子比干不见剖心乎！女以忠者为必用邪？关龙逢不见刑乎！女以谏者为必用邪？伍子胥不磔姑苏东门外乎！夫遇不遇者，时也；贤不肖者，材也。君子博学深谋不遇时者多矣。由是观之，不遇世者众矣，何独丘也哉！且夫芷兰生于深林，非以无人而不芳。君子之学，非为通也；为穷而不困，忧而意不衰也，知祸福终始而心不惑也。夫贤不肖者，材也；为不为者，人也；遇不遇者，时也；死生者，命也。今有其人不遇其时，虽贤，其能行乎？苟遇其时，何难之有！故君子博学、深谋、修身、端行以俟其时。"[②]

---

① 浅野裕一撰，佐藤将之监译：《战国楚简研究》第3章《"穷达以时"中的"天人之分"》，台北：万卷楼图书公司，2004年，页35—56。

② 《荀子·宥坐》，页526—527。

　　孔子遭厄于陈、蔡之间，绝粮七日，弟子馁病，孔子弦歌。子路入见曰："夫子之歌，礼乎？"孔子弗应，曲终而曰："由来！吾语汝。君子好乐，为无骄也；小人好乐，为无慑也。其谁之，子不我知而从我者乎？"子路悦，援戚而舞，三终而出。明日，免于厄，子贡执辔，曰："二三子从夫子而遭此难也，其弗忘矣！"孔子曰："善恶何也？夫陈、蔡之间，丘之幸也。二三子从丘者，皆幸也。吾闻之，君不困不成王，烈士不困行不彰，庸知其非激愤厉志之始于是乎在。"[①]

这两则故事，大概是据《论语》所记"在陈绝粮"之言而加以发挥，所以都是以孔子、子路对话的形式来表述这个事件，且故事的意义也都延续"君子固穷"的精神基调。第一则故事侧重探讨"俟其时"的课题，对照于指望"为善者天报之以福，为不善者天报之以祸"的心态，这里则揭示"有天、有人"："贤不肖者，材也；为不为者，人也；遇不遇者，时也；死生者，命也"，强调君子能"察于天人之分，而知所行矣"，故能体会"穷达以时"的道理，因此就算"不遇世"，仍然坚持"累德、积义、怀美"，表现出有如芷兰般的自我本色。"君子博学深谋、修身端行以俟其时"，展示出一幅"苟遇其时，何难之有"的充满自信且通达"祸福终始"的君子形象。第二则故事则侧重表现孔子弦歌不辍的形象，通过孔子对弟子的精神感召的情节，把孔子的政治挫折转化为"君不困不成王，烈士不困行不彰"的励志素材。有意思的是，这一个借由孔子弦歌、子路援戚而舞、子贡执辔构成整体画面以表彰孔门师生精神的励志故事，经由道家之口说出时却有了不一样的精神风貌。

　　《庄子》中有大量关于孔子的故事，其中对于陈蔡之厄一事，庄子亦从道家的观点再三致意。其中之一，与上文第二则故事类似，也是刻画"弦歌鼓琴，未尝绝音"的孔子形象，并且论述这一形象的意义：

―――――――――

① 《困誓》，陈士珂辑：《孔子家语疏证》，上海：上海书店，1987年，页150。

　　孔子穷于陈、蔡之间，七日不火食，藜羹不糁，颜色甚惫，而弦歌于室。颜回择菜，子路、子贡相与言曰："夫子再逐于鲁，削迹于卫，伐树于宋，穷于商、周，围于陈、蔡，杀夫子者无罪，藉夫子者无禁。弦歌鼓琴，未尝绝音，君子之无耻也若此乎？"颜回无以应，入告孔子。孔子推琴喟然而叹曰："由与赐，细人也。召而来！吾语之。"子路、子贡入。子路曰："如此者可谓穷矣。"孔子曰："是何言也！君子通于道之谓通，穷于道之谓穷。今丘抱仁义之道，以遭乱世之患，其何穷之为？故内省而不穷于道，临难而不失其德，天寒既至，霜露既降，吾是以知松柏之茂也。陈、蔡之隘，于丘其幸乎！"孔子削然反琴而弦歌，子路扢然执干而舞。子贡曰："吾不知天之高也，地之下也。"古之得道者，穷亦乐，通亦乐。所乐非穷通也，道德于此，则穷通为寒暑风雨之序矣。故许由娱于颖阳，而共伯得乎共首。①

庄子先是借由子路、子贡之口提出"弦歌鼓琴，未尝绝音，君子之无耻也若此乎？"的质疑，接着由孔子为"穷通"正名——"君子通于道之谓通，穷于道之谓穷"；并且自述君子面对困境时的自处之道——"内省而不穷于道，临难而不失其德"；最后以"孔子削然反琴而弦歌，子路扢然执干而舞"的师生同歌共舞画面，彰显君子自得其乐的精神所在。这则故事虽多渲染，但基本上仍是以"君子固穷""不改其乐"的精神为主调，大抵反映了孔门的人格美学。不过，他进一步将孔子的自得其乐与"许由娱于颖阳，而共伯得乎丘首"会通，则不免是要传达"道德于此，则穷通为寒暑风雨之序矣"的道家哲思了。

　　此外，《庄子》中另有多个孔子厄于陈蔡的改版故事，其旨趣就很难被看

---

① 《让王》，钱穆：《庄子纂笺》，台北：东大图书公司，1985年，页244—245。

成是儒道精神之会通共享,而应该看作道家利用孔子人格资源,塑造孔子的道家形象。[①] 它们或是将孔子弦歌鼓琴的"礼乐"之音改写成道家"天籁"之音的版本:"孔子穷于陈、蔡之间,七日不火食,左据槁木,右击槁枝,而歌焱氏之风,有其具而无其数,有其声而无宫角,木声与人声,犁然有当于人心。"或是改写结局:"(孔子)辞其交游,去其弟子,逃于大泽;衣裘褐,食杼栗;入兽不乱群,入鸟不乱行。"或是改写师生关系:"吾再逐于鲁,伐树于宋,削迹于卫,穷于商、周,围于陈、蔡之间。吾犯此数患,亲交益疏,徒友益散,何与?"以上的改版故事,显然是将孔子厄于陈蔡的事件视为一则"寓言",借以寄托道家的哲思观点:一是"人与天一也"的立命之道;一是"纯纯常常,乃比于狂;削迹捐势,不为功名"的处世之道;一是对照于"以利合"而揭出"以天属"的交友之道。[②]

(三)学习《文王操》的孔子——《史记·孔子世家》的历险叙事

有关孔子离开鲁国期间(公元前497—前484)的游历事迹,在先秦两汉的文献中留有些许零散片段的记录,经司马迁对这些故事加以整编而形成连贯的周游列国叙事。"他借由添加敏锐的眼光与戏剧性的事件来增益故事;他也毫不拘泥地安排各种情节转折与填补漏洞。"于是孔子的游历事迹,被想象成一趟长期性跨国的频繁移动、迭经险境的流浪之旅。司马迁的意图是"想让故事充满行动与冒险"。[③]《孔子世家》将孔子周游列国之行叙述为一趟"行动与冒险"的历险旅程,对于孔子形象的塑造有何重要意义?

在周游列国的旅程当中,孔子先后四次遇险。一是过匡,尚未入城,便因被匡人误认为曾暴虐匡人的阳虎,险被匡人拘捕。二是"去曹适宋,与弟

---

① 参见陈少明:《"孔子厄于陈蔡"之后》,《中山大学学报(社会科学版)》2004年第6期(2004年11月),页147—154。

② 三则皆录于《庄子·山木》,见钱穆:《庄子纂笺》,页157—161。

③ 金安平撰,黄昱文译:《孔子:喧嚣时代的孤独哲人》,台北:时报文化,2008年,页114—115。关于司马迁在叙事中如何整编润色孔子周游列国事迹,参见此书第4章《周游列国》,页113—153。

子习礼大树下"，而被宋司马桓魋追杀。三是过蒲，遇蒲人叛乱而被扣押，经
过一番激战才得以脱险。四即是陈蔡之厄，"（陈蔡大夫）于是乃相与发徒
役，围孔子于野，不得行，绝粮。从者病，莫能兴，孔子讲诵弦歌不衰。子路
愠见曰……"历险的叙事，有着一种特别的视野，不仅叙述了孔子周游列国
所到达的目的地（各国的都城），还揭露了跨国移动的过程其实危机重重。
以孔子的身份、名声，在城中，自然享有基本的礼遇与人身保障，然而在野
地，贵族的身份及文化教养不再是生存的保障。"匪兕匪虎，率彼旷野"，文
明人于野地求生尚且不易，孔子却仍然"讲诵弦歌不衰"，这就彰显了他身
为贵族的独特品格。这一意义，《孔子世家》系以孔子与子路、子贡、颜回的
对话内容加以呈现。最扼要的一句话，即是通过颜回之口说出的"不容，然
后见君子"。此外，野地历险的生存危机，也逼出了孔子的内心焦虑：是否
"天之将丧斯文也"？因此，"讲诵弦歌不衰"即是为了保留礼乐文化的最后
命脉。此时的孔子，似乎将自己想象成创建一代礼乐王朝的周文王：

> 孔子学鼓琴师襄子。十日不进，师襄子曰："可以益矣。"孔子
> 曰："丘已习其曲矣，未得其数也。"有间，曰："已习其数，可以益
> 矣。"孔子曰："丘未得其志也。"有间，曰："已习其志，可以益矣。"
> 孔子曰："丘未得其人也。"有间，有所穆然深思焉，有所怡然高望而
> 远志焉。曰："丘得其为人，黯然而黑，几然而长，眼如望羊，如王四
> 国，非文王其谁能为此也！"师襄子辟席再拜，曰："师盖云《文王
> 操》也。"[1]

这段学习《文王操》的叙事，应该被视为再现周代礼乐政治典范的隐喻。
"得其数"，彰显礼乐政治的规范性质；"得其志"，彰显礼乐政治的文化理

---

[1] 《史记·孔子世家》，页1925。

想；"得其为人"，通过周文王现身，想象原初的神圣创作，彰显礼乐政治的神圣力量。而孔子得见周文王，也意味着孔子形象与周文王形象的叠合，周游列国的旅程其实就是一趟寻求重建周王朝礼乐盛世的旅程。在《孔子世家》的历险叙事当中，这一隐喻传达的不仅是孔子对于复古的精神向往，更重要的是孔子想在现世重建一个新的礼乐王朝。在孔子仕鲁执政的叙事里，司马迁已经赋予孔子宛如鲁国君父的形象，到了周游历险的叙事，更将孔子塑造为周文王再世的形象。从这个角度来看，孔子师生一行所以会迭历险境，恐怕正在于孔子行动当中隐含建立新王朝意念的深层意识，而激起现实权力结构的反制：

> 楚昭王兴师迎孔子，然后得免。昭王将以书社地七百里封孔子。楚令尹子西曰："王之使使诸侯有如子贡者乎？曰：无有。王之辅相有如颜回者乎？曰无有。王之将率有如子路者乎？曰无有。王之官尹有如宰予者乎？曰无有。且楚之祖封于周，号为子男，五十里。今孔丘述三五之法，明周召之业，王若用之，则楚安得世世堂堂方数千里乎？夫文王在丰，武王在镐，百里之君卒王天下。今孔丘得据土壤，贤弟子为佐，非楚之福也。"昭王乃止。[1]

孔门师生的"陈蔡之厄"，因楚国的救援而解除。楚昭王原本有意礼聘孔子，因令尹子西的顾虑而中止。是什么样的顾虑？正是担忧孔门师生复活文、武之政，重演"百里之君卒王天下"之故事。据此，《孔子世家》关于野地历险记的叙事，一方面刻画孔子弦歌不辍、礼乐精进的人格形象，一方面则是让处于国与国交界的南方野地，也仿佛成为了孔子辖下的一个虚拟王国。

《孔子世家》的叙事结构，是否可以视为一种"英雄模式"（hero pattern）

---

[1] 《史记·孔子世家》，页1932。

的传记书写范例，或许仍存在争议，但"英雄模式"的某些共通情节，如英雄一般都要经历离开故土、历经考验、回归称王的生命旅程，似乎也反映在《孔子世家》的历险叙事当中。[①] 将历险视为一种成年仪式，在此显然并不适用，孔子也没有回归称王，但孔子历险时的周文王形象及后来作《春秋》、制定律法的"素王"事业，加上汉代种种关于孔子生平的神话传说，确实流露些许"英雄模式"的意味。

四、从行动到立法："详于万物"涵意的转化

如前所述，汉初以前的道统论述所建构的圣贤谱系，乃以事功为主要取向。由于事功取向，孔子的圣人形象所指涉的内涵，其实不仅在乎其天生"盛德"或完善的"心性"，此外他还拥有"博乎道术""详于万物"的能力，这主要是意味着他能掌握王道政治的治理根本原则、妥善处理复杂的政治事务。[②] 如依据荀子形容君子的惯用语"德行厚，志意修，知（智）虑明"，即可谓孔子不仅"德行厚，志意修"，而且"知虑明"。以下即就实现王道政治之治理能力的面向，探讨战国至汉初之孔子形象的意义。

在战国儒者的心目中，孔子具备"博于诗书，察于礼乐，详于万物"的学养与能力，可谓"上圣"，如有当世之用，其实可以为"天子"。[③] 这般的儒者论述，当然是指陈"道""势"密合的政治理想状态。在理想状态下，"圣"者为"王"，在儒者看来，外王事功所以可能，所凭借的就是"博于诗书，察于

---

① Robert G. Henricks, "The Hero Pattern and the Life of Confucius," *Journal of Chinese Studies*, vol. 1, no. 3 (October 1984), pp. 241—260. 中译见韩禄伯：《英雄模式与孔子传记》，余瑾译，载《中国哲学》第 23 辑《经学今诠续编》，沈阳：辽宁教育出版社，2001 年，页 24—49。

② "博乎道术"一语，见《墨子·尚贤上》；"详于万物"一语，见《墨子·公孟》。吴毓江：《墨子校注》，北京：中华书局，2006 年，页 65、689。据何炳棣的说法，在先秦语境中，"道术"一词的意涵并无形上学的意义，而是用来指陈"君人南面之术"，亦即以解决现实的基本民生、维持社会安定（如何富足、众民、治理）为导向的一套方术。见何炳棣：《从〈庄子·天下〉篇首解析先秦思想中的基本关怀》，"中研院"《历史语言研究所集刊》第 78 本第 1 分（2007 年 3 月），页 1—34。

③ 见于《墨子·公孟》中儒者公孟子与墨子的对话。《墨子校注·公孟》，页 454。

礼乐,详于万物"的学养与能力。"诗书礼乐"是儒家君子之学的主要内容,谓孔子具备"博于诗书,察于礼乐"的学养亦属必然,然而什么是"详于万物"的能力?

"详于万物"的能力,可以从"精于道"与"精于物"两个不同的层次理解。荀子曾对两者作出区别:

> 农精于田而不可以为田师,贾精于市而不可以为市师,工精于器而不可以为器师——精于物者也。有人也,不能此三技,而可使治三官——曰:精于道者也。精于物者以物物,精于道者兼物物。故君子壹于道而以赞稽物。壹于道则正,以赞稽物则察,以正志行察论,则万物官矣。[①]

"精于物",如农、贾、工人精于其技,可以有效处理其所专精之事;"精于道",则是攸关治官,亦即属于政治领域之事;"兼物物"意谓全面关照各项事物对生活的影响,以某种政治理想的追求为目标,妥善定位各项事物的存在意义以及发挥它的政治功能。何谓"一于道而以赞稽物"?荀子以某些古圣人为例:"好书者众矣,而仓颉独传者,一也;好稼者众矣,而后稷独传者,一也;好乐者众矣,而夔独传者,一也;好义者众矣,而舜独传者,一也。"在文字创作方面,造字技艺并非仓颉独有的能力,他是全面关照造字工程的治官,他"一于道",开辟了以文字为载体的人类文明。其余的例子有,如后稷开辟了农业、夔开辟了音乐、舜开辟了伦理。这些"开辟文化的英雄",在文字、农业、音乐、伦理等领域树立了人类文化发展的里程碑,同时他们也是政治领袖,因为可以说这也实现了某种政治理想。[②]

---

① 《荀子·解蔽》,页399—400。
② 儒家除了承认这些"开辟文化的英雄"有功于物质文明的发展,也强调他们在政治社会、精神文化方面的贡献。参见秦家懿:《"圣"在中国思想史内的多重意义》,《清华学报》新17卷第1、2期合刊(1985年12月),页15—26。

在荀子看来，历史进程到了周代，礼乐制度趋于完备，价值观念亦有一致标准，这一套"文武之道／后王之道"称得上是某种政治理想的实现，而儒者所学习的"诗书礼乐"正是承载着这一政治理想。所谓"大儒"，是指能够将这一政治理想化为行动，尤其是面对重大的时代变局，如周初政权未定之际、春秋晚期封建体制崩解的危机、战国晚期价值混乱的思想乱象等，儒者更要具备"至治之极复后王""治复一"，那种恢复、重建政治伦理的行动能力。[①] 荀子推崇周公、孔子、仲弓是"大儒"，也自许能成为"大儒"，正是着眼于这般的行动能力及它所带来的政治绩效。在这样的思想脉络中，具备"博于诗书，察于礼乐，详于万物"的学养、能力，就有了特定的意义：

> 法先王，统礼义，一制度；以浅持博，以古持今，以一持万；苟仁义之类也，虽在鸟兽之中，若别白黑；倚物怪变，所未尝闻也，所未尝见也，卒然起一方，则举统类而应之，无所儗怍；张法而度之，则晻然若合符节：是大儒者也。[②]

关于儒者的学养，荀子将"诗书礼乐"视为"王制"之书，是承载"后王""制度"的政治典范，所以他强调"隆礼义而杀诗书""法后王而一制度"的治学进程，要求学者由"法"而"一"，才能具备"以一持万"的处事能力。[③] "详于万物"的能力，在此指涉一种能够"以一持万"的处事能力，类似于上文所提及的"一于道而以赞稽物"的处事能力，这种能力表现在行动上，即成为"宗原应变，曲得其宜"的道德行动能力——"倚物怪变，所未尝闻也，所未尝见也，卒然起一方，则举统类而应之"，就算是处在一个人性价值混淆、事情失去常规的时代，他依然可以妥善应对变局，彰显人性价值，实现政治理想。

---

① 《荀子·成相》，页460—461。
② 《荀子·儒效》，页140—141。
③ 详见拙文《道统意识与德行论述：荀子非难思、孟的旨趣重探》。

孔子是荀子心目中的"大儒"典范,"仁知且不蔽",是真正的"知道"者;当他面对各种情况,能够"无欲无恶、无始无终、无近无远、无博无浅、无古无今,兼陈万物而中县衡焉",恰当权衡其轻重得失,妥善应对处理。[①]就此而言,所谓"知道",乃是指妥善处理事情,将人类带向正确道路的行动能力;而"兼陈万物"的"万物"一词可以说乃是指人类行动的对象;"兼陈万物而中县衡焉",则是指向心思清明无蔽,得以妥善处理各种烦难问题的完美能力。荀子谓此"仁知且不蔽"的心思清明状态为"大清明":

> 万物莫形而不见,莫见而不论,莫论而失位。——坐于室而见四海,处于今而论久远。疏观万物而知其情,参稽治乱而通其度,经纬天地而材官万物。——制割大理,而宇宙里矣。[②]

这段话应该从政治行动哲学的意义上理解,亦即所谓"天地生之,圣人成之",圣人之功在于他通过行动完成王道政治的伟大事业,他必须有这样的行动能力:"疏观万物而知其情",了解各种事物发生的实际情况;"参稽治乱而通其度",周全考虑各种问题在政治上的可能影响;"经纬天地而材官万物",承担政治责任,妥善处理各项攸关伦理秩序、生活富足的政务,实现"王天下"的政治理想。[③]

　　综上所述,荀子所谓"精于道"而具备"详于万物"的能力,主要是着眼于各种文化英雄得以实现伟业的完美能力,以及周公、孔子等"大儒"具备某种"宗原应变,曲得其宜"的行动能力因而可以实现王道政治的理想。战国时期的儒者相信,儒者通过"诗书礼乐"之学的不断精进,可以拥有这种行动能力,凭借这般能力即得以继承孔子的志业。这般的"详于万物",主

---

① 《荀子·解蔽》,页393—394。
② 同上书,页397。
③ 详见拙文《荀子"天论"的旨趣:"知天"论述的主题》,《台大中文学报》第46期(2014年9月),页51—86。

要是指向开创性行动及如何"经纬天地而材官万物"的政治领导能力。

至于《史记·孔子世家》，司马迁通过"圣人叙事"的笔法，其实也彰显了孔子"详于万物"的能力。具体而言，《孔子世家》关于孔子"详于万物"的叙事，包括三类：第一类是孔子任官执政时期，如在齐鲁夹谷之会，除了娴熟诸侯会遇的礼仪，并且能够坚持礼法、以义应变，妥善处理突发的危机；以及积极处理"堕三都""诛鲁大夫乱政者少正卯"等维护礼法的政治行动；第二类则是孔子能够辨识各种异物以及它所蕴含的政治文化意义，如知悉专车之骨、楛矢石砮的来历，以及辨识羵羊、麒麟等异兽；第三类则是孔子建构"六艺"之教，尤其是"因史记作《春秋》，以当王法"，完成一部统括"万物之聚散"，涵盖各种身份之政治伦理法则的法典。[1]进一步细究，司马迁基于"圣人叙事"的整体构想，赋予这些叙事内容特定的涵意：第一类是执政事功，孔子对破坏礼法之乱政者的处置行动，似乎被赋予"恭行天之罚"的意义；第二类是博物知识，隐约展示了孔子具有某种特异的资质与能力；第三类是建构政教王法，则暗示了孔子凭借其神圣生命所拥有的"独智"为人间留存永恒的律法。

如果说荀子对于"详于万物"涵意的认知侧重开创与政治领导的行动能力，相较于此，根据上述《孔子世家》"圣人叙事"的特定涵意，可见它所展示的孔子"详于万物"的能力，虽然仍保留了孔子作为某种行动者的形象，然而行动的意义却侧重在贯彻应然的伦理法则、肯认伦理法则的神圣本质、制作可以垂范后世的伦理法则，因而强化了孔子行动的意义在于护持"王法"。这一倾向，可以由《孔子世家》关于孔子作《春秋》之叙事的两条线索见之。

---

[1]　《史记·儒林列传》："西狩获麟，曰'吾道穷矣'。故因史记作《春秋》，以当王法。"（页3115）《史记·太史公自序》："夫《春秋》，上明三王之道，下辨人事之纪，别嫌疑，明是非，定犹豫，善善恶恶，贤贤贱不肖，存亡国，继绝世，补敝起废，王道之大者也。……《春秋》文成数万，其指数千。万物之散聚皆在《春秋》。……故有国者不可以不知《春秋》，前有谗而弗见，后有贼而不知。为人臣者不可以不知《春秋》，守经事而不知其宜，遭变事而不知其权。为人君父而不通于《春秋》之义者，必蒙首恶之名。为人臣子而不通于《春秋》之义者，必陷篡弒之诛，死罪之名。……故《春秋》者，礼义之大宗也。"（页3297—3298）

其一是将孔子作《春秋》与"为鲁司寇""在位听讼"的执政过程并论：

> 周道衰废，孔子为鲁司寇，诸侯害之，大夫壅之。孔子知言之不用，道之不行也，是非二百四十二年之中，以为天下仪表，贬天子，退诸侯，讨大夫，以达王事而已矣。[①]

> 孔子在位听讼，文辞有可与人共者，弗独有也。至于为《春秋》，笔则笔，削则削，子夏之徒不能赞一辞。[②]

《孔子世家》关于孔子为鲁国大司寇的执政叙事，所着墨者几乎都和武事、杀伐有关，如夹谷之会时斩杀优倡侏儒而至"手足异处"，"堕三都"之议则引发诸侯大夫相互攻伐，以及"诛鲁大夫乱政者少正卯"等。依《孔子世家》的情节脉络与叙事主题来看，这是要凸显孔子执政的使命在于诛杀不义、"恭行天之罚"，可以视为一则通过暴力恢复宇宙道德秩序的政治神话。孔子在世时似乎就拥有行道救世的形象，"天下之无道也久矣，天将以夫子为木铎。"[③]"木铎"乃是取其"警众"以救世之义；"孔子成《春秋》，而乱臣贼子惧。"《春秋》的褒贬之"义"有如法令的赏罚，因此是"天子之事也"[④]，甚至隐然可见孔子作为上天代理人的形象，通过作《春秋》执行人间的道德审判。[⑤]《孔子世家》将孔子作《春秋》与其担任司寇、在位听讼之事联结，正是在彰显类似的执法形象。另据《春秋繁露》，"孔子为鲁司寇，据义行法，季孙自消，堕费郈城，兵甲有差。夫火者，大朝，有邪谗荧惑其君，执法诛之。执法者水也，故曰水胜火"。[⑥]"北方者水，执法司寇也。……据法听讼，无有

---

① 《史记·太史公自序》引"董生曰"，页3297。
② 《史记·孔子世家》，页1944。
③ 《四书章句集注·论语集注·八佾》，页68。
④ 《四书章句集注·孟子集注·滕文公章句下》，页273。
⑤ 参见朱晓海：《孔子的一个早期形象》，《清华学报》新32卷第1期（2002年6月），页1—30。
⑥ 《五行相胜》，苏舆撰，钟哲点校：《春秋繁露义证》，北京：中华书局，1992年，页368。

所阿，孔子是也。"① 孔子作《春秋》，汉儒以《春秋》决狱，显示孔子是上天指派为人间制定宪法的"素王"；而在董仲舒与谶纬学说的发挥之下，结合"三统—三正"论述，确立"孔子—《春秋》—新王—黑统"的天道、天命统绪，则进一步建构了孔子的"玄圣素王"像。②

其一则是将孔子作《春秋》的动机与"西狩获麟"联结：

> 鲁哀公十四年春，狩大野。叔孙氏车子鉏商获兽，以为不祥。仲尼视之，曰："麟也。"取之。曰："河不出图，雒不出书，吾已矣夫！"颜渊死，孔子曰："天丧予！"及西狩见麟，曰："吾道穷矣！"……乃因史记作《春秋》。……约其文辞而指博。故吴楚之君自称王，而《春秋》贬之曰"子"；践土之会，实召周天子，而《春秋》讳之曰"天王狩于河阳"：推此类以绳当世。贬损之义，后有王者举而开之。《春秋》之义行，则天下乱臣贼子惧焉。③

关于孔子作《春秋》一事，如果根据孟子之说，孔子乃是有感于"世衰道微""王者之迹熄而《诗》亡"，亦即王纲不振，政治伦理失序，遂"惧"，而"作《春秋》"。孔子如何"作"？则是因鲁国史官之"文"，述春秋一代之"事"，寄孔子一家之"义"——通过"借事明义"的方式捍卫王道。孟子两引"孔子曰"，一则是"知我者，其惟《春秋》乎！罪我者，其惟《春秋》乎！"一则是"其义则丘窃取之矣"。④显示作《春秋》是孔子彰显自我的行动。对孟子而言，孔子其实是一个面对当代、试图将当代重建为人性社会的行动者，因此孟子所要学习的是成为像孔子这样的行动者，面对新的时代，通过

---

① 《春秋繁露义证·五行相生》，页365。
② 参见徐兴无：《作为匹夫的玄圣素王——谶纬文献中的孔子形象与思想》，《古典文献研究》第11辑（2008年4月），页21—42。
③ 《史记·孔子世家》，页1942—1943。
④ 《四书章句集注·孟子集注·滕文公章句下》，页272；《四书章句集注·孟子集注·离娄章句下》，页295。

以言行道来改变当代世界，而不是阐述孔子在《春秋》的"文辞"中所要阐明的"义法"。然而司马迁将孔子作《春秋》与"获麟"联结：一方面，作《春秋》的动机系感应到"吾道穷矣"，所思考的是如何"自见于后世"，他就不再是借事明义以改变当代世界的行动者；另一方面，《春秋》的内容亦"终于获麟"。"上记隐，下至哀之获麟。约其辞文，去其烦重，以制义法，王道备，人事浃。"《春秋》被认为是一部"王道备，人事浃"的完备法典，而孔子是一位"约其辞文，去其烦重，以制义法"的作者；因为作者的用心在于"约其文辞而指博"，所以学者所当学习的是《春秋》通过"文辞"所要阐明的"义法"，这些义法具有永恒而普世的价值。对于孔子，如果以立法者视之，则作《春秋》的意义乃在于精构"文辞"以承载"义法"，所谓《春秋》文成数万，其指数千。万物之散聚皆在《春秋》"。这不是一般"大儒"所能为，而是出自天纵"独智"的"神圣作者"。孔子的神圣与独智，使他具有辨识各种异物的特异能力，也使他具有"约其辞文……以制义法"的能力。

五、结语

整体而言，从战国时期到汉初，孔子生平的典范意义从原先儒者可学、可及的"大儒"式圣人转化为具有至高无上之神圣性的"至圣"。相应于此一趋向，孔子的生命风姿与经世能力既经学者再三体认，孔子形象虽然仍保留原本的行动者本色，立法者的新形象却也逐渐鲜明起来。进一步言之，孔子形象的转变，其实正反映了此一时期知识文化形态的变迁。

战国晚期至汉初，是中国历史上的巨大变革时期。政治体制方面，帝国形态的国家权力结构确立，知识文化形态方面，因而必须面对由先秦诸子"家言"转向新时代"官学"的转型需求，其后乃确立"六艺之教"的文教体制，经学时代宣告来临。

知识文化的转型，涉及知识结构的调整。战国晚期至汉初之际，亦即经学时代正式来临之前，最显著的改变是原本以行动为导向（以言说改变现实的政治运作）的"百家之言"转成以立法为导向（以作书再现世界的运作原理）的"一家之言"。此时，众多游士汇聚王侯之门为宾客，集众人的学力为其主人整编出王侯之门的"一家之言"，具体的业绩，如秦相吕不韦门下所为的《吕氏春秋》、汉初淮南王刘安门下所为的《淮南鸿烈（淮南子）》，皆是以系统化著书的形式（《吕氏春秋》之"八览""六论""十二纪"；《淮南鸿烈》之"二十篇"），整编出系统化的世界运作原理，以作为一家一氏的治国蓝图（因此或称"吕氏之书"或称"刘氏之书"）。此外，司马迁承继家族志业而作《太史公书》（史记），试图经由"八书""十表""十二本纪""三十世家""七十列传"的"百三十篇"之作，"究天人之际，通古今之变，成一家之言"（《报任安书》），亦属此类新形态"家言"（可谓"司马氏之书"）。

伴随知识结构的调整，士人参与政治的实践模式亦有所改变。概括而言，如果将原本那种以行动为导向的实践模式称为"行动者"模式，则转成以立法为导向的实践模式或可称为"立法者"模式。（这种区分乃是为了考察士人在历史发展过程当中实践模式的可能改变而作出的"理想型"划分，以利揭示士人所处的历史境遇与自我应对策略；且"行动者"与"立法者"两型其实不是截然对立，而是在各有侧重的情况下互补相济。）在士人实践模式逐渐由"行动者"模式转向"立法者"模式，孔子的"圣人"形象也被赋予了"行动者""立法者"等不同面向的意义。例如，采取"行动者"模式的孟、荀，其眼中所见主要是孔子的行动者形象。在行动者的眼中，历史是行动的结果。"由尧舜至于汤，五百有余岁，若禹、皋陶，则见而知之；若汤，则闻而知之。由汤至于文王，五百有余岁，若伊尹、莱朱则见而知之；若文王，则闻而知之。由文王至于孔子，五百有余岁，若太公望、散宜生，则见而知之；若孔子，则闻而知之。由孔子而来至于今，百有余岁，去圣人之世，若此其未远也；近圣人之居，若此其甚也，然而无有乎尔，则亦无有乎尔。"[1]

---

[1] 《四书章句集注·孟子集注·尽心章句下》，页 376—377。

对孟子而言，五百年的周期是行动者以他的生命前仆后继而彰显的成就表征。孔子以其"圣之时者也"（孟子）或"总方略，齐言行，一统类"（荀子）的"大儒"本色成为儒者实践模式的典范："通则一天下，穷则独立贵名，天不能死，地不能埋，桀、跖之世不能污。"[1] 儒者通过言说与行动，作为一个独特的行动者身份获得彰显，如同孔子将是一个永远耀眼的行动者。相对而言，在立法者的眼中，历史发展有赖于立法的结果。"先人有言：'自周公卒五百岁而有孔子。孔子卒后至于今五百岁，有能绍明世，正易传，继春秋，本诗书礼乐之际？'意在斯乎！意在斯乎！小子何敢让焉。"[2] 对司马迁而言，五百年的周期是立法者以死亡为代价而彰显的成就表征。《孔子世家》借由圣人叙事对于孔子护持王法的事迹再三致意，俨然构成一幅立法者的形象。此后中国的历史论述中，孔子就以这一立法者形象，或寄托于学者的经典论述，或寄托于学者的道体论述，持续在"为学者立法"。

---

[1] 《荀子·儒效》，页138。
[2] 《史记·太史公自序》，页3296。

2 异表
——谶纬与汉代的孔子形象建构

徐兴无[*]

一、引言

汉人以为古代圣人和帝王皆有奇异的长相,称为异表,[①] 以此建构圣人的图像。这个观念源自相术。王充曰:"人命禀于天,则有表候见于体。察表候以知命,犹察斗斛以知容矣。表候者,骨法之谓也。"[②]《汉书·艺文志》以相术为"数术略"之"形法家",云:"形法者,大举九州之势以立城郭室舍形,人及六畜骨法之度数、器物之形容以求其声气贵贱吉凶。"[③] 圣人的异表,在西汉文献《淮南子·修务训》中已有集中的陈述:

> 若夫尧眉八彩,九窍通洞,而公正无私,一言而万民齐,舜二瞳子,是谓重明,作事成法,出言成章;禹耳参漏,是谓大通,兴利除

* 南京大学文学院教授。
① 按,"异表"二字,最早见诸《荀子·天论》:"故道无不明,外内异表。"(王先谦撰,沈啸寰、王星贤点校:《荀子集解》卷11,北京:中华书局,1988年,页319)。此"表"指标识,非指人的面目与形象。
② 见《论衡·骨相篇》,黄晖:《论衡校释》卷3,北京:中华书局,1990年,页108。
③ 班固撰,颜师古注:《汉书》卷30,北京:中华书局,1962年标点本,页1775。

害，疏河决江；文王四乳，是谓大仁，天下所归，百姓所亲；皋陶马
喙，是谓至信，决狱明白，察于人情；禹生于石；契生于卵；史皇产而
能书；羿左臂修而善射。若此九贤者，千岁而一出，犹继踵而生。[①]

东汉《白虎通》卷 7 "圣人" 概括曰：

> 圣人皆有异表。《传》曰："伏羲日禄衡连珠，大目山准龙状，作
> 《易》八卦以应枢。"黄帝龙颜，得天匡阳，上法中宿，取象文昌。颛
> 顼戴干，是谓清明，发节移度，盖象招摇。帝喾骈齿，上法月参，康
> 度成纪，取理阴阳。尧眉八彩，是谓通明，历象日月，璇、玑、玉衡。
> 舜重瞳子，是谓滋凉，上应摄提，以象三光。《礼说》曰："禹耳三漏，
> 是谓大通，兴利除害，决河疏江。皋陶马喙，是谓至诚，决狱明白，
> 察于人情。汤臂三肘，是谓柳、翼，攘去不义，万民咸息。文王四乳
> 是谓至仁，天下所归，百姓所亲。武王望羊，是谓摄扬，盱目陈兵，
> 天下富昌。周公背偻，是谓强俊，成就周道，辅于幼主。孔子反宇，
> 是谓尼甫。德泽所兴，藏元通流。"[②]圣人所以能独见前睹，与神通精
> 者，盖皆天所生也。[③]

《白虎通》是东汉章帝建初四年（79）白虎观经学会议上形成的经学权威说
解，其决断经义往往根据谶纬文献。相较于《淮南子》，《白虎通》对圣人异
表的描述要丰富得多，表现出明显的观念建构特征，以及从西汉至东汉的建
构过程，其中圣人谱系齐备，孔子也被纳入圣人之列，且多以占星术解释圣

---

① 刘文典：《淮南鸿烈集解》卷 19，北京：中华书局，1989 年，页 641—642。
② 陈立疏证："'甫'与'流'韵不叶，卢（文弨）改'甫'为'邱'。案'邱'与'流'韵亦不叶，
　　'邱'古音去其反，故《易·涣》六四'涣有邱'与'匪夷所思'为韵也。疑有别字。"（《白
　　虎通疏证》卷 7，页 340—341）按《春秋演孔图》作："孔子反宇，是谓尼父，立德泽世，开
　　万世路。"安居香山、中村璋八辑：《纬书集成》，石家庄：河北人民出版社，1993 年，页 576。
③ 陈立撰，吴则虞点校：《白虎通疏证》卷 7，北京：中华书局，1994 年，页 337—341。

人异表，还将《淮南子》陈述禹、文王、皋陶的异表文字引作《礼说》，而《礼说》在禹与文王之间多出有关商汤的十六字："汤臂三肘，是谓柳翼，攘去不义，万民蕃息。"如此则世系齐备。所谓《礼说》即谶纬一类的文献，这类文献的文字往往与《淮南子》《春秋繁露》《尚书大传》等互见，当是撷取采摘或再加增衍。[①] 因此，我们可以认为，《白虎通》所述诸圣异表多据谶纬之说，[②] 所引《传》《礼说》亦是谶纬之文，[③] 特别是四言押韵的句式，在谶纬文献描述圣人异表时常常运用。大概也在章帝时撰作的王充《论衡》，[④] 其《骨相篇》开头也有一段类似的表述：

> 传言黄帝龙颜，颛顼戴午，[⑤] 帝喾骈齿，尧眉八采，舜目重瞳，禹耳三漏，汤臂再肘，文王四乳，武王望阳，周公背偻，皋陶马口，孔子反羽。[⑥] 斯十二圣者，皆在帝王之位，或辅主忧世，世所共闻，儒所共说，在经传者，较著可信。[⑦]

王充认为这些传说是当时的世俗信仰和儒者的共识，而且也出自经传，因而"较著可信"，而其他"非儒者所见，众多非一"的异表传说则出自"短书俗

---

① 《淮南子》"九贤"之数不足，刘文典《集解》引王引之考证，以"禹生于石"当作"启生于石"，其说或是。然高诱注曰："禹母修己，感石而生禹，折胸而出。"又《尚书中候考河命》曰："修己剖背，而生禹于石纽。虎鼻彪口，两耳参镂，首载钩钤，胸怀玉斗，文履己，故曰文命。"（《纬书集成》，页431）此即为高诱注所出，则高诱注《淮南子》当据别本。按，"禹"之后、"文王"之前当为"汤"，《白虎通》述汤之异表数句，或恰为别本《淮南子》所佚乎？

② 下详。

③ 谶纬中有《易内传》，诸儒亦称"纬"为"说"，如《礼记·檀弓下》孔颖达疏引郑玄《答张逸问礼记注》曰："《书说》者，何说也？《尚书纬》也。当为注时，在文网中，嫌引秘书，故所牵图谶，统谓之说云。"（孔颖达：《礼记正义》卷10，阮元校刻：《十三经注疏》，北京：中华书局，1980年，页1313。）

④ 参见黄晖《王充年谱》"章帝元和二年"条考证，黄晖：《论衡校释·附编二》，页1131—1132。

⑤ "午"当作"干"。

⑥ "羽"当作"字"。

⑦ 《论衡校释》卷3，页108—112。

记,竹帛胤文",① 即六经之中圣人异表之说。所以,他推崇的经传即是谶纬,有关圣人"异表"的系统观念是在谶纬文献中逐渐地建构起来的。

然而东汉时也有一些学者如桓谭、伊敏等认为谶纬荒诞不经,且自中古以降,谶纬屡遭朝廷禁绝和儒学自身的扬弃,宋元以后仅存《易纬》,他纬文字皆赖明清辑佚得以管窥,故儒家或正统经学对此中诸如异表之类的知识与观念多不作深究,或以其"违失六艺之本"②,惟于注疏古书之际,随文考辨。③1930 年,顾颉刚先生编成《中国上古史研究讲义》,于"谶纬"一讲中,依五帝次序归纳出谶纬中的圣王异表,指出:"他们最出力描写的乃是孔子,孔子具有五十种异相。"④ 1933 年,周予同先生撰《纬谶中的孔圣与他的门徒》,有"孔圣的异表"一节,简要概括了谶纬中的孔子形象。⑤ 所以,对孔子的诸多异表,学界实乏深究之论,但是从思想史的视角来看,谶纬文献以及《白虎通》等文献中的表述恰恰是汉代极具时代色彩的话语呈现,从中可以窥视汉人的知识、思想与信仰。因此,其中有关孔子异表的描述,是我们考察汉人建构孔子形象和图像的重要数据。2007 年,我应台湾大学"东亚的论语学国际学术研讨会"之命,提交《作为匹夫的素王——谶纬文献中的孔子形象与思想》一文,⑥ 今再受命,赓续其事,谨就孔子的异表作一析论。

二、孔子与谶纬中的异表说

《隋书·经籍志》,其曰:

---

① 《论衡校释》卷 3,页 112。
② 见《白虎通疏证·附录二》,庄述祖:《白虎通义考》,页 609。
③ 如陈立《白虎通疏证》、汪继培《潜夫论笺》、刘盼遂《论衡集解》、黄晖《论衡校释》中有关异表文字的疏证校释。
④ 顾颉刚:《中国上古史研究讲义》,北京:中华书局,1988 年,页 260。
⑤ 朱维铮编:《周予同经学史论著选集》,上海:上海人民出版社,1983 年,页 292。文末称作于"民国二十二年"(1933)。
⑥ 刊于黄俊杰编:《东亚论语学·中国篇》,台北:台湾大学出版中心,2009 年。

　　说者又云：孔子既叙六经，以明天人之道，知后世不能稽同其意，故别立纬及谶，以遗来世。其书出于前汉，有《河图》九篇，《洛书》六篇，自黄帝至周文王所受本文。又别有三十篇，云自初起至于孔子，九圣之所增衍，以广其意。又有"七经纬"三十六篇，并云孔子所作，并前合为八十一篇。①

据此，则《河图》《洛书》四十五篇中，十五篇是上天授予历代圣王的"本文"，三十篇是历代圣王和孔子增广的文本，"七经纬"三十六篇则是孔子所作。② 汉人多以"河洛五九、六艺四九，谓八十一篇"③，"河、洛、图纬"④，"河、洛、七纬"⑤ 等称之。从现存谶纬佚文看，陈述历代圣人异表的文字多集中于《河图》《河图始开图》《河图握矩纪》《河图稽命征》《河图提刘篇》《洛书》《洛书灵准听》《易纬乾凿度》《尚书帝命验》《尚书纬》《尚书中候考河命》《诗含神雾》《乐叶图征》《春秋演孔图》《春秋元命包》《春秋文耀钩》《春秋合诚图》《春秋佐助期》《春秋命历序》《孝经援神契》《孝经钩命决》《论语撰考谶》《论语摘辅象》等，⑥ 而又以《春秋》与《孝经》诸纬为尤。孔子异表则见诸《春秋演孔图》《孝经援神契》《孝经钩命决》《论语摘辅象》。这说明建构孔子形象之事，主要由发挥《春秋》《孝经》《论语》等经义的谶纬文献承担，因为这些经典与孔子的关系较他经更为密切，如《白虎通·五经》所言："［孔子］已作《春秋》，复作《孝经》何？欲专制正……圣人道德已备，弟子所以复记《论语》何？见夫子遭事异变，出之号令足法。"⑦ 孔子的言行

① 魏徵等：《隋书》卷32，北京：中华书局，1973年标点本，页940—941。
② 七经纬包括《易纬》《书纬》《诗纬》《礼纬》《乐纬》《春秋纬》《孝经纬》，《论语》及其他皆称谶。谶的文献地位较纬为低。武帝立五经博士后，《孝经》《论语》不在其列，但被列为基础教育。东汉时《孝经》地位抬升，与《春秋》一并被认为是孔子的制作。
③ 《后汉书·张衡传》，李贤注引《张衡集·上事》。范晔撰，李贤等注：《后汉书》卷59，北京：中华书局，1965年标点本，页1913。
④ 《后汉书》卷79下《儒林·景鸾传》，页2572。
⑤ 《后汉书》卷82上《方术·樊英传》，页2721。
⑥ 《河图》《洛书》《尚书纬》中的文字等为后世文献引用时未注明具体篇目者。
⑦ 《白虎通疏证》卷9，页446。按，陈立疏"见夫子遭事异变，出之号令足法"句曰："此处文亦多讹脱，不可晓。"

也出现在这三部经里，唯此三经之纬才可以从他者的角度描述孔子的异表，其他谶纬文献中所述历代圣人的异表，当是孔子对先圣的描述，当然也包括对刘邦等后王的预测。

《白虎通》指出了圣人之所以有异表，是因为他们"皆天所生也"。孔子不仅是谶纬中异表最多的圣人，更为重要的是，他是发明观察异表、候知帝王命运之术的文化圣人，《汉书·艺文志》"六艺略"就有《孔子徒人图法》二卷，当是儒家相人之籍。① 现存郑玄注《易纬乾凿度》中有一段出自孔子的异表说解，兹录如下：

> 孔子曰：复，表日角。（郑玄注曰：表者，人形体之章谶也。② 名复者，初震爻也。震之体在卯，日出于阳③于出焉。又初应在六四，于辰在丑，为牛，牛有角，复，人表像）；临，表龙颜。（郑注：名临者，二爻而互体震。震为龙，应在六五，六五离爻也。体南方为上，故临人表在颜也）；泰，表戴干④。（郑注：干，楯也。名泰者，三爻也。而体艮，艮为山，山为石体，有以行惧难之器云。应在上六，于人体俱须泰人之表，载于土干也⑤）；大壮，表握诉，龙角大唇⑥。（郑注：艮卦至大壮而立体，此为乾，其四则艮爻，并艮为手，握诉者艮也。并二则坎，为水，有唇。《诗》云："置之河之唇。"四名卦而震为龙，故大壮人之表其象也）；夬，表升骨履文。（郑注：名夬者，五立于辰，在斗魁所指者。⑦ 又五于人体当艮卦，于夬亦手，体成其四，则震爻也，为

---

① 《汉书》卷30，页1717。
② "谶"，原作"诚"，据《黄氏逸书考》本《易纬乾凿度》收录张惠言《易纬略义》按语改。下同。
③ "出于阳"原作"于出焉"，据张惠言按语改。
④ "戴干"原作"载干"，《白虎通》卷7"圣人"："颛顼戴干"，原亦作"载干"，吴则虞校记据《宋书·符瑞志》"首戴干戈"改（《白虎通疏证》卷7，页338注［三］）。然纬书中多有作"戴"者，如《太平御览》卷80《皇王部五》"帝喾高辛氏"引《春秋元命包》"帝喾戴干"，宋均注："干，楯也。招摇为天戈楯相副戴之像，见天中以为表"。
⑤ "泰人"原作"参人"，"土干"原作"干土"，据张惠言按语改。
⑥ "唇"，原作"辰"，据张惠言按语改。
⑦ 按张惠言曰："夬，三月卦，斗建辰。"

足。其三犹艮爻，于十十次，值本于圻，七耀之行起焉。七者属文，北斗在骨，足履文，夬人之表像明也）；**蛊，表耳参漏，足履王，知多权。**（郑注：蛊初爻在巽，巽为风，风有声而无形也。九窍之分，目视形，耳听声，八卦属坎，坎为水，水为孔穴象，消卦，其道五事，曰听耳而三漏，听之至。巽为股，初爻最在下，足象，消卦其蛊、离为明，人君南面而治焉。足行于其上，蛊人表覆王，是由然。王，人君最尊者。离又为火，火者，土寄位焉。土数五，当如垢气于其上，故八，兼更得性耳。巽为进退，又为近利，有知而以进退求利，此谓之垢焉者，阴气之始，故因其表逐，①见其情）；**遯，表日角连理②。**（郑注：名遯者，以离爻也。离为日，消卦，遯主六月，于辰未。未为羊，有角。离，南方之卦也。五均南方，为衡，人之眉上曰衡，衡者平地。连理，或谓连珠者，其骨起。衡之遯人，表亦少少。然《诗含神雾》云："四角主张，荧惑司过也。"）；**否，表二好文。**（郑注：细或谓之时，名否卦者三也。三在五，体艮之中，艮为木多节。否人之表，二时象之，与三艮卦，体五坤，坤为文，故性亦好文也）；**观，表出准虎唇③。**（郑注：名观者，亦在五，艮之中而位上，艮为山泽，山通气，其于人体，则鼻也。艮又门阙，观谓之阙。准在鼻上而高显，观人表出之象。艮为禽喙之属，而当兑之上，兑为口，虎唇又象焉）；**剥，表重童明历元**（郑注：名剥者，五色也。五离爻，离为日，童目子。六五于辰又在卯，④卯，酉属也。剥离人表重焉。五月卦，⑤体在艮，终万物，始万物，莫盛乎艮。历数以有终始，剥人兼之，性自然表像参差，神实为之，难得缕耳，所闰差也）。**此皆律历运期相一匡之神也。欲所按合**

---

① "表逐"，原作"逐表"，据张惠言按语改。
② 张惠言曰："'日角'下有脱文。"
③ "唇"字原脱，据张惠言按语补。
④ 张惠言曰："爻辰。"
⑤ "五月"，《黄氏逸书考》按曰："'五月'二字疑误。"

诚。（郑注：主正月不三者，此人心之合诚，春秋谶卷名也。）[1]

此论根据西汉孟京易学卦气说，其以震、离、兑、坎四正卦及其二十四爻多配一年四季与二十四节气，其余六十卦以每月五卦配一年中的十二月；每卦主六日七分配三百六十五余日；六十卦分辟、公、侯、卿、大夫五组，每组十二卦，公、侯配初候二十四，辟、大夫配次候二十四，侯、卿配末候二十四，与一年七十二候相合（每一节气分初、次、末三候，二十四节气计七十二候），其中十二辟卦（在《易纬稽览图》中又称作"天子卦"），按十二地支的次序为复（子）、临（丑）、泰（寅）、大壮（卯）、夬（辰）、乾（巳）、姤（午）、遁（未）、否（申）、观（酉）、剥（戌）、坤（亥），从复至乾为六息卦（阳息），从姤至坤为六消卦（阴消），[2] 显示出阴阳之气在一年或天道一周中的平均消息。十二辟卦中乾坤为天地，不与圣人配合，故按照孔子的说法，其他十辟卦分别代表着十位天子，他们依照卦气运行的次序轮流执政。郑玄注多根据卦爻之象曲折为说，还融合了《易传》的内容，比如注"姤表"曰："巽为进退，又为近利，有知而以进退求利。"出自《说卦》："巽……为进退，为不果，为臭。其于人也为寡发，为广颡，为多白眼，为近利市三倍。"注"否表"曰："三在五，体艮之中，艮为木多节。"出自《说卦》："艮……其于木也为坚多节。"等等。其实，这些异表的根据并不出自卦象与爻象，而是郑玄根据阴阳五行观念，在形成之后再与卦气说中的十二辟卦符号组合在一起的而已。[3]

这一托名于孔子，以《易》卦统领的异表说有两方面的意义。一是汉人以《易经》为六艺之原，《汉书·艺文志》以《乐》《诗》《礼》《书》《春秋》

---

[1] 《纬书集成》，页 51—54。又见黄奭辑：《易纬》（诸子百家丛书，标点影印，1934 年江都朱氏补刊《黄氏逸书考》本），上海：上海古籍出版社，1993 年，页 34—36。按，诸纬皆散佚，唯《易纬》八种为完帙，四库馆臣得之于《永乐大典》，收入武英殿聚珍板丛书《四库全书》《古经解汇函》之中。《黄氏逸书考》本《易纬》收录张惠言《易纬略义》的内容为按语。

[2] 说详见欧阳修等：《新唐书·历志》卷 27 上，北京：中华书局，1975 年标点本。

[3] 下详。

五经配仁、义、礼、智、信五德,曰:"五者,盖五常之道,相须而备,而《易》为之原。"① 异表说因此获得了经典与形而上的根据。二是可以预测天命。郑玄注《易纬乾元序制记》曰:

> 复姓角名宫,赤黄色,长八尺一寸,三十六世。临姓商名宫,黄白色,长八尺三寸一分,七十二世。泰姓商名宫,黄白色,长七尺六寸,三十六世。
>
> 大壮姓商名角,苍白色,长七尺三寸九分,百三十一世。②右圣人受命,瑞应之至,圣人杀龙,圣人兴起,《河图》出之者。
>
> 姤姓角名商,苍白色,长六尺三寸,二十八世。遁姓宫名商,黄白色,长五尺九寸八分,五十六世。否姓宫名商,黄白色,长五尺六寸一分,七十二世。观姓商名角,苍白色,长五尺三寸二分,百三十世。剥姓商名宫,黄白色,长五尺九寸九分,百二十世。
>
> 右君子得众人所助,③圣人兴起,必乾土,故大人动得中,君子受命,法地蛇。④

六息卦为圣人受命之卦,六消卦为君子受命之卦,各卦姓名、服色、身长、世系皆应五声十二律之数,故依卦察表,根据圣人的异表、姓名、服色等即可推算十位圣王的兴衰成败。

三、异表说的知识体系

战国秦汉以降,阴阳五行学说盛行,替代了传统的卜筮,《管子·五行》

---

① 《汉书》卷30,页1723。
② 按,缺"夬"姓。
③ "右",原作"古",据张惠言按语改。
④ 《纬书集成》,页272。

曰："故通乎阳气，所以事天也，经纬日月，用之于民；通乎阴气，所以事地也，经纬星历，以视其列。通若道然后有行，然则神筴不筮，神龟不卜。"[①] 不仅星占、律历之学依此立说，《易》学也依此改造，孟京以降的卦气说、爻辰说等无一不是将卦爻的符号体系拆散以配合阴阳五行、天干地支，谶纬文献也以孔子秘经的身份整合当时流行的知识，以建构具有经学色彩的阴阳五行话语体系，影响社会政治文化。形法骨相之说亦如此，王符《潜夫论·相列》曰："是故人身体形貌皆有象类，骨法角肉各有分部，以著性命之期，显贵贱之表，一人之身，而五行八卦之气具焉。"[②]《易纬乾凿度》载孔子曰："是故八卦以建，五气以立，五常以行……八卦之序成立，则五气变形。故人生而应八卦之体，得五气，以为五常。"[③] 总之，五行与八卦合成一个符号体系。人体既具"五行八卦之气"，则人的身体结构、外貌也与宇宙同构相符。《淮南子·精神训》曰："天有四时、五行、九解、三百六十六日，人亦有四支、五藏、九窍、三百六十六节。天有风雨寒暑，人亦有取与喜怒。"[④]《春秋繁露·人副天数》曰："是故人之身，首妾而员，象天容也；发，象星辰也；耳目戾戾，象日月也；鼻口呼吸，象风气也；胸中达知，象神明也；腹胞实虚，象百物也。"[⑤]《孝经援神契》曰："人头圆象天。足方法地，五脏象五行，四肢法四时，九窍法九分，目法日月，肝仁，肺义，肾志，心礼，胆断，脾信，膀胱决难，发法星辰，节法日岁，肠法钤。"[⑥]《春秋元命包》曰：

> 是故为人取象于天地，庭法紫微，颜法端门，颐为辅。北斗以应人之七孔，昆仑为颠，嵩高为准，目以象河，口以象海，耳为附域边界亭堠也。

① 据颜昌峣《管子校释》校文，颜昌峣：《管子校释》卷 14，长沙：岳麓书社，1996 年，页 363、364。
② 王符著，汪继培笺，彭铎校正：《潜夫论笺校正》卷 6，北京：中华书局，1985 年，页 308。
③ 《纬书集成》，页 6。
④ 《淮南鸿烈集解》卷 7，页 219—220。
⑤ 《春秋繁露义证》卷 13《人副天数》，页 355—357。
⑥ 《纬书集成》中册，页 962—963。

头者神所居，上员象天，气之府也。岁必十二月，故人头长一尺二寸。

舌之为言达也。阳立于三，故舌在口中者长三寸，象斗玉衡。阴合有四，故舌沦入溢内者长四寸。

唇者齿之垣，所以扶神设端，若有列星与外有限，故曰唇亡齿寒。

人之七孔，内法五脏，外方五行，庶类气契度也。

人两乳者象闰月阴之纪。

腰而上者为天尊高阳之状，腰而下者为阴丰厚地之重，数合于四，故腰周四尺。髀之为言跂也。阴二，故人两髀。

阳立于三，故人脊三寸而结。阴极于八，故人旁八干长八寸。齐者下流，并会合为齐腹。

人发与星辰俱设，发时坠落者，以星不流绝也。

掌圆法天以运动，指五者法五行。[①]

由此可见董仲舒、谶纬论者等发明的异表学说，是在阴阳五行的框架下，通过模拟将人的身体骨相与天象和物象联系在一起，建立起相互感应的符号象征体系，以此推算和察知人性和命运。

孔子作为圣人之一，他的异表更多地与古代圣人谱系相关联。这些圣人被按照五行终始的次序排列，皆有感生的神话和异表。按照占星术的观念，宇宙的主宰是中宫大帝，即北极星，《春秋文耀钩》曰："中宫大帝，其精北极星，含元出气，流精生一也。"[②] "精"即是"星"，《春秋说题辞》曰："星之为言，精也，阳之荣也。阳精为日，日分为星，故其字曰生为星。"[③] 下有太微五帝座，其中的五星为五天帝，《春秋文耀钩》曰："太微宫有五帝座星，苍

---

① 《纬书集成》中册，页 621、627、625、625、625、625、627、627、628、627。
② 《纬书集成》，页 662。
③ 同上书，页 862。

帝其名曰灵威仰，赤帝其名曰赤熛怒，黄帝其名曰含枢纽，白帝其名曰白招矩，黑帝其名曰汁光纪。"① 五帝按照四季方位或五德终始轮流执政，"以试天地四方之邪正而起灭之"。② 并且依木火土金水的次序，以感生的方式降生为人间的帝王，《春秋保乾图》曰"天子至尊也，神精与天地通，血气含五帝精"。③ 他们降生为人间帝王以拯救世道，所谓"其势强者强之，弱者弱之；强之强之而弱之，弱之弱之而强之。是故危者能安，兴者能亡，皆五帝降精而使反复其世道焉"。④ 中宫大帝与五帝在天上已有人形和异表，象征着阴阳与五行，《春秋合诚图》曰"大帝冠五彩，衣青衣，黑下裳，抱日月，日在上，月在下，黄色正方居日间，名五光"。⑤ 感生为人间的帝王之后，五帝的异表或所受天命在降生的历代人间帝王身上有所体现。为清楚地考察这一遗传现象，兹统计谶纬文献，略感生而详异表，列表如下。⑥

表 1　五帝异表

| 五帝异表 | 东方苍帝 | 东方苍帝，体为苍龙，其人长头面大，角骨起眉，背丰博，顺金授火。（《河图》）
苍帝之为人，望之广，视之专，而长九尺一寸。（《春秋合诚图》）
苍帝望之广，视之博。（《春秋感精符》）
苍帝方面。（《河图》）
苍帝望之大，视之专。（《河图》）
苍帝并乳。（宋均注：法房星也。） |
| | 南方赤帝 | 南方赤帝，体为朱鸟，其人尖头圆面，方颐长目，小上广下。须髯偃胸，顺水授土。（《河图》）
赤帝锐头。（《乐叶图征》）
赤帝望之火煌煌燃，视之炎上。（《春秋感精符》）
赤帝圆面。（《河图》） |

---

① 《纬书集成》，页662。
② 同上。
③ 同上书，页806。
④ 同上书，页662。
⑤ 同上书，页766。
⑥ 表中所引皆据《纬书集成》，其中见诸正文者注出页码，其他皆一一注出。

五帝异表		承火而王，为人赤色，大目。离为日，故大，视明也。其人尖头长腰，疾敏尚孝。(《河图》) 赤帝之为人，视之丰，长八尺七寸。丰下兑上，龙颜日角，八采三眸，鸟庭荷胜，琦表射出，握嘉履翌，窍息洞通。(《洛书灵准听》)
	中央黄帝	中央黄帝，体为轩辕，其人面方广颡，兑颐缓唇，背丰厚，顺木授命。(《河图》) 黄帝望之小，视之大，广厚正方。(《春秋感精符》) 承土而王，表其首。首，大表土也。其人广肩大足，好大笑戏舞。广大象土，和致逸乐也。(《河图》)
	西方白帝	西方白帝，体为白虎，其人方桑直面，兑口大鼻小角，顺火授水。(《河图》) 白帝望之明，视之茂。(《春秋感精符》) 白帝广面。(《河图》) 白帝望之明，视之义。(《河图》) 承金而王，为人白色，差肩耳面方毛也。(《河图》)
	北方黑帝	北方黑帝，体为玄武，其人夹面兑头，深目厚耳，垂腹反羽，顺土授木。(《河图》) 黑帝大头。(《乐叶图征》) 黑帝望之巨，视之楲。(《春秋感精符》) 黑帝深面。(《河图》) 承水而王，为人黑色大耳，坎为耳，主肾，水气故大。(《河图》)

表2　人间感生帝王的感生事迹与异表

	家族	圣王	感生事迹	异表
第一世圣王感生事迹与异表	苍帝家族	伏羲	大迹出雷泽，华胥履之，生宓牺。(《诗含神雾》)	伏羲大目，是谓舒光。(《春秋演孔图》) 伏羲大目，山准龙颜。 伏羲龙状。(《春秋元命包》) 伏羲龙身牛首，渠肩达掖，山准日角，蠢目珠衡，骏毫翻鬣，龙唇龟齿，长九尺有一寸，望之广，视之专。(《春秋合诚图》) (注：渠，通也。掖，同腋。衡目上也。珠衡者，目一衡骨有连珠，象玉衡星也。) 伏羲大目，山准日角，衡而连珠。

			（宋均注曰：伏羲木精之人，日角额有骨表，取象日所出。房，所立有星也。珠衡，衡中有骨表如连珠，象玉衡星。） 伏羲日角，珠衡戴胜。 伏羲山准。（《孝经援神契》）
第一世圣王感生事迹与异表	赤帝家族	神农	少典妃安登游于华阳，有神龙首感之于常羊，生神农：人面，龙颜，是谓神农，始为天子。（《春秋元命苞》）	少典妃安登，游于华阳，有神龙首，感于常羊。生神子，人面龙颜，好耕，是谓神农。 女登生神子，人面龙颜，始为天子。（《春秋元命包》） 有人名石耳，苍色大眉，戴玉理，驾六龙，出地辅，号皇神农。 有人名石年，苍色大眉，戴玉理，驾六龙，出地辅，号皇神农。（《春秋命历序》） 神农长八尺有七寸，弘身而牛头，龙颜而大唇，怀成钤，戴玉理。（《孝经援神契》）
	黄帝家族	黄帝	大电绕北斗枢，照郊野，感附宝而生黄帝。（《诗含神雾》）	黄帝龙颜，得天匡阳，上法中宿，取象文昌。（《春秋演孔图》） 帝龙颜，得天庭阳。上法中宿，取象文昌。载天履阴，秉数制刚。（《春秋元命包》） （注：颜有龙像似轩辕也。庭阳，太微庭也。载天，天文在首。履阴，阴字在足下也。制刚，纪也，纪正四辅也。） 黄帝龙颜，得天庭，法中宿，取象文昌。（《春秋文耀钩》） 黄帝身逾九尺，附函挺朵，修髯花瘤，河目龙颡，日角龙颜。（《孝经援神契》） 黄帝名轩辕，北斗神也，以雷精起，胸文曰："黄帝子。"修德立义，天下大治。（《河图始开图》） 黄帝名轩辕，北斗黄神之精，母地祇之女附宝，之郊野，大电绕斗，枢星耀，感附宝，生轩，胸文曰："黄帝子。"（《河图握矩纪》） 黄帝广颡龙额。 黄帝兑颐。（《河图》）

第一世圣王感生事迹与异表	白帝家族	少昊	黄帝时大星如虹,下流渚,女节梦接,意感而生白帝朱宣。(《春秋元命苞》)	少昊秀外龙庭,月悬通[因鸟]。(《河图握矩纪》)
	黑帝家族	颛顼	摇光如蜺,贯月正白,感女枢,生颛顼。(《诗含神雾》)	颛帝戴干,是谓崇仁。(《春秋演孔图》) 颛顼并干,上法参月,集威成纪,以理阴阳。 (注:骈,犹重也。水精言月参,伐主斩刘成功。) 颛帝戴干,是谓崇仁。 颛玉戴干,是谓清明。(《春秋元命包》) 颛顼并干,上法月参,集威成纪,以法阴阳。(《春秋文耀钩》) 颛顼渠头并干,通眉带午。(《河图握矩纪》)
第二世圣王感生事迹与异表	苍帝家族	帝喾	(阙)	帝喾骈齿,上法月参,康度成纪,取理阴阳。(《春秋演孔图》) 帝俈载干,是谓清明,发节移度,盖象招摇。 (宋均曰:干,楯也。扫摇为天戈。戈楯相副载之者象见,天中以为表者也。) 帝喾戴干,是谓清明。发节移度,盖象招摇。(《春秋文耀钩》) 帝俈骈齿,上法日参,秉度纪纪,发理阴阳。宋均曰:所以骈齿,齿,星位。(《河图握矩纪》) 帝喾骈齿方颐,庞觌,珠庭,仳齿戴干。(《河图握矩纪》) 帝喾方颐。(《河图》)

第二世圣王感生事迹与异表	赤帝家族	帝尧	庆都与赤龙合婚，生赤帝伊祁，尧也。(《诗含神雾》) 尧母庆都……出观三河之首，常若有神随之者。有赤龙负图出，庆都读之；赤受天运。下有图，人衣赤光，面八彩，须鬓，长七尺二寸，兑上丰下，足履翼翼。署曰：赤帝起诚天下宝。奄然阴风雨，赤龙与庆者合婚，有娠，龙消不见。既乳，视尧貌如图表。及尧有知，庆都以图予尧。(《孝经援神契》)	尧眉八采，是谓通明。(《春秋演孔图》) 尧眉八采，是谓通明。历象日月，璇玑玉衡。宋均注：齐七政，定星辰，序日月，作历闰也。(《春秋元命包》) 尧眉八采，是谓通明，历象日月，陈剸考功。(《春秋文耀钩》) 足下五翼星。 (宋均注：赤龙与庆都合，十四月而生帝祁尧也。) 尧面八采，谓八位皆有光彩。 (注云：彩色有八者非。) 尧鸟庭，荷胜，八眉。(《孝经援神契》) (注曰：尧，火精人也。鸟庭，庭有鸟骨表，取像朱鸟与太微庭也。朱鸟戴圣，荷胜似之。八眉，眉彩色有八。)
	黄帝家族	帝舜	握登见大虹，意感而生舜于姚墟。(《诗含神雾》)	舜目重瞳，是谓玄景。(《春秋演孔图》) 舜目四童，谓之重明，承乾乾踵尧，海内富昌。(《春秋演孔图》) (注曰：童，瞳子也。) 舜重瞳子，是为慈原。上应摄提，下应三元。(《春秋元命包》) (宋均注：滋凉，有滋液之润，且清凉光明而多见。) 舜目重瞳，是谓滋凉，上应摄提，以统三光。(《春秋文耀钩》) 舜长九尺，员首，龙颜日衡，方庭大口，面

第二世圣王感生事迹与异表				颐亡发,怀珠握褒,形挪娄色鼍露,目童重萌,衡眉骨圆起,颐含。(《春秋合诚图》)
				舜龙颜重瞳,大口,手握褒。注曰:龙颜,取象[车工],故有此骨表也。重童取象雷,多精光也。大口以象斗星,又为天作喉舌。握褒,手中褒字,喻从劳苦起,受褒饰,致大位者也。(《孝经援神契》)
				有人方面,日衡,重华,握石椎,怀神珠。(《洛书灵准听》)
				(注曰:衡有骨表如日也,眉上日衡重华,重童子。椎读曰钟,锤平轻重地。握谓如璇玑玉衡之道。怀神珠,喻有圣性也。)
				舜长九尺,太上员首,龙颜日衡,方庭甚口,面颧亡髦,怀珠握褒,形卷娄,色鼍露,目童重曜,故曰舜,而原曰重华。(《洛书灵准听》)
	白帝家族	禹	修纪山行,见流星,意感栗然,生姒戎文禹。(《尚书帝命验》)	禹身长九尺,有只虎鼻河目,骈齿鸟喙,耳三漏,戴成钤,怀玉斗,玉衦履己。[①] (宋均注:"故体洗去,于是己竟也。")
				有人大口,两耳参漏,足文履己,首戴钩钤,胸怀玉斗,分别九州,随山浚川,任土作贡。(《尚书帝命验》)
			修己剖背,而生禹于石纽。(《尚书中候考河命》)	(宋均注:钩钤在房后,以尉明堂也。)
				虎鼻彪口,两耳参镂,首载钩钤,[②]胸怀玉斗,文履己,故曰文命。长九尺九寸,梦自洗河,以手取水饮之,乃见狐九尾。(《尚书中候考河命》)
				禹耳三漏,是谓大通。(《春秋演孔图》)
				禹耳三漏,是谓大通。(《春秋元命包》)
				禹长九尺有咫,虎鼻河目,骈齿鸟喙,耳三

---

① 按,履己,《诗泛历枢》:"己者,纪也。阴阳造化,臣子成道。"宋均注:"纪琮。"
② 按,钩钤,《汉书·天文志》:"其后荧惑守房之钩钤。钩钤,天子之御也。"《汉书》卷26,页1308。《春秋元命包》:"钩钤两星,以闲防,神府阊舒,以备非常也。""钩钤三日不见,其分野大臣内乱,天子弱亡,诸侯诛,四方期三年。"

续表

				漏，戴铃，怀玉斗，玉肝，履己。(《春秋合诚图》) (注：戴铃，有骨表如钩铃星。玉斗，胸有黑子如北斗。玉肝，按肝，疑骭之误。) 禹虎鼻。(《孝经援神契》) 有人大口，耳参漏。足履己，戴成铃，怀玉斗。 有人石夷，掘地代，戴成铃，怀玉斗。(《洛书灵准听》) (姚氏云：禹胸有黑子如北斗。) 禹身长九尺有只，虎鼻河目，骈齿鸟喙，耳三漏，戴成铃，怀玉斗，玉体履己。(《洛书灵准听》)
	黑帝家族	契、汤	玄鸟翔水，遗卵于流。娀简狄吞之，生契，封商。(《尚书中候》) 扶都见白气贯月，感黑帝生汤。(《诗含神雾》)	汤臂三肘，是谓柳翼。(《春秋演孔图》) 汤臂四肘，是谓神刚。象月推移，以绥四方。(《春秋元命包》) (宋均注：四肘，是谓之神肘。) 黑帝子汤，长八尺一寸，珠庭。 黑帝子汤，长八尺一寸，或曰七尺，连珠庭，臂二肘。(《洛书灵准听》) 汤臂有四肘。(《洛书灵准听》) 黑帝子汤，长八尺一寸，珠庭。(《洛书》)
第三世圣王感生事迹与异表	苍帝家族	后稷、文王、武王	姜原游閟宫，其地扶桑，履大人迹而生后稷。(《尚书中候》) 姬苍，苍帝之精，位在心房。 太任梦长人感己，生文王。(《春秋元命包》《诗含神雾》)	文王四乳，是谓含良。武王骈齿，是谓刚强。(《春秋演孔图》) 文王四乳，是谓至仁，天下所归，百姓所亲。武王望羊，是谓摄扬，盱目陈兵，天下富昌。周公偻背，是谓强俊，成就周道，辅于幼主。(《春秋演孔图》) 圣人在后，曰望阳。苞怀至德，据少阳。(《春秋演孔图》) (注曰：文王子也，故在后，嗣文王矣。) 文王四乳，是谓含良。盖法酒旗，布恩舒惠。 (宋均注：乳，酒也。注：酒者，乳也，乳天下之谓也。) 文王龙颜，柔肩望羊。

第三世圣王感生事迹与异表				（注，柔肩言象，龙膺曲起。） 武王骈齿，是为刚强，取象参房，诛害以从天心。（《春秋元命包》） （宋均注：日房为明堂，主布政。参为大臣，主斩刈。兼此二者，故重齿为表。） 苍帝姬昌，日角鸟鼻，身长八尺二寸，圣智慈理也。（《洛书灵准听》）
	赤帝家族	汉高祖	刘媪梦赤鸟如龙，戏己，生执嘉。执嘉妻含始游雒池，赤珠上刻曰："玉英，吞此者为王客。"以其年生刘季为汉皇。（《春秋握诚图》）	有人卯金丰（丰，《御览》引作"兴于丰"），击玉鼓，驾六龙。其人日角龙颜，姓卯金刀，含仁义，戴玉英，光中再，仁雄出，日月角。 其人日角龙颜，姓卯金，含仁义。（《春秋演孔图》） 帝刘季，日角，戴北斗，胸龟背龙，身长七尺八寸，明圣而宽仁，好任主。（《河图稽命征》） 帝季，日角，戴胜，龟背，龙股，长七尺八寸，明圣宽仁，好任主轸。（《河图提刘篇》） 帝刘季，日角，戴胜，斗胸，龟背，龙眼，长七尺八寸，明圣而宽仁。（《河图》）
	黄帝家族	代汉者		代汉者，龙颜珠额。（《诗含神雾》）

上列二表之中，同一天帝降生的圣王们的异表具有一些共相，比如东方为苍龙，苍帝家族的圣王往往有"龙颜"的异表；南方为朱雀，赤帝家族的圣王往往有"鸟庭"的异表；中央为北斗，黄帝家族的圣王往往有"广庭""大口"的异表；西方为白虎，白帝家族往往有"虎鼻"的异表；北方为玄武为水，黑帝家族皆有"月"的异表，《淮南子·天文训》曰："积阴之寒气为水，水气之精者为月。"①《春秋感精符》曰："月者，阴之精，上为月。"就上引《易

纬乾凿度》中辟卦的异表而论，东方的临卦、大壮卦有"龙"的异表，西方的观卦有"虎"的异表，这些皆符合上述五行观念的逻辑体系。当然，每位圣王皆因其事迹而有其特殊的异表，我们不难发现，《白虎通》和《论衡》以及谶纬文献中以四字为句甚至押韵罗列的圣王异表，其实都是异表中的殊相。

还有一些不在上述五帝谱系中的圣贤也具有异表，比如《春秋演孔图》曰："仓颉四目，是谓并明。""皋陶鸟喙，是谓至诚，决讼明白，察于人情。"① "伊尹大而短，赤色而髯好，偄而下声。"②《春秋佐助期》曰："汉相萧何，长七尺八寸，昴星精，生耳参漏，月角大形。"③《论语撰考谶》曰："颜回有角额，似月形。渊，水也。月是水精，故名渊。"④《论语摘辅象》曰："颜回山庭日角，曾子珠衡犀角。""子贡山庭，斗绕口 [注：谓面有三庭，言山在中，鼻高有异相也。故子贡至孝颜回至仁也]。""子贡斗星绕口，南容升。""仲弓钩文在手，是谓知始。宰我手握户，是谓守道。子游手握文雅，是谓敏士。公冶长手握辅，是谓习道。子贡手握五，是谓受相。公伯周手握直期，是谓疾恶。澹台灭明歧掌，是谓正直。""樊迟山额，有若月衡，反宇陷额，是谓和喜。""太公大口，鼻有伏藏。"⑤ 在上述帝王谱系之外，秦始皇也是具有异表的帝王。由于秦之先公先王皆以西方白帝自居，⑥《史记》中高祖斩白蛇之事也暗示其为白帝之子，⑦ 所以谶纬中按五帝的观念，以其为白帝之后，具有"虎口"等异表。《河图稽命征》曰："秦距之帝名政，虎口日角，大目降鼻，长八尺六寸，大七围，手握执矢，名祖龙。"⑧《河图》曰："秦帝名政，虎口日角，大目隆鼻，长八尺六寸，大七围，手握兵执矢，名祖龙。""秦始皇虎口

① 《纬书集成》，页 574。
② 同上书，页 576。
③ 同上书，页 880。
④ 同上书，页 1069。
⑤ 同上书，页 1072。
⑥ 参见《史记·封禅书》。司马迁撰，裴骃集解，司马贞索隐，张守节正义：《史记》卷28，北京：中华书局，1959 年。
⑦ 《史记》卷 8《高祖本纪》，页 347。
⑧ 《纬书集成》，页 1180。

日角。"① 不过秦始皇本人并不认同五行相生的次序，而是"推五德终始之传，以为周得火德"，采五行相克之说，以水德作为国家德运，以示"刚毅戾深，事皆决于法，刻削毋仁恩和义"。② 但汉家的国家信仰以尧后自居，以火德直接周之木德。在这个五行相生的顺序中，秦始皇自居的水德无法安置，故刘歆《世经》曰："秦以水德，在周、汉木火之间，周人迁其行序，故《易》不载。"③ 所以，秦始皇在谶纬之中，是一个无德无位的王。

四、孔子的异表

谶纬中孔子的地位更加特殊，他是一位有德无位的王。荀子以为"圣人之不得执者也"，汉人称之为"玄圣素王"，④ 认为他的事业是为赤帝家族的汉家制法。《书纬考灵耀》曰："卯金出轸，握命孔符。"⑤《春秋感精符》曰："墨、孔生，为赤制。"⑥《春秋纬》曰："丘，水精，治法，为赤制功。""黑龙生，为赤，必告云象，使知命。"⑦ 因为孔子是玄圣、水精，所以他也是黑帝家族的后代。《论语撰考谶》曰："叔梁纥与征在祷尼丘山，感黑龙之精，以生仲尼。"⑧ 又《春秋演孔图》曰："孔子母征在，游大泽之陂，睡梦黑帝使请己，己往梦交，语曰：汝乳必于空桑之中。觉则若感，生丘于空桑之中，故曰玄圣。"⑨ 他和秦始皇一样，处于周、汉木火之间，没有正常的位序。

① 《纬书集成》，页 1221。
② 《史记》卷 6《秦始皇本纪》，页 237—238。
③ 《汉书》卷 21 下《律历下》，页 1012。
④ 赵翼《陔余丛考》卷 21 "素王" 条考此语出《庄子·天道》，"原谓圣人之穷而在下者耳"，至汉代文献中专指孔子。赵翼撰，栾保群、吕宗力校点：《陔余丛考》，石家庄：河北人民出版社，2003 年，页 396。
⑤ 《纬书集成》，页 356。《太平御览》卷 87《皇王部 12》引此纬文，注曰："卯金，刘字之别。轸，楚分野之星。符、图书，刘所握天命、孔子制图书。"
⑥ 《纬书集成》，页 743。
⑦ 同上。
⑧ 同上书，页 1069。
⑨ 同上书，页 576。

纬中描述孔子异表的文字有《春秋演孔图》,其中一段"具五十种异相",堪称异表之最:

> 孔子反宇,是谓尼父,立德泽世,开万世路。
>
> 孔胸文曰:制作定世符运。
>
> 孔子长十尺,大九围,坐如蹲龙,立如牵牛,就之如昴,望之如斗。
>
> 孔子长十尺,海口尼首,方面,月角日准,河目龙颡,斗唇昌颜,均颐辅喉,骈齿龙形,龟脊虎掌,胼协[胁]修肱,参膺圩顶,山脐林背,翼臂注头,阜脥堤眉,[①]地定[足]谷窍,雷声泽腹,修上趋下,末偻后耳,面如蒙倛,手垂过膝,耳垂珠庭,眉十二采,目六十四理。立如凤峙,坐如龙蹲,手握天文,足履度字。望之如朴[仆],就之如升,视若营四海,躬履谦让。腰大十围,胸应矩,舌理七重,钩文在掌。胸文曰:制作定世符运。[②]

又《孝经援神契》:

> 孔子海口,言若含择,斗唇吐教,陈机授度。[③]

又《孝经钩命决》:

> 仲尼斗唇,舌理七重,吐教陈机受度。
>
> 仲尼虎掌,是谓威射。
>
> 仲尼龟脊。

---

① 按"堤眉"当作"提眉",详下文。
② 《纬书集成》,页576、577(此条又见黄奭辑:《春秋纬》,页35)。
③ 同上书,页946。

　　夫子辅喉。

　　夫子骈齿。

　　仲尼海口，言善食海泽也。①

又《论语摘辅象》：

　　孔子胸应矩，是谓仪古。

　　孔子海口，言若含泽。②

　　这些零乱杂凑的文字所描写的孔子异表，有的可以从字面上直接了解意义，有的意义则有文化渊源，甚至难有确解，大致有四种类型。

　　其一是对古代文献中孔子的形象的综合。比如"望之如朴（仆），就之如升""躬履谦让""翼臂"等是对《论语》的综合。《论语》中弟子对孔子有自己不可企及的崇拜之情，如《子罕》载："颜渊喟然叹曰：'仰之弥高，钻之弥坚。瞻之在前，忽焉在后。'"③且《论语》中多记孔子谦辞谦行，如《述而》载孔子曰："躬行君子，则吾未之有得。""若圣与仁，则吾岂敢？"④《乡党》载："孔子于乡党，恂恂如也，似不能言者，其在宗庙朝廷，便便言，唯谨耳。"⑤"入公门，鞠躬如也，如不容。""摄齐升堂，鞠躬如也，屏气似不息者。""没阶趋进，翼如也。"⑥又如"孔子长十尺"、"面如蒙倛"，出自《荀子·非相篇》："仲尼长。""仲尼之状，面如蒙倛。"杨谅注曰："倛，方相也。其首蒙茸然，故曰蒙倛。"⑦《史记·孔子世家》亦言孔子身高："孔子长九尺

① 《纬书集成》，页1011。
② 同上书，页1071、1074。
③ 何晏注，邢昺疏：《论语注疏》卷9，收入《十三经注疏》，页2490。
④ 《论语注疏》卷7，页2484。
⑤ 《论语注疏》卷10，页2493。
⑥ 同上书，页2494。《史记·孔子世家》作："入公门，鞠躬如也；趋进，翼如也。"（《史记》卷47，页1939。）
⑦ 王先谦：《荀子集释》卷3，北京：中华书局，1988年，页73、74。

有六寸,人皆谓之'长人'而异之。"① 又如"修上趋下,末偻后耳""视若营四海",出自《庄子·外物》:"老莱子之弟子出薪,遇仲尼,反以告,曰:'人有于彼,修上而趋下,末偻而后耳,视若营四海,不知其谁氏之子。'"郭象注曰:"长上而促下也。""耳却近而上偻。""视之偏然,似营他人事者。"成玄英《疏》曰:"修,长也。趋,短也。末,肩背也。所见之士,下短上长,肩背伛偻,耳却近后,瞻视高远,所作恩恩,似营天下。"② 再如"圩顶"出自《史记·孔子世家》:"(叔梁)纥与颜氏女野合而生孔子,祷于尼丘得孔子。鲁襄公二十年而孔子生,生而首上圩顶,故因名曰丘云。"司马贞《索隐》曰:"圩,音乌。顶音鼎。圩顶言顶上窊也,故孔子顶如反宇。反宇者,若屋宇之反,中低而四傍高也。"③ "反宇"是孔子之顶,"尼山"是孔子之母祈祷之地和为孔子取名字的依据,也是孔子为何有"反宇"之相的依据。故"尼首"当亦是"圩顶"的别说,《后汉书·方术传》:"(高获)为人尼首方面。"李贤注曰:"尼首,首象尼丘山,中下四方高也。"④

其二是黑帝家族共同的异表特征。"月角",即额骨如月,象征他是"水精"。"龟脊"也是北方之象,《礼记·礼运》曰:"麟、凤、龟、龙谓之四灵。"郑玄注曰:"龟,北方之灵,信则至矣。"⑤ "眉十二采",或也是水数的象征,《礼记·月令》以冬季之月,"其数六",⑥ 秦始皇称水德,"数以六为纪",⑦ 故两眉各六采为十二。此外,在谶纬的观念中,孔子之所以具有"尼首""圩顶"的异表,也可以理解成黑帝具有"反羽"的特征;荀子所言"仲尼之状,面如蒙倛",也是黑帝"深面"的特征。

其三是天文地理的象征。《春秋元命苞》以"头者神所居,上员象天"。

---

① 《史记》卷47,页1909。
② 郭庆藩:《庄子集解》卷9上,北京:中华书局,1961年,页928—929。
③ 《史记》卷47,页1905—1906。
④ 《后汉书》卷28上,页2711。
⑤ 《礼记正义》卷22,页1425。
⑥ 《礼记正义》卷17,页1382。
⑦ 《史记》卷6,页237。

"龙颡""昌颜"是额头的异表，饱满光泽，含有文昌、太一之星象。《春秋元命包》："在天为文昌，在人为颜颡，太一之谓也。颜之言气畔也，阳立于五，故颜博五寸。"[①]孔子头上没有其他圣王的"日角"的异表，但具有"日准"，"日"的符号体现在他的鼻骨上，宽而饱满隆起。"骈齿"是帝喾、大禹和武王的异表。《河图握矩纪》曰："帝俈骈齿，上法日参。"宋均曰："所以骈齿，齿，星位。"[②]《春秋演孔图》曰："帝喾骈齿，上法月参，康度成纪，取理阴阳。"[③]《春秋元命包》"颛顼并干，上法参月"条注曰："水精言月参，伐主斩刘成功。"[④]故骈齿象征日或月与参宿并列之象。"参膺"指胸含参宿之象。"堤眉"当作"提眉"，《春秋元命包》："天有摄提，人有两眉，为人表候。阳立于二，故眉长二寸。"注曰："摄提两星颇曲，人眉似之。"[⑤]《春秋元命包》称"目以象河，口以象海"，故孔子"河目"，这也是黄帝和大禹皆有的异表。又"孔子海口，言若含择（泽），斗唇吐教，陈机授度"，海口即大口，前引《孝经援神契》"舜大口"注曰："大口以象斗星，又为天作喉舌。"[⑥]象征他教泽天下，为后世立法。唇与舌连，《春秋元命包》以舌"象斗玉衡"，斗有七星，故孔子"舌理七重"。"手握天文"，则是星象在手的异表。

其四是文字或符号。"目六十四理"，象征《周易》六十四卦。"足履度字""钧文在掌"象征度量钧衡等法度，胸文曰："制作定世符运。"则是素王专制的天命，与《河图始开图》所载黄帝胸文曰"黄帝子"如出一辙。

五、汉代的孔子图像

顾颉刚先生论及孔子的 50 种异相时，感慨道："我自恨不会画图，不能

---

① 《纬书集成》，页 649。
② 同上书，页 1144。
③ 同上书，页 574。
④ 同上书，页 590。
⑤ 同上书，页 643。
⑥ 同上书，页 956。

照他们说的画出，不然，我们可以看看，在他们的想象中，孔子尚像不像一个人。"①其实不仅现代的学人不能接受谶纬中的孔子，古代亦如此。儒学非相，以相术为世俗末学；又主张礼教，故反对像教。《荀子·非相》曰：

> 相人，古之人无有也，学者不道也。古者有姑布子卿，今之世，梁有唐举，相人之形状颜色而知其吉凶妖祥，世俗称之。古之人无有也，学者不道也。故相形不如论心，论心不如择术。形不胜心，心不胜术。术正而心顺之，则形相虽恶而心术善，无害为君子也；形相虽善而心术恶，无害为小人也。君子之谓吉，小人之谓凶。故长短、小大、善恶形相，非吉凶也。古之人无有也，学者不道也。②

《论语》中唯记孔子的言谈、举止、表情、风度，如"子温而厉，威而不猛，恭而安"之类③，并不言及孔子的五官相貌。《孟子·滕文公上》曰：

> 昔者孔子没……子夏、子张、子游以有若似圣人，欲以所事孔子事之。强曾子，曾子曰："不可，江汉以濯之，秋阳以暴之，皓皓乎不可尚已！"④

故孔子弟子所崇拜之孔子，并非偶像，而是夫子的道德文章。故魏王朗《相论》曰："然仲尼之门，童冠之群不言相形之事。"⑤又顾炎武《日知录》卷14"像设"曰：

---

① 顾颉刚：《中国上古史研究讲义》，页260。
② 《荀子集解》卷3，页72—73。
③ 《论语注疏》卷7《论语·述而》，页2484。
④ 孙奭：《孟子正义》卷5下，收入《十三经注疏》，页2706。
⑤ 欧阳询撰，汪绍楹校：《艺文类聚》卷75，上海：上海古籍出版社，1965年，页1287。

古之于丧也有重，于祔也有主，以依神；于祭祀也有尸，以象神，而无所谓像也。《左传》言"尝于太公之庙，麻婴为尸"，《孟子》亦曰"弟为尸"，而春秋以后，不闻有尸之事。宋玉《招魂》始有"像设君室"之文。尸礼废而像事兴，盖在战国之时矣。（原注：汉文翁成都设孔子坐像，其坐敛跽……）[1]

战国像事之兴，正是礼乐尽丧之时，荀子生战国末期，故其言甚确。荀子再三强调的"古之人无有也，学者不道也"，反映了儒学的精英传统，或称为大传统的文化取向；而今之世俗所称道者，正是民间传统，或称为小传统的文化取向。不过这两个传统并非水火不容，余英时先生认为："中国大小传统之间的交流似乎更为畅通，秦汉时代尤其如此。"他认为其中一个重要的原因在于：汉代不再是一个贵族阶级社会，而是士农工商组成的四民社会，大小传统更趋混杂，而汉儒更是自觉地承担起观采风谣和以礼乐教化民众的历史重任。[2] 顾颉刚先生将他所作《汉代学术史略》改为《秦汉的方士与儒生》，也拈出了这一时代的文化特征。汉代最具影响的今文经学的文献，如《尚书大传》《春秋繁露》等无不兼采阴阳五行，天文律历数术之学；《诗》学也"或取《春秋》，采杂说，咸非其本义"，[3] 皆试图以儒家经典牢笼知识与信仰，助成教化。为了改变世界，他们不再像先秦儒家那样沉溺于思辨。史家亦如此，太史公撰《五帝本纪》，于百家之言、长老之说，皆以"不离古文者近是"，[4] 却于《孔子世家》采用民间孔子野合而生、圩顶异相等传说，与《孔子家语·本姓解》中的记载大相径庭，崔适以为"太史公以受命帝

[1] 顾炎武撰，黄汝成集释，秦克诚点校：《日知录集释》卷 14，长沙：岳麓书社，1994 年，页 528。

[2] 参见余英时：《汉代循吏与文化传播》，氏著：《士与中国文化》，上海：上海人民出版社，1987 年，页 132—151。

[3] 《汉书》卷 30《艺文志》，页 1708。

[4] 《史记》卷 1，页 46。

王尊孔子,故云尔"。^①今检王充《论衡·骨相篇》、王符《潜夫论·相列篇》,
知其皆推崇相术。王充曰:"非徒命有骨法,性亦有骨法。惟知命有明相,莫
知性有骨法,此见命之表证,不见性之符验也。""性命系于形体,明矣。"^②此
与荀子"相形不如论心,论心不如择术"之说相违甚巨。因此,一直被儒学
者视为荒诞不经的谶纬,从某种意义上看,正是儒学民间化的一种极端的表
现。谶纬中孔子形象的构拟过程,和汉代孔子图像流行的趋势,皆是时代的
思想与文化潮流的体现。

古人创作美术的目的并非皆为审美,而是往往为了助成知识传播、确立
信仰与道德教化。唐代张彦远《历代名画记》:"夫画者,成教化,助人伦,穷
神变,测幽微,与六籍同功。"^③为圣贤君子画像之风已具于战国,《国语·越
语下》载越王"命工以良金写范蠡之状而朝礼之"。^④西汉亦有为圣贤画像
之风气。《汉书·霍光传》载武帝"使黄门画周公负成王朝诸侯以赐光";^⑤
《苏武传》载宣帝"思股肱之美,乃图画其人于麒麟阁,法其形貌,署其官爵
姓名"。^⑥据出土的战国长沙陈家大山楚墓帛画《龙凤仕女图》(1949)、长
沙子弹库楚墓帛画《御龙人物图》(1973),以及长沙马王堆一号西汉墓帛画
(1972)等,可知战国秦汉间人物画的艺术已十分精湛。然而,《孔子世家》
太史公曰:"适鲁,观仲尼庙堂车服礼器,诸生以时习礼其家,余祗回留之不
能去云。"^⑦则太史公至孔子庙堂之时,尚未睹孔子之像。陈登原《国史旧闻》
"孔子造像"条曰:"汉晋之时,孔庙已有造像。《从征记》所言,虽为墓壁附
刻,然亦可以旁征当时孔庙已有造像。"^⑧传言西汉景帝时西蜀太守文翁始

① 崔适:《史记探源》卷 6,北京:中华书局,1986 年,页 146—147。
② 《论衡校释》卷 3,页 120、122。
③ 张彦远:《历代名画记》,北京:人民美术出版社,1963 年,页 1。
④ 上海师范大学古籍整理研究所校点:《国语》卷 21,上海:上海古籍出版社,1988 年,页 659。
⑤ 《汉书》卷 68,页 2931。
⑥ 《汉书》卷 54,页 2468。
⑦ 《史记》卷 47,页 1947。
⑧ 陈登原:《国史旧闻》第 1 分册,北京:中华书局,2000 年,页 364。按,"《从征记》"当作
  "《西征记》",详下引《水经注》"济水"条注。

为孔子画像或制作雕塑。《汉书·循吏传》载其"修起学官于成都市中"，[①]
未言及画像之事。《史记·仲尼弟子列传》："受业身通者七十有七人"，唐
司马贞《索隐》曰："《孔子家语》亦有七十七人，唯《文翁孔庙图》作七十二
人。"[②] 邢义田先生《汉代壁画的发展和壁画墓》认为此图当出于东汉献帝时
期益州太守高朕与刺史张收。[③] 又朱子《晦庵集》卷68《跪坐拜说》曰："乃
闻成都府学有汉时礼殿诸像，皆席地而跪坐，文翁犹是当时琢石所为。"[④] 此
当是传闻，倘真有其事，也当出于汉儒设像教化的目的。清代学者左暄提供
了汉代孔庙和学校中画孔子像的可靠证据，黄汝成《日知录集释》卷14 "像
设"引其说曰：

> 韩敕《修孔子庙后碑》立于桓帝永寿三年，而碑中有"改画圣
> 像"语。《后汉书·蔡邕传》："灵帝光和元年，置鸿都门学，画孔子
> 及七十二弟子像。"此见于史书及金石之文可考者。[⑤]

韩敕《修孔庙后碑》述修庙事诸语，中有"承法而制，以遵古常。崇圣帷
坐，荐席十重。改画圣像，如古图（下阙）"，[⑥] 此意似以当时孔庙中的礼器、
车服和圣像皆不合古制，故须遵守古法，改复古图，可推知汉代孔子画像之
构图亦分古今两派，而谶纬中的孔子不知归于何派。

汉代墓葬室画所绘，加上石壁所刻（画像石）的孔子及其弟子事迹的图
像甚多。《水经注》卷8 "济水……又东过方与县北为菏水，济水东径重乡
城南"注曰："戴延之《西征记》曰：'焦氏山北数山，有汉司隶校尉鲁恭穿山

① 《汉书》卷89，页3626。
② 《史记》卷67，页2185。
③ 邢义田：《秦汉史论稿》，台北：东大图书股份有限公司，1987年，页461。原文刊"中研院"
　　《历史语言研究所集刊》第57本第1分（1986年）。
④ 朱熹：《晦庵先生朱文公集》卷68，《四部丛刊》景明嘉靖本，页4968。
⑤ 《日知录集释》，页529。
⑥ 洪适：《隶释·隶续》，北京：中华书局，1986年，页22。

得白蛇、白兔,不葬,更葬山南,凿而得金,故曰金乡山。山形峻峭,冢前有石祠、石庙,四壁皆青石隐起。自书契以来,忠臣、孝子、贞妇、孔子及弟子七十二人形像,像边皆刻石记之,文字分明。'"①卷26"沭水""又东北过寿光县西"注曰:"城之西南水东有孔子石室,故庙堂也,中有《孔子像》《弟子问经》,既无碑志,未详所立。"南宋洪适《隶续》卷12录《孔子见老子图》,跋曰:

> 右孔子见老子画像,人物七,车二,马三。标榜四,惟老子后一榜漫灭。孔子面右,贽雁;老子面左,曳曲竹杖。中间复有一雁,一人俛首在雁下,一物挂地若扇之状。石有裂文,不能详辨。侍孔子者一人,其后双马驾车,车上一人,马首外向。老子之后,一马驾车,车上亦一人,车后一人,回首向外。《史记》鲁昭公予孔子一乘车,两马,一竖子,同南宫敬叔适周,问礼于老子。此画圣舆两骖,似是据此。②

又阮元《山左金石志》卷七有《孔子见老子画像》,跋云:"题字三榜八分书,在济宁州学明伦堂壁间。此石黄司马易自嘉祥武宅山得之,以是圣像,敬移州学。洪氏《隶续》失载。"③金武祥《粟香随笔》载:"宝应《孔子见老子像》在县学宫。中层模糊,已不可辨。上层孔子、老子二像,有八分书'孔子老子'四字。下层凡三人并食器。有烹鱼者,有腒鼎者,不知所绘何像也。汪

---

① 按,赵明诚《金石录》卷16《汉司隶校尉鲁峻碑跋》曰:"今墓与石室尚存,惟此碑为人辇置任城县学矣。余尝得石室所刻画像,与延之所记合。"此碑刻于熹平二年(173)四月,今碑在山东济宁,画像石及拓本无存(见张彦生:《善本碑帖录》,北京:中华书局,1984年,页30)。又陈登原《国史旧闻》卷第13(156页)"孔子造像"条引戴延之《西征记》误作伍辑之《从征记》(《国史旧闻》第1分册,页363)。姚振宗《隋书经籍志考证》卷39之6集部2之6"宋奉朝请伍辑之集十二卷"考证曰:"案诸类书引伍辑之《从征记》,似与郭缘生、戴延之、裴松之、邱渊之并从宋武帝北征、西征者。义熙中同为宋武官属也。"

② 《隶释·隶续》,页411。

③ 仪征阮氏小琅环仙馆刊本。

容甫先生有手拓精本，朱宜禄跋尾谓中层有人赤体踞坐，疑古丰侯象，盖取垂戒之意。"[1] 两汉留存至今的有关孔子事迹的出土图像多为墓室壁画和画像石，据邢千里的博士论文《中国历代孔子图像演变研究》统计，画像石 26 种，其中 1 种为西汉后期；壁画 3 种，1 种为西汉后期，其余皆为东汉作品。所绘题材除东汉画像石中有两件《孔子与项托》《孔子击磬》之外，皆以"孔子见老子"为题材。[2] 项托生 7 岁而为孔子师，事见《战国策·秦策五》；孔子击磬于卫，有荷蒉而过孔氏之门者，事见《论语·子路》；孔子见老子则多见于《庄子》，儒家的《礼记·曾子问》又有孔子自言"闻诸老聃"之语。总之，这三个题材都表现了孔子与道家或隐士人物的对话场景，而西汉后期至东汉，正是汉代老学再度兴起的时期，检杨树达先生《汉代老学考》所列即可见一斑。[3] 又，史载马融注《老子》；[4] 桓帝延熹八年（165）遣中常侍往苦县祀老子，[5] 九年（166）亲祀老子于濯龙。[6] 道教早期著作《老子河上公章句》《老子想尔注》亦出现于桓、灵以降。[7] 因此，在墓葬中流行孔、老对话的场景，一方面反映了汉代道家思想在民间流行的现象，一方面也体现了汉人儒、道双修的价值观念。或许，在阴间的生活中，道家的观念比儒家的观念更为重要。

　　不过，现存的画像石和壁画中的孔子像的画法皆比较简单，且多为全身侧立像，重在表现场景，面部刻画极为简单，远不能体现谶纬中的复杂异表，但孔子身高过人，大首、大目，阔口、肩背伛偻的形象在其中已经基本形成。

---

① 金武祥：《粟香四笔》卷 5，收入《粟香随笔》（清光绪刊本）。按，江藩《国朝汉学师承记》卷 7"汪中"："好金石碑版，尝从射阳湖项氏墓得汉石阙孔子见老子画像。"江藩撰，钟哲整理：《国朝汉学师承记》，北京：中华书局，1983 年，页 113。

② 邢千里：《中国历代孔子图像演变研究》，山东大学博士学位论文，2010 年，页 144—145。

③ 杨树达：《增订积微居小学金石论丛》卷 6，北京：中华书局，1983 年，页 275—282。

④ 《后汉书》卷 60 上《马融传》，页 1972。

⑤ 《后汉书》卷 7《桓帝纪》，页 313。

⑥ 司马彪：《续汉书·祭祀志》，《后汉书·志第八》，页 3188。

⑦ 参见王卡：《老子道德经河上公章句》（道教典籍选刊），北京：中华书局，1993 年，前言，页 3；饶宗颐：《老子想尔注校证·解题》，收入氏著：《老子想尔注校证》，上海：上海古籍出版社，1991 年，页 1—5。

东汉画像石中圣人画像旁的题字往往与谶纬文献有着密切的关联，甚至见诸《宋书·符瑞志》。① 武梁祠堂画像中有三皇五帝，如伏羲像题字："伏羲仓精"；帝尧像题字："就之如日，望之如云"，② 与谶纬的文字接近。东汉碑文中赞颂孔子或古代圣王，也已经引用谶纬文献中的文句，描述圣人感生异表之事，如《鲁相史晨奏祠孔子庙碑》（灵帝建宁二年[169]）中引《孝经援神契》曰："玄丘制命，帝卯行。"又引《尚书考灵耀》曰："丘生仓际，触期稽度，为赤制。"③ 又曰："昔在仲尼，汁光之精。大帝所挺，颜母毓灵。"④《帝尧碑》曰："龙颜（阙）角，眉（阙）八采。"⑤ 我们可能永远难睹汉人画出来的孔子面部异表的特写，但不必怀疑汉人是否根据流行的孔子异表观念而有所创作。

值得注意的是，谶纬文献中多有图像，遂有"图书""图谶""图纬"之称，其篇目亦多以"图"为名，《后汉书·章帝纪论》中记载道："在位十三年，郡国所上符瑞，合于图书者数百千所。乌呼懋哉！"⑥ 这里的图书便是谶纬文献。王充《论衡·讲瑞篇》曰："儒者之论自说见凤凰麒麟而知之。何则？案凤皇麒麟之象。又《春秋》获麟文曰：'有麋而角。'麋而角者，则是麒麟矣。其见鸟而象凤皇者，则凤皇矣……考以图像，验之古今，则凤麟可得审也。"⑦ 唐张彦远《历代名画记》卷3"述古之秘画珍图"中所列，有《龙鱼河图》《五帝钩命决图》《孝经秘图》《孝经左契图》《孝经雌雄图》《河图》《诗纬图》《春秋图》《孝经谶图》等，张氏虽称"多散逸人间，不得见之"，⑧ 但从其名目可以推知为谶纬中的图本，其中或当有孔子异表或事

---

① 参见田中有：《漢墓画像石·壁画に見える祥瑞図について》，收入安居香山编：《讖緯思想の綜合的研究》，东京：国书刊行会，1984年，页57—70。
② 《隶释·隶续》，页167。
③ 同上书，页23。
④ 同上。
⑤ 同上书，页13。
⑥ 《后汉书》卷3，页159。
⑦ 《论衡校释》卷16，页721。
⑧ 张彦远：《历代名画记》，页73—74。

迹图像。本文所举《春秋演孔图》中描述孔子及历代圣王异表相当丰富，其中曰：

> 得麟之后，天下血书鲁端门曰："趋作法，孔圣没。周姬亡，彗东出。秦政起，胡破术。书纪散，孔不绝。"子夏明日往视之，血书飞为赤鸟，化为白书，署曰《演孔图》，中有作图制法之状。[1]

此段文字亦为《春秋公羊传》"哀公十四年"何休注引用。[2]《春秋演孔图》又曰："丘揽史记，援引古图，推集天变，为汉帝制法，陈叙图录。"[3]"王者常置图录坐帝以自正。"[4]"孔子作法五经，运之天地，稽之图像，质于三王，施于四海。"[5]所以我们可以想象，在这样的谶纬文献中，很可能画有圣人异表的图像，其中四字一句的描写圣人异表的文字很可能就是图解题字，如同汉代画像石中所见题字一样，与其中所绘圣像共同构成辨识圣人的图录。

六、结论

汉代是一个自觉地塑造三皇五帝和孔子等古代帝王、圣贤形象与图像的时代。经学与民间儒学融合阴阳五行学说、相术与占星等文化传统与知识资源，依托六经造作谶纬，构建了谱系完整的五帝形象及其在人间感生帝王及孔子的形象，塑造的形象皆具有异表——比喻或象征的文化符号，因此

---

① 《纬书集成》，页578。
② 见"莫近诸《春秋》"句何休注，《春秋公羊传疏》卷28，收入《十三经注疏》，页2354。按，王利器先生《谶纬五论》以此为谶纬有图之证，见张岱年等：《国学今论》，沈阳：辽宁教育出版社，1991年，页121。
③ 《纬书集成》，页579。
④ 同上书，页582。
⑤ 同上书，页583。

具备"神道设教"的功能。[①] 这与先秦儒学以及后来精英儒学反对相术与像教的思想异途殊轨,但从汉代文献记载与艺术创作的情形来看,这些形象已经催生了广泛而流行的社会信仰,它们从一个侧面,反映了汉代儒学独特的抟合能力与文化承担。

---

① 孔颖达等:《周易正义》卷3《观》,收入《十三经注疏》,页36。

3 作为乐道者的孔子

——论理学家对孔子形象的建构及其思想史意义

林永胜[*]

一、前言

孔子的思想及著作,对古代至中世的中国文化,以及近世的东亚文化而言,具有强烈的形塑作用。因此在历史上可以看到一个现象,即中国与东亚世界在进行政治、思想或文化的变革时,常必须借由对孔子思想与著作的诠释,来强化其合法性基础。但由于孔子思想与著作所涵盖的面向十分广泛,学者因其才性不同,对于孔子的理解也不会完全一致,即使是亲炙孔子的弟子,也有德行、言语、政事、文学的差异,因此颜渊、季路、子贡、子夏所理解的孔子,应该是有其差异的,这也是孔子死后,儒分为八的主要原因。而若将时代拉长,则不同时代的学者受到各自时代背景、所属学派的影响,还会产生更多的差异,由此也塑造出孔子在历代的许多不同形象。

所谓形象,是对一个人的行事、思想、精神面貌、人格形态等进行综合后获得的结果。但当一个人的某种形象建立后,学者却常会用这种形象反

过来去解释该人的行事与思想等,故二者其实具有互相建构的关系。而当
学者对孔子的行事、思想、精神面貌等进行综合时,还不可避免地会受到某
种前理解的影响,此种前理解即是所谓的圣人观。圣人观是各学派、宗教对
神圣者或理想人格的理解,当学者对圣人的理解不同时,即使是同样一件行
事,也会被建构出不一样的形象。如孔子周游列国一事,在儒家以孔子为圣
人的观念下,就会认为这是具体的行道表现;而在道家"圣人无名"的脉络
下,孔子就被理解成一位被名所束缚而无法自拔的人,所谓"天之戮民",或
"人之君子、天之小人";至于在墨家以尊天事鬼为圣王标准的视野下,孔子
则成了心怀不轨、在各国不断掀起动乱的"孔某"了。①

当然,以上所说是不同学派,因为基于不同的圣人观,以此去理解孔子,
从而建构出的迥异形象。但在儒门内部,虽然孔子被视为圣人的认知始终
未曾改变,但不同时代对于圣人的理解却是有所变化的,由此也造成孔子形
象的改异。具体来说,春秋至隋唐的孔子形象,与宋以后的孔子形象,即有
非常明显的差异。这种差异是如何产生的? 此形象转变的目的为何? 此种
转变又造成何种文化上的影响? 本文即以此为主题进行探讨。

二、早期的圣人理解与孔子形象

现今对孔子的一些主要理解,如打破阶级隔阂的第一位平民教师,充满
仁心、予人春阳时雨般感受的长者,有政治抱负但更懂得用行舍藏的君子,
乐学不倦、无入而不自得的智者等,其实都是宋代理学家逐渐建构出来的孔

① 《墨子·非儒下》:"孔某之齐见景公,景公说,欲封之以尼溪,以告晏子。晏子曰:'不
可。……孔某盛容修饰以蛊世,弦歌鼓舞以聚徒……'公曰:'善!'于是厚其礼,留其封,
敬见而不问其道。孔某乃恚,怒于景公与晏子,乃树鸱夷子皮于田常之门,告南郭惠子以
所欲为,归于鲁。有顷,间齐将伐鲁,告子贡曰:'赐乎! 举大事于今之时矣!'乃遣子贡
之齐,因南郭惠子以见田常,劝之伐吴,以教高、国、鲍、晏,使毋得害田常之乱,劝越伐吴。
三年之内,齐、吴破国之难,伏尸以言术数,孔某之诛也。"见孙诒让:《墨子闲诂》,台北:
华正书局,1995 年,页 271—274。

子形象。从这种理解出发，再去看汉儒对孔子的主要理解时，则会认为汉儒颇有迷信之处，例如以孔子为黑龙之精所感生、为万世立法的素王，甚至以孔子编纂的五经来应事施政并寻求其中的微言大义等。[1]但所谓的"迷信"，常常只是因为自身已深受某一文化传统之影响，因此无法、也不愿意去了解另一文化传统时的托词。因此，在讨论理学家对孔子形象的建构之前，仍有必要对宋以前的孔子形象进行初步检讨，以厘清中间转变的脉络。

孔子是圣人，这当然是儒门的共识，但孔子何以可被称为圣人，在不同时代却有不同的理解。"圣"此一概念早在孔子之前就已经出现，而孔子正是因为符合圣所需要的条件，因此当他在世时，已经被许多人称之为圣。如当时一位太宰即发出疑问："夫子圣者欤？何其多能也。"而子贡则回答道："固天纵之将圣，又多能也。"[2]这种以孔子为圣的传言，孔子应该颇有听闻，故他也曾自谦云："若圣与仁，则吾岂敢？"[3]但所谓圣人必须具备的条件，主要为何？

根据学者的研究，圣的甲骨文作 ，其形体像一站立之人，头部以一硕大耳朵来取代，亦即象征一听觉特别敏锐的人。圣字在甲骨卜辞中，与听、声这几个字是可以互相通假的，[4]圣是听觉敏锐之人，听是其张耳聆听的动作，声则是其所接收到的内容，而此内容是一般凡人无法听闻的上天的声音。[5]亦即，圣是上天所拣选的特殊人物（天纵），这种特殊人物是人与神沟通的媒介，因此在商代以前，圣通常具有巫觋的身份。[6]周代以后，圣即使不

---

[1]　有关汉儒所理解或建构的孔子形象，可参考徐兴无：《作为匹夫的玄圣素王：谶纬文献中的孔子形像与思想》，收入黄俊杰编：《东亚论语学：中国编》，台北：台大出版中心，2009年，页139—168。

[2]　何晏注、邢昺疏：《论语注疏》，台北：台湾古籍出版有限公司，2001年，页127。

[3]　《论语注疏》，页108。

[4]　见高亨、董治安编：《古字通假会典》，济南：齐鲁书社，1997年，页56、62。

[5]　参考秦家懿：《"圣"在中国思想史内的多重意义》，《清华学报》新17卷第1、2期合刊（1985年12月），页15—26。

[6]　《国语·楚语下》："古者民神不杂。民之精爽不携贰者，而又能齐肃衷正，其智能上下比义，其圣能光远宣朗，其明能光照之，其聪能听彻之，如是则明神降之，在男曰觋，在女曰巫。"见徐元诰：《国语集解》，北京：中华书局，2002年，页512—513。

一定就是指巫觋,仍具有人神沟通的特质与能力。因此不仅孔子,在东周时有若干人也曾被称之为圣,如管仲、淳于髡等,[1] 他们都是因为具有预知的表现,这种表现被认为是聆听到了上天的音声,故而被称之为圣。与孔子同时代的人发现,孔子下至钱谷、畜牧、园艺,上至军事、古史、祭祀、音乐、政治等,各种知识无所不通,所谓"博学无所成名",也就是"多能"。这些知识与技术能通其一已属难能,而孔子不是出身自良好家庭环境(生而无父),其地位也不是真能接触到各种王官书籍,而且这些知识绝非如现今一样的流通,何以能够了解如此多的内容?依照当时对圣人的理解,就会认为孔子这些天纵的才能,是直接得自于上天,故会将其视为圣人。

在古代政治与文化中,作为各氏族共主的王,拥有祭祀天地的权力,故而也具有人神沟通者的身份。但不是所有的王都能够,或愿意聆听上天的声音(如桀、纣等),只有一些卓越的王者(通常是氏族的建立者,如契、后稷,或朝代的开创者,如汤、武等),好像特别能够掌握到上天的意旨,故即使其土地、人民有限,但其行事却会无往不利,从而能够开创出新的时代,让天地顺畅、万民和穆。这种兼有王者的地位与圣人之禀赋者,即是所谓的圣王,如尧、舜、禹、汤、文、武等即是。孔子虽谦称不敢为圣,但他确实是有这种自我认知的,而孔子的弟子、同时代的许多人亦将其视为圣人。从前述这种圣人可以为王的认识出发,再加上春秋后期周天子已经失去其权威,人们期待新的王者出现的背景下,就产生了孔子在政治上的抱负与实践。

理学家对孔子形象的建构,大体来自《论语》一书的内容。在理学家眼中,《论语》以记言的形式记录孔子与弟子的问答,在在可以显出孔子亲切之处,而理学家确实是将《论语》视为一本语录来进行讨论的。理学家会有这种理解,是因为晚唐以后禅门语录流行(理学家自身也很重视语录体裁),

---

① 管子被称为圣的记载可参见戴望:《管子校正》,台北:世界书局,1990年,页181—182;淳于髡的部分可见泷川龟太郎:《史记会注考证》,台北:艺文印书馆,1972年,孟荀列传,页921。

而《论语》的形式与此颇为类似，故而有此类比。但在春秋时期书写工具并不方便，而且本来就不存在这种语录的形式，则弟子何以会将师弟间的对话记录下来？更何况，《论语》中如《乡党》《尧曰》等篇，显然也不是语录形式。亦即，先秦一些书籍编纂的原因与目的，可能与后世的理解不完全相同。朱晓海先生从先秦时期"圣人＝王者"这样的观念出发，重新梳理早期对孔子理解的相关文献，对春秋至汉代儒者眼中的孔子形象进行了较完整的重构。[①]朱氏认为，在孔子弟子眼中，孔子是圣中之圣，具有王者的身份，而古代对于天子是"动则左史书之，言则右史书之"，故弟子闻孔子之言则予以记录，正是在进行这种记言记事、以为后世法的动作。而如《乡党》记录孔子日常生活，更是类似后世帝王起居注的形式，《尧曰》则将孔子论政言语次于尧、舜、禹、汤、周武王之后，显然也是以孔子为圣王的继承者，故《论语》其实是为圣人撰写的史传，而与语录的形式与目的截然不同。

从这个角度，就比较容易理解汉儒所塑造的孔子形象，其来源为何。纬书以孔子为玄圣、为黑龙之精感生，这是从孔子生而无父这种古代圣人常会具备的条件，再增益以五德终始说而来。以孔子为素王、以其弟子为素臣，则是从孔子一生的政治实践及其结果来讲的。孔子被认为是获得天命的圣人，他对自己的政治实践能力亦有自信，但终其一生并未获得封土，因此无法如文王一样以百里兴起，[②]只能借由修《春秋》以行王者之事，故曰素王。至于学者欲从五经中探寻孔子为后世所立之法，则与战国秦汉以来对于"道—圣—经"三位一体的理解是一致的。如《汉书·翼奉传》云：

> 臣闻之于师曰，天地设位，悬日月，布星辰，分阴阳，定四时，

[①] 朱晓海：《孔子的一个早期形象》，《清华学报》新 32 卷第 1 期（2002 年 6 月），页 1—30。

[②] 即使是叛臣如公山不狃以费召、佛肸以中牟召，孔子也都跃跃欲试，云："盖周文、武起丰、镐而王，今费虽小，傥庶几乎！"由此可见孔子对于自己由圣而王的期待。而当时人也担心具有圣人资质的孔子获得尺土，因此孔子至楚，楚昭王欲以七百里封孔子，令尹子西谏之曰："夫文王在丰，武王在镐，百里之君卒王天下。今孔丘得据土壤，贤弟子为佐，非楚之福也。"以上材料参见泷川龟太郎：《史记会注考证·孔子世家》，页 731、740。

列五行，以视圣人，名之曰道。圣人见道，然后知王治之象，故画州土，建君臣，立律历，陈成败，以视贤者，名之曰经。贤者见经，然后知人道之务，则诗、书、易、春秋、礼、乐是也。[①]

天地设位，万物运行，这是天道的流行，但唯有具半人半神资质的圣人，才能窥见天道的内容。圣人治民，以建立人道的纲纪，使之不违天道，并将其从天道（或神）所获得的内容或述或作，以为后世之法，此即是经。[②]故后世学者通过探索经典内容可见圣人之志，通过圣人之志则可见天道，而这也是汉儒会以五经内容来决事断狱，并试图探求其微言大义的主要原因。

从战国到汉唐，儒者所认识的孔子，其主形象就是一个虽受命但又未得位的圣人，而此一孔子所呈现出来的精神情态，常是带着一种哀叹、感伤的情调，如哀叹凤鸟不至，感伤麟出非时，悲叹子路与颜渊之死，哀伤己命之终结等。[③]而所谓的"知命"，也会被学者诠释为，孔子了解到自己终究无法得位，故删订五经，以俟后世之类。[④]而由此一形象与生命情调出发，再去理解孔子的行事或阅读孔子的著述时，就常会呈现出一种偏向政治性甚至宗教性的解读。

观察《论语·先进》"子路曾皙冉有公西华侍坐"一章的诠解，正可以

① 班固撰，颜师古注：《汉书》，北京：中华书局，1962年，页3172。
② 不管是《尚书》中诸圣王的言行、《易经》中诸圣王的推演等。此即古代认为"作者谓圣"的原因。
③ 《论语·子罕》："子曰：'凤鸟不至，河不出图，吾已矣夫！'"（《论语注疏》，页129）《公羊传》载："春，西狩获麟。……麟者，仁兽也。有王者则至，无王者则不至。……孔子曰：'孰为来哉？孰为来哉？'反袂拭面，涕沾袍。颜渊死，子曰：'噫！天丧予。'子路死，子曰：'噫！天祝予。'西狩获麟，孔子曰：'吾道穷矣！'"（见何休注，徐彦疏：《春秋公羊传注疏》，北京：北京大学出版社，1999年，页618—624）这是因为颜渊、子路被视为孔子在政治实践时的左右二相之故，故《公羊》次于获麟之前。而孔子去世时，自咏歌辞云："泰山其颓乎！梁木其坏乎！哲人其萎乎！"泰山对应于宇宙山、梁木可对应于宇宙树、而哲人即是半人神，这三者都是天人沟通的桥梁。见《礼记·檀弓上》（孙希旦：《礼记集解》，台北：文史哲出版社，1990年，页195。）。
④ 《晋书·儒林传》云："夫子……叹凤鸟之不至，伤麟出之非时，于是乃删诗书，订礼乐，赞易道，修春秋，载籍逸而复存，风雅变而还正。"（房玄龄等：《晋书》，北京：中华书局，1974年，页2345。）

看出汉、宋儒者心中孔子形象的差异。此章孔子令弟子各言其志，子路、冉有、公西华先言，而曾皙舍瑟而后言。在汉唐的各种经说中，郑玄只批注了公西华之言，云："我非自言能也，愿学为之。宗庙之事，为祭祀也。诸侯时见曰会，殷见曰同。端，玄端也。衣玄端冠章甫，诸侯日视朝之服也。小相，谓相君礼者。"[①] 对其他的部分，似乎不觉有注解的必要。而东汉苞氏《章句》，对前段的诠解是："为国以礼，礼道贵让，子路言不让，故笑之也。"对后段的解释则是："暮春者，季春三月也。春服既成者，单袷之时也。我欲得冠者五六人童子六七人，浴于沂水之上，风凉于舞雩之下，歌咏先王之道，归夫子之门也。"[②] 亦即 "孔子与点" 的原因是，此言合于先王（圣王）之道。苞氏的论点并非独见，对于孔子与点的原因，东汉王充在《论衡·明雩篇》中指出：

> 孔子曰："吾与点也"，善点之言，欲以雩祭调和阴阳，故与之也。使雩失正，点欲为之，孔子宜非，不当与也。[③]

一向喜欢挑古人毛病的王充，直接指出曾点的志向，是 "以雩祭调和阴阳" 这种巫觋工作，而夫子 "与点"，表示这也正是孔子之志。王充所挑出的问题只在于，此志向并非曾点这种凡夫所能完成，因为他不具备圣的资质，故认为孔子应该加以批评，此尤可见王充对孔子的理解为何。至于南朝梁的皇侃在《论语义疏》中则说：

> 云夫子喟然叹曰："吾与点也"者，孔子闻点之愿，是以喟然而叹也。既叹而云吾与点也，言我志与点同也。所以与同者，当时

---

① 何晏集解，皇侃义疏，鲍廷博校：《论语集解义疏》卷6（景印知不足斋丛书本），台北：艺文印书馆，1966年，页18。
② 同上书，页19。
③ 王充：《论衡》卷15，台北：中国子学名著集成编印基金会，1978年，页676。

道消世乱,驰竞者众,故诸弟子皆以仕进为心,唯点独识时变,故与之也。[1]

这种理解脉络甚至延续到中唐的李翱,他指出:"仲尼与点,盖美其乐王道也。余人则志在诸侯,故仲尼不取。"[2]

以上就是所谓的偏向政治性(以王道政治为解释脉络),甚至宗教性(如欲以雩祭调和阴阳之类)的批注。这种批注方向,若熟读朱熹《四书章句集注》者,大概会觉得颇有扞隔之处,但若了解汉唐儒者心中的孔子就是一位可以沟通天人的圣者,是受命的新王,则就较容易理解这种解释脉络出现的原因。但是在二程、朱子的解释中,基本上是不谈王道、不谈雩祭的,反而焦点是集中在原文未曾出现的"乐"这个概念上。这种诠释上的巨大差异,是如何产生的?

三、佛教的圣人可学说与二教论

两汉以前的圣人观,是在古代政教合一(政治上的领袖,同时也独占着与上天沟通的权力)的观念下产生的。一个氏族,如何能打败原本的共主并享国久远,这引起所有有识之士的好奇;而在古代,这往往会被归因于该氏族领袖所拥有的特殊禀赋,以及上天的拣选,故而开国君主往往就被赋予"圣"这样的名号。而当一个朝代已走向衰落,人们当然也会依照前例,思考是否已有新的圣人出现,并期待他成为新王,以开创一个新的时代。而孔子生于衰周之际,自然就被赋予了这样的身份。这样的圣人,既然是上天所拣选、具有人神沟通的能力、有先知先觉的表现、有高度的才智与能力,甚至应该会成为政治领袖,那显然就不会是一般人所能企及的。依照奥托(Rudolf

① 《论语集解义疏》,页21。
② 韩愈、李翱:《论语笔解》卷下(景印无求备斋论语集成本),台北:艺文印书馆,1966年,页4。

Otto, 1869—1937)在《神圣者的观念》①一书中对神圣者的界定:信徒对神圣者会感受到绝对的距离感,但也会产生绝对的向往。从孔子弟子对孔子的态度来看,孔子是符合宗教上的神圣者这种资格的。②

　　依照中国古代的观念,天授圣、圣授贤,圣贤之间有一条绝对的鸿沟。凡夫通过修身可以成为大贤,但不可能成为圣人,因为那是天命的赋予。孔子言"性近习远",这是指凡夫所禀受的性,可以通过学习修养,而有为善为恶的趋向。但孔子也说"上智下愚不移",上智是圣人禀受的性,此圣人之性与凡夫不同,是不会移易的。同样的观点,在大部分汉儒的人性论中,都可以看得到,如董仲舒区分圣人、中民与斗筲之性,就是从孔子之言推演而来。依照何晏《论语注》的定义,性是"人之所受以生者",因此当"所受"不同时,就会成为不同的存在(性)。而圣人与中民的禀受是不同的,也注定着中民不管再怎么努力,也不可能成为圣人,但这不免有一种命定论的色彩。

　　古代中国的圣人兼有政治领袖与宗教教主的身份,孔子即使未得位,仍可以其留下的经典影响历代的政治举措,而他同时也是儒者的精神依归,故一直被视为最后一位圣人。③但佛教兴起后,孔子的宗教教主位置,开始遭到了挑战。中国古代思想的关心重点在人道与天道的关联性,而圣人是天人沟通的桥梁。但在佛教的世界观中,人、天不过都是六道之一,受烦惑、业力的影响而处于轮回序列中。但佛教提供了各种具体的实践方式(如十二因缘观、数息观、五门禅等),通过观世界的实相、以解消无明、从而超出六道轮回,遂能由俗谛入于真谛,而得真正解脱。但这种成圣的过程,是否有条件的限制? 佛教指出,除资质良好的人如释迦牟尼可以成佛外,一般的凡

---

① 鲁道夫·奥托:《神圣者的观念》,丁建波译,北京:中国社会科学出版社,2009 年。
② 有人会认为孔子弟子如子路对孔子偶有批评,但这正是因为子路认为孔子是圣人,故对于孔子的一些行为会提出疑问,这是为了维护孔子的神圣者形象而有的动作,如孔子亦言:"自吾得由,恶言不闻于耳。"
③ 虽然王莽在汉末被当时许多儒者视为新圣人,但随着新朝的灭亡,这种身份也旋告消失。

夫,甚至一阐提(类似中国的下愚或斗筲)皆可以成佛,佛教提供了三乘(声闻、缘觉、菩萨)、五乘(天、人、声闻、缘觉、菩萨)之说,让不同根性的人都能证得佛法,而得解脱。亦即佛教所讲的圣人是可学(有具体方法)也可至(人人皆有成佛之可能)的,这对多数人而言具有很大的吸引力,因而使佛教从南北朝开始有席卷中国之势。而从这种观点出发,佛教也开始对孔子的圣人地位提出了质疑。

北周的释道安,曾撰《二教论》区别儒、释的价值,并以佛教为内教之首、儒家为外教之首:

> 有化有生,人之聚也。聚虽一体,而形神两异。……故救形之教,教称为外。济神之典,典号为内。是以《智度》有内外两经,《仁王》辩内外二论,《方等》明内外两律,《百论》言内外二道。若通论内外,则该彼华夷。若局命此方,则可云儒释。释教为内,儒教为外。……教唯有二,宁得有三?[①]

北周时有三教优劣之争,而释道安认为只有内、外二教之别,而无儒、释、道三教之分。内学与外学的区分,在汉晋时已经流行,如《淮南子》分内外篇,内篇言养生,外篇言人事;葛洪的《抱朴子》亦分为内外,内篇言金丹神仙之学,外篇言政治伦理之事。[②]南北朝的佛教徒吸收了这样的判断方式,而将其称之为内教与外教,并对内外的意涵有重新界定。释道安认为,不管是儒家讲修身、道家讲养生或神仙之术,其修养的对象仅及于此一形躯,故称之为救形之教,而仅有救形不能称之为内。内教要处理的问题,是本体、本性、本心这些超越形体的领域,而这些内容在汉晋的儒家或道家处,谈到的很

---

① 道宣辑:《廣弘明集》,收入《大正新修大藏経》第52册,东京:大正一切经刊行会,1924—1935年,页136。
② 有关汉晋的内学之讨论,可参考藤原高男:《内解、内明、内学について》,收入《吉冈博士還暦記念:道教研究論集》,东京:国书刊行会,1977年。

少，但这适为佛教的专长。释道安指出，外教的内容是：

> 昔玄古朴素，坟典之诰未弘。淳风稍离，丘索之文乃著。故包
> 论七典，统括九流，咸为治国之谟，并是修身之术。故《艺文志》曰：
> "儒之流，盖出于司徒之官，助人君、顺阴阳、明教化者也。"游文于
> 六经之中，留意于五德之际，祖述尧舜，宪章文武，宗师仲尼，其道
> 最高者也。①

所谓外教，就是中国古代的"道—圣—经"系谱，圣人的代表是尧舜、文武以
至于仲尼，经典则以七典（五经与《论语》《孝经》，此系两汉的核心经典）
为主，由圣人与经典，又衍生出不同的治国之术，即《艺文志》所著录的"九
流"。故道家与儒家一样，属于九流之一，咸属外教，其功能都在人伦、政治
之事，即所谓救形之教。至于内教，释道安指出：

> 佛教者，穷理尽性之格言，出世入真之轨辙。……近超生死，远
> 证泥洹。播阐五乘，接群机之深浅。该明六道，辩善恶之升沉。奂
> 期出世而理无不周，迩比王化而事无不尽。能博能要，不质不文。
> 自非天下之至虑，孰能与斯教哉？虽复儒道千家，墨农百氏，取舍驱
> 驰，未及其度者也。②

外教境界再高，也不过是六道之一，而作为内教的佛教，则是要穷理尽性、超
越生死、脱出六道、得证涅槃。而且佛教的教法可以让五乘之人皆得成佛，
这是儒、道等外教所不及之处。从这种内教为外教之根本的立场，释道安进
一步剥夺了孔子的圣人身份：

---

① 《廣弘明集》，页136。
② 同上书，页137。

> 昔商大宰问于孔丘曰："夫子圣人欤？"对曰："丘博识强记，非圣
> 人也。"又问："三王圣人欤？"对曰："三王善用智勇，圣非丘所知。"
> 又问："五帝圣人欤？"对曰："五帝善用仁信，圣非丘所知。"大宰大骇
> 曰："然则孰者为圣？"孔子动容有间曰："西方之人，有圣者焉。不治
> 而不乱，不言而自信，不化而自行。荡荡乎！民无能名焉。"[1]

这段话虽是对《论语》中孔子之言曲解并扩充而来，但仍可见出佛教的观
点。原本的圣人系谱（五帝、三王、仲尼）不再被认为是圣人，唯有释氏才是
圣者。因为释氏之学，即使不依靠外教，亦可不言而信、不化而行。而孔氏
只有外教意义，其根本未立，故无法称之为圣。亦即由内可以通外，具内教
意义者方可谓圣，此已开尔后理学家内圣外王说之先河。

　　简言之，孔子的圣人身份，原本兼有政治、宗教之宗主的形象，但在佛
教对内外二教的重新界定下，缺乏心性修养内涵的儒家，其教主孔子就只剩
下政治领袖的形象，而宗教教主的形象，则为释氏所独占。这种内外二教之
分，在南北朝时期又更加盛行。道教徒比较早就意识到自身在内教上的欠
缺，因此在长期参与佛、道论辩的重玄派道士手上，先制作了若干以"内教"
为名的道经；[2] 至于修养方法上，舍弃原本以养生延命为主的工夫，改以心性
修养为主；[3] 同时改造老子的形象，[4] 从而让道教在外教的功能外，也产生了
内教的意义；但儒家此时尚未完成此一变革。有学者曾分析隋唐士人的行
事与心态，指出当时士人的精神世界多半呈现为"外儒内释"或"外儒内道"
的结构，也就是在人伦及政治场域上，依靠的是儒家的外教内容，而在心性

---

① 《廣弘明集》，页 139。
② 如《升玄内教经》等。
③ 故道教重玄派建构出道体、道性、道心之说，其工夫是以双遣兼忘为主，修养目标是入于重
　玄之域，而这些内容的建构，就是为了能与佛教在内教场域争胜。
④ 老子在先秦两汉的形象，与孔子其实颇类似，都具有圣人的形象。亦即老子一方面有很多
　神奇的传说，世世见之，一方面其著作被认为是在谈论帝王南面之术，故老子在两汉政治
　中占有一定的影响力。

修养与终极关怀上，则以佛教或道教这种具内教意义者为信仰。①即使是一般被视为儒者的王通等人，其内心也是这样的结构，儒家始终不被认为有内教的功能。

中唐的韩愈、李翱等儒学复兴运动者，撰写了《原道》《原性》《复性书》等著作，希望借由对儒家道体、心性之说的阐释，赋予儒家内教的地位。但他们理解的孔子形象，与两汉以来并没有太大的差别，因此在经典诠释上，也没有办法赋予太多的新意。一直到宋代的理学家处，这种情形才有所转变。周敦颐在《通书》中云："圣可学，一为要。"肯定了凡夫学至圣人的可能性，程颐则撰写《颜子所好何学论》，提出了学至圣人的方法。这是一种新的圣人观。从这种圣人观出发，理学家重新去阅读儒家经典时，就产生了一个不同于以往的孔子形象。

四、理学的内圣外王之道与新圣人观

佛教从南北朝时期开始在中国迅速发展，占据了时人的主要精神世界，如对世界的解释、对心性的理解、由凡入圣的修养方式等，至于没有完全占据的部分，则是由道教瓜分。儒家的经典虽然在伦理、政治上仍被应用，但由于没能在内教的领域提出自己的说法，并与二氏进行论辩，因此几乎没有多少士人认为儒家具有内教功能，而这也造成"儒门淡薄，收拾不住"的局面，②直到北宋中期的理学兴起。理学又被称为新儒学，因为其关怀的问题、

---

① 有关隋唐士人的"外儒内释"或"外儒内道"倾向，可参考陈弱水：《柳宗元与中唐儒家复兴》，《新史学》第 5 卷第 1 期（1994 年 3 月）；《思想史中的杜甫》，"中研院"《历史语言研究所集刊》第 69 本第 1 分（1998 年 3 月）；《〈复性书〉思想渊源再探——汉唐心性观念史之一章》，"中研院"《历史语言研究所集刊》第 69 本第 3 分（1998 年 9 月）。

② "王荆公，一日问张文定公曰：'孔子去世百年，生孟子亚圣，后绝无人。何也？'文定公曰：'岂无人？亦有过孔孟者。'公曰：'谁？'文定曰：'江西马大师、坦然禅师、汾阳无业禅师、雪峰、岩头、丹霞、云门。'荆公闻举，意不甚解，乃问曰：'何谓也？'文定曰：'儒门淡薄，收拾不住，皆归释氏焉。'公欣然叹服。"参考陈善：《扪虱新话》，见俞鼎孙：《儒学警悟》卷 34（百部丛书集成 1 辑初编），台北：艺文印书馆，1996 年，页 1b—2a。

使用的概念、修养的方法等，都与先秦两汉儒学有很明显的差别，这是受到二氏的刺激与影响产生的。佛教徒通过长期的翻译工作，创造了大量的译语，引入许多原本在中土并不具备的概念，从而建构了一套完整的世界观。而当儒家想要在内教领域与佛教争胜时，就必须使用已经流行的概念及语汇，对儒家的经典进行新的诠释，以说明儒家本有内教的功能，而且较佛教更显优胜之处。在这种古典新诠的脉络下，理学家对儒家的"道—圣—经"此一系谱，也都进行了一种新的诠释。在这种诠释下，新的孔子形象也得以完成，本节先从道与圣的转变脉络进行检讨。

先秦儒家较少谈内外之分，而多言天人、上下之别。《论语》中言"道"之处颇多，但这些道指的多是伦理、政治之事，即所谓"人道"。子贡曾说："夫子之言性与天道，不可得而闻也。"这讲的是天道，子贡不可得而闻的原因在于，只有受命于天的圣人，方能掌握天道的内容。[①] 至于《易传》所说的"形而上者谓之道，形而下者谓之器"，这里的道应该也是天道之义。圣人修身行道，以俟天命，这是先秦之古谊，但儒家讲的这种天道与人道，在佛教的分判中，都被归入外教的领域（因为天、人都是六道之一），因此当理学家欲在内教领域与佛教争胜，就必须证明儒家思想中也有关于心性、本体的内容。北宋的理学家在《周易》经传中找到"穷理尽性以至于命"的说法，在《大学》中找到"格致诚正"之说，在《中庸》中找到"已发未发"之论以及人心、道心之分的口诀，在《孟子》中则找到性善之论及"尽心知性知天"的说法，这些都可以被诠释为是内教之内容。在理学家的诠释中，《易传》是孔子所作，而曾子述《大学》以授子思，子思撰《中庸》以授孟子，孟子则撰述其书，以传于学者，则这些内教的内容，就变成孔门相传之心法，而不是擅长言语的子贡，或长于五经的游夏这些弟子所能领会的，因此也不

---

① 其他类似的例子如孔子对子路言："未能事人，焉能事鬼？"又曰："天何言哉？"这都表示孔子其实并不愿意与弟子讨论天道的内容。而道家则集中在对天道的讨论上，并认为人道应遵循天道，这也是荀子会批评道家为"蔽于天而不知人"的原因。

被汉儒所重视或理解。

从佛教的内外之分出发，理学家试图证明儒家是兼有内教与外教的，并对古典文献进行诠释，以为证明。如程颢在与邵雍相谈后，称赞其学为"内圣外王之道"。[①]"内圣外王"之说，出自《庄子·天下》，[②]但其实并没有引起太多的诠释，而且庄子所说的内圣外王，仍是先秦脉络下的圣人观，即生而为圣人、便能成就王业这样的观点。事实上，在先秦的圣人观中，圣就是睿智的王者，本不需要有内、外之分（这是内外之说在先秦并不凸显的原因）。但在佛教的内外教之分及以能通内教者为圣人这种观念的影响下，理学家开始区别出修养心性而能体证本体的圣人，以及在政治上能有所建树的圣王，以此对应于内教与外教。而理学家之所以接受内教、外教之分，并辛苦地建构儒家的内教内容，其原因在于：内教本是佛教之胜场，若无法在此领域与佛教辩论，则儒家不会获得话语权，只能让自己继续局限于外教的领域上。另一方面，儒家的胜场是外教领域，若能证明儒家亦有内教内容，则佛教只有内教，而儒家兼有内外，就可以显出儒家的优胜之处。

当然，内圣外王之说出自《庄子》，故理学家在使用时也较谨慎，理学家更常使用的是《周易·坤卦》中出现的"君子敬以直内，义以方外，敬义立而德不孤"一语。"敬以直内，义以方外"，刚好也谈到内与外，而且此语又出自孔子之著作，故可当作孔子兼论内外的佐证。二程对此条文字有很多的讨论：

　　　彼释氏之学，于"敬以直内"则有之矣，"义以方外"则未之有

---

① "二程先生侍太中公，访康节于天津之庐……。纯明曰：'所言如何？'明道曰：'内圣外王之道也。'"程颢、程颐：《二程集》，北京：中华书局，1981年，页673。

② "圣有所生，王有所成，皆原于一。……以天为宗，以德为本，以道为门，兆于变化，谓之圣人。……天下大乱，贤圣不明，道德不一。……天下多得一察焉以自好。是故内圣外王之道，暗而不明，郁而不发，天下之人各为其所欲焉以自为方。"钱穆：《庄子纂笺》，台北：东大图书公司，2003年，页274—275。

也。故滞固者入于枯槁，疏通者归于肆恣，此佛之教所以为隘也。吾道则不然，率性而已。斯理也，圣人于易备言之。[①]

"敬以直内，义以方外"，合内外之道也。释氏，内外之道不备者也。[②]

他（禅宗）有一个觉之理，可以"敬以直内"矣，然无义以方外。其直内者，要之其本亦不是。[③]

"敬以直内"是指内在的修养，二程用主敬、涵养之说以诠释之，这是内教的部分；"义以方外"是指伦理、政治之事，二程另外提出穷理之说，这是外教的部分。而佛教的问题在于只有内教而无外教，连带造成其内教亦产生问题，如枯槁、恣肆之类。儒家之学兼有内外，两者互相印证支持，故其学可大可久。从这个角度出发，二程遂在其著作、语录中大量谈到"合内外"的重要性，认为内外的相合，是儒门之道的重心，如"诚者合内外之道，不诚无物"[④]"此内外交相养之道也"[⑤]之类。

简而言之，先秦经典中所说的道，在佛教内外之分的影响下，被理学家重新界定为内圣之道（敬以直内）与外王之道（义以方外）；而圣人是道的阐明者，因此当道的内容有所转变时，对于圣人的理解也会随之改变。先秦时人所理解的圣人，是具有卓越事功的王者，这些王者的事功非一般人所能为，因此被认为其能理解天命或天道，并将之传授给一般人而成人道，亦即圣人是天道与人道的中介者。但在理学家内外之分的视野下，有卓越事功者是外王，有心性修养者是内圣，而内圣的重要性高于外王，二程指出：

---

① 《二程集》，页74。
② 同上书，页118。
③ 同上书，页24。
④ 同上书，页9。
⑤ 同上书，页34。

　　颜子作得禹、稷、汤、武事功，若德则别论。①

　　人须学颜子。有颜子之德，则孟子之事功自有。孟子者，禹、稷
之事功也。②

若以先秦的标准而言，没有预知能力，也没有什么事功表现的颜回，应该无
法称为圣人，孔子也只是赞其好学而已，禹稷汤武等才是圣人。但在理学家
处，圣人观却被反转：具有良好内在修养的颜回，二程认为其可以作得禹稷
汤武这些外王的事功，但其内圣之处则超越汤武，因此较汤武等王者更接近
于圣人；而孟子辨异端、阐明性善的行动，被二程视为与禹稷同功，即外王事
业，但其内圣部分仍不及颜回，故若要成为圣人，须学颜回。外王的重要性
之所以被削减，仍与内外之分有关，在"敬以直内，义以方外"的视野下，只
要行事符合天理伦常，尽人之所当为，就是义以方外了，而先秦那种充满神
秘性与一般人为异质存在的圣王，对理学家而言反而就不那么重要了，如二
程云：

　　圣人之所为，人所当为也。尽其所当为，则吾之勋业亦周公之
勋业也。凡人之弗能为者，圣人弗为。③

亦即随着理学家提出"内圣外王之分"的同时，只要内在修养臻于化境，就
可以是圣人，至于有外王事功但内在修养仍有一间未达者，则无法被称之为
圣。而在理学家提出"敬内义外之分"的同时，能够义以方外就可以是圣人
了，就是有事功了，不见得一定要有王者的身份或行事。故在这种内外之道

---

① 《二程集》，页78。
② 同上书，页130。
③ 同上书，页319。

的区分下,儒家圣人观中原有的"王"之意涵逐渐隐退,唯有具内在修养者才可称之为圣。

在先秦两汉的圣人理解中,凡夫与圣人是不同位阶的存在,凡夫通过学习,可以达到大贤的位阶,但不可能成为圣人,因为圣人是天生而成的。但随着南朝时佛性论的引入与竺道生对一阐提成佛之说的阐扬,使圣凡之间的鸿沟得以弭平,因此从隋代到盛唐时期,道教徒中开始出现有关"神仙可学"的讨论,① 北宋时周敦颐则提出"圣可学,一为要"的说法,而到了程颐处,遂将圣人区分为"生知"与"学知"二种。② 有些圣人天质醇美,不假于学,如尧舜之类,这是"生而知之"的圣人;但有若干人,则是通过后天的学习与修养、复其性而成为圣人,如禹、汤之类,这是"学而知之"的圣人。但要如何才能学至圣人? 对二程而言,关键在孔子与颜回身上。孔子虽然谦称自己非生而知之者,但实际上仍可被视为生知的圣人,但由于他授徒教诲弟子,其教育的目的是让弟子能跻于圣人之位,故而孔子其实提出了学知的方法,即所谓圣人之学。而其弟子中,被孔子认为最好学的则是颜回(此种学,当然是被二程诠释为圣人之学的),因此程颐年轻时即撰写《颜子所好何学论》,借由分析孔颜的师弟对话,探讨圣人之学的主要内容为何。而在这种圣人可学而至的新思维下,北宋理学家对于孔子的理解及对其形象的建构,也开始有了不同以往的方向。

---

① 早期的道教徒并不认为神仙是可通过"学"而获致的,相关讨论可参考林永胜:《从才性自然到道性自然——六朝至初唐道教自然说的兴起与转折》,《台大文史哲学报》第 71 期(2009 年),页 1—35。

② 生知、学知之说虽出于《中庸》,但二程有更细致的发挥。如伊川言:"气清则才善,气浊则才恶。禀得至清之气生者为圣人,禀得至浊之气生者为愚人。……然此论生知之圣人。若夫学而知之,气无清浊,皆可至于善而复性之本。所谓尧舜性之,是生知也;汤武反之,是学而知之也。"(《二程集》,页 292。)《颜子所好何学论》亦云:"孟子曰:'尧、舜,性之也;汤、武,反之也。'性之者,生而知之者也;反之者,学而知之者也。又曰:孔子则生而知也,孟子则学而知也。后人不达,以谓'圣本生知,非学可至',而为学之道遂失。"(《二程集》,页 578。)

五、作为乐道者的孔子——孔子新形象的建立及其目的

先秦两汉的儒者在论及圣人时,会有一固定的序列,即"尧、舜、禹、汤、文、武、周公、孔子",孔子被认为是最后一位圣人,之后就不再有早期定义下的圣人出现了,因此孔子留下的著作才显得更加珍贵,必须以之为万世之法。若将圣人的范围再缩限一些,则孔子常与周公放在一起而称"周孔"。放在一起讨论,学者就会去思考其异同之处,而周公与孔子的共同之处在于二人皆为天道与人道的沟通者,也都为后世建立全新的法度之类,而相异之处在于,孔子最终没有得位,由这样的圣人理解,遂塑造出两汉以来作为素王的孔子形象。但到了理学家处,孔子虽然仍偶有与尧舜等古代圣王放在一起讨论的机会,但学者并不会认为孔子之后就没有圣人出现,这是受到新圣人观的影响。同时,"周孔"这样的提法在理学家处已不复见,取而代之的是"孔颜"。而在比较对象不同的视域下,学者也会进一步去反思孔颜的异同之处为何。

自宋代以来,颜回在儒门中的地位越来越高,并非在先秦两汉时颜回地位不高,但在古代圣人观的理解下,颜回是无法与圣人并列的。但在佛教的影响之下,人人皆可成佛的观念被普遍接受,因此从理学开始,儒家也正式提出圣人可学之论,而代表人物就是孔颜。孔子与颜回的共同之处是"好学",此处的学当然指的是成圣之学,而且二人也都"乐"于其所学,所相异之处在于,二人在学的醇熟度上仍有不同,孔子已入化境而为圣人,而颜回虽越过大贤之境而入圣域,但仍未入化境。[1]故借由观察颜子所好何学及孔颜的异同之处(尤其是两人之乐的差别),可以让学者思考圣学的内容为何。

---

[1] 如孔子对圣学是"乐在其中",颜回对圣学则是"不改其乐";孔子是以仁存心,颜回是三月不违仁。这表示孔子与圣学、仁已融为一体,故可称为圣人,而颜回是用"守"的方式来实践,故仍有一间未达。

将孔颜并称且系统化地讨论此种圣人之学,始自周敦颐。在《通书·圣学第二十》,濂溪指出"圣人可学",其关键在于"无欲",[①]而孔门弟子中最能符合无欲之标准的,自然以颜回为代表。《志学第十》中,濂溪则要学者"学颜子之所学",[②]而《圣蕴第二十九》中,濂溪认为颜子具有发圣人(孔子)之蕴的地位。[③]而也因为颜渊以圣学为目标,且此学是可乐的,因此即使箪食瓢饮亦不改其乐,如《颜子第二十三》所云。[④]

　　将孔颜同视,则孔颜都好圣人之学、也乐于其所学,这是一种不同于以往的孔子理解。因此濂溪开始以孔颜并称,并进一步凸显孔子作为乐道者这样的形象。当然,孔颜共通处还有好学,但较难只借由好学来重塑孔子形象,因为孔子本来就有此形象了,而且所好之学也可以被解释为王道之学。唯有先确立其"乐"的形象,此形象确立后,再去检视孔子所追求的学是什么,就会有与以往不同的理解。因此正如二程所说:"昔受学于周茂叔,每令寻颜子、仲尼乐处,所乐何事?"[⑤]二程虽不完全承认自己的学问是得自濂溪,但其思想的关键处,确实有许多受到了濂溪的启发,如对圣人可学的理解及寻孔颜乐处皆是。当濂溪要二程去思考孔颜所乐何事时,二程在脑海中会先建立起孔子是"乐"这样的形象,然后也会去经典中寻求哪些文字代表着孔颜之乐。而在对孔子不同形象的理解下,对经典的解读也会有所不

---

① 周敦颐《通书·圣学第二十》:"圣可学乎?曰:可。曰:有要乎?曰:有。请闻焉。曰:一为要。一者,无欲也。无欲则静虚动直。"(见朱熹:《通书注》,收入朱杰人等主编:《朱子全书》第 13 册,上海:上海古籍出版社,2002 年,页 115—116。)

② 周敦颐《通书·志学第十》:"颜渊不迁怒,不贰过,三月不违仁。志伊尹之所志,学颜子之所学。过则圣,及则贤,不及则亦不失于令名。"(《通书注》,页 107。)

③ 周敦颐《通书·圣蕴第二十九》:"然则圣人之蕴,微颜子殆不可见。发圣人之蕴,教万世无穷者,颜子也。"(《通书注》,页 123。)

④ 周敦颐《通书·颜子第二十三》:"颜子一箪食,一瓢饮,在陋巷,人不堪其忧,而不改其乐。夫富贵,人所爱也。颜子不爱不求,而乐乎贫者,独何心哉?天地间有至贵至爱,可求而异乎彼者,见其大而忘其小焉尔。见其大则心泰,心泰则无不足,无不足,则富贵贫贱,处之一也。处之一,则能化而齐,故颜子亚圣。"(《通书注》,页 117—118。)

⑤ 《二程集》,页 16。关于理学家对孔颜之乐讨论的相关研究,可参考杨儒宾:《孔颜乐处与曾点情趣——〈论语〉的人格世界》,收入氏著:《从五经到新五经》,台北:台大出版中心,2013 年,页 99—126。

同,因此伊川撰写《颜子所好何学论》,搜检儒家经典中涉及成圣之学的内容,并加以论述。此文让考官胡瑗大为惊叹,惊叹的原因在于,以往并无儒者这样去解释孔颜之学,而伊川会这样立论,当然是受到新的孔子形象之影响。而明道亦言:

> 昔受学于周茂叔,每令寻颜子、仲尼乐处,所乐何事。①

对于经典的诠释,并非只依赖训诂即可(如清儒所言"小学明而后义理明"),而是要进一步阐发思想家的意旨及用心,而这种意旨与用心之阐发,必须建立在对此一思想家的理解上。因此对思想家的形象理解不同,对经典旨意的诠释也会全然不同。本文第二节提到,《论语·先进·子路曾皙冉有公西华侍坐》一章,在汉唐以来的注解中,都被解释成对政治的讨论,甚至"风乎舞雩"也被解释成要调和阴阳。这些经典解释,当然是建立在两汉以来视孔子为素王这样的形象上的。但濂溪与二程对孔子形象的理解已经不同了,因此当二程日常皆在思考孔子所乐何事时,再去阅读经典,就会有不一样的解读。曾点所说的"风乎舞雩,咏而归"云云,并没有谈到乐,但由于孔子叹曰"吾与点也",而明道认为孔子是乐的,因此每次见过濂溪,感受到濂溪光风霁月的人格形态、畅谈彼此对圣人心志的理解后,就会在吟风弄月以归的同时,想起孔子"吾与点也"一语,并认为这大概就是孔子所感受到的那种乐吧!而伊川对此章的解释则是:

> 三子皆欲得国而治之,故夫子不取。曾点,狂者也,未必能为圣人之事,而能知夫子之志。故曰浴乎沂,风乎舞雩,咏而归,言乐而得其所也。孔子之志,在于老者安之,朋友信之,少者怀之,使万物

---

① 《二程集》,页16。

莫不遂其性。曾点知之，故孔子喟然叹曰："吾与点也。"又曰："曾点、漆雕开，已见大意。"①

原本汉唐诸儒所强调的政治之事，在伊川眼中变成了"夫子不取"。②而曾点行为虽有不掩，但其才高故能知孔子之志，因此伊川遂借曾点之言，开始畅谈自己所理解的孔子之志为何，并认为其志是让万物各遂其性，故其心境是乐的，因此用"乐而得其所"来进行解释。这当然也是在对孔子新形象的理解下，所产生的经典解读。

　　寻孔颜乐处，是濂溪传授给二程的探求圣学之下手处，而这也继续成为引领程门弟子入于圣门的教法。如游酢年二十甫通过乡荐时，初识伊川，伊川认为游酢有适道之质，因此以孔颜之乐为题目与语，激发游酢的反省，遂使游酢有志于圣学。③从这种以孔子为乐道者的理解出发，二程也将这种寻孔颜乐处的思考，带入对《论语》的诠释中。如《饭疏食饮水》一章，汉儒注解的重心在蔬食的内容与曲肱的动作为何，而伊川则解释道：

　　　　"非乐疏食饮水也，虽疏食饮水，不能改其乐也。不义之富贵，视之轻如浮云然。"又曰："须知所乐者何事。"④

至于《贤哉回也》一章，汉儒的注解重点在箪与瓢的形制，这对重视礼乐制度的汉儒而言是重要的问题，但伊川对此不再关心，而是指出：

---

① 朱熹：《四书章句集注》，台北：鹅湖月刊社，1984 年，页 131。
② 因此，子路、冉有、公西华这些追求政治参与的弟子，在二程的眼中被认为无法了解孔子的心志，而曾点、漆雕开这些不仕者，则被认为"已见大意"，这也显示对孔子理解的整体性翻转。
③ 《程氏外书》卷 8《游氏录拾遗》："初见先生，次日先生复礼，因问安下饭食稳便。因谓：'君子食无求饱，居无求安'，颜子箪瓢陋巷，不改其乐。箪瓢陋巷何足乐？盖别有所乐以胜之耳。"（《二程集》，页 399。）
④ 《四书章句集注》，页 97。

> "颜子之乐,非乐箪瓢陋巷也,不以贫窭累其心而改其所乐也,
> 故夫子称其贤。"又曰:"箪瓢陋巷非可乐,盖自有其乐尔。其字当
> 玩味,自有深意。"①

这当然也是由孔子的乐道者形象出发所做的诠解。也因为从这种乐道者形象去理解孔子,所以伊川会将《论语》中涉及乐的文字都集合在一起,共同思考孔颜之乐的内容,如伊川言:

> "乐莫大焉","乐在其中","不改其乐",须知所乐者何事。②

何以濂溪、二程在建立孔子乐道者形象的同时,特别强调要思考"所乐何事"? 此涉及的是三教之辨的问题。对乐的追求,可以说是人的通性,但对于何者可乐,不同人会有不同理解。如庄子将五官接物而生的乐视为俗乐,而不接物而生的乐才是至乐,因此追求上与造物者游,故能无事而得至乐。③孔子在《论语》中虽然也谈到学习之乐,但由于两汉以来孔子的素王形象过于鲜明,而此一素王形象是带有一种危苦之感的,学者对孔子怀抱着尊崇与敬意,却少了亲近之感。因此当儒家影响力渐减时,魏晋士人遂开始兴起任诞之风,欲突破儒家所立下的规范,以追求至乐。如乐广对当时脱衣裸形的士人,曾批评道:"名教中自有乐地,何为乃尔?"④但由此反而可以看到,当时士人追求道家思想是因为觉得名教的压力太大,并无乐处可寻,所以乐广才要强调名教中有乐处,但实际上他也没能举出什么例子。而佛教进入中国后,又引入另一种对乐的理解。佛教追求"离苦得乐",庄子所

---

① 《四书章句集注》,页87。
② 《二程集》,页78。
③ 关于《庄子》一书对乐的思考与方法,较详细的讨论可参考萧裕民:《游心于"道"和"世"之间——以"乐"为起点之〈庄子〉思想研究》,清华大学(新竹)中文系博士学位论文,2004年。
④ 徐震堮:《世说新语校笺》,台北:文史哲出版社,1989年,页14。

说的与造物者游、任诞之士的脱衣裸形,对佛教来说还不是真正的乐,因为这仍受到形躯的束缚。佛教主张通过各种修养方式,摆脱烦惑之染污,了解诸法皆无自性,故能觉悟而入于涅槃之境,而入于涅槃,方能获得真正的乐(涅槃四德为常、乐、我、净)。南北朝乃至隋唐的儒者,其实一直讲不出儒家、名教的乐处到底在哪里,以及这些乐处何以能够胜过二氏所讲的乐处,因此也造成第三节所说的、隋唐士人的世界观呈现为"外儒内释"或"外儒内道"的格局,因为没有士人觉得可以将自己的身心性命完全寄放在儒家的世界中。

理学成立的目的就是要重建儒家的内教领域,让学者觉得儒学亦有乐处可寻,如此才会愿意将自身性命的完成寄托于儒家,因此首要工作就是改造教主的形象,通过对经典的重新诠释,塑造出孔子"乐在其中"的形象,并以"寻孔颜乐处"为题,让后学在心中自己重构孔子的乐形象。而在确立孔子是快乐的圣人之后,接下来就要区别三教对乐的追求何在,要思考孔子与颜回的乐是从因何而生,这就是濂溪、二程都要强调"所乐何事"的原因。不过濂溪与二程始终都不曾明言,孔颜所乐究竟何事,他们只会指出哪些不是孔颜之所乐,例如:

> 鲜于侁问伊川曰:颜子何以能不改其乐? 正叔曰:颜子所乐者何事? 侁对曰:乐道而已。伊川曰:使颜子而乐道,不为颜子矣。[1]

何以"乐道便不是"? 这条对话在后来引起很多讨论,而朱子则认为说乐道亦无不可。但若从三教之辨的角度来看,就比较容易理解程颐此说的原因。汉儒对颜回不改其乐,本就有安贫乐道的解释,但只以孔颜之乐为乐道,理学家会认为说得浅了。先秦两汉儒者所追求的道,在理学家处已经被理/气、体/

---

[1] 《二程集》,页395。

用这样的概念所取代,因此二程认为孔颜之乐是感受到天理的流行,体用之一源,鸢飞鱼跃,一切充满生机。朱子对孔颜之乐的解释颇为详尽,例如:

> 问:"周子令程子寻颜子所乐何事,而周子程子终不言。不审先生以为所乐何事。"曰:"人之所以不乐者,有私意耳。克己之私,则乐矣。"[1]

> 问:"颜子'不改其乐',是私欲既去,一心之中浑是天理流行,无有止息。此乃至富至贵之理,举天下之物无以尚之,岂不大有可乐!"曰:"……只是私欲未去,如口之于味,耳之于声,皆是欲。得其欲,即是私欲,反为所累,何足乐!若不得其欲,只管求之,于心亦不乐。惟是私欲既去,天理流行,动静语默日用之间无非天理,胸中廓然,岂不可乐!此与贫窭自不相干,故不以此而害其乐。"[2]

> 圣人之乐,且粗言之,人之生,各具此理。但是人不见此理,这里都黑窣窣地。如猫子狗儿相似,饥便求食,困便思睡。一得富贵,便极声色之娱,穷四体之奉;一遇贫贱,则忧戚无聊。所谓乐者,非其所可乐;所谓忧者,非其所可忧也。圣人之心,直是表里精粗,无不昭彻,方其有所思,都是这里流出,所谓德盛仁熟,"从心所欲,不踰矩",庄子所谓"人貌而天"。盖形骸虽是人,其实是一块天理,又焉得而不乐!又曰:"圣人便是一片赤骨立底天理。颜子早是有个物包裹了,但其皮薄,剥去容易。圣人一为指出这是天理,这是人欲,他便洞然都得了。"[3]

一般人所追求的乐,是感官在接物时获得的满足感,但只以此为乐,会

---

① 黎靖德编:《朱子语类》卷31,北京:中华书局,1999年,页798。
② 《朱子语类》卷31,页796。
③ 同上书,页797—798。

让个体沉溺在对情感及物欲的追求上，反而会产生更多的限制。三教谈到乐，前提都在于克制自己的私欲，以发掘更高一层，而且是更具自由性的乐，但其肯定的对象仍有不同。以理学家的观点而言，佛教的乐，是只见到了万物共通之理，但却否定了万物殊别之理，故其涅槃之境是借由抖落"物"的价值而证得的，这是二程批判佛教只有敬内而无义外的原因。至于道家所讲的道，虽然仍包含着万物，但其乐是借由无事于外、保持自身精神的完足而获得的，因此不鼓励任何的认知活动、道德行为，因为这会减损自身精神的完足。但这种无事的方式，一开始可能会让人感受到自由，久之则有人可能会入于枯槁，有人可能会流于狂恣，而无法完全管理自身的情气。

而理学家认为，认知活动与道德行为其实仍可以是管理自身情气的重要方式。当个体的私欲净竟，则会在观察自身时感受到本性的自然呈现，也会在观察万物时感受到一切都是天理的流行，而自我与万物之间，有着无穷的关联性。当感受到此种经验时，精神会有一种满足感，但这种满足感并非接物所获得的，因此是一种恬然的乐。但对乐的追求若只停留在这一层，则与道家无异（此系程颐所说：只言乐道便不是），因为这种满足感仍会枯竭，于是学者可能反而去追求、复制这种乐。理学家认为，在了解天理之流行后，还要将此种状态施之于道德行为上，一方面能成己成物，使自我、万物与世界的独立价值都能够被实践，一方面在完成一件道德行为的同时，体内会涌现出源源不绝的道德动能，个体的精神会饱满完足，观看万物时也觉得充满生机，同时感到自我与万物之间充满了无穷的关联性与启示，然后又能怀抱着这种意义感、神圣感，进一步投入下一个道德行为，这种持续性、具道德意蕴的乐，才是理学家要追求的。

六、体认孔子新形象的方法——观圣贤气象与四书之成立

理学家要追求的是一种新的道，从先秦两汉儒者追求的通天人之道，转

变为受佛教影响后产生的合内外之道。由于圣人是道的体现者,故要理解这种新的道之前提即须对孔子的言行志意有一全新认识,孔子的形象遂从先秦两汉儒者所认识的略带危苦的玄圣素王,转变为理学家所建构的无入而不自得的乐道者。要认识此种乐道者形象的孔子,理学家的方式是"寻孔颜乐处",濂溪以此教二程、二程以此教弟子,遂成为理学家探求圣学的下手处。

所谓下手处,是指学者欲进行学习或修养时,最先采取的方式,这之后还有许多进一步的修养、学习方式,也就是所谓的"工夫"。如佛教为了达到证悟此一目标,其下手处通常是结跏趺坐,以息止一切纷杂的思虑,然后能在静定中开始进行后续的工夫,即各种观想之法,如数息观、白骨观、不净观、十二因缘观等。通过这些观想工夫,逐步离于息、身、意或十二因缘等各种限制性条件,遂得解悟。理学家的思考方式与此接近,但方法有较明显的区别。濂溪、二程以"寻孔颜乐处"指示学者入道的门径,但这里没有提出具体的方法,亦即不涉及工夫。只有当学者困于心,衡虑而不得时,二程才会指示学生以工夫,此工夫同样也是观想之法,但观想的内容与佛教大异其趣,乃以"天地生物气象"及"圣贤气象"为观想对象。①

要找到孔子谈论乐道的相关文字,即使在《论语》中亦不多见,遑论五经。孔子著作中谈到政治的文字是其大宗,则学者要由何处寻得孔颜乐处?对此,二程提出了"观圣贤气象"之法,也就是超越经书字面上的意涵,借由体会发言者的情态、样貌、口吻、语气等,来感受其内在的精神与修养境界。如《论语·公冶长》"颜渊、季路侍"一章,子路、颜渊与孔子各言其志,在汉唐儒者处,基本上就会直接从孔子的"老者安之、朋友信之、少者怀之"等语,思考其政治上的理想了,但伊川观察的重点是圣贤气象:

---

① 有关理学家"观圣贤气象"之说的更详细讨论,可参考杨儒宾:《变化气质、养气与观圣贤气象》,《汉学研究》第19卷第1期(2001年6月),页103—136。

凡看文字，非只是要理会语言，要识得圣贤气象。如孔子曰："盍各言尔志。"而由曰："愿车马、衣轻裘，与朋友共。敝之而无憾。"颜渊曰："愿无伐善，无施劳。"孔子曰："老者安之，朋友信之，少者怀之。"观此数句，便见圣贤气象大段不同。①

先观子路、颜渊之言，后观圣人之言，分明圣人是天地气象。②

不同的时代，有着不同的政治环境，适用于周代的政治举措，是否仍适用于宋代，二程常抱持着怀疑的态度。但圣人既然是修养上的最高位阶者（这里指的是理学家的圣人观），则古今的圣人其用心即是相通的。因此阅读经书，重点不在于字句中所隐藏的微言大义，而是字句中所体现的圣贤之气象，由圣贤所展露的气象，遂可进一步感受圣贤之用心。如伊川云：

学者当以论语、孟子为本。论语、孟子既治，则六经可不治而明矣。读书者当观圣人所以作经之意，与圣人所以用心，与圣人所以至圣人，而吾之所以未至者，所以未得者，……则圣人之意见矣。③

以往被认为是由孔子所删述、最能代表孔子之意的六经，在理学家处的地位被《论语》《孟子》所取代，因为在论、孟中才能见到孔子、颜回与孟子等人的气象，也才能够真正体察孔子等圣贤的用心。所谓的气象，天地万物包括人皆有之，这是在气论的世界观下所形成的万物理解方式。事物的内在本质缈不可见，但若内在充实而有光辉，则会以气的形式透显于外，所谓"有诸中则形诸外"，古代的观人、望气之说大概都是类似的思考。北宋的周、张、二程等理学家似乎多有类似的观人技术，也将此种技术应用于圣学

---

① 《二程集》，页284。
② 同上书，页288。
③ 同上书，页322。

之上，认为即使无法亲见古代圣贤，仍可以借由观察书中言语、行动、举止等外在表征，见出一个人的内在修养境界，因此如二程说：

> 或曰："圣贤气象，自何见之？"子曰："姑以其言观之亦可也。"[1]
>
> 仲尼天地也，颜子和风庆云也，孟子泰山岩岩之气象也。观其言，皆可以见之矣。仲尼无迹，颜子微有迹，孟子其迹著。[2]
>
> 曾子传圣人学，其德后来不可测，安知其不至圣人？如言"吾得正而毙"，且休理会文字，只看他气象极好，被他所见处大。后人虽有好言语，只被气象卑，终不类道。[3]

二程认为阅读《论语》《孟子》，要看的就是圣贤之气象，而由论、孟中展现的孔子、颜回、曾子、孟子等人言行，可见出孔子是天地气象、颜回是春阳气象、孟子则是泰山气象等，并由此判断境界之高低（无迹、有迹之类）。当然，理学家的观圣贤气象之法，与其观天地间生物气象之说是互相配合的，从观庭草、驴鸣、鸡雏等随处可见的事物为下手处（正如同寻孔颜乐处是观圣贤气象的下手处），[4]观察生物的自然天性与生生之理，由此逐渐扩充到感受鸢飞鱼跃，乃至泰山、和风庆云、甚至天地之气象，到此田地，学者便会感受到天地万物与圣贤人物之间的气象逐渐重叠了，方始发觉圣人就是天地的具现，如：

> 杨子曰"观乎天地，则见圣人"。伊川曰：不然。观乎圣人，则

---

[1] 《二程集》，页 1203。

[2] 同上书，页 76。

[3] 同上书，页 145。

[4] "周茂叔窗前草不除去，问之，云：'与自家意思一般。'子厚观驴鸣，亦谓如此。"（《二程集》，页 60。）"观鸡雏，此可观仁。"（同上书，页 59。）"万物之生意最可观，此'元者善之长也'。斯可谓仁也。"（同上书，页 120）

见天地。[①]

圣人之言,冲和之气也,贯彻上下。[②]

仲尼元气也,颜子春生也,孟子并秋杀尽见。仲尼无所不包;颜子示"不违如愚"之学于后世,有自然之和气,不言而化者也;孟子则露其才,盖亦时然而已。[③]

借由这种观圣贤气象工夫,学者认识到的孔子就不再是带有神秘感玄圣素王,而是一位亲切和蔼的长者,如二程言:"孔子言仁,只说'出门如见大宾,使民如承大祭'。看其气象,便须心广体胖,动容周旋中礼,自然惟慎独便是守之之法。"[④] 也就是二程通过《论语》的言语,教导学者去体会圣人所散发出的温和气象,再由此气象去体会孔子心广体胖的修养境界。而从这种对孔子的体认出发,理学家去阅读《论语》时,就会发现"寻孔颜乐处"的视野陡然间被打开了——在孔子与弟子的问答中,处处都可以发现孔子的恬静自适的乐境。正如前面引述的《论语·先进》"子路曾晳冉有公西华侍坐"一章,中间并没有提到乐字,但由曾点所言之境界气象及孔子与点的评论,理学家遂认为浴沂舞雩等语,正可说明圣人之乐处。

观圣贤气象之法,是北宋理学家建构孔子新形象的重要方法,但到了南宋的朱子处,似乎逐渐失去其重要性。为何会有此一转变?观圣贤气象之说看似简易,但是否能达到理想的结果,与学者的才性仍有一定关系。钝根者难以从经书文字中观得圣贤气象,就不免执着于字面上的意涵,继续追求章句训诂之学去了;利根之人虽然较容易观得圣贤气象,但得此之后可能会仍觉不足,故进一步以己心观他人之心,而这就会朝向佛教的观想之法迈进,朱子曾撰《观心说》一文批驳此种由儒门而入于禅者;甚至,即使同样都

---

① 《二程集》,页414。
② 同上书,页129。
③ 同上书,页76。
④ 同上书,页80。

能观圣贤气象，不同的人所见是否相同，这也是一个疑问，如伊川曾云："藻鉴人物，自是人才有通悟处，学不得也。张子厚善鉴裁，其弟天祺学之，便错。"[1] 人物鉴裁与观圣贤气象，其实是相同的技术，但伊川自己都说此事难学，故只适合某些既具备才性，又能谨守儒门矩矱者。因此借由观圣贤气象之法，让学者心中建构出孔子的新形象，对朱子而言就不是一可大可久之法，朱子所提出的新方向是读书法。

　　读书是为学的根底，对朱子而言更是如此，如其言："人之为学固是欲得之于心，体之于身。但不读书，则不知心之所得者何事。"[2] 而朱子对于读书之法，也有许多的思考与讨论。[3] 读书可以形塑认知，认知则可以影响实践的方向，如受神仙之书影响者，可能会入山采药精思；受《庄子》影响者，可能会箕踞裸袒之类；即使同样读的是儒门之书，若阅读的书籍、顺序不同，所形塑出的对儒学精蕴、对孔子形象的认知，也会有所差异。以两汉士人为例，其童蒙时入书馆开始求学，读的是字书以及《孝经》，一方面初步认识儒家的义理，一方面在家庭生活中实践这些义理，而这些义理大多以人伦日用为主。之后如欲受经，则会进一步研读《论语》，以为接下来的习经预作准备，而阅读《论语》时着重的，则是孔子有关修、齐、治、平的讨论。[4] 读完《论语》，对于有德而无位，因此删述六经以为后世法的孔子，已经产生一个明晰的图像，以此再去研治经典，就会发现孔子在五经中处处留下的微言大义，并以此作为干事施政的方针，而这也是两汉儒者心中的孔子一直都维持着素王形象的主要原因。亦即，不管是由孔子亲自删述的五经，或是由孔子弟子记录纂集而成的《论语》《孝经》，乃至于战国秦汉时期出现的许多纬书，以及《左氏》《史记》等史书的记载（《左氏》在汉代不入经），这些文献都不

---

[1] 《二程集》，页 186。
[2] 《朱子语类》卷 11，页 176。
[3] 朱熹：《读书法》，收入《朱子语类》卷 10、11。
[4] 参考王国维：《汉魏博士考》，收入氏著：《观堂集林》卷 4，北京：中华书局，1959 年，页 179。

断地印证、建构着孔子的素王形象,则理学家如何能够通过阅读儒家经典,而扭转此种孔子形象?

本文第四节提到,北宋理学家试图建立儒门中的内圣面向,因此对《易经》的《系辞传》《文言传》,《礼记》中的《乐记》《中庸》与《大学》,《孟子》等赋予了极大的关心,并对其所涉及心性修养的内容有许多发挥与诠释。而到了朱子处,则做了一些取舍,取《大学》《中庸》《孟子》三种与《论语》相搭配,而有四书之汇集,以作为学者入道的门径。与汉儒由《孝经》而《论语》而五经的阅读顺序不同,四书是先《大学》次《论语》再《孟子》,最后则结以《中庸》,至于五经则可治可不治。朱子非常强调此阅读的顺序:

> 学问须以大学为先,次论语,次孟子,次中庸。中庸工夫密,规模大。①
>
> 问贺孙:"读大学如何?"曰:"稍通,方要读论语。"曰:"且未要读论语。大学稍通,正好著心精读。……"②
>
> 诸生看大学未晓,而辄欲看论语者,[朱子]责之曰:"公如喫饭一般,未曾有颗粒到口,如何又要喫这般,喫那般!"③

为何以《大学》为治学之先?因为《大学》之首章,一边言格致诚正,这说明儒家亦有内教之内容,一边言修齐治平,这表示儒家有二氏不具备的外教之功能,而且由于二氏不具有外教的内容,因此其内教的内容也会产生误差,故理学家可以此为出发点,批驳二氏在理论上的局限性。④ 因此朱子对

---

① 《朱子语类》卷14,页249。
② 同上书,254。
③ 同上。
④ 也就是认为二氏的内教只追求体认万物共通之理,但却忽略了对事物殊别之理的探求,故其掌握的共通之理也会有误差。而朱子认为其格物工夫,可以同时通贯二者,此即朱子在《格物补传》中的格物穷理与豁然贯通之说。

《大学》之义理建构十分着力,视之为一生精力之所系。[①]朱子认为"三纲八目"之说是孔子之言而为曾子所述,故将《大学》分为经一章与传十章,由此《大学》就取得了经的地位(而且由于这是孔门心法,故其解释顺位高于五经),并对《大学》的文字有许多置换与增删,还增加了《格物补传》一条,从而建构出儒家兼贯内圣与外王的工夫体系,内圣工夫则是外王事业的基础。当学者先阅读了《大学》,产生了"孔子以内圣为外王之基础"这样的前理解后,再去阅读《论语》,其视点就与汉儒不同了,汉儒所重视的对政治的评论、对礼乐的实践、对人物的臧否等条目,在朱子学生的眼中的重要性就会下降,学生的视野就会集中在"孔子之乐""颜子之乐""曾点之乐"这些原本并不凸显的条目,并从中探究这些圣贤内在修养的高低之别。由此就比较容易理解,朱子为何在学生未读熟《大学》时,不允许其阅读《论语》的原因了。正如朱子所说:

> 某要人先读大学,以定其规模;次读论语,以立其根本;次读孟子,以观其发越;次读中庸,以求古人之微妙处。大学一篇有等级次第,总作一处,易晓,宜先看。论语却实,但言语散见,初看亦难。孟子有感激兴发人心处。中庸亦难读,看三书后,方宜读之。[②]
>
> 论孟中庸,待大学贯通浃洽,无可得看后方看,乃佳。道学不明,元来不是上面欠却工夫,乃是下面元无根脚。若信得及,脚踏实地,如此做去,良心自然不放,践履自然纯熟。非但读书一事也。[③]

如同朱子所说,《论语》内容较散杂,但读完《大学》后再去阅读《论

---

① "一日,教看《大学》,曰:'我平生精力尽在此书。先须通此,方可读书。'"(《朱子语类》卷14,页258。)"某于《大学》用工甚多。温公作《通鉴》,言:'臣平生精力,尽在此书。'某于《大学》亦然。《论》《孟》《中庸》,却不费力。"(同上书,页258)
② 《朱子语类》卷14,页249。
③ 同上书,页250。

语》，学者就会发现，有些条目是根本、必须用心探究（仁、性与天道、孔颜之乐等），有些条目是枝微末节、根本建立后自然一目可了（政治、礼乐之事）。借由《大学》了解了孔子思想的规模，借由《论语》建构出孔子的新形象后，以此为前理解再去阅读《孟子》与《中庸》，学者就会理解到，孔子去世后儒分为八，只有思孟一派才得孔子真传，至于其他将孔子视为素王、将五经视为理解孔子思想的最主要材料、以公羊的张三世等说视为孔子最终理想的各派儒者，反而未得其传，也由此建构出孟子“殁而遂失其传焉”的道统系谱。

在建构四书体系的同时，朱子也对五经进行了新的诠释，如《诗集传》之类。汉代鲁、齐、韩、毛各家诗说，皆认为诗经各章有其美刺，经师们遂致力于发掘其中隐含的微言大义，而这当然是因为汉儒所认识的孔子为一圣王形象，因此他们会认为其著作寄托着孔子的政治意图，由此而生的一种解经方式。但在朱子处，这些蕴含着美刺的诗歌，却有许多都被诠释成男女淫奔的歌谣，这大概是汉代经师们较难想象的。朱子对五经的诠释之所以有这种转折，一方面固然是朱子有意解消五经在解释孔子思想时的优越地位（《大学》《论语》更具优位性），另一方面，也与孔子新形象的建立有关。亦即，朱子试图将孔子从充满神秘感的圣王形象，转变成一位具体的、可以亲近的人，孔子有着丰富的情感与心灵，对于民间男女情爱的诗歌也有欣赏的能力，并以此教导学生。这样的孔子，会让人产生一种亲近感，甚至学者会觉得自己心灵可以与孔子互相呼应，而会进一步朝着圣学之途迈进。这当然也是在理学家将孔子转化为一乐道者的形象后，才逐渐产生的经典诠释方式。

综上而言，随着朱子四书的普及，以及五经新诠的完成，孔子新的乐道者形象也进一步贞定。学者逐渐将儒家之道理解成内圣外王之道、将孔子理解为一无入而不自得的乐道之人、并以思孟一派为孔子的真传，并且将儒家思想的实践场域，由汉儒所重视的政治面向，转变为以个体的身心为主要实践对象。而这种对儒家的理解与实践方式，主宰了整个东亚世界达八百年，对东亚地区的政治、历史、文化等都产生了显著的影响，这种对孔子的理解至今仍未完全消失。

七、结论

理学又被称为新儒学，被称为儒学的原因在于其仍维持对孔子的信仰，以及"原道—征圣—宗经"这样的传统；但被称为新的原因在于，其所理解的孔子及对道、圣、经的诠释，与先秦两汉以来的儒家思想相较，已有了典范性的转移。对道的理解，如第四节所述，先秦儒学兼言天道与人道，但圣人对天道之内容是不言的，因此学者所追求的，就会集中在人道，也就是所谓的外王之道上；但对理学家而言，道的内容转为内圣外王之道，而内圣之道是外王之道的根本，有内圣则自然会有外王之事功，因此学者所追求的，就会集中在内圣之道，也就是对于本体、天理的体证上。至于要了解孔子之道的核心文本（也就是经），则由孔子亲自编辑删述、在汉代被立于学官的五经（重点在讨论外王之道），转变为都不是由孔子撰写、而是由其弟子记录或再传弟子所发展而出的四书（重点在讨论内圣之道）。至于圣人的代表，则从"周孔"这类天生禀赋不凡、并能为后世创制立法的圣王，转变为"孔颜"这类昭示着一般人要如何通过学以至于圣人的人物。而为了要告诉学者这种新的"道—经—圣"之意义，对孔子原有的素王形象之改造，就成为重要的工作。当理学家能建构出一种新的孔子形象，便能让学者借由这种形象去重新理解孔子所要追求的道是什么，以及哪些经典在儒家中是更为核心的。

从这种新的孔子形象出发，理学家在去阅读、思考儒家经典时，就会产生差异性很大的结果。《论语》中凡是谈到乐的文字，都被放大诠释，如孔子的"乐在其中"、颜回的"不改其乐"，甚至曾点的"风乎舞雩"（这段讨论甚至没有出现乐字），在《朱子语类》中大概都各有上百条的讨论，而且朱子还会进一步将这三者的乐进行比较，以厘清彼此境界高低的关键何在。亦即，如何可以称得上是圣人，是可以从其乐的境界来加以判断的，孔子的"乐在其中"高于颜回的"不改其乐"，而颜回又高于曾点之类。关于《论语》中其他没有谈论到"乐"的文字，理学家也提出观圣贤气象的方法，通过观其辞气，教导学者去体会圣人所散发出的温和气象，想象孔子心广体胖的姿态，也就是以言语为媒介，去进一步想象圣人的乐，而这也更进一步强化了孔子的乐道者形象。至于汉儒所重视的、涉及素王象征的一些材料，如凤鸟不至、西狩获麟等，朱子及其弟子几乎没有太大的讨论兴趣，如西狩获麟这段对汉儒十分具有象征意义的文字，在《语类》中朱子只与弟子谈论过一次，而且是一副不置可否、不感兴趣的态度：

> 春秋获麟，某不敢指定是书成感麟，亦不敢指定是感麟作。大概出非其时，被人杀了，是不祥。[1]

原本汉儒用以建构孔子有德无位之素王形象的核心材料，在理学家认识了新的孔子形象后，就逐渐受到忽视了。

在理学家这种对孔子形象及"道—圣—经"之内容的系统性解释下，远看孔子会觉得其心广体胖、近距离接触他会感受到春阳时雨般的氛围，其所作所为会被认为符合用行舍藏的标准，对弟子是循循善诱的态度，心中充满仁心，无入而不自得，亦即他是一位乐道的圣人。这种形象建立后，重塑了士人对儒家思想的认识及实践方式，唐以前的儒者会认为，儒学的实践场域集中在政治与人伦日用之中，但宋代以后的儒学实践方式，却是以身心性命处为最主要场域。而这种影响，大概一直到清代反理学思想逐渐兴起（经世之学、朴学、公羊学等），才又开始有了转折。

---

[1] 《朱子语类》卷83，页2172。

4 觉浪道盛与方以智的孔子观

蔡振丰[*]

一、前言

宋代的儒学复兴运动是以佛、老作为首要打击的目标,因而朱子学兴起之后,儒学与释、道二教可谓在各自的教学领域中独立发展,这种情形在明代阳明学兴起后,始有新的变局。王阳明(1472—1528)对三教有"厅堂三间,共为一厅"的比喻,认为"后世儒者不见圣学之全",乃割左边一间厅堂与佛氏、割右边一间厅堂与老氏,而自处中间。[①]王阳明三间厅堂之喻,虽有儒学本位的意义,但他进一步区分"圣学"与"儒学",使得"圣学"与"圣人"之说超出儒、释、道三教的界线,从而开启了论述"圣学"与"圣人"的新领域。在此脉络下,阳明学者对三教问题的看法渐分为两条发展的线索,一为强调儒学优位的正统说,二为强调圣学融通的妙用说。阳明后学中,强

---

[*] 台湾大学中国文学系教授。

[①] 阳明答张元冲舟中问佛老二氏是否兼取,言:"说兼取,便不是。圣人尽性至命,何物不具,何待兼取? 二氏之用皆我之用。即吾尽性至命中完养此身谓之仙;即吾尽性至命中不染世累谓之佛;但后世儒者不见圣学之全,故与二氏成二见耳。譬之厅堂三间共为一厅。儒者不知皆吾所用,见佛氏则割左边一间与之,见老氏则割右边一间与之;而己则自处中间,皆举一而废百也。圣人与天地民物同体,儒、佛、老、庄皆吾之用,是之谓大道。二氏自私其身,是之谓小道。"见《年谱三》"嘉靖二年十一月"条下,收入王守仁撰,吴光等编校:《王阳明全集》卷35,上海:上海古籍出版社,1992年,页1289。

调妙用说者如王龙溪（1498—1583），他回答陆光祖（1531—1597）对二氏之学的询问时，即有"良知两字，范围三教之宗。良知之凝聚为精，流行为气，妙用为神，无三可住。良知即虚，无一可还，此所以为圣人之学"的说法。① 由此而言，黄宗羲（1610—1695）对王龙溪及泰州学派"益启瞿昙之秘而归之师，盖跻阳明而为禅矣"的批评，② 实亦反映正统说与妙用说这两条发展线索的差异。

　　圣学融通妙用说一系除了论述"圣学"与"儒学"的差异外，为了使"圣人"或"孔子"之学可以融纳异学，因而对于孔子（公元前551—前479）也有重新诠释的趋向，这使得明代晚期的孔子观产生了特殊的说法。如李卓吾（1527—1602）认为孔子前无所迹，③ 故不能执其应世之迹而论是非，④ 若只学孔子之迹，将不能得到"孔子所以能成孔子之道"。⑤ 李卓吾之说存有"孔子至善之心"与"孔子之学行"的区分，类似的意见亦可见于晚明学者的说法之中。因而可见，晚明学者对孔子之心的论述有系统化的趋向，其中尤以曹洞宗觉浪道盛禅师（1592—1659）与其法嗣方以智（1611—1671）的论说最值得注意。⑥

① 见于王龙溪：《南游会纪》，《王龙溪先生全集》卷7，台湾大学图书馆藏乌石山房文库之清道光壬午年（1822）莫普校刊本，页5—6。
② 黄宗羲撰，沈芝盈点校：《明儒学案》卷32《泰州学案》，北京：中华书局，1985年，页703。
③ 李卓吾言："夫大人之学，止于至善。至善者，无善之谓也。无善则无迹，尚于何而践之？然则，非但不必践、不当践，虽欲践之而不得焉者也。夫孔子非迹乎？然而孔子何迹也？老聃非迹乎？释迦非迹乎？然而老之与释何迹也？今之三教弟子皆践彼迹者也，可不谓大哀乎？惟是世间一种善人，合乎至善之初，生来便自不肯依人脚迹，作辕下之驹矣，故孔子屡称之而极言其不可得见。"见李贽：《李温陵集》卷15《乐正子》，《续修四库全书·集部·别集类》第1352册，上海：上海古籍出版社，2002年，页208—209。
④ 李卓吾言："孔子知人之好名也，故以名教诱之；大雄氏知人之怕死也，故以死惧之；老氏知人之贪生也，故以长生引之。皆不得已权立名色以化诱后人，非真实也。"见《李温陵集》卷3《书答·答耿司寇》，页40。
⑤ 李卓吾言："今之学孔子者，非学其能在家也，学其能成孔子之道而已。"见《李温陵集》卷1《书答·复邓石阳》，页20。
⑥ 方以智为表明不仕于清朝的决心，于顺治十年（1653）奔赴金陵天界寺，受具足戒于觉浪道盛禅师。道盛先作《破蓝茎草颂》以赠之，后将阐明庄子为"尧孔真孤"的《庄子提正》及全评《庄子》交付方以智。其后，方以智乃有《药地炮庄》之作。

觉浪道盛与方以智的孔子观有承继的关系，也有发展上的变异。在承继关系上，学者多注意方以智《药地炮庄》接续觉浪《庄子提正》的儒门托孤说，视之为庄学的特殊发展，[1] 然未注意这种发展也可能是二者孔子观或圣学观开展的结果。就二者的孔子观而言，方以智最终虽以出家相归于寂灭，然脱其行迹，他对学术的根本意见似乎仍与觉浪有所分别。为了说明觉浪与方以智在思想上的基本差异，以下本文将先论述觉浪所论禅法与其孔子"集成"说的理论关系，再继之比对方以智的孔子观，以说明他的特殊论点。

二、觉浪道盛的孔子观

（一）由丽化说论孔子之心

觉浪之论孔子，除了在《丽化说》中指出孔子是集成之至圣外，也在《三教会同论》中指出"能会同三教者，莫过于孔子"。[2] 在《丽化说》与《三教会同论》中，尤以《丽化说》最为关键，可以看到觉浪孔子观的理论基础。《丽化说》言：

> 夫至圣莫过孔子，犹自附丽于祖述宪章，上律下袭，为始终一贯之时中。孟子亦善于附丽私淑，以摄清任和而脱化焉。夫附丽诸圣而集成者，是自能扩克会通，神明统类，曾非假于外铄也。[3]

---

[1] 如徐圣心：《"庄子尊孔论"系谱综述：庄学史上的另类理解与阅读》，《台大中文学报》第 17 期（2002 年），页 21—66；杨儒宾：《儒门别传——明末清初〈庄〉〈易〉同流的思想史意义》，收入钟彩钧、杨晋龙编：《明清文学与思想中之主体意识与社会·学术思想篇》，台北："中研院"文哲所，2004 年，页 245—289。

[2] 觉浪道盛于《论·三教会同论》言："天下之能会同三教，称尊佛、老者，莫过于孔子矣。"见《天界觉浪盛禅师全录》卷 20，收入《嘉兴大藏经》第 34 册（径山藏版），台北：新文丰，1987 年，页 708。

[3] 见《天界觉浪盛禅师全录》卷 25《丽化说》，页 736。

觉浪认为孔子之所以能成为至圣，在于孔子能"附丽诸圣而集成"。其所谓"集成"，非指"孔子之学"为集合诸圣之学而成，而是指"孔子之心"可"附丽"于文武宪章、周公礼乐，也可扩充、克己而"脱化""会通"，不为儒学所限。因而，其"集成"说的重要概念不在于"集""成"，而在于"附丽"与"脱化"二者。

觉浪所谓"附丽"之意，与其"火之存有论"息息相关。由《丽化说》，可知觉浪将"火"分为"先天之火"与"后天之火"。"先天之火""无相"，故以"先天之火性""先天之火神"名之，以《易》理方之，为太极。"后天之火"可再区分为"无相"的"后天之火神"与"有相"的"后天之火"。"无相"的"后天之火神"，以《易》理方之，为"太阳元"。"太阳元"落实于五行中而有相，隐而为"无相之火精"，是五行之体；显而为"有相火气"，是"五行"中之一行，与"木、金、水、土"等四行有生克关系。[1] 在此存有论的架构下，觉浪认为："火"是天地万物存在的根本，万物非火不能生、不能长；人禀五行而生，以"火"为"心"，[2] 人心若不得"无相真火"为其"神"，则不能得其性命之正。由上述之论可知："先天之火"不但是"宇宙的本体"，也是"心性的本体"。从形上学而言，"先天之火神"可"附丽"于"后天之万物"，又因其不为后天之物所限，故能"脱化"于"后天之万物"；从心性论而言，心不得"无相之火"为其"真神"，则心无以附丽正道，而化成天下，[3] 也不能"脱化"而成就新的文明。

觉浪的丽化说与前论李卓吾"孔子无迹""不可得见"的迹冥论在形式

---

[1] 《丽化说》言："然五行之火，犹有相可见。至于藏为太极，使静极生阳，动极生阴，为万物之化神，是天人之不可测也。有先天之火性，为太极本。有后天之火神，为太阳元。有无相之火精，为五行体。有有相之火气，为生克用。以故天地人物之先，非火不能生；天地人物之后，非火不能养。"（页735）

[2] 《丽化说》言："如水木土金，皆有形质自守，可以执作玩狎。独火为神，操存舍亡，出入无时，莫知其乡，此心之所以属火也。"（页735）

[3] 《周易·离卦》象曰："离，丽也。日月丽乎天，百穀草木丽乎土。重明以丽乎正，乃化成天下。"

上有其类似之处,但迹冥说并不涉及"无迹"或"所以迹"的动力问题,而觉浪则由"火"的存有论,引《易》之说而建立曹洞宗门的种种说法。《丽化说》言:

> 所谓《习坎》"维心亨、行有尚",心之不亨,行何有尚? 太极真精不入《坎》出《坎》,又何自而经纶天下? 天向一中生造化,人从心上起经纶,此一何一? 即《坎》中之奇一,即厥中之精一。此心何心? 即复初之天心,即时中之道心。不入《坎》出《坎》,此一此心又能自用以见事功哉? 此一此心犹是太极动后之一心,太极未动之先,求此一此心,皆不可得。[①]

上段引文可作如下三点分析:

(1)《丽化说》之文是引申《周易·象传》所言"习坎,重险也。水流而不能盈也,处至险而不失刚中,行险而不失其信。维心亨,乃以刚中也,行有尚,往有功也"而来,意谓:若遇重重险阻,只要不失阳刚进取的品德、不失信念,则必有通达之心,而终能成功。《象传》论《习坎》,以二、五阳爻象喻刚中;觉浪则以"一"和"太极真精"(太极真火)说二、五之阳爻。依真火之说,觉浪乃指出:《习坎》之险中存有《重离》之真火;重险之时是点燃或引发人心真火之契机。

(2)如对《丽化说》做一理论的说明,则可说觉浪认为"心火"之能"附丽"、能"脱化"的基础在于"心"有"感应"的能力。[②]就《周易》之取象而言,心之能感能应犹如《坎》卦中的一阳能动。由此一阳之动,可产生种种

---

① 见《嘉兴大藏经》第 34 册,页 738。
② 《丽化说》言:"今人心之火,初失于藏,而不能善取;次则失于取,而不能附丽;后又失于附丽非法,而不能传此真神。即真火藏之于太极,必因感而后应,如世火能生水木土金,实藏丽于水木土金中,亦必因感而后脱化,如龙为火之至精,必藏于渊海之至密,非附丽于雷霆风雨亦不能起蛰也。"(页 737)

人文化成的活动,而种种人文活动是否能"得其正"乃至"行而有尚",亦可由此心所感之"亨"与"不亨"证得。

（3）"心"得"先天之火神",则能层层附丽,也能转转脱化,使"火"在分、合、相传之下,而成生生不息、永不断绝之象。反之,"心"在不得真神之下,则"丽而不化"而成"执妄之迷"。觉浪认为"心"依其丽化之大小、真伪,而有"智慧火、缘生火、无明火、业识火、瞋欲火、痴迷火"之别。[1] 由此附丽的大小、真伪,"人心之火"乃成"轮回果报之主体";再由人心之能脱化而得"真神"（"真火"）,乃有"觉明之心性"与般若智,而成"解脱轮回之主体"。

由上三点分析可知:觉浪先建立其"火之存有论",再由此"火神"能"附丽""脱化"而论孔子以其心而成能会同三教的至圣。换言之,觉浪之论孔子,是在五经之上,以其火之存有论改造孔子之心,经此改造之后,孔子乃能于五经教化之外,以其丽化之心近闻老聃之贤、远知西方释迦之化。[2]

（二）庄子能得六经之意与孔子之心

基于对孔子之心的诠释,觉浪可以特殊的角度观看诸子之学。在诸子之中,他特别重视孟子（公元前 372—前 289）、庄子（约公元前 369—前 286）与屈原（公元前 340—前 278）三人,著有《三子会宗论》,认为此三子的著述最能"直揭圣学王道之微","以光大五经之统"。[3] 在觉浪的三子之说中,以将庄子归于儒门最为出人意表,他在《庄子提正·序》中指出庄子

---

[1] 《丽化说》言:"又须知:此火以性空之火为主,有智能火、缘生火,有无明火、业识火,有瞋欲火、痴迷火,有冥阳鬼神无根之火。各自丽化而有真伪、大小之不同也。一等陋人,不知魂升魄降因于业力,尚有精爽之火性,妄谓人死神灭,无三世因果善恶报应之说,反指佛氏为异端、虚无寂灭之教、去人伦、绝天理而排辟之。"（页 735）

[2] 《三教会同论》言:"使当时孔子不亲问礼于老聃,谁知老氏其犹龙乎? 孔子不答太宰嚭问,又谁知西方有大圣人乎? 夫老聃虽未出《道德》五千言,释迦虽未流教藏于东土,而孔子乃能逆知老为犹龙、佛为大圣,则天下之能会同三教、称尊佛老者,莫过于孔子矣。"（页 708）

[3] 见《天界觉浪盛禅师全录》卷 19《论·三子会宗论》,页 698。

"所著《南华》,实儒者之宗门,犹教外之别传也",① 也在《正庄为尧孔真孤》中,指出庄子"非老聃之嫡嗣,实尧、孔之真孤"。② 觉浪所谓"教外别传"是"借之类比"的说法,以孔、庄类比于佛、禅,其目的在于指出《庄子》一书是"不可独行者",必须与孔子的六经形成互补之用,故《庄子提正》云:

> 庄生所著虽为六经之外别行一书,而实必须辅六经始能行其神化之旨也。使天下无六经,则庄子不作此书而将为六经矣。老聃云:正以治国,奇以用兵。夫六经皆准天地人物之正,是天地人伦不易之常法,虽稍有变皆不敢稍违其正。此《庄子》如兵书,虽正奇互用,而法多主于奇,如兵之不得已而用也。使天下绝无六经,独行《庄子》之言,则自相矛盾,自相成毁。③

在觉浪的设喻中,"教外别传"之"禅宗"不能独行于"佛教",若只"宗"独行,则仪范皆废,将无法指出"向上一着"。依此而言,则若独行或单举《庄子》而无六经,则庄子之言将"自相矛盾、自相成毁",仅有破坏而无任何建树,不能达致圣人之学。

换言之,觉浪的"教外别传"及"真孤"说必须建立在两个基础上。其一是必先假设庄子是能得六经之意及孔子丽化之心者。基于六经之意,庄子乃能以"古今之大道自任","归《应帝王》于尧舜,归《大宗师》于孔颜";也基于孔子丽化之心,庄子乃能"神而化之",行其悠谬荒唐之寓言,而成为"大言而无惭之人"。其二是庄子之言非寻常而发,乃是"不得已"之言,其不得已是基于"如是设教立宗,而天下后世尚有不能知其所以,而愈效其迹,

---

① 见《天界觉浪盛禅师全录》卷30《杂纪·庄子提正》,页768。又《序·合刻四当参序》亦言:"儒之有大《易》,即佛之有《楞严》也;儒之有《南华》,即佛之有禅宗也。"见《天界觉浪盛禅师全录》卷22,页716。
② 见《天界觉浪盛禅师全录》卷30《杂纪·庄子提正·正庄为尧孔真孤》,页769。
③ 同上书,页768。

乃愈敝其神，甚至有不可复以教宗救挽之”的现实情况。在此境况下，庄子的“奇”就如兵法之诡道，用此奇诡之言，乃能发挥“疑之则所见为惊、所闻为荧，见闻既惊且荧，则平日道理无所用。道理无所用，则心知迷无所从。迷无所从则惑，惑则困，困则愚，愚则神与天冥，同乎大通，此正疑始而后撄宁也”的效果。由上可推知“庄为尧孔真孤”的说法，实为觉浪孔子观的延伸观点。觉浪的孔子观既是建立在孔子“无迹”之“心”，而非孔子之“迹”上，故庄子虽无儒门之迹，亦可是孔子之心的展现。

再者，由“心”论孔子之学的意义，则其重点就不在孔子之“迹”的规范意义上，而在于孔子之“心”能体知“本体之源”“修养之法”与“规范指向”等三个问题上。对此三个面向，觉浪以“性”指称“心之本体”，以“法”或“法道”“道”指称“心的修养之法”，而以“教”或“教戒”指称“心的规范指向”。如《皈戒说》中言“非性不能有法道，非法道不能有教戒，非教戒不能悟法道，非法道不能证性”，[①]即说明了他对“性”“道”“教”三者之相互关联性的看法。庄子既得孔子之心，则在“性”“道”“教”上，也能展开其独特的论说，而可会同于孔子。故《庄子提正》言：“盖［庄子］其旨也，妙于以神化而移人心之天也，神之于天，则自然矣。自然者，天之别名，化之无迹者也。究之，不外于慎独、致中和而冥声臭。”[②]上段引文中的“天”“自然”皆是对“性”或“心之本体”的不同诠释，犹如“性情本有之动静”、“性情动静自如”亦是“性”的不同说法。[③]“慎独”“致中和”“冥声臭”与“明性情”，皆指为“法”或“道”，是达致“性”的修养之法；而“因人物之自然，而为民生日用制作法度，为道治之宗，使之各安身世性命”，即为“教”的内容。

---

① 见《天界觉浪盛禅师全录》卷26《皈戒说》，页743。
② 引文见《天界觉浪盛禅师全录》卷30《庄子提正》，页768。
③ 如《儒释参同说》中言：“功莫大于立教，教莫大于明性情，能明性情本有之动静，则不为邪妄所淆”。见《天界觉浪盛禅师全录》卷26，页743。

（三）孔子之心能丽化三教九流之道术

觉浪在《天地无古今人心生治乱论》中，曾指出他之会同禅门五宗，亦有追继孔子丽化之心，而集大成的意义。[1] 这种思维实奠基于孔子"无迹之心"能"附丽""脱化"于"有迹"之说上。因此，若愿学于孔子，不应着眼于儒学之迹上，而应着眼于孔子之心；若得孔子之心，则不但可会同孔、庄，也能看到"三教之道，原本自同"，从而能会同三教而达到"大同无我之化"。[2] 在《皈戒说》中，觉浪曾由"性""法道""教"上论儒、释之会同，而指出儒者所言之《中庸》"天命之谓性"（性）、"率性之谓道"（法道）、"修道之谓教"（教），不异于佛教徒之皈依佛（性）、法（法道）、僧（教）三皈依。[3] "天命之性"可会同于"佛性"，[4] "慎独之法"可会同于佛教的"设戒时时礼拜敬诵、时时省察皈依、时时质正三师、时时羯磨举过、时时忏悔受罚、时时断恶修善、时时求法利"，[5] 而"五常之教"也可与"五戒之教"会

---

[1]　《天地无古今人心生治乱论》言："吾佛祖之道，至于五宗，亦当有集大成者，故吾作〈会祖规〉，以追孔子集大成之意。……大哉天下万世，有不知孔子集大成之意，而能为天下、身、心、性命之治者，未之有也。有不知孔子之治，而能知佛祖之道，亦未之有也。有不知佛祖之道，而能会同世法、出世法者，断断乎未之有也。"见《天界觉浪盛禅师全录》卷19，页700。

[2]　《三教会同论》言："三教之道原本自同，予何人敢会之哉？昔之为万世师者，集群圣之大成，惟周孔子""开辟至今，有开必先，既有三教之名，应当尽三教之实。究心其源，顺理其委，先立其大，自反诸己，乃能率循其固然之条理，以顺大同无我之至治。不则人人私其学、家家异其教，遂使天下是非纷纷，虽圣贤屡出，扶偏救弊之不暇，又何暇责天下相忘于大同无我之化哉？"（页708）

[3]　《皈戒说》言："三皈五戒孔门亦有，但未标示与人耳。《中庸》天命之谓性，即皈依佛也；率性之谓道，即皈依法也；修道之谓教，即皈依僧也。何以见得？盖佛者，天然尊贵之觉性，而灵明不昧、亘古常存，即儒之至诚无息、于穆不已也。法者是自然微妙之观智，而圆通无碍、触事常真，即儒之不见而彰、不动而变也。僧者是当然坚密之功行，而纯一无杂、随缘常净，即儒之不勉而中、不思而得也。其修证得力处，全在皈依二字，是返己还源之要旨，即戒慎、恐惧为自强、时习之真工候也。"（页743）

[4]　《皈戒说》言："天命之佛性本来现成，无有增减，但因人不悟归天然之性，智愚贤不肖各逞私情太过不及，故违其先天本来之命，而乱其后天中正之道。圣人起而救之，表此率性之中正教戒，岂容已乎。正以非佛性不能有法道，非法道不能有教戒，非教戒不能悟法道，非法道不能证佛性。非念念相续无有间断，不能皈一即三；非时时慎独无须臾离，则不能皈三即一。"（页743）

[5]　《皈戒说》言："但后世之儒言慎独，不肯如佛受戒者严切行持耳。使儒者慎独如佛之设戒，时时礼拜敬诵，时时省察皈依，时时质正三师，时时羯磨举过，时时忏悔受罚，时时断恶修善，时时求法利生，则世间之儒即出世之僧矣。"（页743）

同。① 因之,觉浪可言"儒者能慎此独察此几,即是同此皈戒。慎自己之独,即所以慎天地之独,慎万物之独而致中和、成位育,皆在此皈戒中。参悟佛祖之心宗,亦在此一念独中而贯彻也"。

觉浪既以孔子之心能知"三教之道,原本自同",因而他虽然多言《大学》《中庸》中"慎独""致中和""成位育"之言,但不代表他完全尊崇儒家的法道与教。如《皈戒说》言"后世之儒言慎独,不肯如专受戒者严切行持耳",即批评了儒者的实践工夫不如佛教徒之持戒;而在《儒释参同说》中,他除了指出"圣学惟精惟一之功"无异于"佛教的止观"外,也指出精一与止观必须相互为用,才能"慎独以至性情之中和,而证太极之理"。②

由觉浪的这些说法可知:他之视孔子为集成之圣,并以带有禅法意谓的"火神"丽化论证孔子之心,其目的不在于指出孔子之学的神圣性,而在于指出由孔子之心可以看到三教之源,从而平等地看待三教之学。因此,觉浪在独尊孔子为集成之圣时,也利用孔子的心象打破了儒学的独尊之势,使得道术或知识的领域在三教九流的互相为治中,③ 得到了增长与扩大。就此意义而言,觉浪之论庄子为儒门之托孤,亦可是觉浪托孤于庄子、庄子托孤于觉浪。④

---

① 《皈戒说》言:"一不杀生,仁也。儒不能尽不杀,佛非独不杀且能放生,且能救度众生,而冤亲平等,讵肯杀含灵之身命乎? 二不偷盗,义也。儒守义则不偷,佛非独不偷,且能普施,且能舍内外执吝而成解脱,讵肯盗世间之财物乎? 三不邪淫,礼也。儒不能尽不淫,佛且能绝欲,且能化生死爱根为清净命,讵肯淫自他之心境乎? 四不妄语,信也。儒笃信则不妄,佛信本来无妄,而能弘法,启发群蒙,悟真实地,讵肯欺圣凡之是非乎? 五不饮酒,智也。儒不能尽不昏饮,佛非独不饮,且能开颠倒之迷,为明达之慧,讵肯饮痴狂之毒药乎? 是则五戒即五常也,但因时因地,立例有权实耳。"(页 743)

② 《儒释参同说》言:"圣学之功,全在精、一二字,佛教之功全在止、观二字。观,自精也;止,自一也。""惟圣功之精一不二、止观互用,则能慎独以至性情之中和,而证太极之理。"(页 744)

③ 如《各安生理论》言:"三教九流之道,无非为天下务本安生之术。"《士为治本论》言:"夫士也者,圣贤之通称也。三教九流能以道术主辅治化者,皆名为士。所谓儒士、学士、道士、高士、禅士、大士、无上士,皆足以互相为治也。"(见《天界觉浪盛禅师全录》卷 20,收入《嘉兴大藏经》第 34 册,页 702—703。)

④ 《药地炮庄》卷 9《天下》(台北:广文书局,1975 年,页 869)录有觉浪与其侍者大奇如下的对话。"若这里别具得只眼,则庄子之孤尚有在也,切忌与混沌晓得。"奇侍者曰:"却被大奇晓得也。"杖云:"汝晓得个甚么?"曰:"和尚以庄子为托孤,实是和尚托孤于庄子,而庄子又因得托孤于和尚也。"杖曰:"但得混沌不知便了,汝等知得又何妨乎?"奇亦笑曰:"如此留一部《庄子》公诸千古,不怕人凿破矣。"

三、方以智的孔子观

（一）对孔子六经之学的分类

觉浪道盛《庄子提正·正庄为尧孔真孤》辨析庄子为儒门的教外别传，其作法是以正、奇之说论六经与庄子的关系。方以智传承觉浪道盛之说，而有《药地炮庄》之作，[①] 但其说法与觉浪略异，显示二者的孔子观亦有所不同。

《药地炮庄》虽是炮制《庄子》之作，但其开首"总论"即借司马谈《六家要旨》，论阴阳家之"序四时"、儒家之"序君臣父子之礼，列夫妇长幼之别"、墨家之"强本节用"、法家之"正上下之分"、"名家"之"控名责实"、道家之"因时为业""因物与合"等六家之学只得圣学之一偏，[②] 而有六家合则为圣学之全的意味。基于这种看法，方以智认为：继承父志之司马迁，必能阐述孔子之学，而于六家之外有所补益时学。其言曰：

> （司马谈）执迁手曰："周衰，孔子修旧起废，至今五百岁，有能绍明之？正《易传》，继《春秋》，本《诗》《书》《礼》《乐》之际，意在斯乎？"迁序《春秋》而表《礼》。"立极至备，情文俱尽；其次，情文代胜；其既，复情以归太一。天下从之者治，不从者乱""坚白、同异之察，入焉而弱；擅作典制褊陋之说，入焉而望；暴慢恣睢轻俗为

---

① 有关《庄子提正》与《药地炮庄》之继承关系与写作时间，可参见谢明阳：《觉浪道盛〈庄子提正〉写作背景考辨》，《清华学报》新42卷第1期（2012年3月），页135—168。谢文于此一问题特别强调"托孤说"为明代的遗民论述，颇可存参。然由明代阳明学的发展趋向看来，"托孤说"也有其社会与学术的背景，不可偏废。

② 《药地炮庄·总论上》言："夫道德、阴阳、名、法、俭，皆圣人之用也。一阴一阳之谓道，惟明于继善成性者能用之，岂拘旧者占忌耶？圣人两端用中，表其贯、混、辟之公理而已。人情劳之乃安，安乃肯劳，备万物而载以熏之，随人自用其长短，而不能逃其范围，功至大矣，治最要矣。诸子或偏言内、偏言外，大抵缓于表明正理，而急于自受用、利时势耳。"（页3）

高之属，入焉而坠。绳衡规矩，则不可欺。然而不法礼、不足礼，谓之无方之民。法礼、足礼，谓之有方之士。礼之中，能虑、能固，加好之焉，圣矣。"[1] 故尊孔子世家，而老、庄、申、韩同传。其作《孟荀传》有云："亡国乱君，不遂大道，而信機祥，鄙儒小拘，如庄周等。又滑稽乱俗不可训。"[2] 故曰："庄子散道德放论。"[3] 明其有正论在也。[4]

上段引文有三个论点值得加以注意：其一是"正《易传》，继《春秋》，本《诗》《书》《礼》《乐》之际"说明了司马谈的六经次序；其二是论司马迁之追继孔子之学是以《春秋》与《礼》作为圣学的要义；其三是论庄子之学非属正论。

方以智特别标出司马谈的六经次序，可见这与其所构想的圣学有相合之处，如参考《东西均》"道艺""公符"二篇，则可知方以智多将《易》《春秋》与《诗》《书》《礼》《乐》分而论之。如《道艺》言：

> 《易》则天人、性命之消息也，《春秋》则公是非之权也。雅言惟诗书艺礼。《书》诚之而必《诗》兴之，《礼》拘之而必《乐》乐之，圣人诱人之游心以存存也。[5]

《公符》言：

> 《诗》《书》《礼》《乐》，雅符也；《易》《春秋》，阴阳之合符也。《易》以统之，《春秋》以终之，六觚之公准成矣。[6]

---

① 自"立极至备"至"加好之焉，圣矣"之文字出于《荀子·礼论》，唯与原文略有出入。
② 见《史记·孟子荀卿列传》，唯文字略有出入。
③ 《史记·老子韩非列传》："庄子散道德，放论，要亦归之自然。"
④ 以下引文见《药地炮庄·总论上》，页3—4。
⑤ 庞朴：《东西均注释》，北京：中华书局，2001年，页173。以下所引《东西均》皆自此书，不另标明。
⑥ 见《东西均注释》，页97。

由《道艺》《公符》所论,可推测方以智将六经分为三类:一是《易》;二是《春秋》;三是"《诗》《书》《礼》《乐》"。除此之外,方以智又有"无言""无隐之言"与"雅言"之分。[①] 合这二组概念,则是所谓《诗》《书》《礼》《乐》应属"正论""雅言之教",[②] 可以《礼》统称之;《易》应属之"无言",以孔子罕言性与天道之故,也可称为"罕言";[③] 而《春秋》当为"无隐之言",《春秋》是救世之权,"义直而言逊,志切而语宽(寡),知我者固不察其隐,罪我者亦不见其端"[④],故所谓"无隐"是取"隐而不隐"之意。

(二)以《春秋》与《易》论司马迁与庄子之学

由"雅言正教""无言性命之学""无隐权救之学"为准而视六家之学,则可见六家的偏而不全;再以六经衡之司马迁之学与庄子之学,则知史迁之学以《春秋》为主,[⑤] 庄子之学则与《易》相合。《药地炮庄·总论》论及司马迁与庄子之学,有如下的表示:

愚曰:"迁既尊孔子世家,而以许由入《伯夷列传》,非信庄子

---

① 《东西均·尽心》言:"圣人无言、雅言、无隐之灯盖(旱)已照此。"(页76)

② 《东西均·附:声气不坏说》言:"雅言之教,兴于诗而成于乐。"(页228)

③ 罕言之名,如《东西均·开章》言:"所以然,生不得不然,而与之同处。于是乎不得有言,不得无言,而不妨言'言即无言'之旨。故中土以《易》为均,其道并(原书字形作'儕')包,而以卜筮之艺传于世,又不甚其苦心。均(寓)罕言于雅言,使人自兴、自鉴、自严、自乐而深自得之,以其可闻,闻不可闻。"(页3)又《全偏》言:"孔子尽性、知命而罕言,言学以正告者也"(页144),《象数》言:"儒者讳卜筮而专言理,《易》反小矣,此岂表天地、前民用、罕言而以此示人、存人心之苦心乎哉?"(页209)

④ 《东西均·容通》言:"道微则其言不得显,是以《春秋》不能必天下人知我,亦不敢辞天下人罪我,义直而言逊,志切而语宽(寡),知我者固不察其隐,罪我者亦不见其端,圣人所以藏身之固而救世之权也。"(页238)

⑤ 《药地炮庄·总论》引有二人的说法,以示司马迁之学与《春秋》的关系。其一为邓潜谷曰:"汉人质学,各有从入,即父子异同不讳。观谈受道论于黄子,故《六家要指》宗道,而迁宗《春秋》。论者以先黄老后六经訾迁,非其质矣。"(页2)其二为履曰:"象数、《诗》《书》《礼》《乐》,皆《礼》也。中皆《易》也。无方有方,各执一见,圣人合《易》《礼》而贯之。迁以《礼》《春秋》用勤、俭、名、法,而载阴阳自然之道。非感蚕室钳锤之恩,讵能舍命根而发挥,以毕其孝思耶?"(页4)

乎？中以颜夭、跖寿问天，正是庄子遣放。而末收颜渊附孔子，知迁之心乎？匹夫统君师之道，六家归于素王，明矣！然各容专门，而统于中正。谈执迁手，何尝不尊孔子哉！"[①]

上论引文主要是由《史记》首篇《伯夷列论》概观史迁之学与庄子之学，其要点有三：（1）史迁《伯夷列传》言："孔子序列古之仁圣贤人，如吴太伯、伯夷之伦详矣。余以所闻由、光义至高，其文辞不少概见，何哉？"以孔子不论许由之让国，以示孔子之权衡不在于许由让国之迹上，而在于许由之动机上，此类于庄子迹冥之说，论其所以迹而不论其迹；（2）《伯夷列传》质疑"天道无亲常与善人"之说，举颜回"屡空，糟糠不厌，而卒蚤夭"与"盗跖日杀不辜，肝人之肉，暴戾恣睢，聚党数千人横行天下，竟以寿终"作对照，其说似否定天道，而意在天道之全，犹如庄子遣放之论；（3）《伯夷列传》末段以"圣人作而万物睹""伯夷、叔齐虽贤，得夫子而名益彰。颜渊虽笃学，附骥尾而行益显"，明其追继孔子之志而作《史记》之意，以示其于史事、实事中具有权救之心。

由上三点说明，可知方以智以"序《春秋》而表《礼》"评论司马迁之学的原因所在。而在司马迁与庄子的对照中，亦可知史迁与庄子的重点皆不在于雅言正论，故方以智能由司马迁之写作《庄子列传》，看出庄子之"虚言剽剥自适"无异于史迁的"实事杀活自适"，因而将二者之论视为复兴圣学的"伤心人语"。[②]

论及《庄子》与《易》的关系，觉浪在其《正庄为尧舜真孤》即有"夫论大《易》之精微，天人之妙密，性命之中和，位育之自然，孰更有过于庄生

---

① 见《药地炮庄·总论上》，页3—4。

② 《药地炮庄·总论上》本文之上栏有言"愚曰：蚕室畅其父志，正是忍辱菩萨，觉此游戏污溲自快，悲何如耶！又曰：子长以实事杀活自适，子休以虚言剽剥自适，都是伤心人，所以一语道破。"（页1）

者乎？"之说。至方以智，则多言《易》与《庄子》的关系，[①]如《药地炮庄》卷1《内篇》，即论《庄子》内七篇之架构，无异于《易》之"太极"游于六十四卦，也无异于《乾》卦之"时乘六龙以御天"：

> 无内、外而有内、外，故先以内摄外。内篇凡七，而统于《游》。愚者曰：游即息也，息即无息也。太极游于六十四，《乾》游于六龙，庄子之御六气，正抄此耳。姑以表法言之，以一游六者也。《齐》《主》《世》如内三爻，《符》《宗》《应》如外三爻，各具三谛。《逍遥》如见群无首之用，六龙首尾，蟠于潜、亢，而见飞于法界，惕、跃为几乎？六皆法界，则六皆蟠、皆几也。姑以寓数约几言之，自两仪加倍至六层为六十四，而举太极，则七也。《乾》《坤》用爻，亦七也。七者，一也。正表六爻，设用而转为体，太极至体而转为用也。本无体用者，急口明之耳。……对待者，二也；绝待者，一也。可见不可见、待与无待，皆反对也，皆贯通也。一不可言，言则是二。一在二中，用二即一。南北也，鲲鹏也，有无也，犹之《坎》《离》也，体用也，生死也。善用贯有无，贯即冥矣！不堕不离，寓象寓数，绝非人力思虑之所及也，是谁信得及耶？善寓莫如《易》，而《庄》更寓言之以化执，至此更不可执。[②]

由上段引文，亦可知《东西均·开章》所谓"蒙均尊混成，而实以尊大成为天宗也"之意，所谓"尊大成为天宗"即指庄子能得孔子之心，而能由内七篇之写作标示孔子"贯通"之理。在论说上，方以智区分了"绝待之一"与"对待之二"两个概念。所谓"绝待之一"为"无"，犹六十四卦之太极，犹《乾》之用六、《坤》之用九，犹内篇之《逍遥游》；"对待之二"为"有"，犹《易》之

---

① 如《东西均·神迹》有"《易》《庄》原通，象数取证"之说。（页158）
② 见《药地炮庄》卷1，页153—155。

六十四卦,犹一卦之内三爻、外三爻,犹内七篇之《齐物论》《养生主》《人间世》《德充符》《大宗师》《应帝王》。"绝待"在"对待"中,故六爻之动虽为"有;迹",但于对待之迹中也可见到"绝待"之"无;几",这是所谓的"设用而转为体"。反之,则"绝待"可化用于"对待",产生正面的变动,犹"群龙无首"之转六龙首尾之用,这是所谓的"至体而转用"。

孔子之心能体现此"绝待"在"对待"中(一在二中)、以"绝待"化用"对待"(用二即一),则能贯通诸学而不执于诸学,此亦即《东西均·神迹》所谓"真宗者,欲忘其神、迹,迹之则毫厘千万里矣"。方以智认为庄子能明孔子此心,因而以"尊六经而悲一曲""故以无端崖之言言之"[1]评论庄子之学。

由上述的分析,可知方以智所建构的孔子之学有二:一是《诗》《书》《礼》《乐》《春秋》《易》的内容,这属于"有""迹"之学;二是"无迹"之学,指孔子之心能行《春秋》无隐之权救,能行《易》之"化用为体""化体为用"的游息不执。在此论点下,司马迁因能得孔子作《春秋》之心,故能在《史记》中权衡治乱,而庄子因能得孔子作《易》之心,故能守孔子之天宗,使人知孔子之明贯,二者因而皆可视为能追继圣学之人。

(三)由"心均""统均""转均"论孔子之心

孔子之心何以能超出有迹,而"化用为体""化体为用"? 方以智《东西均·开章》言:

> 惟"大成"明备,集允中之心均而苦心善世,以学为旋甄和声之

---

[1] 《东西均·神迹》言:"六经传注、诸子舛驰、三藏、五灯,皆迹也。各食其教而门庭重;门庭,迹之迹也。名教寓神于迹,迹之固非,犹可以循。真宗者,欲忘其神、迹;迹之则毫厘千万里矣。庄子实尊六经而悲一曲,众技不见天地之纯、古人之大体,故以无端崖之言言之,其意岂不在化迹哉? 若泥其平,泯而任之,则民泯仁义,不泯嗜欲,是人而兽也。"(页152—153)

门，弥纶乎大一而用万即一之一，知之乐之，真天不息，而容天下。①

上段引文指出了孔子之心能"化用为体""化体为用"的关键，在于具有"集允中之心均而苦心善世"、以学为"旋甄和声之门""弥纶乎大一而用万即一之一"等三个作用。所谓"集允中之心均而苦心善世"是指孔子以"人心惟危，道心惟微，惟精惟一，允执厥中"为其修身养性、济世拯民之法；所谓"以学为旋旋甄和声之门"是指孔子之学不拘泥专门，可"因时变变"而旋转调和众学；②而"弥纶乎大一"中的"大一"，即《易》之"太极"，也可名为"太无"或"中天"，指为宇宙本体，此句话意谓孔子之心，如太极之绝待于万有，同时也在万有的始终之中，因而有"随万而用，泯万为一"的作用。③上述心的三种作用，如果对照于方以智对六经分类，则可知"苦心善世"可对应于《诗》《书》《礼》《乐》，"旋甄和声之门"可对应于《春秋》，而"弥纶乎大一"可对应于《易》。

"集允中之心均""旋甄和声""弥纶乎大一"三者，除了可与《六经》之原形成对应外，也可以用"心均""统均""转均"论之。"心均"之"均"有"均分""调整"之意义，故可以"允中"说"心均"，以"旋甄和声"说"统均"，以"弥纶乎大一"说"转均"。

"转均"之说可略见于《东西均·开章》：

---

① 《东西均注释》，页7。

② 《东西均·开章》言："因时变变，可全可偏，必知其全，偏乃合权。读之破之，空之实之，不则泥土以为墼耳，断钟木以为橛耳！旋形和声之统迹者，众均皆有其书而不立者，立其所以统。吾以统均立，则两间之星点枝梧者，皆不立之立也。"（页10—11）

③ 《东西均·三征》言："不落有无又莫妙于《易》矣。太极者，先天地万物、后天地万物，终之始之，而实泯天地万物，不分先后、终始者也；生两而四、八，盖一时具足者也。自古及今，无时不存，无处不有，即天也，即性也，即命也，即心也。一有一画，即有三百八十四；皆变易，皆不易，皆动皆静，即贯寂感而超动静。此三百八十四实有者之中，皆有虚无者存焉。孔子壼天荒而创其号曰太极。太极者，犹言太无也。太无者，言不落有无也。后天卦爻已布，是曰有极；先天卦爻未阐，是曰无极。二极相待，而绝待之太极，是曰中天。中天即在先、后天中，而先天即在后天中，则三而一矣。"（页46—47）

步之积移，^①犹有岁差，望后人之均之；^②则可不均东、西所以代错之故，听步东、步西者之积移而差乎？东均者曰："知日则知夜矣。"西均者曰："日原于夜，以夜知日。"步东之差者，守所立之甲乙，时已推移，而不知变；步西之差者，不知说夜所以说日也，而习说夜之法，扫说日者贪食而畏夜，形累而影迷。此轮尊生物之公差也。故生转均之人，明此日统夜之无日夜，以复人人自有之轮尊。则东西轮尊之宗一也，一即具二。主宗者用一化二；而二即真一，谓之不二。"吾道一以贯之"与"一阴一阳之谓道"，三"一"者，一一也。何谓吾？何谓道？何谓一？曾疑始否？曾同异否？^③

在上段引文中，方以智以天文学之观测日夜作为譬喻，东均者由日观夜，西均者由夜观日，二者因其观测角度不同而指责对方的推测有误，但若有"转均"之人，能像生化万物之"轮尊"而周流于日夜，则可知二者所观并无不同。如以现象学所言之"同一性"为喻，则东均与西均之争议，犹如婴儿不能分辨穿睡衣的爸爸，和穿西装的爸爸一般；故"转均"之说，犹如意向某物时，除了意向显现的部分外，亦同时意向着不显现的部分。若以学与实践的立场言，则"转均"意谓有一流动轮转的超越意识，可以体察东西各均所呈现的整体。

心之能立"转均"，则"统均"之意可循之而得。"统均"意指：经过"轮均"动态地环绕对象而知觉后，则吾心自能对于对象有一全面性的掌握。基于这种全面性的掌握，则可知其偏而不废其全，此即《东西均·开章》所谓"因时变变，可全可偏，必知其全，偏乃合权"之意。能"可全可偏"，则行其权宜之偏，必有对全的要求，此即"众均皆有其书而不立者，立其所以统"之

---

① 庞朴注释言："步，天学术语，谓测天。积移，微差日积遂有大差。"
② 庞朴注释言："均之，调整。"
③ 《东西均注释》，页6。

意；而"吾以统均立"则意指心对于众均之学，能既立于偏又位于统，成其"不立之立"。

"转均"与"统均"之外，所谓"心均"之说则可见于《东西均·尽心》：

> 知人心之绝非道心也，而道心在其中，舍危无微，惟精乃一，故表道心以用人心，使人信而执之，久而忘其执，然后知无不在"执即不执"之安乐场也。

> 圣人烛乎无中、边之厥中，而尝立乎适可之中道，能使人心自尽，而不居其烈；使人人心行其光，而可以束缊。① 莫阘茸于毫，而使之自煽于其身；② 莫委琐于物，而使之供爨于礼乐。鼎济埴，各安生理，以化釜鬲之累；主其大体，容诸爝绲（纸）烛，以新万世樵采之心，此天地之所以大也。③

由上二段引文可知：达致"心均"已含有"转均"与"统均"之意。先是知"心"有"道心"与"人心"之别，这是"转均"之意。其后是执"道心"以用于"人心"，久执而忘"人心"与"道心"之别，这是"执即不执"的"统均"之意。最终则是不落中、边两端的"厥中"，而能听任其心之安于天理，这是"心均"的完成。方以智认为"心均"具有调合"己"（个体）、"人"（他人、群体）与"天"（天人之整体）的意义，故认为心之安于天理，如燃烧己心以照己、照人，如爝火可照亮彼此，却又不致烧得太烈而烧尽彼此。"爝火照人

---

① 《汉书·蒯通传》言："即束缊请火于亡肉家。"（见班固撰、颜师古注：《汉书》，北京：中华书局，1997年，页2166。）"束缊"指束一扎可烧的大麻为火把；"请火"指借火；"束缊请火"意指搓麻为引火绳，向邻家讨火。可比喻为二家互助而成其火光。

② 庞朴注释言："阘茸，《汉书·贾谊传》'阘茸尊显兮'，师古注释为'下材不肖之人'《易余·中告》谓乡愿'阘茸丧骨，残膏染脂'，以'阘'为动词，有塌义；则'茸'当释为兽毛。'煽'当释苫，覆盖也。莫阘茸于毫，则可自苫其身矣。"本文以为"阘茸于毫"与"莫委琐于物"相对，"自煽"与"供爨"相对，故"莫阘茸于毫，而使之自煽于其身"之"煽"应有煽火使炽盛之意。

③ 以下二段引文，俱见《东西均注释》，页76。

而不烈"也可喻意为"肯定各种安于天理的修身之学",令自古以来的种种修身之道,因人人之自烁而可常新,此亦即"心均"之总义。

(四)孔子之心能容东西诸学、能贯三教之意

孔子之心既有"心均""统均""转均"等表现,自能容纳东西之学,《东西均·开章》言:

> 开辟七万七千年而有达巷之"大成均",同时有"混成均",后有"邹均"尊"大成"。"蒙均"尊"混成",而实以尊"大成"为天宗也。其退虚而乘物托不得已而养中者,东收之;坚忍而外之者,西专之;长生者,黄冠私祖之矣。千年而有乾毒之"空均"来,又千年而有壁雪之"别均"来。至宋而有濂洛关闽之"独均"。"独均"与"别均",号为"专门性命均",而"经论均"犹之"传注均"。……后分专门性命、专门事业、专门象数、专门考辨、专门文章,皆小均,而非全均也。[1]

"东西均"中之"均"与"心均"之"均分""调整"义不同。"东西均"之"均"有二义,一是造陶器的转盘,二是调谐乐音的律准。[2]由泥在均上,而有陶者制形的意义,而由调音律准,也有乐者作律的意义,因而从"均"的形、声二义,可象征为寄声托形的一切学术。在一切的学术中,方以智认为"用形之义详于东,而托形之声出于西",[3]东方学术长于用形而论具体的迹象,西方则长于寄声而言抽象的变化。东方之学起于孔子的"大成均"与老

---

① 见《东西均注释》,页7—8。
② 《东西均·东西均开章》言:"均者,造瓦之具,旋转者也。董江都曰:'泥之在均,惟甄者之所为。'因之为均平,为均声。乐有均钟木,长七尺,系弦,以均钟大小、清浊者;七调十二均,八十四调因之(古均、匀、韵、匀、钧皆一字)。均固合形、声两端之物也。"(页1)
③ 见《东西均注释》,页11。庞朴释此句言:"谓东方长于由形求本义,西方长于因形托心声。"(页12)本文的解释与此稍异。

子的"混成均"。其后,有孟子尊"大成均"之"邹均",与庄子尊"混成均"之"蒙均"。千年之后乃有西方之学传来,由乾毒(天竺)而来的佛教,称为"空均"。又千年后有达摩所传的禅学,称为"别均"。宋代的理学独论心、性,称为"独均"。因为理学与禅学于东、西均之学中偏于性、命之学,故称为"专门性命均"。上述诸均中,以庄子的"蒙均"最为特别,表面上尊老子的"混成均",实际上是以孔子的"大成均"为依归,其说法且为后来的东、西均及道教所收用,[①]可视为能融通"大成均"与"混成均"者。"大成均"以下分为专门之"小均",有性命、事业、象数、考辨、文章之别。

"成均"与"小均"有"全""偏"之别,故《东西均·全偏》言:"凡学非专门不精而专必偏,然不偏即不专,惟全乃能偏。偏而精者,小亦自全,然不可暗小之足全,而害大之周于全也。容专门之自精,而并统之,是曰公全。公全能容偏精。"[②]故"小均"之"专门而精"或"偏精"是有特殊偏向之学;而孔子之"成均"具有"因时变变,可全可偏;必知其全,偏乃合权"[③]的特性,因而能容纳或承认小均之"各专互胜"、[④]能"因时利用"而达"激以为救,过而合中",[⑤]在东、西均之中最为明备。

除了论孔子之心能涵纳诸学外,方以智在《东西均·全偏》中,亦论及孔子之心有明贯三教之意的作用:

> 大概至人明独,君子明教,圣人明贯。恒三而一,恒一而三,全矣。本先生曰:孔子之教,尊上用中,详于下学,以前民也;有大过人之才,而不尽用。佛以无上教人无住,有大过人之智,而多半谲权。老子专惜之不用耳。孔子尽性、知命而罕言,言学以正告也;老

> 尊命以殉性,反言者也;佛尊性而夺命,纵横倍仵者也。佛好言统;
> 老好言泯;大成摄泯于随,贯而统自覆之,何懑懑为? [①]

上引之文中,方以智以"泯"与"统"概括老、佛的教学之意。"泯"是指老子
"专惜不用"之教学,是就道家"喜用反言""好说无为"而言。"统"是指佛
的"无住"之教学,是就佛教中观哲学在认识上不落于肯定亦不落于否定的
说法而言。上段引文虽未明确地论及儒家,然而比较《东西均·全偏》"佛
好言统,老好言泯"、《东西均·开章》"贯、泯、随"与《三征》"统、泯、随之
交轮虇"之说,可推测"统"与"贯"非同一义,"贯"之层次高于"统"。《三
征》言"明天地而立一切法,贵使人随;暗天地而泯一切法,贵使人深;合
明暗之天地而统一切法,贵使人贯",其中的"明天地而立一切法,贵使人
随",[②] 应是《全偏》所言的"君子明教",指儒家的君子教化可以"随"概括
之。而"圣人明贯"应指孔子之心超出于"统、泯、随"的教学之意,如"统、
泯、随之交轮",可以"贯"或"摄泯于随,贯而统自覆之"。

"贯"之意不仅止于"统"之不落二边的中观论法,而是指"统、泯、
随"三者互为指涉、贯通无别之意。儒家随顺世间之理而建立规范,老子
以矛盾的诡辞而"泯"于对语言二元性的执着,佛教以"中观"言"统"而
离于语言,三者虽都能矫正俗见而近于真理,但也只能静态的各自执持
"统""泯""随"的立场以观照一切事物,不能如孔子动态的内敛其间。由
于孔子之圣能不拘于"统""泯""随"之成法而观看一切事物,故一方面
能"随顺事物之变化而于适当时机以反言泯除成见"("摄泯于随"),一
方面也能"依其偏专之学而指示公全之道,既依于言说及成法,又离于言说与
成法"("贯而统自覆之")而达到"统在泯、随中,泯在随中。三即一,一即

---

① 《东西均注释》,页 143—144。
② 同上书,页 37。

三,非一非三,恒一恒三"的境界。[①] 换言之,孔子了解一切学术可在不同的成法中构成,也可因"时"之不同而解构,故依其"时""用"而体现适切的道理,正是圣人"明贯"的积极作为。

四、结论

阳明学兴起之后,以其自由解放的精神冲击朱子学的正统地位,也为僵化的儒、释二家思想注入了新的活力。从本文所关注的问题而言,在阳明对三教问题有"厅堂三间,共为一厅"的比喻之后,一方面使得儒者具有分别圣学与儒学的意识,一方面也开启了孔子可否容纳异学的讨论。从历史的发展观察这两方面问题的开展,可知一开始时它只是儒学内部的问题,而后有佛教徒与道教徒的对话涉入,最后则有西学东渐的影响。

就孔子圣人观而言,自阳明阐发其良知说后,由于良知具有超越一切教学之"根源性自觉"的意义,使得"良知"与"佛性"在诠释上有了互通的可能,这不但促进了二家学者的交流,也间接促成了佛教的复兴运动。以此之故,王龙溪以佛教《大乘起信论》及华严宗之"不变随缘,随缘不变"论"良知"之"有""无",而有"妙应随缘""一念圆明(灵明)"之说;[②] 而明末高僧蕅益智旭(1599—1655)对儒家经典多有注释,也对阳明推崇备至,而有"余每谓明朝功业士远不及汉、唐、宋,理学则大过之;阳明一人,直续孔颜心脉"之言。[③]

---

① 《东西均·三征》,页37。
② 王畿《答王敬所》第二书言:"良知虚体,不变而妙应随缘。玄玄无辙,不可执寻;净净无瑕,不可污染。一念圆明,照彻千古。遇缘而生,若以为有,而实未尝生。缘尽而死,若以为无,而实未尝死。通昼夜,一死生,不坠有无二见,未尝变也。惟其随缘,易于凭物,时起时灭,若存若亡。以无为有,则空里生华;以有为无,则水中捞月。临期一念有差,便堕三涂恶道。皆缘应也;自其不变言之,凡即为圣;自其随缘言之,圣即为凡。冥推密移,决诸当念;入圣入凡,更无他物。不可不慎也!"见吴震编校整理:《王畿集》卷11,南京:凤凰出版社,2007年,页277。
③ 《灵峰蕅益大师宗论》卷6《西方合论序》,收入《嘉兴大藏经》第36册,径山藏版版藏,台北:新文丰,1987年,页365c。

在儒、释二家界线渐泯的情况下,学者对孔子之心的解释,在语言上就显得暧昧不明,如智旭言"三教圣人不昧本心而已,本心不昧,儒、老、释皆可也。若昧此心,儒非真儒,老非真老,释非真释矣",[①]智旭所言的"本心"在形式上似乎也与阳明及龙溪无别。在此情况下,若要究论觉浪的孔子观,就不能只注意他所援引的儒家说法,而必须追问其最终的存有论与方法论立场。从本文所呈现的讨论可知:觉浪所言的"火的存有论"与"丽化说"并不见于孔子或后来的儒者,而与曹洞宗的禅法较有关联。曹洞宗人论其渊源多追溯于石头希迁(700—790)《参同契》、[②]云岩昙晟(742—841)《宝镜三昧》及洞山良价(807—869)的《五位君臣颂》。[③]石头《参同契》以"明暗步相随"喻"理、事"二者彼此依存、相互转化。云岩的《宝镜三昧》承石头"明暗"的说法,借用《周易》"离"卦的变化以说明"偏正回互",意喻万事万法在"动静""体用""空色""理事""觉迷"上的相互含摄。[④]觉浪的《丽化说》言先天火神与《离》火之象应有相关,而火神之附丽、脱化于万物的说法,也与"明暗""偏正"之"相随"与"回互"颇有相合,只是觉浪在曹洞宗旨之上,又加以存有论的说法,并引《易》说,用以解释"偏正回互"的动力问题。由此而言,觉浪所论的孔子之心与孔子之学,都不免带有禅学的意味。

方以智虽继承了曹洞的法系,其说法也多见觉浪之影响,但其孔子观最终仍与觉浪不同。以庄子为儒门之孤而言,觉浪持"奇 / 正"之说,以为庄子奇言为儒门之"教外别传"。方以智的"正论 / 放论"之说看似承续觉浪,但他将庄子之学归于《六经》中之《易》学,而与司马迁的《春秋》之学并列,

---

① 《灵峰蕅益大师宗论》卷2《法语三》,页283b。
② 《参同契》可见南唐静、筠二禅师编撰,《祖堂集》上册卷4《石头和尚》,北京:中华书局,2007年,页200—202。
③ 《五位君臣颂》及《宝镜三昧》俱见于《瑞州洞山良价禅师语录》,收入《大正新修大藏经》第47册,东京:大藏经刊行会出版,台北:新文丰,1983年,页525c—526a。
④ 有关此点,可参见拙著《诸家禅僧诠释曹洞宗〈宝镜三昧〉十六字偈之检讨:兼论觉浪道盛的特殊宗论及其三教论》,《汉学研究》第31卷第4期(2013年12月)。

显见他所体悟的孔子圣学仍是由《六经》出发,不同于曹洞的禅学传统。由此而言,觉浪所论的孔子之心,不脱于禅学的杀活机锋,而方以智所说的孔子之心,则回归于六经的原始,因而在儒学之上有一超出三教的新论。由孔子之心能有"心均""统均""转均"的作用,方以智得以一方面肯定诸学,一方面又毫不留情的批判诸学,他对儒学、佛学与禅学的僵化有严厉的评论,故有"理学出而以实辟虚,已又慕禅之玄;而玄其言以胜之者,皆不知天地之大而仲尼即天地也,其所执之实与玄,皆迹也"之言。由"仲尼即天地也"之说,除了可以意会方以智所论的"孔子之心"实即是其形上学的翻版外,或许也可意会他企图借由这种新的形上学或者心学,再度翻转程朱的理学与格物之学,而使孔子之学能容纳西学,能在心性的通几与物理的质测上有进一步的发展①。

---

① 所谓"质测""通几"之学,方以智在《物理小识·自序》(台北:台湾商务印书馆影印四库全书本,1981 年,页 1)中有所说明。"质测"是指"物有其故,实考究之,大而元会,小而草木蠡蠕,类其性情,征其好恶,推其常变",亦即指建立在实验实证的自然科学;而"通几"是"器固物也;心一物也;深而言性命,性命亦物也;通观天地,天地亦物也。推而至于不可知,转以可知者摄之。以费知隐,重玄一实,是物物神神之几也。寂感之蕴,深究其所自来",意即谓不论"器""心""性命""天地"皆可以是主体所"观"的对象,如果能通观一切之事理,由显知隐而统摄之,则可以深究其来源,接触到形上的本体。

5 西藏文化中的孔子形象[*]

曾德明　林纯瑜^{**}

一、前言

记载西藏地区消灾仪式（gTo）的文献中，有一位引人注目的人物"孔泽楚吉杰波"（Kong tse'phrul gyi rgyal po，或简称"孔泽楚杰"［Kong tse'phrul rgyal］），他被视为消灾仪式的创始人。本教与佛教的文献均有与其相关的描述。消灾仪式旨在解决藏族人民日常生活所遇到的各种疑难杂症，在民间极为盛行，但却经常秘密举行，外人难窥堂奥。这种仪式以佛教密乘修行仪轨中的"生起次第"（bskyed rim）为框架，然其核心实为巫术。^①仪式进行时，修法的法师常需念诵祝词，与导致灾难的鬼怪沟通，并将其驱离。这些祝词经常提到"孔泽楚吉杰波"的权威，提醒作乱的鬼怪应当心生敬畏，^②再以威吓或劝说

* 本文最初于2007年3月以英文在法国CNRS出版之期刊《藏学研究杂志》（*Revue d'Etudes Tibétaines*, no. 12, pp. 105–129）发表，题为"The Tibetan Image of Confucius"。后译成中文并修订部分内容，同年12月于《台湾东亚文明研究学刊》第4卷第2期（总第8期），页169—207发表。

** 作者均为德国波恩大学中亚语言文化研究所西藏学博士。曾德明，台湾大学中国文学系兼任助理教授；林纯瑜，佛光大学佛教学系助理教授。

① Shen-yu Lin, *Mi pham's Systematisierung von gTo-Ritualen*, International Institute for Tibetan and Buddhist Studies GmbH (2005), pp. 70–71.

② Shen-yu Lin, "Tibetan Magic for Daily Life: Mi pham's Texts on gTo-rituals," *Cahiers d'Extrême Asie*, 15 (2005), pp. 116–117.

的方式，命令鬼怪尽速离去，以解除灾难。消灾仪式基本上是一种巧妙结合数种预先设计的情境，并以之营造神奇疗效的方法。"孔泽楚吉杰波"被视为具有神异能力的消灾仪式创始人，他的权威角色对于消灾仪式本身所费心营造出的神秘效果颇具加强作用，这种形象与其称号"楚吉杰波"（'phrul gyi rgyal po）——通常译作"（具有）神奇（能力的）国王"——颇为一致。

西藏地区的消灾仪式属于西藏命理学（nag rtsis）的一支。[1] 根据西藏命理学的传承，孔泽楚吉杰波就是中原的孔子（公元前 551—前 479）。然而，众所周知，孔子并不好谈论未知世界或非常现象。《论语》中有名句："子不语怪、力、乱、神。"[2] 这种倾向与西藏消灾仪式中孔泽楚吉杰波的"神奇国王"形象显然并不相符。西藏的"神奇国王"与著名的圣人孔子之间的鲜明对比引发若干令人好奇的疑问：西藏文化如何转化、改造中国圣人孔子为"神奇国王"孔泽楚吉杰波？从历史的角度观察，不同时期的西藏文化如何塑造这位人物的形象？不同学科或宗教传统在诠释孔泽楚吉杰波的角色时是否有差异？学界以上述问题为讨论重点的研究并不多见，探讨西藏文献中所见之孔子形象可说具有相当的学术价值。本文以藏文文献中对孔泽楚吉杰波及与其相关的其他称号的描述为研究对象，依早期文献、苯教传承、佛教传承、三大文献系统进行讨论。

二、早期文献

在敦煌藏文写卷中，亦即现存年代最早的藏文文献中，已见"孔泽"

---

[1] Sangs rgyas rgya mtsho, *Baiḍūr dkar po las 'phros pa'i snyan sgron dang dri lan g.ya'sel*, The Vaidurya g.Ya'Sel of sDe-srid Sangs-rgyas-rgya-mtsho, reproduced from original texts from the collection of Tsepon W. D. Shakabpa by T. Tsepal Taikhang, 2 vols (New Delhi, 1971), 147r1；参见本文页 159 注 2 之引文。此为原版注号。即后引 Erik Haarh, *The Yar-Luil Dynasty*, p. 12。——编者

[2] 语出《论语·述而》7·20 章。另参见张岱年编：《孔子大辞典》，上海：上海辞书出版社，1993 年，页 183—184。

（Kong tse）一词的使用。经学者研究，确定伯希和藏文写卷（P. tib.）第 987
号和第 988 号是同一部著作的两种抄本，内容为儒家箴言之藏文意译。[1] 文
中记载诸先贤所制定之行为准则，这些"先贤"包括孔子。"孔子"的藏文在
这两份写卷中分别记为 Kong tse（孔泽，第 988 号）和 Kong tshe（孔策，第
987 号）。由此可知至少在 11 世纪中叶以前，亦即敦煌石窟封闭之前，已有
人使用藏文 Kong tse 或 Kong tshe 来翻译孔子的名字。

18 世纪的西藏学者土观·罗桑却季尼玛（Thu'u bkwan Blo bzang chos
kyi nyi ma, 1737—1802）在其名著《宗义晶镜》（Grub mtha' shel gyi me
long, 1801）中介绍儒家的创始人时写道：[2]

> 开始时，导师是以 Khung phu'u tsi 或 Khung tse 著称。由于西藏
> 人无法发出像汉语一样[的音]，因此称他作孔泽（Kong tse）。

显然 Khung phu'u tsi 是中文"孔夫子"的音译，而 Khung tse 是指"孔子"。
根据罗桑却季尼玛的说法，藏族会以 Kong tse（孔泽）来称呼"孔子"是由
于藏族无法准确发出中文"孔子"之音所致。罗桑却季尼玛对于"孔泽"
的称呼提出了合乎情理的解释。从敦煌藏文写卷的记载以至于土观的评

---

[1]　Rolf A. Stein, "Tibetica Antiqua VI: Maximes confucianistes dans deux manuscrits de Touen-
houang," *Bulletin de l'École Française d'Extrême-Orient*, vol. 79, no.1 (1992), pp. 9–17；石
泰安：《两卷敦煌藏文写本中的儒教格言》，耿昇译，收于王尧、王启龙主编：《国外藏学研
究译文集》第 11 卷，拉萨：西藏人民出版社，1994 年，页 268—283。另见 Marcelle Lalou,
Inventaire des Manuscrits tibétains de Touen-houang conservés à la Bibliothèque Nationale
(Paris: Bibliothèque Nationale, 1950), vol. 2, p. 31。

[2]　Thu'u bkwan Blo bzang chos kyi nyi ma, "thog mar ston pa bo ni khung phu'u tsi'am khung tse
zhes grags pa ste / bod rnams kyis rgya skad ji bzhin ma thon par kong tse zhes 'bod pa de'o,"
Grub mtha' shel gyi me long (Lan kru'u: Kan su'u mi rigs dpe skrun khang, 1984), p. 394. 这段
文字刘立千译作："儒家的导师是孔夫子或称孔子。藏人不能如汉语发音，遂讹为公子，实
际指的是此人。"见土观·罗桑却季尼玛：《土观宗派源流——讲述一切宗派源流和教义善
说晶镜史》，刘立千译注，北京：民族出版社，2000 年，页 202。

论，可知从古代以至于近代，对应中文"孔子"的藏文通常记作Kong tse（孔泽）。

　　然而，在藏文文献中，"孔泽"却很少被单独使用。"孔泽"通常会附带修饰词，例如附加"楚吉杰波"或其简称"楚杰"（'phrul rgyal），也就是前面曾经提到的消灾仪式创始人孔泽楚吉杰波。有时候"孔泽"会和其他称号结合，例如"孔泽楚吉布"（Kong tse'phrul gyi bu）、"孔泽楚琼"（Kong tse'phrul chung）或是"孔泽楚布琼"（Kong tse'phrul bu chung）。暂且不论这些称号是否都是指"孔子"，有趣的是：这些称谓中都有"楚"（'phrul）字。这似乎暗示"孔泽"在藏文中的形象与"楚"字有某种关联。以下还会讨论"楚"字的含义。此处先将讨论重点放在澄清前文所提到的几个称谓，探察其所指究竟是谁，以及它们在藏文文献中的使用情形，然后再进入本文所要讨论的主要对象"孔泽楚吉杰波"。

　　首先讨论"孔泽楚吉布"。"孔泽楚吉布"与"孔泽"同时出现在伯希和敦煌藏文写卷P. tib. 988之中，两者都指孔子。此外，"孔泽楚吉布"也出现在英国所收藏的敦煌藏文写卷I. O. 742之中。该写卷的内容与一种称为 *mo* 的西藏占卜有关。托马斯（Frederick W. Thomas）曾经介绍这份写卷，并提供藏文对音及卷首、卷尾数行文字之翻译如下：[①]

　　　　本文本（c）始于以下声明：

　　　　gnam dang po kong tshe 'phrul kyi bu / gcug lag mang po zhig
　　　　mdor bsdus te / gtan la phab pa /

　　　　[By?] supernatural ('phrul) son Kong tshe, originally (dang po) [of]
　　　　heaven [gnam], much wisdom summarized, edited (gtan la phab)

---

① 　Text Indian Office Library Manuscript, Stein (c): Fr. 55 (vol. 68, fol. 115–116). 见Frederick W. Thomas, *Ancient Folk-Literature from North-Eastern Tibet* (Berlin: Akademie Verlag, 1957), p. 151。

其结论为：

[……] *dkong tse 'phrul gyis mdzad pa'i dong tse bcu gnyis kyi mo //*
brdzogs so //

[……]圣人孔子（Dkong-tse）所制《十二摩币》（'Coins- twelve
mo'）至此完结。

麦克唐纳（Ariane Macdonald）也在其论文中提供该写卷资料，但她的卷首藏
文对音不仅和托马斯所列有些微差异，也较托马斯的对音多出一句：[①]

[……] *gnam dang po kong che 'phrul kyi bu // gtsug lag dang*
gtsug lag mang po zhig mdor bsdus ste/ gtan la phab pa /'phrul kyi
rgyal po li bsam blang gis chib gong nas thugs ring nas mo 'di gtan la
phab pa lags so /

托马斯所提供的藏文对音中提到两个名字："孔策楚吉布"（kong tshe 'phrul
kyi bu）和"孔泽楚"（dkong tse 'phrul）。麦克唐纳所补上的句中则提到"楚
吉杰波李三郎"（'phrul kyi rgyal po li bsam blang）。这三个名字曾经引起学
者的注意。麦克唐纳将"孔策楚吉布"译作"有神奇能力的孔策之子"。[②] 麦
克唐纳的理解可能受到卷尾所提到的"孔泽楚"的影响；如果将"孔泽楚"
视为人名，并将"孔泽"（dkong tse）当作"孔策"（kong tshe）的变型，便可
了解为何麦克唐纳会将"孔策楚吉布"理解成"孔策"之子。麦克唐纳并且
认为"孔策楚吉布"和在其后出现的"楚吉杰波李三郎"（le roi aux facultés

---

① Ariane Macdonald, "Une lecture des P. T. 1286, 1287, 1038, 1047 et 1290: Essai sur la
Formation et l'emploi des Mythes Politiques dans la Religion Royale de Sron-bcan sgam-po,"
in Ariane Macdonald ed., *Études tibétaines: dédiées à la mémoire de Marcelle Lalou* (Paris:
Adrien-Maisonneuve, 1971), p. 283, fn. 3541.

② 同上书，p. 282, fn. 3540; "le fils aux facultés magiques de Kong tshe"，其藏文对音中的 *kong
che* 在译文中出现时作 *kong tshe*。

magiques Li Bsam-blang）是同一个人。① 石泰安（Rolf A. Stein）同意这个观点，但是反对将"孔策楚吉布"解释成"孔策之子"。下文会再讨论"楚吉杰波李三郎"，此处先将焦点放在"孔策楚吉布"。前面曾经提到：在伯希和藏文写卷第 988 号中出现的"孔泽楚吉布"和"孔泽"两者都是指"孔子"，"楚吉布"显然毫无疑问是"孔子"的修饰语。有趣的是：为何"楚吉布"——中文意译"（具有）神奇（能力的）小孩"——会被用来当作孔子的修饰语？石泰安曾经尝试解决这个问题。他先引用自己过去对"楚吉布"的解释——enfant sage（有智能的小孩），然后提到孔子与项讬的对话。② 根据《孔子项讬相问书》的描述，项讬虽然只是个小孩，但是却能以出乎意料的智慧回答孔子所提的各种问题。③ 为了解释为何"楚吉布"和"孔子"有关，石泰安首先指出：孔子对极具智慧的童子项讬谦虚求教，并被认为是一位 garçon lettré（儒童）。石泰安试图由此角度建立"孔泽"的修饰语"楚吉布"和童子项讬之间的关联。然而，石泰安所认定的关联似乎是来自他对孔子和项讬两者的角色混淆。事实上，并无任何证据足以支持"楚吉布"就是指项讬。相反，"楚吉布"在《孔子项讬相问书》中始终是用来指"孔泽"。同时，不仅孔子询问项讬的态度很难以"谦虚"来形容，读者反而更可能从两者的对话中感受到某种程度的张力。以孔子在对话时对项讬的态度将孔子认定为儒童的说法并不具有说服力。一般来说，"儒童"一词的意思是"应秀才考试的

① Ariane Macdonald, "Une lecture des P. T. 1286, 1287, 1038, 1047 et 1290: Essai sur la Formation et l'emploi des Mythes Politiques dans la Religion Royale de Sron-bcan sgam-po," p. 283, fn. 3541. 下文会再说明这项论点。

② Rolf A. Stein, "Tibetica Antiqua VII: Maximes confucianistes dans deux manuscrits de Touen-houang," p. 11；石泰安：《两卷敦煌藏文写本中的儒教格言》，页 271—272. 感谢法国远东学院（Ecole Française d'Extrême-Orient）台北中心主任谷岚（Fabienne Jagou）协助确认文中的法文语词。

③ 敦煌藏文与中文写卷对此故事都有描述。中文写卷 P. 3883《孔子项讬相问书》的法文翻译以及两份藏文写卷（P. tib. 992 和 P. tib. 1284）的对音与翻译，见 Michel Soymié, "L'entrevue de Confucius et de Hiang T'o," *Journal Asiatique*, 242, 3-4 (1954), pp. 311-392；藏文写卷已于 1981 年由冯蒸译成中文，译文见王尧：《吐蕃时期藏译汉籍名著及故事》，《中国古籍研究》第 1 卷（1996 年），页 561—563；两份藏文写卷中孔子的藏文名称都是"孔泽"（Kong tse）。感谢"中研院"历史语言研究所助研究员卓鸿泽告知该中译本出处。

士子"。① "儒童"也被儒家以外的人,例如中国佛教徒和某些秘密宗教的信徒,用来称呼已经转变为宗教人物的孔子。② 从藏文的角度来看,"楚吉布"可能与"儒童"有关,因为中文"童"字的意思和藏文的"布"(bu)相同。孔子的"子"字如果以"儿子"来解释,也与藏文的"布"字含意相当。

前面曾经提到"孔泽"的许多修饰语中都有"楚"字,因此在进一步解释"孔泽"的修饰语之前,先整理学者对'phrul字的阐释,或有助于进一步的理解。麦克唐纳曾经探索'phrul字的内涵及其在神性、精神领域、世俗性与身体层面的转换。首先,'phrul最初是指神奇的能力,尤其是指在天界和人间往来自如的特殊能力。西藏古代的首领据说起源于居住在天界的天神家族,他们便具备这种能力。吐蕃诸王的称谓"楚吉拉赞普"('phrul gyi lha btsan po)——中文意译"(具有)神奇(能力)的天神赞普"——便暗示了天界与吐蕃国王(又称"赞普")之间的密切关系。其次,在一份与蕃王赤祖德赞(Khri gtsug lde btsan,806—841)相关的文献中,'phrul与赤祖德赞的气度,甚至与王权的概念联结在一起:借助于国王与大臣们的神奇('phrul)能力,吐蕃征服了邻国。至于'phrul与身体力量的关联则可以国王赤都松(Khri'Dus Srong,676—704)为例。由于具有沉稳的气度与强健的体魄,赤都松被称为"腊达楚吉杰波"(bla dags 'phrul gyi rgyal po)。③ 综论之,麦克唐纳倾向将'phrul理解为"具有特殊能力",这种理解在学界颇为特殊。大部分的学者认为'phrul和"化身"(incarnation)的概念有关。

---

① 汉语大词典编辑委员会编:《汉语大词典》第1卷,上海:上海辞书出版社,1986年,页1715。

② 这里的"儒童"实为"儒童菩萨"的简称,见中国文化研究所编:《中文大辞典》第3卷,台北:中国文化研究所,1963年,页1241。儒家以外的人用"儒童菩萨"来称呼孔子,见张岱年:《孔子大辞典》,页19。佛教徒以为:佛陀派"儒童菩萨",亦即孔子,到中国教化人民,参见William E. Soothill and Lewis Hodous eds., *A Dictionary of Chinese Buddhist Terms* (New York: Routledge Curzon, 2004), p. 446。白莲教和长生教的信众则称孔子为"儒童佛",见濮文起编:《中国民间秘密宗教辞典》,成都:四川辞书出版社,1996年,页239—240。

③ Ariane Macdonald, "Une lecture des P. T. 1286, 1287, 1038, 1047 et 1290," pp. 337-339;A. 麦克唐纳:《敦煌吐蕃历史文书考释》,耿昇译,王尧校订,西宁:青海人民出版社,1991年,页194—196。

李方桂将 *'phrul gyi lha* 译作 "神的化身"（God Incarnate），并指出对应这个修饰词中的 */'phrul* 字的中文翻译为 "圣"，而 *lha* 则相当于中文的 "神"。[①] 理查森（Hugh E. Richardson）则认为 *'phrul* 是藏文中特有的语词，它预示了西藏自 12 世纪起极为普遍的转世制度，但是他也承认在较早期的藏文文献中，如果涉及佛教，该字通常有 "神奇"（magic）或 "幻象"（illusion）的意思。[②] 乌瑞（Géza Uray）将 *'phrul gyi lha* 译作 "化身的诸神"（the incarnate gods）。麦克唐纳对此翻译加以驳斥，理由是：将 *'phrul* 作 "化身"（incarnation）解无法在 11 世纪之前的文献中找到证据。[③] 石泰安则从另一个角度来解释 *'phrul* 的意思。他引用各种不同文献中的语词，指出该字相当于中文的 "圣"。虽然他提出了 3 种可能的解释："特殊能力"（supernatural power）、"神奇"（magic）或 "智慧"（wisdom），但他似乎认为 *'phrul* 其实应当是指 "智慧"。他将 "楚吉杰布" 译作 "有智慧的国王"（roi sage），将 "楚吉布"（*'phrul gyi bu*）译成 "有智慧的小孩"（l'enfant sage）。[④] 他的解释后来被学者沿用。例如：卡梅（Samten G. Karmay）将 "楚吉杰布" 译作 "有智慧的国王"（wise king / king of sagacity）。[⑤] 同时，理查森将敬称 "楚吉拉蒋趣千波"（*'phrul gyi lha byang chub chen po*）诠释为 "伟大开明的超自然智慧神"（Great enlightened supernaturally wise divinity），[⑥] 他将其中的 *'phrul* 字解释为 "智慧"

①   Fang-kuei Li, "The Inscription of the Sino-Tibetan Treaty of 821-822," *T'oung Pao*, 44 (1956), pp. 52, 57.

②   Hugh E. Richardson, "A New Inscription of Khri Srong Lde Brtsan," *Journal of the Royal Asiatic Society*, 1-2 (1964), p. 12.

③   Ariane Macdonald, "Une lecture des P. T. 1286, 1287, 1038, 1047 et 1290," p. 336, fn. 492 ；A. 麦克唐纳：《敦煌吐蕃历史文书考释》，页 317。

④   Rolf A. Stein, "Un ensemble sémantique tibétain: créer et procréer, être et devenir, vivre, nourrir et guérir," *Bulletin of the School of Oriental and African Studies*, vol 36, no. 2 (1973), pp. 418, 421 ；石泰安：《古藏语中的一个语义群：创造和生殖，存在和变成，活着、养活和救活》，褚俊杰译，收于王尧、王启龙主编：《国外藏学研究译文集》第 7 卷，拉萨：西藏人民出版社，1994 年，页 16—18。

⑤   Samten G. Karmay, "The Interview between Phyva Keng-tse lan-med and Confucius"，另参 Samten G. Karmay, "The Soul and the Turquoise: A Ritual for Recalling the *bla*," *The Arrow and the Spindle, Studies in History, Myths, Rituals and Beliefs in Tibet* (Kathmandu: Mandala Book Point, 1998), pp. 171, 324.

⑥   Hugh E. Richardson, "Early Tibetan Inscriptions, Some Recent Discoveries," *High Peaks, Pure Earth, Collected Writings on Tibetan History and Culture* (London: Serindia Publications, 1998), p. 262.

（wise），显然与他之前的理解有别。①石泰安后来又发表一篇文章，探讨敦煌写卷中的字汇，指出中文的"圣"字在藏文旧译通常作 'phrul，但是在公元814年依哇蕃国王敕令而编成的《翻译名义大集》之中，亦即在新译语汇中，相当于中文"圣"字的藏文由 'phrul 转变为 'phags pa。②石泰安后来对"楚吉杰布"的翻译也与他之前的论点稍有差异，变成"圣王"（le Saint roi）或"明智或神圣的国王"（roi sage ou saint）。③石泰安从中文头衔中寻找对应藏文语词的研究方法却为斯内尔格罗夫（David L. Snellgrove）驳斥。斯内尔格罗夫认为：虽然有些藏文称号确实是中文头衔的对应名称，但是藏文称号的含意与其对藏族的意义并不见得与通过中文思维所了解到的中文头衔含义等同。④史奈果夫的主张使他倾向于采取与大部分学者一致的立场，认为藏族肯定会以最平常的解释来理解 'phrul，并将此概念与在西藏已经定型的统治者神话相结合，将他们的伟大统治者描述成具有神奇力量的天神的化身。

藏文修饰语"楚吉杰布"可能是从"楚吉拉赞普"发展而来，原本是用来指称吐蕃国王，尤其是赤都松（Khri 'Dus srong，676—704）和赤松德赞（Khri Srong lde btsan，742—797）。⑤11 世纪的译师洛丹喜饶（Blo ldan shes

① Hugh E. Richardson, "A New Inscription of Khri Srong Lde Brtsan," p. 12.
② Rolf A. Stein, "Tibetica Antiqua I: Les deux vocabulaires des traductions Indo-Tibétaine et Sino-Tibétaine dans les manuscrits de Touen-Houang," *Bulletin de l'École Française d'Extrême-Orient*, 72 (1983), pp. 163, 186-187；石泰安：《敦煌写本中的印藏和汉藏两种辞汇》，耿昇译，收于王尧、王启龙主编：《国外藏学研究译文集》第 8 卷，拉萨：西藏人民出版社，1994年，页 112、148—149。另参见 Rolf A. Stein, "*Saint et divin*, un titre tibétain et chinois des rois tibétains," *Journal Asiatique*, 259, 1-2 (1981), p. 256；石泰安：《敦煌藏文写本综述》，耿昇译，收于王尧、王启龙主编：《国外藏学研究译文集》第 3 卷，拉萨：西藏人民出版社，1994年，页 11。
③ Rolf A. Stein, "*Saint et divin*, un titre tibétain et chinois des rois tibétains," pp. 256, 257.
④ David L. Snellgrove, *Indo-Tibetan Buddhism, Indian Buddhists and their Tibetan Sucessors* (London: Serindia Publications, 1987), pp. 381, 382.
⑤ Samten G. Karmay, "An Open Letter by Pho-brang Zhi-ba-'od," *The Arrow and the Spindle, Studies in History, Myths, Rituals and Beliefs in Tibet*, pp. 23, 38; Hugh E. Richardson, "Early Burial Grounds in Tibet and Tibetan Decorative Art of the Eighth and Ninth Centuries," *High Peaks, Pure Earth, Collected Writings on Tibetan History and Culture*, pp. 224, 227; Helga Uebach, *Nel-pa Pa&ôitas Chronik Me-Tog Phreṅ-ba* (München: Kommission für Zentralasiatischen Studien, Bayerische Akademie der Wissenschaften, 1987), p. 59；另参见 Erik Haarh, *The Yar-Luṅ Dynasty* (København: G. E. C. Gad's Forlag, 1969), p. 54。

rab, 1059—1109）也用它来称呼"天喇嘛寂光"（lha bla ma Zhi ba 'od, 生于 11 世纪）。① 除了用来指称吐蕃国王，"楚吉杰布"也用在一些特殊人物的身上。例如，在前面曾经提及的英藏敦煌写卷中，便提到"楚吉杰波李三郎"（'phrul kyi rgyal po li bsam blang）就是"确认"（gtan la phab pa）该写卷所叙述的占卜内容的人。在解释此段文字时，麦克唐纳指出：该写卷可能是由一位中国皇帝所写，因为根据公元 822 年立于拉萨的石碑东面刻文第 26 行的记载，"李三郎"（li bsam blang）就是中国的皇帝唐玄宗（712—756 在位）。② 石泰安似乎同意麦克唐纳的观点，因为他提到：孔子与皇帝的称号相同。③ 拉萨石碑刻文的第 26 行确实出现一个很长的头衔 rgya rje sam lang kha'e 'gwan sheng b'un shin b'u hwang te, ④ 其对应中文为"三郎开元圣文神武皇帝"。⑤ 这个头衔的确是指唐玄宗。⑥ 由于唐玄宗是其父的第三子，因此被称为"三郎"。⑦ 但是这并不代表所有的"三郎"都是指唐玄宗。实际上，藏文文献提到唐玄宗时，通常会冠上 rgya rje（中原皇帝），而非"楚吉杰

①　Samten G. Karmay, "An Open Letter by Pho-brang Zhi-ba-'od," p. 23.

②　Ariane Macdonald, "Une lecture des P.T. 1286, 1287, 1038, 1047 et 1290"；麦克唐纳：《敦煌吐蕃历史文书考释》，页 121、页 321 注 529。

③　Rolf A. Stein, "Tibetica Antiqua VII: Maximes confucianistes dans deux manuscrits de Touen-houang," p. 11；石泰安：《两卷敦煌藏文写本中的儒教格言》，页 72。

④　Hugh E. Richardson, Ancient Historical Edicts at Lhasa and the Mu Tsung / Khri gtsug lde brtsan Treaty of A.D. 821–822 from the Inscription at Lhasa (London: The Royal Asiatic Society of Great Britain and Ireland, 1952), p. 56; Fang-kuei Li and Weldon S. Coblin, A Study of the Old Tibetan Inscriptions (Taipei: Institute of History and Philology, Academia Sinica, 1987), p. 48.

⑤　Fang-kuei Li and Weldon S. Coblin, A Study of the Old Tibetan Inscriptions, p. 108.

⑥　理查森却认为是指唐中宗（统治于 683—710），参见 Hugh E. Richardson, Ancient Historical Edicts at Lhasa and the Mu Tsung / Khri gtsug lde brtsan Treaty of A.D. 821–822 from the Inscription at Lhasa, p. 64, fn. 27.

⑦　一份出自敦煌的西藏史书残卷末尾记道 "rgya rje ni bsam lang zhig [……] rgya rje ni bsam lang [……]"，参见 Jacques Bacot, Frederick W. Thomas & Gustave-Charles Toussaint, Documents de Touen-houang relatifs à l'histoire du Tibet (Paris: Paul Geuthner, 1940), p. 122；理查森曾于 1969 年译出此 2 段内容，并予讨论，参见 Hugh E. Richardson, "Further Fragments from Tun-huang," High Peaks, Pure Earth, Collected Writings on Tibetan History and Culture, pp. 31-32. 理查森曾说"三郎"指唐玄宗，但表示不知为何如此称呼。《资治通鉴》提到唐玄宗时也使用此昵称，参见王尧：《吐蕃金石录》，北京：文物出版社，1982 年，页 58—59。

布"。这也暗示"楚吉杰波李三郎"并不一定是一位中原皇帝,而极可能是一位不知名的人物。

目前仍然缺乏充分证据足供支持"楚吉杰波李三郎"便是指唐玄宗或是中国皇帝的论点。不过,藏文文献提到中原皇帝时,有时会将皇帝的称呼与"孔泽"结合。在史书《拔协》(*sBa bzhed*,学界目前认为作于 14 世纪)[①]中,有一段内容涉及吐蕃国王与唐朝公主的婚姻,在这一段叙述中,唐太宗(627—649 在位)被称为"孔泽楚琼"(Kong rtse 'phrul chung):[②]

> "由于西藏人是猴子的后代,因此没有人适合当王后。[我们]应当迎娶中原[皇帝]之女为后。"曾经说过[这些话]的西藏国王就是先祖父松赞[干布],他是巴洛圣者(*ārya pa lo*)的化身。[③]他的姻亲是中原皇帝"孔泽楚琼",这位也是巴洛圣者的化身。其女为[文成]公主。他懂算学(*gtsug lag*)中的 360 种占卜法(*gab rtse*)。以中国至上皇帝著称者之子为中国皇帝"冢行"('Brom shing)。[冢行]之子为中国皇帝"泰万"(The ba)。[泰万]之子称作中国[皇帝]"恒畔"(Hān phan)。[恒畔]之子是中国皇帝"江桑"(Cang bzang)。[江桑]之子是为中国皇帝"李赤协郎密色"

---

① Pasang Wangdu and Hildegard Diemberger, *dBa' bzhed: The Royal Narrative Concerning the Bringing of the Buddha's Doctrine to Tibet* (Wien: Verlag der Österreichischen Akademie der Wissenschaften, 2000), p. 1.

② Rolf A. Stein, *"bod thams cad spre'u bu yin pas 'di'i jo mor mi 'os/ 'di la rgya'i bu mo zhig blang bar chad bod kyi rgyal po la bzang ba mes srong btsan yin te/ ārya pa lo'i sprul par grags/ de'i gnyen zla rgya rje kong rtse 'phrul chung yin/ de yang ārya pa lo'i sprul par grags/ sras me*[应作 *mo*]*kong co yin/ de la gtsug lag gi gab rtse sum brgya drug cu yod de/ rgya nag gtsug gi rgyal por grags pa de'i sras rgya rje 'brom shing/ de'i sras rgya rje the ba/ de'i sras rgya hān phan zer/ de'i sras rgya rje cang bzang/ de'i sras rgya rje li khri bzher lang mig ser bya ba/ da lta bzhugs pa de'i sras mo gyim shang ong jo bya ba de blang bar rigs so* [……]," *Une chronique ancienne de bSamyas: sBa-bžed* (Paris: Publications de l'Institut des Hautes Études Chinoises, 1961), p. 2.

③ 麦克唐纳释"巴洛圣者"(*ārya pa lo*)为"观音菩萨"(Avalokiteòvara),参见 Ariane Macdonald, "Une lecture des P. T. 1286, 1287, 1038, 1047 et 1290," p. 283。

（Li khri bzher lang mig ser）。现今［中国皇帝］之女为金城公主。迎娶她［为后］颇为合宜。①

根据前文所述，松赞干布的姻亲是唐太宗，他被称作"孔泽楚琼"，他和算学（gtsug lag）②中的360种占卜法（gab rtse）③有关。麦克唐纳将与此相关之句理解为因拥有360张星象图，他被称为中国的占卜王（"As he possessed 360

---

① 文成公主于公元641年受命出嫁藏王松赞干布（？—650）。她在西藏度过余生，逝于680年。金城公主于707年受命出嫁藏王赤德祖赞（约705—755），她逝于739年，见Hugh E. Richardson, "Two Chinese Princesses in Tibet, Mun-sheng Kong-co and Kim-sheng Kong-co," *High Peaks, Pure Earth, Collected Writings on Tibetan History and Culture*, pp. 208, 210—211, 213。学界对于松赞干布的生年尚未有定论。根据理查森的说法，松赞干布可能生于609年至613年间，参见Hugh E. Richardson, "How Old was Srong-brtsan Sgam-po?" *High Peaks, Pure Earth, Collected Writings on Tibetan History and Culture*, p. 6。

② gtsug lag 一词之解释，参见Shen-yu Lin, *Mi pham's Systematisierung von gTo-Ritualen*, p. 86 fn. 289。

③ 斯内尔格罗夫将gab rtse译作horoscope，参见David L. Snellgrove, *The Nine Ways of Bon: Excerpts from gZi-brjid* (London: Oxford University Press, 1967), p. 293；卡梅则译作astrology和horoscope chart，参见Samten G. Karmay, *The Treasury of Good Sayings: A Tibetan History of Bon* (Delhi: Motilal Banarsidass Publishers, 2001), pp. 24, 146。苯教文献《昔寂》（gZi brjid）对于gab rtse进行时的计算方法与gab rtse 'phrul gyi me long均有描述，后者是指龟腹上画有六十甲子、十二生肖、八卦及九宫的图，参见David L. Snellgrove, *The Nine Ways of Bon*, pp. 33, 256, 287。由这些描述看来，gab rtse与西藏命理学（nag rtsis）似乎很接近，至少两者的基本原理极可能相同，参见Philippe Cornu, *Handbuch der Tibetischen Astrologie* (Berlin: Theseus Verlag, 1999), Fig. 2, p. 69。至于为何相关学问称为gab rtse，当代学者南喀诺布（Nam mkha'i nor bu）说："gab rtse 一词［的名称来由如下：］一年所支配下的年、月、日、时辰的五行、九宫、八卦均各有其掌管的lha、gnyan或sa bdag、klu等［鬼神］，而这些［鬼神］是一般人的五根所无法实际验证的，因此可以'隐秘'（gab pa）来形容。至于［前面所提到的］那些重要的时间概念，就像是武器的尖端，非常锋利，同时也是能够立即导致善、恶结果的至极关键，因此可以'敏锐'（rtse）来形容。能够阐明这种'隐秘'、'敏锐'之要点的特殊智慧有如一面神奇之镜，因此其名也以'神奇之镜'（'phrul gyi me long）著称"，参见Nam mkha'i nor bu, "'gab rtse' zhes pa ni lo gcig la dbang ba'i lo zla zhag dus kyi 'byung khams dang / sme ba / spar kha de dag la dbang byed pa'i lha dang / gnyan nam sa bdag dang klu sogs thun mong gi dbang po rnam lnga'i snang ngor mngon sum du ma grub pas gab pa dang / dus gnad 'di dag ni mtshon cha'i rtse ltar shin tu rno zhing / bzang ngan gyi 'bras bu 'phral du 'byin thub pa'i gnad kyi yang rtse yin pas rtse zhes bya zhing / de 'dra'i gab rtse'i gnad gsang gsal rgyas su bstan pa'i shes rig khyad par du gyur pa de ni 'phrul gyi me long dang 'dra bas na mtshan yang de skad du grags pa yin," *Zhang bod lo rgyus Ti se'i 'od* (Beijing: Bod kyi shes rig dpe skrun khang, 1996), p. 146。

astrological tables of divination, he is called the king of divination of China")①。

麦克唐纳可能将*rgya nag gtsug gi rgyal po*（中国至上皇帝）读成*rgya nag gtsug lag gi rgyal po*（中国算学皇帝），因而认为唐太宗是"中国算学之皇"（the king of divination of China）。假使如同麦克唐纳将*rgya nag gtsug gi rgyal po*（中国至上皇帝）视为唐太宗，则引文中所提到的几位皇帝必须与唐朝王室有关。在唐太宗与金城公主之父唐中宗（683—710在位）之间，只有唐高宗（649—683在位）曾经为帝。然而上述引文中却提到7位皇帝。虽然这些皇帝的称号难以辨识，但是他们可能并非唐朝的皇帝，有些甚至很可能是唐朝以前的统治者。

目前仍缺乏足够的资料解释为何唐太宗在《拔协》中被称作"孔泽楚琼"。第五世达赖喇嘛阿旺罗桑嘉措（Ngag dbang blo bzang rgya mtsho，1617—1682）在其所著的史书《西藏王臣记》（1643）中也承袭此传统，称唐太宗为"孔泽楚琼"。② 然而，西藏学者巴俄祖拉陈瓦（dPa 'bo gtsug lag 'phreng ba，1504—1564/1566）在其所著之《贤者喜宴》（*mKhas pa'i dga' ston*）中介绍唐太宗时，却是以"孔泽楚杰"（Kong tse 'phrul rgyal）代称。③ 对西藏学者而言，中原王朝的皇帝似乎与孔子有某种程度的关联。或许这种关联与出现在西藏苯教传承中具有国王身份的人物"孔泽"有关。下文会讨论苯教传承中的"孔泽"。西藏文献尚有若干相关名字，譬如"孔泽杰波"（rKong rtse'i rgyal po）、"孔泽拉以杰波"（rKong rtse lha yi rgyal po），后者据说曾经阅读伏藏文献（*gter ma*）《纯金经要》（*Dag pa gser gyi mdo*

---

① Ariane Macdonald, "Comme il possédait trois-cent soixante tables astrologiques de divination, on l'appelait le roi de la divination de Chine," Une lecture des P.T. 1286, 1287, 1038, 1047 et 1290, p. 283.

② Ngag dbang blo bzang rgya mtsho (1643), *rGyal rabs dPyid kyi rgyal mo'i glu dbyangs*, 3.2.5.3 rgya bza'dangbas bza'gdan drangs pa'i skor.

③ dPa'bo gtsug lag'phreng ba, *Chos 'byun mkhas pa'i dga' ston*, microfiches (New York: Institute for Advanced Studies of World Religions, n. d.), Ja: 27v1–2.

thig），① 这些名称都传达了孔子与君主身份（"杰波"意译"国王"）相关的概念。"孔泽楚琼"和"孔泽楚杰"的例证显示：当藏文的人名修饰语中出现"孔泽"时，并不一定是指孔子，前文已提供足够实例，证明"孔泽"并非只用来指称孔子。敦煌藏文写卷伯希和藏文写卷第 1429 号其中两章末尾提到该章分别是由"孔泽"和"德吾孔策"（de'u Kong tshe）所写（bris）。② 另外，在台北"国家图书馆"所藏 4 份敦煌写卷其中之一（第 7521 号）也提到该卷是由"孔策"所写。③ 这些例子显示，即使当"孔泽"或"孔策"未附加修饰语、单独出现时，仍然不一定意指孔子。总结而言，早期藏文文献中提到孔子时，会使用"孔泽"或"孔策"，但是读者见到藏文文献中出现"孔泽"或"孔策"的人名时，却必须小心，因为它并不一定是指中国的圣人孔子。

三、苯教传承

西藏苯教也有一套与"孔泽楚吉杰波"相关的描述。这套系统大约与敦煌藏文写卷同时或在较其稍早的年代发展而成。在充满神秘色彩的苯教教主辛饶米涡（gShen rab mi bo）一生事迹的故事中，就有若干段落提到"孔泽楚吉杰波"。现存辛饶米涡的传记共有长、中、略三种版本，其中的略本《经集》（mDo 'dus）属于伏藏文献（gter ma），据说是在 10 世纪末期、11 世纪发掘。④

① Ariane Macdonald, "Préamble à la lecture d'un rGya-bod yig-chan," *Journal Asiatique*, 251, 1 (1963), pp. 123–124, fn. 76；麦克唐纳：《〈汉藏史集〉初释》，耿昇译，收于王尧、王启龙主编：《国外藏学研究译文集》第 4 卷，拉萨：西藏人民出版社，1988 年，页 86 注 76。麦克唐纳指出："孔泽杰波"（rKong rtse'i rgyal po）、"孔泽拉以杰波"（rKong rtse lha yi rgyal po）可能是指孔子。

② Lalou, *Inventaire des Manuscrits tibétains de Touen-houang conservés à la Bibliothèque Nationale*, v. 2, p. 54.

③ Chi-yu Wu, "Quatre manuscrits bouddhiques tibétains de Touen-houang conservés à la Bibliothèque Centrale de T'ai-pei," in Ariane Macdonald ed., *Études tibétaines: dédiées à la mémoire de Marcelle Lalou* (Paris: Librairie d'Amérique et d'Orient, 1971), p. 568；吴其昱：《台北"中央图书馆"藏敦煌藏文写卷考察》，收于王尧编：《国外藏学研究选译》，兰州：甘肃民族出版社，1983 年，页 51。

④ 《经集》的年代是苯教教主传记长、中、略 3 种版本之中年代最早者，参见 Dan Martin, "Ol-mo-lung-ring, the Original Holy Place," *The Tibet Journal*, 20, 1 (1995), p. 52.

《经集》中已经载有关于"孔泽楚吉杰波"的叙述。除此之外,辛饶米涡传记的中本《塞密》(gZer mig)也出自伏藏,据说是于11世纪在桑耶赤塘都翠(bSam yas khri thang dur khrod)发现。[1]《塞密》对于孔泽楚吉杰波的出身与家乡有详细描述:[2]

> 贾拉欧玛洲(rGya lag 'od ma gling)有上万个城堡,每个城堡均有百户人家。[孔泽楚吉杰波便是出生]在其中最殊胜,以魔幻('phrul sgyur)布局的城中。[他的]父亲是卡达拉色吉都坚(Ka mda'la gser gyi mdog can)国王,母亲是慕替拉塞欧玛(Mu tri la gsal 'od ma)王后,[他们]拥有"政权之宝"等数量远胜于世间人口数的财富。

这段有关孔泽楚吉杰波出身的描述已约略透露若干神秘气息:他生于一个以"魔幻"('phrul sgyur)布局之城。"魔幻"一词一方面暗示了"孔泽楚吉杰波"名字中"楚"字的意义,另一方面也使他的称号"楚吉杰波"更加突出。《塞密》在这段叙述之后继续阐述:孔泽楚吉杰波的前世是一位叫做塞秋当巴(gSal mchog dam pa)的国王。由于累积许多功德,往生后投生为卡达拉色吉都坚国王之子;当他出生时,双手掌心便有30个形成环状的"孔泽幻变字母"(kong rtse 'phrul gyi yi ge),令他的父亲非常欢喜。[3]这30个与生俱来、非比

---

[1] Samten G. Karmay, *The Treasury of Good Sayings, A Tibetan History of Bon*, p. 4, fn. 1; Per Kvaerne, "The Canon of the Tibetan Bonpos," *Indo-Iranian Journal*, 16, 1 (1974), p. 38.

[2] Nam mkha'i nor bu, "*yul rgya lag 'od ma'i gling / mkhar khri sgo rtse brgya'i gling / grong khyer 'phrul sgyur bkod pa'i mchog de na pha ni rgyal po ka mda' la gser gyi mdog can zhes bya'o //ma ni btsun mo mu tri la gsal 'od ma zhes bya'o / dkor ni rgyal srid rin po che la sogs te / 'jig rten gyi mir gyur pa las che'o,*" *Zhang bod lo rgyus Ti se'i 'od*, p. 75.《塞密》中所载孔泽楚吉杰波双亲之名与《经集》中所记有些微差异:《经集》记其父名为卡塔尔玛色欧(Ka 'da ma gser'od),母亲名为慕替塞欧玛(Mu tri gsas'od ma),参见 Dan Martin, "Ol-mo-lung-ring, the Original Holy Place," p. 77, fn. 76.

[3] 藏文引文参见 Nam mkha'i nor bu, *Zhang bod lo rgyus Ti se'i 'od*, p. 75;英译请参见 Namkhai Norbu, *Drung, Deu and Bön* (Dharamsala: Library of Tibetan Works and Archives, 1995), p. 151.请注意这些幻变字母的名称中的藏文"孔泽"(kong rtse)拼音与人名"孔泽"(Kong tse)略有差异。

寻常的"幻变"字母显然又增加了孔泽楚吉杰波的神秘色彩。他被取名为"中国幻变之王孔泽"（rgya kong tse 'phrul gyi rgyal po），因为他有中国（rgya）王室血统，并且出生时双手掌上即有 30 个环状的"孔泽幻变字母"。①

孔泽楚吉杰波具有观察他手上的幻变字母以预测未来的能力，并且擅长念诵咒语。为了宣扬苯教教法，并制服众多邪恶的妖怪，他建造了一座雄伟的苯教寺庙。然而，他虽有占卜与诵咒两种特殊能力，却无法对抗蓄意破坏的鬼怪。② 幸赖苯教教主辛饶协助，这座寺庙才得以保全，孔泽楚吉杰波也因此成为辛饶的弟子。③ 根据《善说宝藏》（Legs bshad rin po che'i mdzod, 1922）的描述，辛饶后来娶孔泽之女楚姬（'Phrul sgyur）为妻，并生有一子，取名楚布琼（'Phrul bu chung），④ 辛饶并将 360 种占卜法（gab tse）全数传授给楚布琼，亦即孔泽楚吉杰波之孙。⑤ 有趣的是：孔泽楚吉杰波的女儿与孙子的名字

---

① 除了南喀诺布（Zhang bod lo rgyus Ti se'i 'od, 76）之外，其他学者，例如霍夫曼（Helmut Hoffmann）与卡梅都将藏文 rgya 字与"中国"联想在一起。南喀诺布坚称 rgya 字非指"中国"，而是与完成于 14 世纪的辛饶传记长本《昔寂》（gZi brjid）中所描述的一个称作"诡杰贾以域"（rgod rje rgya'i yul）的地方有关，参见 Helmut Hoffmann, *The Religions of Tibet* (New York: The Macmillan Company, 1961), p. 92; Samten G. Karmay, "A General introduction to the History and Doctrines of Bon," *The Arrow and the Spindle, Studies in History, Myths, Rituals and Beliefs in Tibet*, p. 160; "The Interview between Phyva Keng-tse lan-med and Confucius," p. 178.

② 据《经集》所述，该寺庙名为"嘎拿刹寺"（dKar nag bkra gsal），其开光典礼是由辛饶所主持，见 Dan Martin, "Ol-mo-lung-ring, the Original Holy Place," p. 77, fn. 76。

③ Helmut Hoffmann, *The Religions of Tibet*, pp. 91–92; Samten G. Karmay, "The Interview between Phyva Keng-tse lan-med and Confucius," p. 181.

④ Nam mkha'i nor bu, *Zhang bod lo rgyus Ti se'i 'od*, p. 65.

⑤ Samten G. Karmay, "*ston pa sangs rgyas gshen rab rab mi bos kong tse 'phrul rgyal gyi tsha bo 'phrul bu chung la gab tse sum brgya drug cu bstan pa* [……]," *The Treasury of Good Sayings*, p. 213. 卡梅将此段译作 "The Enlightened One, sTon pa gShen rab Mi bo, taught the science of the hundred and sixty kinds of astrology to 'Phrul-bu-chung, the nephew of Kong-tse 'Phrul-rgyal". 卡梅将藏文的 tsha bo 译作侄子（nephew）。然而，根据《昔寂》所述，上文中的 tsha bo 应取其另外一意，"孙子"，参见 Nam mkha'i nor bu, "*phyi ma ni rgya kong tse 'phrul gyi rgyal po'i sras mo 'phrul bsgyur la 'khrungs pa'i ston pa nyid kyi sku'i* [p. 76] *sras kong tse 'phrul bu chung la ston pas gab tse sum brgya drug cur bstan pa* [……]," *Zhang bod lo rgyus Ti se'i 'od*, pp. 75–76。南喀诺布根据《善说宝藏》中有关辛饶众妻子儿女之记载所归纳而成之表格认为辛饶与汉妻楚姬（'Phrul sgyur）之子为楚布琼（'Phrul bu chung），参见 Nam mkha'i nor bu, *Zhang bod lo rgyus Ti se'i 'od*, p. 65。顺带一提，上引藏文中之 *gab tse sum brgya drug cu*（360 种占卜法）卡梅误译为"一百六十种占星术的科学（the science of the hundred and sixty kinds of astrology）"。

当中都有"楚"字,与他出生于幻变之城('phrul sgyur)以及他双手掌心上与生俱来的幻变字母('phrul gyi ye ge)中的"楚"字完全相同。通过对周围人、事、物和场景的刻意营造,孔泽楚吉杰波似乎也披上了一层神秘面纱。

当代著名的藏学研究者卡梅认为:孔泽楚吉杰波的原型就是孔子。[1]事实上,《塞密》中有关孔泽楚吉杰波故事的若干情节的确也和中国圣人孔子的生平有类似之处。例如:他远离家乡,云游各地的叙述[2]令人联想起孔子周游列国数年的记载;他在旅途中与童子洽肯则岚眉(Phyva Keng tse lan med)的对话,据卡梅的说法,是改编自孔子与项讬的故事。[3]这个故事极可能是脱胎自描绘孔子与项讬事迹的民间传说。

学者在讨论孔泽楚吉杰波与孔子的关系时,对于孔泽楚吉杰波的故乡贾拉欧玛洲(rGya lag 'od ma' i gling)曾经产生诸多疑问。根据完成于 14 世纪的本教教主辛饶传记长本《昔寂》(gZi brjid),[4]孔泽楚吉杰波的故乡位于

圣地欧摩隆仁('Ol mo lung ring)的西方,黑色"金商"(Gyim shang)江畔,大山"大拉波山"(Ta la po shan)山脚,大海"当拉栖千"(Dang ra'khyil chen)岸边,一个称作"诡杰贾以域"(rGod rje rgya'i yul)[的地方]。[5]

这个"诡杰贾以域"就是孔泽楚吉杰波的父亲卡达拉色吉都坚(Ka mda'la

---

① Samten G. Karmay, "The Interview between Phyva Keng-tse lan-med and Confucius," pp. 6, 171; "A General introduction to the History and Doctrines of Bon," p. 107.

② Samten G. Karmay, "The Interview between Phyva Keng-tse lan-med and Confucius," p. 172.

③ Ibid., p. 171.

④ 《昔寂》(gZi brjid)又名《无垢经》(mDo dri med)或简称《无垢》(Dri med)。与该书相关之讨论,参见 David L. Snellgrove, The Nine Ways of Bon, p. 3; Samten G. Karmay, The Treasury of Good Sayings, p. 4, fn. 1.

⑤ Nam mkha'i nor bu, "gnas mchog dam pa 'ol mo lung ring gi nub phyogs / chu gyim shang nag po'i 'gram / ri bo chen po ta la po shan gyi rtsa ba / rgya mtsho dang ra 'khyil chen gyi 'gram na / rgod rje rgya'i yul zhes bya ba yod do," Zhang bod lo rgyus Ti se'i 'od, p. 76.

gser gyi mdog can）国王的王国所在地，位于苯教圣地——苯教教主辛饶米涡的出生地——欧摩隆仁（’Ol mo lung ring）的西方。[1] 至于孔子，则是来自中原，据苯教文献《日光之灯》（*Nyi zer sgron ma*）的说法，是位于欧摩隆仁的东方，与孔泽楚吉杰波家乡的方向恰好相反。[2] 当代学者南喀诺布（Nam mkha’i nor bu, 1938—　 ）因此坚称孔泽楚吉杰波并非中原国王。[3] 然而，卡梅的看法似乎并非如此，他将一段用来称呼孔泽楚吉杰波的藏文 *"rgyal po rgya yi rigs rgya kong tse ’phrul gyi rgyal po"* 译作 "A king, Chinese by birth; Kong tse, the wise king!" [4] 不过，卡梅也注意到苯教文献所描述的孔泽楚吉杰波的故乡贾拉欧玛洲（rGya lag’od ma gling）与中原的地理位置正好位于欧摩隆仁的相反方向，两者并不一致，显然有混淆的情形。[5] 石泰安视这种混淆为西藏文献对地理位置概念陈述的混乱，因为许多位于西藏东边的地理名词在文献中都被移到西边。[6] 前引《昔寂》（*gZi brjid*）文中另有一处颇值得注意：假使仔细审查其中所提到的山、河名称，如金商（Gyim shang）江、大拉波山（Ta la po shan），就会发现这些名称很可能是中文的音译。[7] 这些迹象或可视为《昔寂》作者有意将孔泽楚吉杰波与中原相互联结的线索。其实，孔泽楚吉杰波既是一个塑造而成的人物，有关他经历的描述就不一定必须与其原型完全相符。[8] 苯教学者将邻国的知名人物加以改装重塑之后，创

---

[1]　关于欧摩隆仁，参见 Samten G. Karmay, *The Treasury of Good Sayings*, pp. xxviii-xxxi。

[2]　Samten G. Karmay, "The Interview between Phyva Keng-tse lan-med and Confucius," p. 107.

[3]　Nam mkha’i nor bu, *Zhang bod lo rgyus Ti se’i ’od*, p. 76.

[4]　Samten G. Karmay, "The Interview between Phyva Keng-tse lan-med and Confucius," pp. 178, 189.

[5]　Samten G. Karmay, "A General introduction to the History and Doctrines of Bon," p. 107.

[6]　Rolf A. Stein, *Les Tribus Anciennes des Marches Sino-Tibétaines: Légendes, Classifications et Histoire* (Paris: Presses Universitaires de France, 1961), pp. 29-30；石泰安:《川甘青藏走廊古部落》，耿昇译，成都：四川民族出版社，1992 年，页 49—50。

[7]　金商（Gyim shang）江之相关叙述见 Rolf A. Stein, *Les tribus anciennes des marches Sino-Tibétaines, légendes, classifications et histoire*, p. 72, fn. 30；石泰安《川甘青藏走廊古部落》，页 50 注 1。

[8]　克非尔内（Per Kvaerne）并未将孔泽楚杰（Kong rtse’phrul rgyal）视为历史人物，而是将之归类为"神仙"（supernatural being）之一，参见 Per Kvaerne, "The Canon of the Tibetan Bonpos," p. 53。

造出一位新人物，并将之纳入自己的传统中，此中的过程与结果充分展现出西藏地区文明对于不同文化的容受度与转化能力。

虽然学者对于孔泽楚吉杰波是否出身于中国仍然存在歧见，苯教文献对其出生地位置的描述也并不完全一致，[①] 然而，可以肯定的是：孔泽楚吉杰波在苯教传统中扮演了重要角色。苯教内部较为通行的说法是：孔泽擅长占卜，是苯教四位重要大师之一；但也有另外一种说法，将孔泽楚吉杰波视为苯教教主辛饶的化身之一。[②] 依《塞密》所述，孔泽楚吉杰波可依双掌上的神秘字母预测未来，这项特殊能力使他与占卜产生关联。苯教文献对孔泽楚吉杰波或其孙孔泽楚布琼的描述都与占卜有关，这和前面曾经提到的敦煌写卷 I. O. 742 中对孔泽楚吉布的描述互相呼应：根据该写卷，孔泽楚吉布总结各种算学的学问，并确认其相关内容。另一方面，苯教文献《善说宝藏》(*Legs bshad rin po che'i mdzod*) 则说教主辛饶将 360 种占卜法 (*gab tse*) 传授给孔泽楚吉杰波之孙，也就是辛饶自己的儿子孔泽楚布琼，但却略而未提孔泽楚吉杰波身为占卜大师的特殊角色。假使《善说宝藏》与《塞密》的叙述互有关联，则两部著作间的陈述差异或许是由于两书作者对孔泽楚吉杰波和孔泽楚布琼两者的混淆。否则便是在苯教的传统中，孔泽楚吉杰波和孔泽楚布琼两人都曾被视为占卜大师。[③]

除了扮演占卜大师的特殊角色之外，孔泽楚吉杰波也和仪式有关。《苯教大藏经·丹珠尔》(*brTen 'gyur*) 所收的若干文献都被认为是孔泽、孔泽楚

[①] Dan Martin, "Ol-mo-lung-ring, the Original Holy Place," pp. 67, 76, fn. 77.

[②] Samten G. Karmay, *The Treasury of Good Sayings*, p. xxxiv。由辛饶所化现的另外 3 位大师分别是教授医学的介布赤谢(sPyad bu Khri shes)，教授仪式的道布卜桑(gTo bu'Bum sangs)，以及教授佛法的释迦牟尼(Shākya Muni)；根据竹汪札西坚参吉美宁波(Grub dbang bKra shis rgyal mtshan dri med snying po, 1859—1934)所著之《善说宝藏》，道布卜桑和介布赤谢都是辛饶米渥之子，参见 Norbu, *Drung, Deu and Bön*, p. 65。又如上文所述，孔泽楚吉杰波是辛饶米渥的岳父。

[③] 苯教传统对于占卜大师的说法有各种不同的论述，这种情形与对于圣地欧摩隆仁('Ol mo lung ring)的描述在历史上有各种不同见解的情况很类似，参见 Dan Martin, "Ol-mo-lung-ring, the Original Holy Place," p. 49。

吉杰波或孔泽楚杰所作。以下将日本大阪国立民族学博物馆 2001 年出版的新编目录[①]之中所列相关文献——挑出，条列归纳于下，除列出篇名之外，保留目录原编号与原提供页码。若有旁注篇名简称，均记于方括弧中，原目录编者所做修改或补充则记于圆括弧中。

作者记为"孔泽"的文献：

084-5　　Kang (Kong) tse'i bsang khrus [khrus], pp. 31-34.

157-9　　gTo bsgyur mi kha dgra bzlog (zlog) bsgyur [gto bsgyur], pp. 62-91.

157-45　Kong tse gsang ba [gsang ba], pp. 453-461.

253-19　Shin ris nad sel bzhugs pa'i dbu yi khang pa bde zhing yangs pa, pp. 447-455 (gter ma).

作者记为"孔泽楚吉杰波"（Kong tse 'phrul gyi rgyal po）的文献：

157-37　Bon lug mgo gsrum (gsum) gyi bskyed chog gsal ba'i me long [bskyed chog], pp. 331-341.

作者记为"孔泽楚杰"（Kong tse 'phrul rgyal）的文献：

088-32　gShen rab rnam par rgyal ba'i mchod skong chen mo [rnam rgyal], pp. 719-745 (gter ma).

104-10　gShen rab rnam par rgyal ba'i mchod bskangs (skong) [bskang (skong) ba], pp. 427-447 (gter ma).

① Samten G. Karamy and Yasuhiko Nagano eds., *A Catalogue of the New Collection of Bonpo Katen Texts* (Osaka: National Museum of Ethnology, 2001).

157-8　dGra bzlog (zlog) khyi nag lcags mgo'i mdos gtor cho
ga, pp. 51-61.

230-49　Man ngag gto sgro dkar nag khra gsum rin chen kun'dus
[gto sgro], pp. 967-1011.

253-35　(sBal pa'i nad sel) [rus sbal], pp. 923-934 (gter ma).

篇名中有"孔泽"的文献：

157-12　Kong tse pas (pa'i) keg bsgyur [keg bsgyur], pp. 117-135.
作者：道布卜桑（gTo bu 'bum sangs）

157-45　Kong tse gsang ba [gsang ba], pp. 453-461. 作者：孔泽
（Kong tse）

上列所有文献均和仪式有关。除此之外，另有共收录 24 篇苯教仪轨之
文集《道承》（*gTo phran*）[1]，其中所收 2 篇仪轨作者也列为"孔泽楚杰"。这
2 篇的篇名及在原文集中之编号如下：

21. Srid pa'i gto nag mgo gsum Bl. 513-562

22. Man ngag gto gro chen po gto dkar nag khra gsum gyi don rin
chen kun'dus rgya mtsho Bl. 563-597

孔泽楚吉杰波如何与仪式修行产生关联令人好奇。《塞密》中关于孔泽
擅长诵咒的叙述或可视为这项发展的来源线索之一。但就另一方面而言，
这种联想也可能与多数学者所认为的孔子——卡梅所指孔泽楚吉杰波的原

---

① 　*gTo phran: sNang srid gdug pa zhi ba'i 'phrin las dang gto mdos sna tshogs kyi gsung pod* (New
Tobgyal: Tibetan Bonpo Monastic Centre, 1973).

型——曾经修订包括《礼记》在内的五经有关。记载仪式与一般行为规范的《礼记》与《诗经》《书经》《易经》和《春秋》都是著名的儒家经典，在中国极受重视是毋庸置疑的事实，以致于甚至有人以为五经是儒家所尊之至圣先师孔子所作。[①] 这项认定与《礼记》在记载仪式细节上的特殊内容均可能是导致孔泽楚吉杰波与仪式产生关联的来由。至于孔泽楚吉杰波与占卜或命理的关联，极可能也是在类似的情形之下产生。《易经》就中国命理学的发展而言占有举足轻重的地位。又因据说孔子曾经修订《易经》，孔泽楚吉杰波很可能就是在此基础上与占卜以及中国文化产生联结。后来西藏佛教学者运用孔泽楚吉杰波与占卜或命理的关联，加以巧妙转换之后，建立了西藏命理学的系统，孔泽便在其中扮演要角。

四、佛教传承

佛教传承对于孔泽楚吉杰波的描述主要出自西藏命理学的文献记载。西藏命理学据说起源于中国。西藏人如何将中国与占卜、佛教相联结可从藏文文献中若干引人入胜的相关叙述窥见一斑。根据 16 世纪的藏文著作《格言集锦——如意宝石》(*bShad mdzod yid bzhin nor bu*)，[②] 五行算学

---

① 这种认知甚至影响了某些西方学者的看法，例如麦克唐纳曾经指称孔子是《易经》的作者，参见 Ariane Macdonald, "Une lecture des P.T. 1286, 1287, 1038, 1047 et 1290," p. 283, fn. 359；麦克唐纳：《敦煌吐蕃历史文书考释》，页 304 注 359。

② 根据顿当麻伟僧葛记载，本书的确切写作时间为藏历火虎年土兔月金龙日金狗时，其时作者年五十，参见 Don dam smra ba'i seng ge, *A 15th Century Tibetan Compendium of Knowledge: the Bsad mdzod Yid bz*, edited by Lokesh Chandra (New Delhi: Sharada Rani, 1969)；史密斯（E. Gene Smith）没能辨识出藏文中的五行与生肖分别是年、月、日、时 4 部分的记载，以为它们都是记年，因而提出 4 组 4 个、共 16 个西历年份的可能性，并判定本书成书于 15 世纪后半或 16 世纪初，但史密斯自己似乎对这一说法也不满意，参见 E. Gene Smith, *Among Tibetan Texts: History and Literature of the Himalayan Plateau*, Kurtis R. Schaeffer, ed. (Boston: Wisdom Publications, 2001), pp. 212–213。九宫数为"二黑"（gnyis nag）的火虎年在西历为 1026 年、1206 年、1386 年、1566 年，而非如史密斯所列之 1086 年、1266 年、1446 年、1626 年，参见 Te-ming Tseng, *Sino-tibetische Divinationskalkulation (Nag-rtsis) dargestellt anhand des Werkes dPag-bsam ljon-śiṅ von bLo-bzaṅ tshul-khrims rgya-mtsho* (Internationa Institute for Tibetan and Buddhist Studies GmbH, 2005), Fig. 8, pp. 78–79；将这些年份与史密斯书中所提供的其他线索（页 212）互相结合之后，推知本书较可能完成于 1566 年，而顿当麻伟僧葛则可能生于 1516 年。

（'byung rtsis）①是在如下的情况传入中原：②

> ［居住在］中原皇帝领土［上的人民］显然喜好外道的知识，对
> 于佛陀的教法无法深入，于此，［佛陀］对文殊师利预言："［居住在］
> 中原领土［上的人民］无法信受我的胜义谛教法，而属于世俗谛的
> 五行均汇集于算学（rtsis）之中，因此，文殊师利！你就以算学降伏
> 他们吧！"

由于中原人喜好外道胜于佛陀教法，因此佛陀指派在佛教中象征智慧的文殊师利菩萨以算学降伏中原子民。此段引文之后的内容接着描写文殊师利菩萨从中国圣山五台山（ri bo rtse lnga）东侧湖中一棵树上所长的金色莲花化现而生，又从文殊师利菩萨舌上所吐出的一粒唾沫变现出一只大金龟，③这些示现都是为了降伏不信佛法的中原人。文殊师利的降伏法门即是将五行算学的理论与佛教的教义互相联结，由此，算学也被纳入佛教的范畴中，具体例证如："五行"（'byung ba lnga）相当于"五智"（ye shes lnga）；"八卦"（spar kha brgyad）相当于"八正道"（'phags pa'i lam brgyad）；"九宫"（sme ba dgu）相当于"九乘"（theg pa rim dgu）；"十二生肖"（lo skor bcu gnyis）相当于"佛陀十二行相"（mdzad pa bcu gnyis）；"十二月份"（zla ba bcu gnyis）相当于"十二缘起"（rten 'brel bcu gnyis）；"八曜"（gza' chen brgyad）相当于"八识"（rnam par shes pa tshogs brgyad）；"二十八星宿"（rgyu skar nyi shu rtsa brgyad）相当于"二十八自在天女"（dbang phyug ma nyi shu rtsa brgyad）等。④

---

① 西藏命理学的别称。

② Don dam smra ba'i seng ge, "rgya nag rgyal po'i rgyal khams de mu teg［应作stegs］gi rig byed la mngon par zhen pas / bcom ldan 'das kyi chos la ma tshud par / 'jam dpal la lung bstan pa / rgya nag po'i rgyal khams 'di / nga'i don dam chos la mi mos shing / kun rdzob 'byung bas rtsis la 'dus pas / 'jam dpal khyod kyi rtsis kyis thul cig gsungs nas lung bstan te," A 15th Century Tibetan Compendium of Knowledge, vol. 78, p. 418.2.

③ 前引书，页209v6—210v1。

④ 前引书，页210v1—210v4。

至于文殊师利菩萨在五台山宣讲五行算学的因缘，则是由于诸多参与法会的天人的祈请。继以尊胜佛母天女（lHa mo rnam rgyal ma）、七首安止龙王（Klu rgyal 'jog po sbrul mgo bdun pa）、塞加婆罗门（Bram ze gser kya）为首的部众分别向文殊师利菩萨请求授予与五行算学相关的知识之后，孔泽楚吉杰波①和另外 3 位楚吉杰波也向文殊师利菩萨请求传授五行算学。②文殊师利菩萨于是讲授五行算学的 31 续部及 360 种占卜法（gab rtse）。③

据第五世达赖喇嘛阿旺罗桑嘉措的说法，文殊师利菩萨在五台山将西藏命理学传给众人之后，命理学便在中原大为流行。中土命理学的文献后来由松赞干布之妃文成公主首先带至西藏。④文殊师利菩萨曾经传给孔泽楚

① 在《格言集锦》之中，孔泽（Kong tse）写作 Gong rtse。

② Don dam smra ba'i seng ge, " (212v2) de nas gong rtse 'phrul gyi rgyal po dang / byi nor 'phrul gyi rgyal po dang / ling tshe 'phrul gyi rgyal po dang / dbang ldan 'phrul gyi rgyal po dang bzhis / rang rang gi ci phrod phrul nas nas zhus pa / kyai ma ho //'jam dbyangs gzhon nu lha mi 'dren pa'i dpal / thams cad mkhyen pa'i the tshom so sor gcod / 'dod pa'i don grub dgos 'dod skong mdzad pa'i / bdag cag 'gro ba mi'i rigs rnams ni / ma rig dbang gis bdag tu 'dzin pa skyes / 'khrul pa'i dbang gis rtag tu 'khor bar 'khyams / skye rga na 'chi'i sdug bsngal dang / dar gud (213r1) phyugs dbul rnams dang gdon la sogs / 'jigs pa brgya dang bcu gnyis las bsgral phyir / 'byung rtsis chen po bdag la stsal du gsol / zhes zhus pas / 'phags pas bka' stsal pa / 'gro ba sems can 'byung ba lnga las grub / 'byung ba lnga rnams 'byung bdud 'byung bas gcod / de phyir 'byung rtsis chen po bshad / ces gsungs nas / ma hā nag po rtsa ba'i rgyud / 'jig rten sgron ma sngar rtag gi rgyud / rdo rje gdan phyi rtag gi rgyud / 'byung don bstan pa thabs kyi rgyud / mkhro' ma rdo rje'i gtsug gi rgyud dang / yang rgyud bar ma gsungs / ging sham rin po che'i dmigs gsal kyi rgyud / zang ta rin po chen gson gyi rgyud / a tu rin po che dmigs gsal gyi rgyud / phung shing nag po ngan thabs kyi rgyud / zlog rgyud nag po lto'i rgyud lnga (213v1) gsung / yang rgyud phyi ma 'byung ba lnga rtsegs kyi rgyud / 'jam yig chen po phyi'i rgyud / ka ba dgu gril spar sme'i rgyud / sdong po dgu'dus rab chad bu gso'i rgyud / gser gyi nyi ma gying shong bag ma'i rtsis dang lnga gsungs so //de ltar lto 'byung rtsis kyi rgyud sde sum bcu rtsa cig gsungs so //gab rtse sum brgya drug cu gsungs so," A 15th Century Tibetan Compendium of Knowledge, 212v2, 213r1, 213v1.

③ "占卜"这个语词在苯教文献中经常与孔泽楚吉杰波同时出现，在《格言集锦》中则往往与"五行算学"一词并用。在较晚期的佛教文献中，则极少见到"占卜"一词，而"五行算学"一词则多半被其同义词"西藏命理学"取代，不过"五行算学"有时仍见使用。

④ Ngag dbang blo bzang rgya mtsho, "rgya nag gi rtsis gzhung yang 'phags pa 'jam dpal dbyangs kyis ri bo rtse lngar gsungs nas / ma hā tsi na'i rgyal khams su dar ba rgya mo bza' kong jos thog mar bod du bsnams (4r1) nas mchog dman kun gyis spang blang bya bar med du mi rung ba ste," rTsis dkar nag las brtsams pa'i dris lan nyin byed dbang po'i snang ba, in Thams cad mkhyen pa rgyal ba lnga pa chen po Ngag dbang blo bzang rgya mtsho'i gsung 'bum, reproduced from Lhasa, ed.(Gangtok: Sikkim Research Institute of Tibetology, 1991–1995), vol. wa: 568, 3v6. 另参见 Giuseppe Tucci, Tibetan Painted Scrolls, 2 vols. (Bangkok: SDI Publications, 1999), p. 136。

吉杰波许多命理学的基本概念, 例如: 年 (lo)、月 (zla)、日 (zhag)、时 (dus tshod)、生命力 (srog)、身体 (lus)、财富 (dbang thang)、运势 (rlung rta)、八卦 (spar kha)、九宫 (sme ba) 等等, 后来西藏人便是以这些概念为基础, 发展出许多运算模式。[1]

文殊师利菩萨将算学知识传授给孔泽楚吉杰波的叙述至第五世达赖喇嘛的摄政桑结嘉措 (sde srid Sangs rgyas rgya mtsho, 1653—1705) 的著作中却有些许改变。桑结嘉措曾经完成一部关于西藏算学的巨著《白琉璃》(Baidụrya dkar po), 被后世视为该领域的经典之作。这部著作记载: [2]

> 孔泽楚吉杰波仅只是 [与文殊师利菩萨] 见了一面, 便自然了解八万四千种 "解" (dPyad) 和三百六十种 "道" (gTo)。

孔泽楚吉杰波在《白琉璃》中出现时, 与前面所提到的两部著作一般, 也是在与五行算学传承系统相关的叙述脉络中。然而他原来扮演的从文殊师利菩萨听闻、学习五行算学的角色, 在桑结嘉措的陈述中却有改变: 孔泽楚吉杰波仅只是见了文殊师利菩萨一面, 就自然了解如何施行称作 "解"

---

[1] Ngag dbang blo bzang rgya mtsho, "'phags pa 'jam dpal gyis kong rtse 'phrul gyi rgyal po la gnang ba'i / lo zla zhag dus tshod / srog lus dbang thang rlung rta spar rme sogs rtsis gzhir bzung nas / gson rtsis la mi 'gyur rtsa ba'i rde'u drug / gcod dral gyi rde'u nyi shu rtsa gcig / rda'u zhe bdun ma / bcu bzhi ma / brgyad ma / nad rtsis la / thang shing gi rtsis / tshe rtsis la / rgya ma phang gi rtsis / gza' bzhi ma klung gi rtsis / lha dpal che gsum gyi rtsis / ging gong gnyen sbyor gyi rtsis / gshin rtsis la / zang 'khyam rnam grangs mi 'dra ba bcu gsum sogs rgya nag gtsug lag gi rtsis rnams kyang gong du bshad pa ltar yid bzor bsdu nus so," rTsis dkar nag las brtsams pa'i dris lan nyin byed dbang po'i snang ba, 10r1 ; 除此之外, 图齐 (Giuseppe Tucci) 并且声称西藏命理学的系统是以文殊师利 ('Jam dbyangs) 的化身孔泽 (Kong tse) 的作品为基础所建立, 而文殊师利则是在五台山上传授命理学的知识, 参见 Giuseppe Tucci, *Tibetan Painted Scrolls*, p. 136 ; 然而笔者尚未在昂汪洛桑嘉错的著作中寻得相关叙述的对应内容。

[2] Sangs rgyas rgya mtsho, "*kong tse 'phrul gyi rgyal po ni //mjal ba tsam gyis dpyad brgyad khri // bzhi stong sum brgya drug cu'i gto //rang bzhin babs kyis thugs su chud,*" *Phug lugs rtsis kyi legs bshad bai dūr dkar po*, 2 vols (Beijing: Bod kyi shes rig dpe skrun khang, 1996), sTod cha, p. 237.

（dPyad）的治疗方法和称作"道"（gTo）的消灾仪式。根据苯教传统，"解"
与医疗有关。至于"道"，则是一种仪式，旨在去除灾难并召来吉祥。[①]孔泽
楚吉杰波与消灾仪式"道"的联结令人想起前文所提《苯教大藏经·丹珠
尔》（brTen 'gyur）之中作者为孔泽或孔泽楚杰的文献，例如，编号157-9和
230-49两篇都与"道"仪式有关。《白琉璃》是一部算学领域的重要著作，
涵盖天文、历算、占卜、命理等内容，是参考大量相关著述，将各种不同传承
的说法汇集于一而成。[②]孔泽楚吉杰波所扮演的角色在这部巨著中的转变
揭露了作者异于前人的观点，极有可能是参考不同来源的文献所致。由于
《白琉璃》在西藏算学中的重要地位，后继的学者，尤其是格鲁派的专家，无
不依循其记述。例如，格鲁派的命理学专家洛桑楚勤嘉错（Blo bzang tshul
khrims rgya mtsho, 1889—1958）在其以西藏命理学为主题的著作中有如下
叙述：[③]

孔泽楚吉杰波仅只是遇见[文殊师利菩萨]，就自然对八万四千
种"解"（dPyad）和三百六十种"道"（gTo）了然于心。

这段文字除了少数用字与《白琉璃》中的相关段落有些微差异之外，所
传达的讯息与《白琉璃》毫无差别。文殊师利菩萨的其他几位弟子，如四

---

①　史奈果夫与卡梅都将藏文"解"（dPyad）译作"diagnosis / diagnoses"，卡梅并曾经以疾病
治疗为例，说明古代苯教信徒运用消灾仪式（gTo）与治病法（dPyad）的过程，参见David
L. Snellgrove, The Nine Ways of Bon, p. 301; Samten G. Karmay, "A General introduction to the
History and Doctrines of Bon," p. 141。
②　一般认为这部名著的作者是摄政桑结嘉措，但史密斯却颇为肯定地指出该书真正的作者
应为约生于16、17世纪的东布敦珠汪杰（lDum bu Don grub dbang rgyal），参见E. Gene
Smith, Among Tibetan Texts, History and Literature of the Himalayan Plateau, p. 243.
③　Blo bzang tshul khrims rgya mtsho, "kong tse 'phrul gyi rgyal po yis / mjal ba tsam gyis dpyad
brgyad khri / bzhi stong sum brgya drug cu'i gto / 'bad med lhun grub thugs su chud," Mahā ci
na'i rtsis rig dge ldan mkhas dbang yongs kyis phyag rgyun du bstar ba'i rdel 'grem 'thor bsdud
rgyas 'dril du bkod pa dpyod ldan spyi nor 'dod dgu 'jo ba'i dpag bsam ljon shing (s. n., 1921),
3v5；另参见Te-ming Tseng, Sino-tibetische Divinationskalkulation (Nag-rtsis) dargestellt anhand
des Werkes dPag-bsam ljon-šiṅ von bLo-bzaṅ tshul-khrims rgya-mtsho, p. 60。

面梵天（*tshangs pa gdong bzhin pa*）、尊胜佛母天女（*lha mo rnam par rgyal ma*）、安止龙王（*klu yi rgyal po 'jog po*）、塞加婆罗门（*bram ze ser skya*），都是从文殊师利菩萨受法；[①] 只有孔泽楚吉杰波与众不同，他其实生来就懂"解"和"道"，这项天赋由于和文殊师利菩萨相遇而自然获得启发。

桑结嘉措完成《白琉璃》之后，曾经广征学者对该书提出评论，为回答诸多学者的问难与质疑，后来著成另外一部百科全书式的著作《白琉璃释疑》（*Baiḍurya g.ya' sel*）。[②] 摄政在该书中对第 93 问的回答涉及算学在西藏形成的历史。这段说明提供的讯息或可视为前面所述与孔泽楚吉杰波相关论述的立论基础，其内容包括"道"与算学的关系，以及孔泽楚吉杰波在"道"传入西藏初期所扮演的角色。该段说明的起始部分内容如下：

> 关于算学（*gtsug lag*）在西藏于朗日松赞（*gNam ri srong btsan*）时期发端的经过，在至尊怙主[③] 所撰之王朝［历史著作］及其他［的著作］中皆有可靠且详细的记载。然而，这些［历史著作的作者］的思维［方式］主要是以和算学相关［的学问］的开端，也就是［它们］在西藏的起始，为主要考量。若以其主要分支，"道"（*gTo*）仪式为例，［算学］很可能从聂赤赞普（*gNya'khri btsan po*）等［藏王的］时代开始就已经在西藏出现了。如此说是有理由的：在属于算学的若干法门的早期传承系统之中，有一个系统［主张］：在"杰雅拉德竹"（*rje yab lha brdal drug*）的时期，孔泽楚杰受邀到西藏，并创作了"道"（*gTo*）的方法，此著作系统的传承直到今日都尚未消失。而且，在西

---

① Te-ming Tseng, *Sino-tibetische Divinationskalkulation (Nag-rtsis) dargestellt anhand des Werkes dPag-bsam ljon-šiṅ von bLo-bzaṅ tshul-khrims rgya-mtsho*, pp. 59–60.

② 与该书相关的描述，参见 Giuseppe Tucci, *Tibetan Painted Scrolls*, p. 136。

③ 应是指第五世达赖喇嘛，在其所著之《西藏王臣记》中，有"朗日（松赞）之世，从汉地传入星算及医药等术"之记载，参见五世达赖喇嘛：《西藏王臣记》，刘立千译注，北京：民族出版社，2000 年，页 13。

藏的书写系统尚未制定完成之前,[这些方法,]如同苯教故事的传承一般,是以背诵[的方式]留传。书写系统制定之后,[这些方法]很可能才被记录成文献。此外,应知由于大悲圣者观音的悲心展现,孔泽才会造访西藏。[此说的]原由[乃因]典籍中有载:

"西藏人的起源是一只猴子和一只母岩精[结合]所生[的后代]。[猴子和母岩精生了许多子女]之后,圣者[观音]心中思量:'现在[他们]已获得人身,但是仅只如此还是不够,我应当使他们都成佛!'之前,猴子、母岩精、母草精都已被驯服,现在当以王法来规范[他们的后代]。应将他们的人间世系与天界断绝;水流应与雪相遇,人与天神应心手相连。人无天神,当予天神;牲畜无牧童,当予牧童;鬼神无供物(yas),当予供物。当以'雅拉德竹'(yab lha brdal drug)为人之天神,当以雅隆(yar klungs)等地为国土中心。妥善记载如上安排,以便在都城宣扬法规。"

[典籍中又]载:

"由于圣者[观音]的悲心,聂赤赞普(gNya 'khri btsan po)[从天上]降于八山著名的山口。"①

因此,根据"拉雅拉德竹"(lha yab lha brdal drug)和"杰雅拉德竹"(rje yab lha brdal drug)两者,可知此处之"雅拉德竹"(yab lha brdal drug)是聂赤赞普众多称号其中之一。"鬼神无供物,当予供物"这一句则是意指孔泽所作的[仪式之中所使用的]供物而言。[不过,此处]也可指供物的各种传承系统(yas rabs)而言。[就另一方面来说,]若干[以制止]流言[等困扰为目的而进行]的"道"(gTo)、"谒"(Yas)[仪式]的传承系统则说在臧杰退嘎(gTsang rje thod dkar)的时期,孔泽到达西藏,并且创作[了这些仪式]。这个

① 西藏传说中第一位国王聂赤赞普据称是由天上降至人间,他首次降临之处为拉日将都(lHa ri gyang to)山,参见 Samten G. Karmaym, "Mount Bon-ri and its Association with Early Myths," *The Arrow and the Spindle, Studies in History, Myths, Rituals and Beliefs in Tibet*, pp. 221-223。

"谒"［仪式］很可能已和苯教的"谒"［仪式］混淆。如果仔细思索，这些说法似乎不无道理。①

　　桑结嘉措宣称算学在西藏的开端可回溯至藏王松赞干布之父朗日松赞之时，也就是 6 世纪末、7 世纪初期。② 不过，如果将某些种"道"列入考虑，算学在西藏的开端可能更早，或可回溯至西藏传说中的第一位国王聂赤赞普的时期。③ 将"道"仪式归属于算学的一支是较晚期的五行算学文献所普遍公认的观点。根据算学早期传承系统之一的说法，孔泽楚吉杰波是以外来大师的身份被邀请到西藏，并且开创了"道"仪式的传承，时间是在"杰雅拉德竹"（*rje yab lha brdal drug*）的时期，桑结嘉措认为就是聂赤赞普的时期。在

――――――――――

① Sangs rgyas rgya mtsho, "(147r1) *go gsum pa yang bod du gnam ri srong btsan gyi dus gtsug lag gi dbu brnyes tshul ni skyabs mgon mchog gis gnang ba'i rgyal rabs sogs khungs ldan nas zhib tu gsungs mod / de dag gi dgongs pa ni gtsug lag skor ,go'i tshul bod du srol btod kyi dbu brnyes pa gtsor dgongs pa gnang zhing / gtsug gi le lag gto'i skor ,ga' zhig gi dbang du btang na gnya' khri btsan po sogs pa'i dus nas bod du byung bar dogs pa snang zhing / de'i rgyu mtshan ni gtsug lag gi thabs ,ga' zhig gi sngon rabs su / rje yab lha brdal drug gi dus kong tse, phrul rgyal bod du spyan drangs te gto thabs mdzad pa'i rabs ,byung zhing / de dag gi yig rgyun da bar ma nub par byung ba dang / de yang bod du yig srol ma btod bar bon sgrung ltar ngag, dzin brgyud pa dang / yig srol dod nas yig char ,khod par dogs shing / de yang thugs rje chen po ,phags pa spyan ras gzigs kyi thugs rje'i ,phrul las / kong tse bod du khugs par shes te / rgyu mtshan ni / ,phags pa'i gsung las / bod kyi mi'i sa bon spre'u dang brag srin las bskrun rjes /, phags pa'i thugs dgongs la / da mi lus thob pa tsam gyis mi chog sangs rgyas par byed dgos snyam nas / na ning nas spre'u dang / brag srin mo dang / ,brog srin mo dang / khong rnams kyis btul ba yin / da ni rgyal khrims kyis ,dul bar bya'o // de yi mi'i brgyud ni lha las chad par bya'o / chu'i brgyud ni gangs la thug par bya'o // mi dang lha ru lag pa sbrel / mi lha med la lha gcig bsko / phyugs rdzi'u med la rdzi'u bsko / ,dre srin yas med la yas byin / yab lha brdal drug mi yi lha ru bsko / yar klungs sogs pa yul gyi dbus su bsko / de ltar bkod pa bris legs kyang // rgyal sa chos khrims spel ba'i phyir //zhes, phags pa'i thugs rjes gnya' khri btsan po ri brgyad la rgyang grags kyi kha ru (147v1) babs par gsungs shing / des na lha yab lha brdal drug dang / rje yab lha brdal drug gnyis las ,di skabs kyi yab lha brdal drug ces pa rje gnya' khri btsan po'i mtshan gyi rnam grangs dang / ,dre srin las［应作 yas］med la yas byin zhes pa ,di kong tses mdzad pa'i yas la dgongs pa yin par shes shing yas rabs rnams dang yang ,grig mi kha sogs pa'i gto yas ,ga' zhig gi rabs su gtsang rje thod dkar gyi skabs kong tse bod du byon nas mdzad par bshad pa yas bon yas dang ,dres par dogs pa tsam ,dug rung zhib par brtags na mi ,grig pa mi snang ste," Baiôïr dkar po las 'phros pa'i snyan sgron dang dri lan g.ya' sel*, 147v1, 147r1.

② Erik Haarh, *The Yar-Luṅ Dynasty*, p. 12.

③ 与聂赤赞普相关的描述，见 Erik Haarh, *The Yar-Luṅ Dynasty*, pp. 17, 18; Giuseppe Tucci, *The Religions of Tibet* (Berkeley: University of California Press, 1988), p. 223.

聂赤赞普成为西藏人的首领之前，人和鬼神的关系是颇受关注的层面之一。孔泽楚吉杰波因此被邀请到西藏，创作以平息不明外力为目的的仪式。就提到孔泽楚杰是消灾仪式创始人的消灾仪式文献而言，这段描述提供了绝佳的立论根据。[①] 由于聂赤赞普自天上降至西藏被视为是观音菩萨悲心的示现，孔泽楚吉杰波造访西藏也同样被认为是因观音菩萨悲心所致，这段陈述也成为佛教神话的内容。桑结嘉措并进一步指出：根据另一传承系统的说法，孔泽是在臧杰退嘎（gTsang rje thod dkar）时期到达西藏，[②] 他所创作的仪式经常与苯教仪式混淆。这种陈述清楚地传达了作者明显区分苯教与佛教传承的意图，并暗示苯教与佛教关于孔泽楚吉杰波的记载实属不同传承，虽然苯教与佛教的消灾仪式有若干共同特点，其来源其实并不相同。

《白琉璃》和《白琉璃释疑》中的观点被认定为西藏算学领域中的"标准"。根据这个系统的说法，孔泽楚杰受文殊师利菩萨的启发而获得"道"仪式的相关知识，又因观音菩萨的悲心，将"道"仪式传入西藏。尽管如此，与中原接触频繁的西藏学者却对这种传统论调无法认同，因为他们对孔子的认识并不局限于在西藏本土流传的传统观点。土观·罗桑却季尼玛对于孔泽楚吉杰波便持以下看法：[③]

---

① 例见 Shen-yu Lin, *Mi pham's Systematisierung von gTo-Ritualen*, p. 233。

② 根据敦煌藏文写卷 P. tib. 249，臧杰退嘎是西藏地区史前时期一个小王国（rGyal-phran）首领之名，参见 Erik Haarh, *The Yar-Luṅ Dynasty*, pp. 240–241。

③ Thu'u bkwan Blo bzang chos kyi nyi ma, "*bod dag gis kong tse 'phrul gyi rgyal po zhes rgyal po rdzu 'phrul can zhig tu byas pa dang / nag rtsis kyi gto bcos la lar / kong tse'i mngon rtogs bsgom tshul sogs kyi rnam gzhag byas pa dang / yang la las bzo bo kong tse zhes bzo'i 'du byed la mkhas pa zhig tu go 'dug pa ni mun nag lag nom gyi dper snang ngo,*" *Grub mtha' shel gyi me long*, p. 395；达斯（Sarat C. Das）对此段的翻译显然与笔者所取得之藏文本内容有甚大差异，其译文如下："The Tibetans believe that their celebrated Sron-tsan Gampo was an incarnation of Khun-fu-tse—one of miraculous birth—in whom was manifest the spirit of Chenressig. Some authors conjecture that Khun-fu-tse was the inventor of astrology from the few verses bearing his name and praise, which head almost all the astrological works of China and Tibet. He is also believed by some people to have been the inventor of handicrafts, manufacture, technology etc." 参见 Sarat C. Das, "Ancient China, Its Sacred Literature, Philosophy and Religion as Known to the Tibetans," *Journal of the Asiatic Society of Begal*, 2 (1882), p. 101；刘立千的译文则是："藏人言公子神灵王，认为是灵异之王。又有些汉传历数禳解法中，制造了《公子现证修法》的仪轨。又有一类书中称工巧公子，认为他是一位善于工巧的能人，这些全是暗中摸索之语。" 参见土观·罗桑却季尼玛：《土观宗派源流》，页 202。

西藏人将孔泽楚吉杰波塑造成一位具有神变能力的国王，并且在某些属于西藏命理学（nag rtsis）的消灾法术（gto bcos）中始创现观孔泽的修持法门等等，又有一些人将"工匠孔子"（bzo bo kong tse）理解为一位擅长工艺者，这些都有如在黑暗中取物一般[，全属穿凿附会之说]。

虽然罗桑却季尼玛和桑结嘉措一样，同属达赖喇嘛系统下的格鲁派，他的观点显然偏离"公定标准"。在他看来，孔泽楚吉杰波是一个创造出来的人物。他的见解透露西藏学者之间对于孔泽楚吉杰波的看法存在歧见的事实。罗桑却季尼玛的观点为当代学者南喀诺布引用，以支持他反对将孔泽楚吉杰波视为孔子的立场。[①] 但在另一方面，著名的近代学者蒋贡龚珠洛追塔耶（'Jam mgon Kong sprul Blo gros mtha'yas, 1813—1899）对于孔泽楚吉杰波则抱持延续传统观点的态度。在他所著的百科全书《知识宝库》（*Shes bya kun khyab mdzod*）中，有一段论及西藏命理学在西藏的起源和传播，他写道：[②]

> 五行算学（'byung rtsis）——或称为西藏命理学（nag rtsis）——的来源是中原。在第一位[中国]皇帝罢忽刹替（sPa hu hsha dhi）时，一位居住在海边的百姓献[给皇帝]一只金色乌龟。

---

① Nam mkha'i nor bu, *Zhang bod lo rgyus Ti se'i 'od*, p. 75.

② 'Jam mgon Kong sprul Blo gros mtha' yas, "'byung rtsis sam nag rtsis su grags pa byung ba'i khungs ni rgya nag ste / de'ang gong ma rnams kyi thog ma spa hu hshi dhf rgyal po la rgya mtsho'i mtha'i 'bangs zhig gis rus sbal gser gyi kha dog can phul ba la gzigs pas brtags nas spar kha brgyad kyi phyag rgya thog mar thugs la shar / de la brten nas spar sme lo skor gyi rtsis rnams mdzad / de la brten nas sprul pa'i rgyal blon mkhas pa rnams kyis rim par mdzad pa dang / khyad par khong spu tsi zhes 'jam dbyangs kyi sprul pa bod du kong tse 'phrul rgyal du grags pa des kyang rtsis dang gto gzhung mtha' yas pa'i srol gtod pa sogs phyis byung gi gzhung shin tu mang zhing / bod 'dir thog mar kong jo snga phyis rgya nag gi rtsis gzhung bsnams te srol phyes," *Shes bya kun khyab mdzod* (Delhi: Shechen Publications, 1997), vol. E, folio 220.

[皇帝]仔细检视[金色乌龟]之后,心中首次出现八卦的象征符号。他根据这些[符号]创造了与八卦、九宫和[十二]生肖相关的各种算法。在此基础上,转世的国王、大臣及学者们逐渐发展出[五行算学]。后来出现许多[相关]文献,尤其是孔夫子(*Khong spu rtsi*)——他是文殊师利的化身,在西藏以孔泽楚杰著称——他也是无数算学(*rtsis*)与消灾仪式(*gto*)文献[传承]的创始者。在西藏本地最初是由前、后[二位]公主①带来中国算学文献,开启[相关]传承。

这段说明中有许多令人感兴趣的观点,现归纳于下:(一)中原圣人孔夫子是文殊师利菩萨的化身;(二)孔夫子在西藏以孔泽楚杰著称;(三)孔泽楚杰将许多算学和消灾仪式的文献传入西藏。尽管学者对相关议题所提论点存在诸多矛盾,但是对于孔泽楚吉杰波这个主题,学者之间仍有某种程度的基本共识。《知识宝库》以百科全书的形式呈现,其著作宗旨是为提供读者相关主题的基本认识。龚珠在该书中对孔泽楚吉杰波的扼要说明所传达的极可能便是这种普遍存在于西藏知识分子之间的共识。

　　龚珠所提到的孔夫子(别名孔泽楚杰)是文殊师利菩萨化身的概念见于一个称作《孔泽祈请供养文——妙欲云聚》(*Kong tse gsol mchod 'dod yon sprin spung*)的仪轨中,孔子在这部仪轨中成为接受供养的主要神祇。记载这个仪式的文献是在 1930 年代由雷兴(Ferdinand D. Lessing)在位于北京的雍和宫所发现。该文献以仪轨(*grub thabs*)的形式呈现,可能出自 18 世纪中叶。②其中载有对孔子作为"菩萨"或"未来佛"的造像学方面的描绘,依循传统理念,将中原圣人孔子与西藏命理学的概念充分结合在一起:孔子坐在

① 指文成公主与金城公主,其年代参见注 37。
② Ferdinand D. Lessing, "Bodhisattva Confucius," *Ritual and Symbol: Collected Essays on Lamaism and Chinese Symbolism* (Taipei: Oriental Book Store, 1976), p. 94.

宇宙大龟背上，周围环绕百万仙人（*drang srong*），以算学怙主的身份接受礼敬。仪式开始时，首先祈求智慧怙主文殊师利菩萨庇护，雷兴指出：这代表孔子相当于文殊师利菩萨的化身。[1]自敦煌藏文写卷出现孔泽一词作为最早的文献证据以来，"孔子"在藏文文献中历经数百年的演变，成为一位在中国首都皇家寺院中的一份仪轨文献内记载的中心人物。这份仪轨文本的发现呈现了一个颇为有趣的现象：中原圣人孔子在其故乡再次受到礼拜。相对于中原视孔子为至圣先师，加以礼拜的传统，西藏文化将这位著名的中原圣人融入西藏佛教的系统中，使孔子以象征智能的菩萨身份，接受信徒礼敬。

五、结语

大约早在吐蕃王朝时期，西藏地区就已流布圣人孔子的盛名。7、8 世纪时，吐蕃与唐朝之间的联姻无疑促进了两国的文化交流。《白琉璃释疑》中关于孔子在据称为西藏的第一位国王聂赤赞普时期曾经造访西藏的说法虽然不见得可信，这段内容却暗示了孔子的声名可能早在松赞干布之父朗日松赞之前，就已传到西藏。虽然如此，文献上的直接证据却在较晚时期才出现。在目前所知年代最早的藏文文献——敦煌藏文写卷——中，已经出现有关孔子及其教示的陈述。在敦煌藏文写卷中，"孔子"的藏文记作"孔泽"或"孔策"。尽管"孔子"在藏文文献中译作"孔泽"或"孔策"，当"孔泽"或"孔策"在藏文文献中出现时，却并不一定都是指孔子。藏文"孔泽"这个称呼原来是指中国的圣人孔子，但是伴随"孔泽"所产生的形象也随时间与传承而有所递变。有趣的是，其间的发展与"孔泽"在占卜上的特殊能力同步。在敦煌藏文写卷 I. O. 742 中，孔泽以该写卷作者的身份出现，该写卷内容与使用 12 个铜钱的占卜法有关。在苯教的传承系统中，孔泽楚吉杰波

---

[1]　Ferdinand D. Lessing, "Bodhisattva Confucius," p. 92.

被认为是一位中原国王，他具有神奇能力，只须借助双手掌上与生俱来的神奇字母，就能预测未来，他也被视为占卜（gab tse）大师。在较晚期的佛教文献中，文殊师利菩萨奉佛陀之命，以五行算学——或称西藏命理学——的知识降伏不好佛法的中原人，而孔泽楚吉杰波则是继承文殊师利菩萨的传人之一。孔泽除了扮演具有占卜能力与相关知识的角色之外，也被视为消灾仪式"道"的创始人。佛教将孔泽楚吉杰波塑造为消灾仪式创始人的形象可能与较早发展出的苯教传承对孔泽楚吉杰波的描述有关——苯教传承将许多记载除障仪式的文献均视为由孔泽楚杰所作。

本论文针对西藏文献中与孔泽相关的记载，进行探讨。研究结果具体描绘了西藏人如何以他们对孔子的印象为基础，塑造出一位属于自己系统中的人物。这个过程不仅忠实地呈现了西藏人的创造力，同时也揭示了西藏佛教徒采纳邻文化中的重要成分，以达传播佛法目的的意图。西藏佛教徒在传播佛法的过程中，借由文殊师利菩萨和一位起源于高度发展文明中的圣人形象，以确保他们新创的、融入佛教理念的西藏命理学系统的威信。

6 "术"与"道"：清王朝儒学接受的变容

——以吉林文庙的设立为中心

刘晓东*

一、引言

清朝的国家性质问题，随着近年来"新清史"研究的兴起，再度成为学术界争鸣颇多的一个话题。[①] 其中，清朝的"儒学"受容，无疑是一个极富价值的参考坐标，何炳棣教授在反驳罗友枝教授的"抨击'汉化'"观点时就曾云："清廷实行了制度化的汉化政策，贯彻程朱理学，作为汉化政策的核心，这不仅有利于满族八旗部落政权向统一的中央集权帝国演变，而且也赢得了儒家精英们的忠心支持，他们在1851—1864 年14 年间为镇压太平军进行殊死斗争，挽救了这个'外族'的朝廷。"[②]

我们姑且不论双方观点的孰是孰非，但有一点可以肯定的是，中国历史

---

* 东北师范大学历史文化学院教授。

① 关于对这一问题的争论，可参看刘凤云、刘文鹏编：《清朝的国家认同——"新清史"的研究与争鸣》，北京：中国人民大学出版社，2010 年；王成勉：《没有交集的对话——论近年来学界对"满族汉化"之争议》，载汪荣祖、林冠群主编：《胡人汉化与汉人胡化》，嘉义：中正大学台湾人文研究中心，2006 年，页 80—81。

② 何炳棣：《捍卫汉化——驳罗友枝之《再观清代》》，张勉励译，载刘凤云、刘文鹏编：《清朝的国家认同——"新清史"的研究与争鸣》，页 20。

上的任何一个少数民族政权,在入主中原后几乎无一不将儒学作为自身新的国家建构的一个重要因素,清代亦然,正如黄丽生教授在总结吕士朋、高翔等教授的研究成果基础上所提出的那样:"在中国历史上,边疆民族入主中原,莫不援引汉人行之久远的儒家体制完成其经由部落或汗国到王朝的建构。清朝之由区域性的后金汗国政体转化为一统内外的中国天朝体制,亦充分吸纳儒家的政教系统,缔造了典型的以儒学为正统的王朝。"[1] 就学界之一般观点来说,入关后"圣谕广训"的颁行、推行科举制度、尊崇程朱理学、整理汉文典籍,尤其是康熙皇帝打破历史先例向孔子牌位行叩头礼的举动,常被看作清朝全面接受儒学的一个重要标志。[2]

从历史的宏观性来说,这种看法似乎并无不妥之处,但若从相对微观的角度来看,清朝的儒学受容,无疑是一个极为复杂的过程,在不同时期、区域亦有着某些不尽相同的特质。黄丽生教授对清代"边区儒学"的研究就很好地说明了这点,也为我们提出了一个新的可资借鉴的观察视角。[3] 尤其是当我们将清代的国家建构与历史上诸少数民族政权"因俗而治"的历史传统相关联来看,可以发现似乎缺乏这样一个追问:当康熙皇帝于孔子牌位前行叩拜大礼的时候,其内心深处的儒学,到底是出于统治之需的一种"治国之术",还是已内化为一种"安邦之道"呢?毕竟历史上诸多政治人物的公众行为,在很多时候并不能反映其真实的内心世界。康熙二十七年(1688),张鹏翮深感塞外归化城人口日繁,作为"冲剧扼要之地,控制之法良不可忽",遂援引皇帝于汉地所推行的"圣化"举措,认为"我皇上所颁上谕十六条,中外文武臣民讲读,乃化民成俗之本",建议于该地设县立学,"军民中有清秀子弟,令教官讲习汉书,俟其通晓文义,亦照台湾设科取士之例,人有

---

①　黄丽生:《清代内蒙古地方儒学的发展与特质》,载黄俊杰编:《中华文明与域外文化的互动与融合(一)》,台北:喜玛拉雅研究发展基金会,2006年,页163—212。

②　参看何炳棣前引文。

③　参看黄丽生:《清代边区儒学的发展与特质——台湾书院与内蒙古书院的比较》,《台湾师大历史学报》第34期(2005年12月),页97—136。

进身之阶,不辍弦诵之音,化鲁朴为礼让,变狡悍为忠义",以为统驭之方。[1]
然而,这样一个在他看来合乎"上心"、吻合"上行",似乎并无问题的建议,
却被康熙皇帝坚决予以否决了。

事实上,直至雍正时期,清朝统治者仍在极力强调、维护这种"各有不
同""因俗而治"的原则,雍正皇帝在上谕中就云:

> 盖天下之人,有不必强同者,五方风气不齐,习尚因之有异,如
> 满洲长于骑射,汉人长于文章,西北之人果决有余,东南之人颖慧较
> 胜,非惟不必强同,亦且可相济而为理者也。至若言语嗜好之间服
> 食起居之末,从俗从宜,各得其适。[2]

从这一角度来说,康熙皇帝于中原汉地的"崇儒尊圣",也并不能排除其"因
俗而治"之"术"的成分所在。换言之,对这一问题的解答,显然也是无法简
单地从清朝的"汉地"儒学政策中予以解析的。

不过,我们若将这一问题放置于清朝的"肇兴"之地——东北地区边地
儒学的发展中予以考察,或可寻得另外一番启示。因此,本文拟以清代吉林
文庙的设立为中心,来探讨清王朝的儒学受容问题,并尝试性地勾勒出清代
儒学从"治国之术"到"安邦之道"的演变脉络。

二、吉林文庙概况与清初东北行政体系

吉林文庙坐落于今天吉林省吉林市昌邑区南昌路 2 号(附近又称文庙

---

[1] 张鹏翮:《奉使俄罗斯日记》,收入中国历史研究社编:《中国内乱外祸史丛书》,上海:神州
国光社,1946 年,页 15。

[2] 《世宗宪皇帝上谕八旗》"雍正六年十月初六日"条,收入《景印文渊阁四库全书》第 413
册,台北:台湾商务印书馆,1985 年,页 201。关于雍正皇帝对东北地区满族旧习的维护,
尚可参见孙静:《试论雍正帝对东北地区"满洲本习"的维护》,《北方论丛》2010 年第 3 期,
页 84—88。

胡同），乾隆年间始建于当时城内之东南隅（今吉林市实验小学院内），宣统元年（1909）移至现址并扩建，是清朝在东北建立的最有影响的一座孔庙。文庙坐北朝南，占地16 354平方米，建筑面积2 997平方米。中轴线上有照壁、泮池、状元桥、棂星门、大成门、大成殿、崇圣殿等建筑，两侧有东西辕门、金声门、玉振门、东西官厅、省牲厅、祭乐器库、名宦祠、乡贤祠等建筑。主体建筑大成殿，面阔11间，进深5间，重檐歇山顶，殿前有站台。崇圣殿面阔7间，单檐歇山顶。2006年，吉林文庙被列为第6批全国重点文物保护单位。[①]

　　"吉林"系满语"吉林乌拉"的简称，满语意思为"沿江的城池"，据《吉林通志》记载："国语［即满语］吉林谓沿，乌拉谓江，其曰吉林者，从汉文而省也。"[②]明代初叶，吉林隶属奴儿干都司，辽东都指挥使刘清3次奉命到松花江造船，因此吉林亦有"船厂"之称。[③]清初，清政府在宁古塔（今黑龙江省宁安市）驻兵，在吉林造船，设水师营。同时，还于此地设立了直归内务府管辖，专门负责管理东北"龙兴之地"打牲部落行政事务及办理清朝皇室、宫廷特需贡品（如东珠、鲟鳇鱼、松子、蜂蜜、人参等）的打牲乌拉总管衙门。[④]康熙十年（1671），宁古塔副都统安珠瑚奉命移驻吉林；十二年（1673），开始建城设治；十五年（1676），宁古塔将军巴海移驻吉林后，吉林成为仅次于盛京（沈阳）的东北区域的政治、经济、军事和文化中心。雍正

---

① 参看国家文物局编：《全国重点文物保护单位（第六批）》第Ⅳ卷，北京：文物出版社，2008年，页636。对其中一些表述不确部分，笔者略作了修改。

② 长顺等修：《吉林通志·凡例》（"长白丛书"初集），长春：吉林文史出版社，1986年，页11。

③ 李澍田、刁书仁：《吉林船厂考略》，《吉林师范学院学报》1984年第3期，页74—78。另，固庆在为《吉林外纪》所作之叙文中曰："顺治十五年，因防俄罗斯，造船于此，名曰船厂。"（萨英额：《吉林外纪·叙》［"长白丛书"初集］，长春：吉林文史出版社，1986年，页4。）

④ "打牲"满语读为"布特哈"，为狩猎之意。清初，曾将嫩江流域及大、小兴安岭一带的鄂伦春、鄂温克等渔猎民族总称为"打牲部"。打牲乌拉总管衙门的采捕范围几乎遍及东北地区，南至松花江上游、长白山以北（今吉林省通化、白山），北至三姓（今黑龙江依兰县）、黑龙江瑷珲（今黑龙江省黑河市），东至宁古塔（今黑龙江省宁安县）、珲春及牡丹江流域。上下数千里、数百条河流域内都是打牲的地区。具体内容可参看王雪梅：《清代打牲乌拉总管衙门研究》，北京：中央民族大学博士学位论文，2012年。

五年（1727）设永吉州,州治也设在吉林城。乾隆十二年（1747）改永吉州为吉林厅,隶属宁古塔将军；二十二年（1757）宁古塔将军改称吉林将军。因此,吉林在清代的历史上,还有"船厂""乌拉""永吉"等多种称呼。

清入关之后,为保护其"龙兴重地",特于东北地区修筑了"柳条边",用以标示禁区界限,防止汉族、蒙古族等进入对满族传统居住区域及其渔猎生活方式产生影响。其中又有"老边"与"新边"之分。"老边"也称"盛京边墙",修筑于顺治初年,"起自凤凰城,北至开原,折而西至山海关接边,周围一千九百余里,共十七边门"。①康熙九年（1670）,清廷又修筑了从开原威远堡至吉林北法特东北亮子山上的边墙,"插柳结绳,以界蒙古",②俗称为"新边"。大致而言,"新边"以西主要为蒙古族游牧区；"老边"以外为汉族农业区,以里则主要为满族的居住、狩猎区。"边里"作为满族的"发祥重地",严禁他人随意进入开发,吉林就位于清朝所划定的这片"封禁"区域之内。

清初东北的行政体系,亦有别于内地各省。东北的行政体系大体可分为两大系统：一是以"盛京五部"和"三将军"为首的,专治旗兵与旗民的军政系统,即所谓的"旗系"；一是主要于"封禁"区域之外的辽东汉人聚居地区设置的,专门管理汉民的府州县民治机构,即所谓的"民系"。③吉林作为"封禁"区域之内的满族发祥重地,其行政管辖自然归属于八旗"旗系"系统,当地"设八旗驻防官兵,以将军、副都统为董辖",④实行八旗一元化驻防体制。吉林将军负责"镇守吉林乌拉等处地方,缮固镇戍,绥和军民,秩祀山川,辑宁边境",⑤专理旗务而不与民事,盖当时"全省固无民官也"。⑥

① 阿桂等修：《盛京通志》卷三三《关邮》,收入《景印文渊阁四库全书》第501册,页657。
② 高士奇：《扈从东巡日录》卷下,长春：吉林文史出版社,1986年,页107。
③ 关于清代东北地区"旗民二重体系"的具体情况,可参看薛虹、李澍田主编：《中国东北通史》（"长白丛书研究系列"）,长春：吉林文史出版社,1991年,页416—421。
④ 长顺等修：《吉林通志》卷60《职官志三·国朝》,页952。
⑤ 《钦定皇朝通典》卷36《职官十四》,《景印文渊阁四库全书》第642册,页426。
⑥ 徐世昌等：《东三省政略》（"中国边疆丛书"第1辑）,台北：文海出版社,1965年,页3501。

可以说,柳条边"封禁"与旗民两属二重管理体制,构成了清初东北区域政治与社会生活运作的基本框架与空间。吉林文庙的设立,也是于此空间内并于两者的交互影响中日渐展开的。

三、雍正年间的船厂"立庙设学"之争

于船厂地方设立儒学的发想,始于雍正二年(1724)。时任办理船厂事务给事中的赵殿最,鉴于该地人口日繁、旗民混杂的现象,奏请于"船厂地方,应建造文庙,设立学校,令满汉子弟读书考试"。[①] 这一看似合理而又简单的举动,在上达天听后却引起了极大的反响,雍正皇帝竟特别颁赐了一道长篇谕旨,予以申斥:

> 文武学业,俱属一体,不得谓孰重孰轻。文武兼通,世鲜其人。我满洲人等,因居汉地,不得已与本习日以相远,惟赖乌喇、宁古塔等处兵丁,不改易满洲本习耳。今若崇尚文艺,则子弟之稍颖悟者,俱专意于读书,不留心于武备矣。即使果能力学,亦岂能及江南汉人,何必舍己之长技而强习所不能耶。我满洲人等,笃于事上,一意竭诚孝于父母。不好货财,虽极贫困窘迫,不行无耻卑鄙之事,此我满洲人之所长也。读书者,亦欲知此而行之耳。徒读书而不能行,转不如不读书而能行也。本朝龙兴,混一区宇,惟恃实行与武略耳,并未尝恃虚文以粉饰,而凡厥政务,悉吻合于古来圣帝明王之徽猷,并无稍有不及之处,观此可知实行之胜于虚文矣。我满洲人等,纯一笃实,忠孝廉节之行,岂不胜于汉人之文艺、蒙古之经典欤……尔等理宜遵朕从前所降,毋弃满洲本习之谕旨。专令兵丁人等,各务

① 《清世宗实录》卷二二"雍正二年秋七月甲子"条,收入《清实录》第7册,北京:中华书局,1985年,页360。

实行，勤学武略，以敦俭朴之习，何必留意于此等无有实效之处，以贰兵丁之心，强其所不能，而徒事于虚名也……将朕所降谕，及此奏请之处，晓谕乌喇、宁古塔等处人等知悉，并行知黑龙江将军，共相勉励，但务守满洲本习，不可稍有疑贰。[1]

从这篇谕旨中，我们不难看出，雍正皇帝反对于船厂地方设立儒学的原因，乃在于此地为满族根本之区，担心因儒学的设立而日渐改变"满洲本习"，从而丧失自身的民族特性。

的确，基于历史经验和"首崇满洲"的考虑，清朝统治者一直都着力强调保持"国语骑射"的民族传统，防止满族的汉化。早在天命年间，努尔哈赤就深忧"昔日辽、金、元不居其国而入处汉地，易世之后，皆成汉俗"，因而享国不永，乃至一度意欲划山海关固守，"满、汉各自为国"。[2]入关后，清朝统治者也一再强调："武乃治天下之极要，不可偏向。今八旗人等专尚读书，有子弟几人俱令读书，不肯习武，殊违我朝以武功定天下之意。"[3]从上文中"尔等理宜遵朕从前所降，毋弃满洲本习之谕旨"的记述来看，雍正皇帝本人此前也曾颁布过类似的谕旨。

我们并不否认雍正皇帝的此举一定是有着保护满族旧俗、维系民族根本的动机所在。不过，倘若我们并不简单地停留在这件事情本身，而是将之与后来的某些历史变化关联起来考察，或能有着更为深入的理解。

虽然雍正皇帝否决了赵殿最"立庙设学"的建议，但这件事情却并未因此画上句号。雍正四年（1726），在满族内阁学士德新的建议下，"命船厂地方，添立永吉州。设知州、州同、吏目、学正各一员……隶奉天府管辖"。[4]

[1]　《清世宗实录》卷二二"雍正二年秋七月甲子"条，收入《清实录》第 7 册，页 360—361。
[2]　魏源：《圣武记·开国龙兴记三》，收入《魏源全集》第 3 册，长沙：岳麓书社，2010 年，页 27。
[3]　席裕福、沈师徐辑：《皇朝政典类纂》卷二一三《学校一》，收入沈云龙主编：《近代中国史料丛刊续辑》第 90 辑，台北：文海出版社，1974 年，页 3853。
[4]　《清世宗实录》卷五一"雍正四年十二月戊寅"条，收入《清实录》第 7 册，页 773。

这实际上是将原属"旗系"系统的一部分划分出来,归入"民系"系统管辖,并设立了地方儒学官员。那么,虽设学官,是否真有儒学机构之设呢?雍正十二年(1734)五月,奉天府府尹吕耀在上疏中提到"永吉州、长宁县,向俱隶奉天府学。查永吉州去府八百余里,长宁县较永吉州更远,府学教官实为鞭长不及。永吉州请添设学正一员,长宁县生员不过数名,毋庸另设教职,请归永吉州学正带管。"[①]次年(1735)夏四月,奉天府府尹宋筠在上疏中也谈到"奉天永吉州学,旧设廪生、增生各一名",因"近将长宁县学拨归永吉州学管辖",遂请求"添设廪生、增生各一名,五年出贡一次",并得到了批准。[②]由斯可知,朝廷在永吉州不仅设立了儒学官员,还建立了实体的学校。因将长宁县学也划归其管辖,所以又添设了学正一员,并扩充了增生、廪生名额。

可见,在赵殿最的相关建议中,雍正皇帝所反对的似乎并非"设学"之议,而是"立庙"之举。事实上,为在船厂地方设立儒学,雍正帝可谓煞费苦心。不惜通过行政体制的改革,设立归属于"民系"的新管理机构——永吉州,从而也为儒学的设立扫清了制度上的障碍。但"设学"并未"立庙",永吉州儒学就是在这种"有学无庙"的状态下建立、运行的,这与中原汉地"庙学合一"或"庙学相依"的传统规制与格局,显然是有着某些刻意的区别。[③]毕竟,文庙作为一种祭祀场所,其精神上的认同与归属意义是极其深刻的。

如果说,"设学"是从"术"的角度对儒学的一种工具性利用,那么"立庙"则是从"道"的层面的一种"伦理性"的接受。从这一角度来说,"设学立庙"这样一个于汉地文化本土并不成为问题的事情,被移植至满族的"龙兴之地"时,却成为考验清朝统治者的神经并令其不得不认真对待的一个

---

① 《清世宗实录》卷一四三"雍正十二年五月癸卯"条,收入《清实录》第 8 册,页 799。
② 《清世宗实录》卷一五四"雍正十三年夏四月癸丑"条,收入《清实录》第 8 册,页 889。
③ 根据黄进兴先生的研究,至迟到魏晋南北朝时期,上达中央官学,下迄地方学校的"庙学相依"的格局就已形成,孔庙于是兼有正统文化倡导和国家教育执行的双重功能。详情可参见黄进兴:《权力与信仰——孔庙祭祀制度的形成》,收录于氏著:《圣贤与圣徒》,北京:北京大学出版社,2005 年,页 1—46。

政治与文化难题。雍正皇帝"设学"而不"立庙"的举措，恰从侧面折射出此时清朝统治者的内心深处，儒学更主要的恐怕还是一种"治国之术"而非"安邦之道"。这也应该是作为少数民族的满清统治者在其儒学受容过程中，所必须经历的一段心路历程。

事实上，早在入关前，皇太极所谓"参汉酌金"以成"金典"①的国家建构理念，所突出的就是对儒学"工具性"的看重。正如昭梿所云："文皇帝患国人不识汉字，罔知治体，乃命达文成公海翻译《国语》《四书》《三国志》各一部，颁赐耆旧，以为临政规范。"②这样一种心态与理念，显然是不会随着清朝入主中原而很快改变、消逝的。雍正七年（1729），在吉林专为当地驻防八旗子弟所建的乌拉官学中，出于政务运行的实际需要，确实设立了汉学学舍，要求学中八旗子弟学习一定的汉文知识，但核心重点还是进行传统"国语骑射"的教育。③其用意与皇太极的"参汉酌金"，可谓如出一辙。可以说，在清初统治者的儒学受容与国家建构理念中，还是很难迅速完成儒学由"术"至"道"的思想转化的。更何况，在清初统治者的记忆中，汉地文庙不仅是自己借以收拾故国人心的一个道场，同时也是一些汉族士大夫表达传

---

① 原文为："我国六部之名，原是照蛮子家立的，其部中当举事宜，金官原来不知，汉官承政当看会典上事体，某一宗我国行得，某一宗我国且行不得，某一宗可增，某一宗可减，参汉酌金，用心筹思，就今日规模，立个金典出来。"（潘喆等编：《清入关前史料选辑》第2辑《天聪朝臣工奏》，北京：中国人民大学出版社，1989年，页82）。另台湾地区学者叶高树在《"参汉酌金"：清朝统治中国成功原因的再思考》（《台湾师大历史学报》第36期［2006年12月］，页155—165）一文中，也认为满洲在接触、引进外来文化时，是以"参汉酌金"为前提的，并将其内涵理解为对外来文化的选择与以满族为中心的调适，而选择的权力与调适的方式，满族统治者始终居于主导地位。

② 昭梿：《啸亭续录》卷一《翻书房》，北京：中华书局，1980年，收入"清代史料笔记丛刊"，页397。

③ 原文为："乌拉官学在城中大街牌楼东，雍正七年建，前三楹为汉学，后三楹为满学，由旗内拣选人员教八旗子弟读书、骑射（册报），每岁额送学生四名。"（徐鼐霖修：《永吉县志》卷二五《学校志一·乌拉镇官学》［"长白丛书"二集］，长春：吉林文史出版社，1988年，页456。）关于八旗官学的教育状况，可参看黄丽生：《治统下的道统：清代八旗官学书院及其学礼学规》，载高明士编：《东亚传统教育与学礼学规》，台北：台湾大学出版中心，2005年，页225—297。

统儒家"华夷"观念及其"排满思明"衷肠的重要场域。[①] 这也促使清朝统治者对在自己龙兴之地设立"文庙",不得不重重思虑、慎之又慎了。

四、乾隆年间永吉州"文庙"的设立

随着统治的日渐稳固与满族汉化程度的加深,清朝统治者虽依旧强调"国语骑射"的民族传统,但其对儒学的接受程度却明显进一步深化。乾隆皇帝即位不久,即下谕旨令奉天府所属"复州、永吉、宁海、义州四州县"建立文庙。[②] 及至乾隆七年(1742),在知州魏士敏的主持下,"建庙宇、黉宫,诸制略备",[③] 永吉州儒学也由此完成了从"庙学分离"到"庙学合一"的演变。

从表面来看,四州县中复州(今辽宁瓦房店市复州城镇)、宁海(今辽宁金县)、义州(今辽宁义县)本就为辽东汉人旧地,永吉州经过雍正时期的改制后也被纳入了奉天府所属的"民系"管辖系统中,于此地"兴学立庙",似乎并无任何问题可言。不过,通过对后来发生的一些相关历史事件的审视,也不难发现永吉州文庙设立的复杂历程,及其所反映出的清朝统治者对儒学态度的一种深层转换。

就在乾隆皇帝下旨于永吉州设立文庙不久,巡察宁古塔御史苏昌就针对永吉州的管理体制问题提出了质疑,并经总理事务王大臣会议商定,提出了相应修改意见。对此,《清高宗实录》中有着较为详细的记载:

> 总理事务王大臣议覆:巡察宁古塔御史苏昌奏,船厂集聚民商

① 清军入关后,郑芝龙北上降清时,郑成功就至孔庙"哭庙""焚儒服"以示与父决裂,并继续南下抗清。顺治十六年(1659)江南地区的"哭庙案",虽非为反清而为,但还是引起了清朝统治者的警惕,终以"抗粮谋反"之罪,处决了金圣叹等一批江南士人。对明末清初士人"哭庙"问题之研究,可参看陈国栋:《哭庙与焚儒服——明末清初生员层的社会性动作》,《新史学》第3卷第1期(1992年3月),页69—94。
② 《清高宗实录》卷二二"乾隆元年秋七月甲辰"条,收入《清实录》第9册,页531。
③ 《吉林外纪》卷六《学校》,页77。

甚多，请照各省满洲兵丁驻扎处，设理事同知管理之例，将永吉州知州一缺，补放满洲，兼理理事同知事务。查船厂事繁，一人恐难兼理，应请于永吉州知州外，再添设理事通判一员。又黑龙江与船厂相同，亦应一例添设理事通判一员。下部议行。①

从上文中我们不难看出，巡察宁古塔御史苏昌，鉴于船厂地方民商聚集、事务繁多，建议参照八旗驻防之例，设理事同知管理，并将永吉州知州一职改为满人担当。这实际上是意图在一定程度内，将永吉州的管理体制纳入或恢复到原来的"旗属"管理体系之中。姑且不论苏昌的建议是否直接针对乾隆元年（1736）永吉州的"立庙"之举而发，但可以肯定的是，就制度层面而言，这种体制的改变无疑在很大程度上会影响到永吉州儒学与文庙设立的合法性。

乾隆六年（1741）九月，宁古塔将军鄂弥达又以"满洲根本"为由，上疏建议清查吉林、伯都讷、宁古塔等处游民，认为这些地区"为满洲根本，毋许游民杂处，除将现在居民，逐一查明，其已入永吉州籍贯，立有产业之人，按亩编为保甲，设甲长、保正，书十家名牌，不时严查外，其余未入籍之单丁等，严行禁止，不许于永吉州之山谷陬隅，造房居住"，并要求"钦派大臣一员，会同该将军办理"。②鄂弥达所谓"游民"问题的提出，实际上是为寻求管理体制的变更所做的前期铺垫。十二月，他又再度上疏，明确阐释了自己的真实意图：

> 宁古塔将军鄂弥达奏，请暂将奉天府属之永吉州，归宁古塔将军管辖，得以就近督办编审事务。其理事通判，原系办理将军衙门事件之员，请一并归隶。至副都统哲库讷，请裁知州、州同、并通判

---

① 《清高宗实录》卷四八"乾隆二年八月庚午"条，收入《清实录》第9册，页831。
② 《清高宗实录》卷一五〇"乾隆六年九月戊辰"条，收入《清实录》第10册，页1153。

　　改设同知之处,俟地方事办理稍有效验之时,应裁应留,另摺请旨。①

　　从他的这次上疏中,可知此前宁古塔副都统哲库讷就已明确提出裁撤永吉州,改隶将军管辖的建议。对此,鄂弥达虽未给予全力支持,但其希冀再度变更永吉州的管理体制,使之回归于"旗属"管理系统的意图,却是表露无遗的。可见,永吉州的改制,在很大程度上还是受到了部分满族——尤其是东北地区——守旧势力的抵制,这加剧了事件的复杂性。恐怕也正是因为如此,乾隆元年(1736)即已下谕兴建的永吉州文庙,直到六年后才得以"始从事焉"。②

　　这场清朝统治者的内部博弈,并未随着永吉州文庙的设立而休止。乾隆十二年(1747)二月,时任宁古塔将军的阿兰泰上奏,以"永吉一州,设在吉林乌拉,系宁古塔将军所辖地方,该州向隶奉天府,一应办理旗民事务,俱申报府尹转咨,不但稽延时日,且于办理事件,多至掣肘"为由,要求"将永吉州改设理事同知,属宁古塔将军管辖"。对此,乾隆皇帝虽给予认可,但对如何裁改却要求从长计议,尤其"该州现设之州同、吏目、学正,应作何裁改?刑名钱谷案件,以及文武生员,作何改隶之处?俱令该将军会同府尹详议具题,到日再议"。③冬十月,经吏部等诸部合议,最终确定了裁改原则:

　　　　船厂地方永吉州,向隶奉天府,今既改设同知,归宁古塔将军辖,所有旗民交涉人命盗案,及从前知州应办民人刑名钱谷杂税等项,俱令同知办理,详报该将军完结。其秋审并奏销等事,亦由该将军具题等语,应如所奏办理。又称,该同知所辖地方,周二千余里,遇查验等事公出,若无接办之员,必致误公等语,亦应如所请,将理事通判,照

① 《清高宗实录》卷一五六"乾隆六年十二月甲辰"条,收入《清实录》第10册,页1237。
② 《永吉县志》卷二五《学校志一·学宫》,页446。
③ 《清高宗实录》卷二八四"乾隆十二年二月壬戌"条,收入《清实录》第12册,页700。

旧存留。又称，吏目系知州属员，今设理事同知，应改为巡检，兼司狱事务。再学正照旧存留，文武生童，亦令同知管辖，仍详报将军，转行奉天府府丞考试等语，亦应如所请。将永吉州吏目裁汰，改设宁古塔巡检一员；永吉州学正，改为宁古塔学正，印钤均谘礼部换给。[①]

自此，永吉州在清朝统治者的内部斗争与妥协中，又被重新纳入了"旗属"行政管理体系之中，作为"龙兴旧地"的吉林地区，又恢复到最初的八旗一元化驻防体制。表面来看，这似乎是满族为保护民族传统、抵制汉化的一种有效拒斥。但从深层来看，无论有意还是无意，"儒学"及"学政"的保留，却使原来较为单一的"旗系"管理体系被嵌入了某些"民系"管理体制的因素。这种转变，或许在某种程度上，也为后来东北地区旗、民两属行政体制的合一与行省制度的全面推行，埋下了伏笔。

不管怎样，随着乾隆七年（1742）文庙建设的完成，永吉州儒学才真正实现了如汉地儒学那样的"学"与"庙"的完整合一，康熙皇帝御笔亲书的"万世师表"匾额，才最终得以悬示于满族故土之上，并因"旗系"管理体系中"儒学"与"学政"的保留而日渐落户生根于"祖宗发祥"之地。这种从"庙学分离"到"庙学合一"的演变，恐怕较其他地方儒学的发展，更能深刻地揭示出清朝统治者儒学受容的心路历程及其对儒学态度的一种深层转换——"儒学"在清朝统治者的国家建构理念中，已渐由一种"治国之术"趋向于"安邦之道"的转化。[②]

---

① 《清高宗实录》卷三〇〇"乾隆十二年冬十月壬戌"条，收入《清实录》第12册，页925。
② 类似情形并非只存在于吉林一地，作为西北边陲地区的甘肃古浪，其文庙的兴建也与吉林有着某些相似的经历，据《清高宗实录》记载：乾隆四年（1739）九月，"甘肃巡抚元展成疏称，庠序为风化攸关，丁祭乃尊师钜典。古浪一邑，于雍正二年，在河西各厅请改郡县等事案内。以所改县，并未建造文庙，每遇丁祭，俱于关帝庙中，设奠行礼，非所以重典礼……应如所请，古浪县文庙学宫，准其建造。所需工料银两，先在凉州府库，不拘何项内，酌拨银二千两，饬令刻日兴工，仍令该抚将工料估册，先行造送工部查覆，从之。"（《清高宗实录》卷一〇〇"乾隆四年九月上庚戌"条，收入《清实录》第10册，页517）两者是否具有相同的历史意蕴，尚难以断言，待进一步之研究，姑存以志之。

事实上，乾隆皇帝不仅在中原汉地大力兴修"文庙"，"设学立庙"也成为其统合边疆——尤其是一些新收服地区——的一种政治文化手段。诸如甘肃、宁夏、贵州、云南、四川，以及新疆巴里坤、乌鲁木齐等地方的"边地儒学"，都是于此一时期兴建、发展起来的。颇有意蕴的是，乾隆皇帝对自己这些平定边陲的盖世"武功"，不仅引以为豪并自诩为"十全老人"，还下令先后于太学文庙、热河文庙中勒石为志。乾隆五十三年（1788）六月，台湾林爽文起义被平息后，乾隆皇帝特谕示军机大臣：

> 从前平定伊犁、回部、大小金川，皆于太学立碑，以示武功。台湾不过乱民聚众，海岛一隅，虽不值刊碑太学，而此次办理迅速，首伙生擒，亦不可无纪实之作。朕现在驻跸热河，欲将此次平定台湾事迹，御制碑文，于热河文庙大成门庑内，嵌石刊刻，俾振武敷文盛轨，永昭上塞。俟碑文制就，当一并发与福康安等，在台湾、厦门等处，配建碑亭勒石。所有前次发去之纪事文二篇，着福康安等暂缓镌刻，俟此次御制碑文发往后，一同敬谨摹勒，庶规模丈尺，咸归画一，足以壮观瞻而垂久远。[1]

于是，文庙除却其文教意义外，也成为了清朝统治者宣示其"武功"的一个重要场所。儒家的"文治"与八旗之"武功"，于文庙的有机融会，是否也标示着清朝统治者对儒学由"术"至"道"的一种内在体认呢？

五、结语

清王朝的儒学受容，是一个极为复杂的过程。作为"龙兴故地"的东北

---

[1] 《清高宗实录》卷一三〇六"乾隆五十三年六月甲午"条，收入《清实录》第25册，页575。

地区儒学的演变，或可从另一视角揭示清代儒学从"治国之术"到"安邦之道"的演变轨迹。雍正皇帝虽对船厂（吉林）地区"设学立庙"的建议予以了否决，但不久后永吉州及其地方儒学的设立，表明其所反对的主要是"立庙"而非"建学"。这种与汉地"庙学合一"传统不尽相符的举措，显露出此时清朝统治者的国家建构理念中，儒学更主要的还只是一种"治国之术"而非"安邦之道"。乾隆时期永吉州"文庙"的设立，以及西北、西南诸地"边地儒学"的发展，则标示着清朝统治者对儒学由"术"至"道"的一种内在体认，及其儒学态度的深层转换。

日本篇

7 德川学者对孔子思想的异解与引申[*]

张崑将[**]

一、前言

孔子与孟子在日本所受到的欢迎与批判程度,往往有天壤之别,孟子由于政治思想中多有抵触日本绝对君臣的价值观之处,故批判者众,[①] 但孔子与《论语》在日本仍有相当的分量,迄今《论语》在个人的修身、政界的运用、学界的研究、商界的企业管理经营、民间的读书会、小说的创作等,依然有其相当的魅力。而这股魅力当追溯到前近代,17 世纪的町人儒者伊藤仁斋(1627—1705)即将《论语》推崇为"最上至极宇宙第一书"。[②] 徂徕学派龟井昭阳(1773—1836)也说:"人之跻《孟子》配《论语》者,未知仲尼之为宇宙一人者也。"[③] 不过,孔子形象也不是万灵丹,碰到了主体性强烈的日本

[*] 本文撰写期间,获得台湾师范大学"迈向顶尖大学计划"的经费补助,以及审稿人提供宝贵的修正意见,特此致谢。

[**] 台湾师范大学东亚学系教授。

① 有关孟子的政治思想在日本德川时代所引起的争议之研究,可参拙著《日本德川时代古学派之王道政治论:以伊藤仁斋、荻生徂徕为中心》第 5 章《王道政治论在德川儒者的回响:对孟子政治思想的争辩》,台北:台大出版中心,2004 年。

② 伊藤仁斋:《論語古義》第 3 卷《論語部一·総論》,收入关仪一郎编:《日本名家四書註釈全書》,东京:凤出版,1973 年,页 4;亦见于伊藤仁斋:《童子問》卷上第 5 章,收入家永三郎等校注:《近世思想家文集》,东京:岩波书店,1966 年、1981 年,页 204。

③ 龟井朝阳:《家学小言》,收入关仪一郎编:《日本儒林叢書》第 6 卷,东京:凤出版,1978 年,页 1。

学者,偶尔也会失灵,有谓"孔子并非儒者",有批评孔子失君臣之大义,亦有骂孔子作《春秋》隐讳了汤武的"篡弑"行为。今日我们想了解日本文化特殊性,除观其"同",更在察其"异",因孔子对日本而言是异邦人,与日本传统之间存有主客或本末、优先次第之问题,这经常成为学者之间的论辩焦点。例如孔子之道与神皇之道孰为优先的问题,再如孔子是否赞成革命,孔子是否为儒者,孔子的文道与日本的武道之冲突问题等,不一而足。本论文以"孔子形象"为主轴,分析作为异邦,江户日本的知识分子,如何面对孔子之道或孔子之教所带来的争议问题,呈现孔子形象在江户日本的多元面貌,直探具有日本主体性的江户时代儒学的特色。

二、"孔子之学"异于"儒者之学"

江户时代非孟的先锋是荻生徂徕(1666—1728)。徂徕开创古文辞学派,追求基于六经的"先王之道",明显区分孔孟思想之不同,认为孔子是代表"先王之道"之继承者,孟子则是开创"儒家者流"的始作俑者。徂徕自始至终就不认为自己是儒者,他在学问成熟后,便极力峻别"先王之道"和"儒者之道",故他叹道:"吁嗟! 先王之道,降为儒家者流,斯有荀孟,则复有朱陆,朱陆不已,复树一党,益分益争,益繁益小,岂不悲乎。"[1] 后学三浦瓶山也称:"堂堂三代之道,降为儒家者流。荀卿之达识,终以尧舜为大儒,岂不痛哉!"[2] 显见徂徕学者并不视孔孟或孔荀思想是一脉相承。

徂徕学者刻意区隔孔孟,严辨孟子以降都属于所谓的"儒家者流",与孔子之道或先王之道歧出,徂徕弟子太宰春台(1680—1747)也一再说明:"古者未有儒家,子思、孟轲之流,降为儒家。秦汉之际,乃有是名,则与诸

---

① 荻生徂徕:《弁道》,页 200 上一下。
② 三浦瓶山:《原学篇》,收入《日本儒林丛书》第 14 卷,页 1。

子百家为伍而已,曾谓先王之时有儒家乎!"①太宰春台更论孟子之害:

> 轲自以为孔子之徒,而其不达道如是,自是先王之道,降为儒
> 家者流,遂令后世谓儒者难与进取,千百年来,儒生之谈,无补于国
> 家,由轲之误也。然此祸胚胎于子思氏,而成于孟氏,则荀卿之非二
> 子,可谓知言也。②

按此处所谓"儒家者流",春台特指为"无补于国家",不为世用,只知教授
生徒,舌耕以食,足见其非孟之深。③观太宰春台《孟子论》之作,逐一批判
孟子的养气论、经权论、心性论、王霸论以及管仲论等,孟子思想中的重要思
想几乎皆不为春台所接受,可窥徂徕学派不以孔孟为同源,更不以儒家称孔
子,刻意区隔孔孟。

延续孔孟非同道的课题者,尚有幕末的摩岛松南(1781—1839)和后期
水户学的会泽正志斋(1782—1863)。摩岛松南特著有《儒辨》一文而谓:

> 郝京山曰:"六经之训,称帝王圣贤,而儒之与百家列也,自司
> 马迁、刘向、班固始耳。彼以儒命我,我沾沾自喜,援孔子为儒师,
> 率帅七十子为儒徒,名不正,言不顺。"物徂徕曰:"战国时百家并
> 起,儒墨争衡,而后荀子始以尧舜禹汤文武为大儒,古所无也。"又
> 曰:"先王之道,降为儒家者流,始与百家争衡。"二氏之学,余不敢
> 奉之,然如此言实卓实也哉![问者]曰:"然则后之学者,何以称
> 之?"[答]曰:"古之志道者,咸以士称焉,语孟之所载可见也。故

---

① 太宰春台:《斥非(付春台先生杂文九首)·読仁斋『易経古義』》,收入《日本儒林叢書》第
　　4卷,页36—37。
② 太宰春台:《孟子論》下卷,页23。
③ 春台论孟子之害的相关论点也可参见其所著《読仁斋『論語古義』》,收入《日本儒林叢
　　书》第4卷,页33。

迂阔如余，亦窃以士自期，然今日谋生，以教授为业，则士其志也，儒其业也。故所著文辞，往往自称为儒，亦出乎不得已，要之竟不免儒家者流也哉。"①

水户学者会泽正志斋也有以下"学孔门之学"异于"学为儒学"之论：

> 先生［按：藤田幽谷］恒言："学者学为君子，非学为儒者，故《论语》以君子二字始终之。"又言："道者成人之道，非儒者之私业，故夫子成德达才，有德行，有言语，有政事，有文学，各因其人所长成就之。"儒则古以道艺教人，《周官》云"儒以道得民"是也。故夫子诲子夏以为君子儒，以其长于文学也。周末道不行，门弟子各以其所学教授后辈，而人称之为儒者之道，是非圣人之本意。后学者当以成人自期，不必要为儒者，学而为君子，是则孔门之学也。②

上述区别"学为儒者"异于"学为君子"，认定后者才是孔门之学。徂徕学风靡于江户中期，水户学闻名于江户后期，显见持"孔子之学"异于"儒者之学"并非学者中的少数。如实言之，"孔子之学"异于"儒者之学"之论，旨在区分"孔子之学"与"后世儒者之学"的不同，但实不能否定"孔子之学"与"儒学"的关系，司马谈《论六家要旨》即说："夫儒者以六艺为法。""六艺"当是《六经》，孔子删《诗》《书》，订《礼》《乐》，作《春秋》，岂能与"儒者之学"无涉？孔子固然不是"儒者"的起源者，但却是集古之大成者，前此之以儒为业者或不能提出普遍人间的理念，如"仁"的内在价值理念，如打破"君子"与"小人"之阶级分野，如提出"有教无类"而对教育价值的积极肯定，如深刻强调积极性的内省之学等；后此之儒者，容有各种"儒者"，甚者如《韩非》有谓

① 摩岛松南：《儒辨·娱语》，收入《日本儒林叢書》第1卷，页5—7。
② 会泽正志斋：《及門遺範》，收入《日本儒林叢書》第3卷，页4。

"儒以文乱法"等,但判定之基准,皆不能逃于孔子上述的普遍理念。

至于徂徕学、水户学何以主张"孔子之学"异于"儒者之学",显有非孟及反朱思想的政治用意,亦即从非孟或反朱的思维中,我们或可嗅出日本特殊的实学色彩:其一是不谈甚至反对内在心性论或天理的形上思维;其二是坚持绝对性的君臣大义,特别是孟子的汤武革命论冲击日本万世一系的神皇体制,此一课题详论于以下几节。

三、对孔子隐讳汤武革命的异解

日本是长期处于封建制度的国度,由于封建时代有天子与诸侯之间的君臣大义,加上日本特有万世一系的天皇体制,故站在日本主体性的立场,学者对汤武革命论相当敏感,并往往借此质疑孔子失君臣之大义。以下伊东蓝田(1733—1809)的汤武论便是典型之论:

> 虽汤武,亦心知其为篡弑矣。然则古之圣贤夷齐外,皆弗篡弑之者何?大讳也。其大讳奈何?伊尹,臣也;周公,弟也;孔子,陪臣也。三圣者大讳其所大讳也。孔子作《春秋》,为周鲁讳篡弑及大恶,是也。孔子作《春秋》,为周鲁讳篡弑及大恶,然人皆知之矣。至若汤武,人皆不知其为篡弑奈何?天子之大祖也。伊周当国,定一代礼乐刑政,大讳其所大讳也。则其小人无得而知其君子知而不言,大为天子之大祖讳也。周孔为汤讳何?周孔不以汤为放,则武之为弑者,自着尔。未知孔子讳之,为周与?为殷与?……夫道也者,礼与义也,故称天子为圣,不以为谄者,为礼举也。君杀不辜,不以为仇者,为义屈也。故曰:"君虽不君,臣不可以不臣。父虽不父,子不可以不子。"秦汉以降,唯金元清,自外域来有华夏,其余概不为无嫌矣。是以豪杰之士,犹或箝口与?抑亦后世疏于礼,故以

> 不知其为讳邪？独我日本，虽越在海东，自剖判以迄于今，天子一
> 姓，传之无穷，莫有革命，则可以辨汤武非放伐已矣。[①]

以上伊东蓝田批评孔子隐讳了汤武的篡弑，重点有三：其一是身份问题，伊尹与周公同类，于汤武或为臣、或为弟，而孔子是"陪臣"身份，故因其身份上下的关系而隐讳汤武篡弑；其二是孔子作《春秋》问题，为周鲁隐讳了篡弑及大恶；其三是掌握礼乐刑政的制订权之问题，塑造出因伊尹、周公当国，振兴起弊，制订了一代的礼乐制度，有功于天下，达到"大讳其所大讳"的成果，造成后世顺其然而不知其篡弑。

批评孔子失君臣大义的著作尚可以佐久间太华的《和汉明辨》（1778年刊）为代表，太华有如下之论：

> 当周之末，孔夫子者，怀不訾之才，杰出于其间，须笔诛汤武之
> 罪，以明大义一洗道秽垢。惜矣哉！其虑不出于此，反谓祖述尧舜，
> 宪章文武，是以牛矢厕隋珠非邪，于此五典再灰矣。[②]

太华批评的理由是孔子本应该"笔诛汤武之罪"，却说他们"祖述尧舜，宪章文武"，简直"以牛矢厕隋珠"，使经典史册蒙尘而不彰。这种批评当然与前述蓝田所指涉的孔子所作《春秋》为汤武隐讳而发之论息息相关。

以上批判孔子因"隐讳"而失大义。即便不从孔子隐讳汤武篡弑之事实出发，还有以下吉田松阴（1830—1859）批评孔子的周游列国，也是失君臣之大义的例证：

> 事君而不遇之时，谏死可也，幽求可也，饥饿可也……在汉土
> 君道自别，大氐聪明、睿智、杰出于亿兆之上者，以其长为道。故尧

---

① 伊东蓝田：《蓝田先生汤武论》，收入《日本儒林丛书》第4卷，页1。
② 佐久间太华：《和汉明辨》，收入《日本儒林丛书》第4卷，页7。

舜,让其位于他人;汤武虽放伐其主,不害为圣人。我邦上由天朝,下至列藩,袭千万世而不绝,非汉土之可比。故汉土之臣,譬如签订半季之奴婢,择其主之善恶而转移,固其所也。我邦臣若为谱代之臣,和主人死生同休戚,虽至死,绝不云弃主之道。呜呼!我父母何国之人,我衣食何国之物,读书知道亦谁恩,今稍以不遇主,忽然去是,于人心如何哉!我欲起孔孟与之辨此义。[1]

在松阴心中,中国的君道并不具普遍性,故他仍承认"汤武虽放伐其主,不害为圣人",因为这是中国独有的,但日本的君道在松阴心目中是普遍的,且是最好的。故松阴明曰:"我邦上由天朝,下至列藩,袭千万世而不绝,非汉土之可比。"可以明显看出其语气的优越性。因此"普遍性"的君道应该是日本的绝对的君道,而不是中国的相对的君道;因此孔孟"稍以不遇主,忽然去是",实有违君臣大义;甚谓"欲起孔孟与之辨"。以如此之辞气质疑孔孟,堪称在东亚儒者中仅有之特例。

由以上批评孔子之论,我们不难看出,不论蓝田、太华或是松阴,他们甘冒天下之大不韪,批评孔圣人,绝非单纯,无非旨在借批评孔子以凸显日本神皇之论,痛陈幕府将军失君臣之大义,由此亦印证作品或经典诠释也无法逃离"所有历史皆是当代史"的命题。至于神皇之论的根本核心,即是立基于万世一系的绝对性君臣大义,彻底反对汤武革命论或是尧舜禅让论,由此可窥日本文化之特殊性必不离这种神皇论。

四、"孔子设问"下的引申思想

设问是一种假设性的问题,虽然实际上没有发生,但往往透露诸多政

---

[1] 吉田松阴:《講孟餘話》,页263—264。

治、思想与文化的弦外之音。由于孔子并非日本人，学了孔子之道是否会有丧失日本的文化主体性之虞，经常出现在一些儒者的设问当中。例如常被引用的山崎暗斋（1618—1682）以下的问答，就有孔孟为将，率兵攻打日本的假设情境。《先哲丛谈》记载：

> 尝问弟子曰："方今彼邦，以孔子为大将，孟子为副将，率骑数万，来攻我邦，则吾党学孔孟之道者如何为之。"弟子咸不能答……曰："不幸若逢此厄，则吾党身披坚，手执锐，与之一战而擒孔子，以报国恩，此即孔孟之道也。"[1]

这个设问当然有清军入关后，鉴于昔日有蒙古灭宋不久即征日的经验，日人惊恐于清朝下一波的征讨对象就是自己，上下呈现一种山雨欲来的忐忑不安之心境的背景。这段设问充满学者所谓"日本儒者的双重文化认同所潜藏的紧张性"。[2] 以下即针对这种设问，探索这类实际没有发生的问题中反映出的日本政治文化主体性特色，展现孔子在日本的多元形象。

（一）"孔子若生日本"的设问

孔子毕竟是中国人，孔子的政治与文化主张未必为异邦人所接受，但对于尊孔子如神明的儒者而言，若有与孔子不同的意见，特别是敏感的政治议题，可能出现"诋毁圣人"的诟病，王阳明所谓"夫学贵得之于心。求之于心而非也，虽其言之出于孔子，不敢以为是也，而况其未及孔子者乎？求之于心而是也，虽其言出于庸常，不敢以为非也，而况其出于孔子者乎？"[3] 这对

---

① 原念斋、源了圆译注：《先哲丛谈》卷3，东京：平凡社，1994年，页118—119。
② 相关分析可参黄俊杰：《德川日本儒学中的〈论语〉：与〈孟子〉对比》，收入氏著：《德川日本诠释史论》，台北：台大出版中心，2007年，页84。
③ 王阳明：《答罗整庵少宰书》，收入陈荣捷：《王阳明传习录详注集评》第173条，台北：台湾学生书局，1992年，页248。

心学家有用，但朱子学者、古学派者、武士道学者则反谓之对圣人不敬。于是，学者一方面尊敬孔子，一方面却运用转换孔子时空的方式，假设孔子为日本人，则会如何如何的问题，来解消彼此之间的紧张性，亦即企图用一个不存在的"实然"问题，建构"应然"的价值理念。

孔子有违君臣大义及其所作《春秋》隐讳了汤武"篡弑"，被吉田松阴、伊东蓝田等批判，已如前节所述，这是站在批评孔子的立场而发，学者须有甘冒天下之大不韪的勇气。但对绝大多数的学者而言，孔圣人的地位仍然屹立不摇。因此，一样讨论汤武革命，一些儒者运用假设性的语句，说明孔子也必反对革命之举，如以下暗斋学派的源安崇所论：

> 惟彼邦自五帝建国以来，盛衰不一，易姓受命，污俗浊习一肇不止，其来尚矣。虽有数圣迭兴，终不革命则不措。吁！痛哉！孔子之为大圣，朱子之为亚圣，精蕴之可观，只在微意之存也。以此观之，则使孔朱生我邦，则贱革命之权也决矣。读四书六经者果识之，则明忠孝之大义，得圣贤之至情，能益其身，能益其国，可谓善读之者矣。非神国之德化，而其谁能知革命之非乎。[1]

这里可注意者，是源安崇以"孔子之为大圣，朱子之为亚圣"，退孟子而跻朱子为亚圣的地位，显见孟子汤武革命论在日本极受排斥，即使尊朱子学者亦敬而远之。不过，孔子确实没有清楚表达赞成革命之举，而朱子实际上是赞成革命之权的，《朱子语类》如是说：

> 问："'可与立，未可与权'，看来'权'字亦有两样，伊川以权只是经，盖每日事事物物尚称量个轻重处置，此权也，权而不离乎经

---

[1] 源安崇：《辨一儒者为学之说》，收入《山崎闇斋全集》第2卷《续垂加文集付录》，东京：贝利坎出版社，1978年，页383。

也。若论尧舜禅逊，汤武放伐，此又是大底权，是所谓'反经合道'者也。"曰："只一般，但有小大之异耳，如尧舜之禅逊是逊，与人逊一盆水也是逊；汤武放伐是争，争一个弹丸也是争。"[①]

朱子对于革命之"权"，争的是"大"与"小"的问题，类似革命之大权，涉及忠孝之大伦，这已不是一时的权通所能涵盖，面对"大伦大法"之际，只有真正"大是大非"者始能无误地运用此权。然而，源安崇的假设是"使孔朱生我邦，则贱革命之权也决矣"，易言之，孔、朱因生在"彼处中国"可赞成革命之权，但在"此处日本"则必持"贱革命之权"，关键在于中国没有日本万世一系的天皇制，所以历代才有"污俗浊习"的易姓革命之举。这样的设问，把孔子与朱子转换成日本人，用时空转移的简单方式来解消政治认同的紧张性，是一种典型的"脉络性转换"之诠释。[②]

其次，关于文化认同的解消方式也是如此，如以下山鹿素行（1622—1685）"周孔若出本朝则政道如何"的设问：

若无周公、孔子，其制法难知，然以其留下之文献而可垂征。礼出于修其教不易其俗，齐其政不易其宜。周虽承殷纣之恶政恶俗，革除衰世所蒙之政而成周之天下，天下人民事物皆根据殷之天下人民事物，不闻改订之。《诗》云："商之子孙其丽不亿，上帝既命侯于周服。"孔子于宋为章甫之冠，在鲁则着逢掖之衣。然生乎今之世，反古之道，如此者灾及其身者也。居其国，尚欲变其古今之风俗，灾必及之。况本朝与异国水土之差甚遥，虽圣人来此，未易其俗而立

① 黎靖德编：《朱子语类》卷37，台北：文津出版社，1986年，页994。
② 有关经典诠释的"脉络性转换"课题之研究，可参以下黄俊杰教授两篇论文：《从中日比较思想史的视野论经典诠释的"脉络性转换"问题》，《台大历史学报》第34期（2004年12月），页381—402；以及《东亚文化交流史中的"去脉络化"与"再脉络化"现象及其研究方法论问题》，《东亚观念史集刊》第2期（2012年6月），页55—77。

其教,此不待论也。[1]

上述设问,涉及文化认同的课题,旨在阐明日本与中国风俗、水土不同,日本虽学周孔之道,但仍不可轻易更动日本风土,证之周、孔,亦未改前朝习俗。素行最后更说"虽圣人来此,未易其俗而立其教",道出孔子即便到了日本,也不会轻易改变日本当地的习俗与制度。类似素行这类强调日本风土的特殊性,不宜轻易改变当地风俗之论,以下折衷学派井上金峨(1732—1784)的风土论颇有其代表性:

> 我邦表东海,与中国风马牛不相及。先王之制,尚大古之风,缘饰以李唐之礼典,焉得求之中国,而一一无差乎?秦汉以后,不循三代礼乐之治,何况我邦乎?何况我邦之今乎?即风土之异,我之不能为彼而我也,今之不能为古而今也。时使之也,势使之也。[2]

井上金峨上述"时"与"势"的风土性之异,与以下山鹿素行从"自然之势"出发强烈表达文化主体性的观点异曲而同工:

> 盖居我土而忘我土,食其国而忘其邦,生其天下而忘其天下者,犹生于父母,而忘父母,岂是人之道乎。唯非未知之而已,附会牵合,以我国为他国者,乱臣也贼子也,朝仪多袭外朝之制,亦必非效此,自然之势也。[3]

具有神皇论色彩的立石垂显(暗斋学派者)也持有如下的异端论:

---

[1] 山鹿素行:《山鹿素行全集:思想篇》第 12 卷《谪居童问》,东京:岩波书店,1940 年,页327—328。

[2] 井上金峨:《金峨先生焦余稿》,收入《日本儒林丛书》第 13 卷,页 7。

[3] 山鹿素行:《山鹿素行全集:思想篇》第 13 卷《中朝事实·附录·或疑》,页 366。

生于日本，不尊信《神代卷》中臣被者，异端也。生于汉土，不
尊信四子六经，异端也。《笔记》者，非啻不知神道之意，亦不知孔
子之道者也。[1]

意谓尊信孔子之道者，到了日本也必尊信日本天皇神系历史的《神代卷》。

以上表面看似争议风土文化之问题，但这类问题往往与政治认同息息
相关。面对强势的"圣人之教"，在不反对"圣人之教"的前提之下，同时也
必须强调本土的神圣性，用"神人"对"圣人"的方式来强调"神圣同揆"，[2]
这种特殊的诠释方式，在东亚儒教文化圈中为日本学者特有。

（二）"神皇之道文之以周孔礼乐"的设问

如前所言，水户学者既区隔孔孟，故不云"孔孟之教"，仅称"周孔之
教"，对于"周孔之教"在日本扮演的角色，藤田东湖（1806—1855）有如下
之论：

应神（天皇）、天智（天皇），资周孔之教，以黼黻皇猷。礼乐典
章，粲然大备矣。夫以神明威灵之道，而文之以周孔之礼乐，故我之
为道，尽善尽美，无复可加。其将臣，世效其武，以勘定惑乱；其相
臣，世修其职，以经纶密勿；其国造县主，世率其民，以服皇家之事。

---

[1]　立石垂显：《神儒弁疑》，收入《日本思想斗争史料》第4卷，东京：名著刊行会，1969年，页
　　　220。引文中《笔记》一书，全名为《神代卷笔记》，作者是儒者身份（真实姓名不详），成书
　　　于享保年间（1716—1735），内容对《日本书纪》有诸多的问难之处，倾向"儒主神辅"的
　　　立场，立石垂显此作即是站在日本主体性立场批判《笔记》。

[2]　笔者在过去的研究中曾区分日本德川神儒兼摄者有"神儒合一"与"神儒一其揆"两类型，
　　　简言之，"神儒合一"是指善用儒学来解释神道，但终不免遭以儒掩神之讥，此种调和神儒
　　　之学者，以朱子学者林罗山、山崎暗斋的学说为中心；后者是指认为作为日本人，应以神道
　　　为主，儒学仅能基于辅佐的意味而存在，主张这个学说者以兵学者山鹿素行、松宫观山，以
　　　及勤皇之武士学者和后期水户学学者为中心。参拙著《日本德川时代神儒兼摄学者对"神
　　　道""儒道"的解释特色》，《台大文史哲学报》第58期（2003年5月），页143—179。

世风以是纯朴，人心以是敦庞。皇灵赫赫，远被于八洲之表，自蛮夷戎狄，莫敢不来王。世有隆污，道有兴废，将臣相臣，整顿振摄之，则太阳之光仍旧，无复有亏损，是谓神圣一源之大道焉。[1]

东湖又说：

> 夫儒教所以培斯道，苟读其书，诚宜体周孔之本意，资明伦正名之大义，以光隆神皇之道。[2]

由上之东湖所言，可知周孔之教、周孔之礼乐只是辅助或光耀神皇之道的工具，但这样的辅助工具也相当重要，它可以让日本的神皇之道达到"尽善尽美"之境。关于"尽善尽美"之文献，涉及汤武革命的课题，日本有神皇意识学者自不会轻易放过。《论语》中说孔子听到舜时代的韶乐，忍不住惊叹曰"尽美矣，又尽善也"，但在听到武王之乐，则说"尽美矣，未尽善也"，足见孔子对武王的暴力革命，仍存有相当的疑虑。东湖在此看到了"周孔之教"可以"黼黻皇猷"，恰为其尊王攘夷的信念找到了最佳代言者。

上述东湖之论所谓周孔之教促进了日本"尽善尽美"，系专指所谓"文教"而言，所谓"文之以周孔之礼乐"是也，意即所谓神皇之道是专就"武道"而言。藤田东湖以下论述道出实情：

> 神州之建基，质有余而文或不足，德泽浃洽，武备充足，而制度典章，或有所阙，及资儒教以培之，名数节目，灿然大备，所谓斯道之所以益大且明不偶然者，正谓此也。[3]

---

[1]　藤田东湖：《弘道館記述義》，收入《東湖全集》，页142。
[2]　同上书，页160。
[3]　同上书，页181。

所谓神皇之道本"质有余而文不足",因此儒教这样的"文教"填补了这个"不足"。换言之,"武道"就是神皇之道的根本,但若儒者提倡文道而忘了武道,东湖批评此为本末倒置。其中他特别批评奈良时代的阿倍仲麻吕(698—770),如以下所论:

> 儒者曰汉土为中国,其外为四夷。礼乐刑政,皆中国所设。三纲五常,非四夷所有。而学者耳目习熟,不悟其非,甚则以夷自处,使儒教与斯道[按:神皇之道]背驰者。其文难陵韩柳、驾李杜,皆仲麻吕之流亚也。①

阿倍仲麻吕是奈良时代的遣唐留学生,参加唐朝的科举考试,高中进士,在唐朝历任要职(汉名为晁衡),汉文及诗文的造诣相当高。东湖意在批评古代汉文词藻造诣甚深的阿倍仲麻吕往往为世之谈古者的典范,导致一直以来学习汉文者都有华彼夷我的倾向,忘记了神皇的根本大道。持东湖这类意见的学者不少,其中不乏热衷武士道者,如中村中倧(1778—1851)在《尚武论》中就说:

> 我邦称"丈夫",犹彼国称"君子"。西土文国,其邦已主文,则以君子为尚,自不同耳。我邦武夫,岂可以"君子"称之哉。彼又称我邦曰"君子国",以自所尚称之也。固不知彼之与此有别也。②

上引是典型的武家思维,特强调"我邦"与"彼国"之分,连被称为"君子"也觉被侮辱,因"君子"代表"以文为尚"。为了突显自己的主体性,中村中

---

① 藤田東湖:《弘道館記述義》,页 161。
② 中村中倧:《尚武論》,收入井上哲次郎、有马祐正合编:《武士道叢書》中卷,东京:博文馆,1906 年,页 329。

悰常有一些假设的问题,例如下说:

> 孔子若乘桴浮于海,既在我方,则必以武为尚,未必以文为尚也。[①]

其又说:

> 孔子谓"韶,尽美矣,又尽善也。"谓"武,尽美矣,未尽善也",此则在彼言之。若在我邦言之,则必反之,谓"武,尽美矣,又尽善也"谓"韶,尽美矣,未尽善。"[②]

另,幕末儒者村上勤亦如是说:

> 孔子若见吾本邦之古今一皇统,岂不曰"尽美又尽善"矣。[③]

上述设问如"孔子若乘桴浮于海""孔子若在我邦言之""孔子若见吾本邦之古今一皇统"云云,都是在不批评孔子的前提下所做的设问。中村中悰用意在告诉学孔子儒教之日本人,不可因学了孔子之教而自废了武道,警告学儒书者,切勿本末倒置;村上勤则旨在指出孔子若了解日本的万世一系之皇统,必称赞日本没有中国的暴君革命论。可见,没有了武道,日本拿什么与中国相比;没有了神皇之道,日本也没有可与圣人之道相较之内涵。因此,不可"以武为末,以文为本",必须"武本文末","文"只是如东湖所谓"资"神皇之道的辅助角色。因此,当我们在理解水户学的尊皇论时,必须结合其"尚武论"始能窥其全貌。

---

① 中村中悰:《尚武論》,页329。
② 同上书,页330。
③ 村上勤:《国字訓蒙付録》,收入《日本儒林叢書》第7卷,页15。

（三）"孔子居管仲之位"的设问

使用假设法说明孔子将会如何之事，荻生徂徕是个中翘楚。以下几段都与孔子称管仲为仁者有关：

> 孔子无尺寸之有，亦异于汤与文武焉，使孔子见用于是邪，唯有管仲之事已。然其时距文武五百年，正天命当革之秋也，使孔子居管仲之位，则何止是哉！故孔子与其仁而小其器，盖惜之也，亦自道也。夫孔子小之，而终不言其所以小之，可以见已。夫管仲以诸侯之相，施政于天下，可谓大器已，而孔子小之，或人之难其解，不亦宜乎。扬雄曰："大器犹规矩准绳，先自治而后治人。"（《法言·先知》）是书生常言。……仁斋曰："器小，谓管仲所执之具甚小，不济用也。"可谓不知字义已。[①]

上述之论，用了两个假设，一是"使孔子见用于是邪，唯有管仲之事已"，一是"使孔子居管仲之位，则何止是哉！"前者是脉络性的天命当革的问题，后者是所处地位问题。徂徕如此斩钉截铁地肯定孔子必然会做管仲之事，且其功亦必在管仲之上，就此而认定孔子是惋惜管仲只能"器小"，若孔子在位，则何止于此，必能致"大器"之功业。如此解法，专以事功面取圣人义，显见徂徕突显"先王之道在安民而已矣"的实学内涵。

由此可知，徂徕的安民之道完全站在功效伦理学，故对光有慈爱或仁义之心，却做不出实绩的仁斋之论，有如下之批评：

> 孔子未尝仁桓公，而唯仁管仲，则桓公之罪可知已。然使管仲不遇桓公，则济世安民之功，岂能被天下后世哉，是管仲不可尤也。

---

① 荻生徂徕：《論語徵》乙卷，收入关仪一郎编：《日本名家四書註釈全書》第7卷，页68。

且管仲之前无霸，霸自管仲始，岂非豪杰之士邪。……仁斋又以慈爱之心顷刻不忘为仁，是孟子内外之说所囿，岂非心学邪。假使信能慈爱之心，顷刻不忘，然若无安民长人之德，乌得为仁乎？[①]

　　徂徕上述解"仁"之论，以有安民之德为首义，故驳仁斋以慈爱之心解仁，盖重事功而轻人心道德，批评仁斋囿于孟子之说。孟子不耻与管仲同列，乃为众所周知之事，孔孟对管仲不同调，于此可判明。孔子形象在徂徕学中，纯乎成为功效伦理学意义下的"仁者"。

五、结论

　　从上述各节所论，稍可认知到德川诸学者有各种孔子的形象认识。孔子毕竟不是日本人，而日本又有神皇之道，难免有孰为主客或优先顺位的政治与文化认同冲突的问题，本文指出有些学者根本不承认"孔子之学"等于"儒者之学"，直接斩断孔子与后儒之关系（如徂徕学者与后期水户学者）；也有些学者假设孔子生在日本，以解消神皇之道与孔子之道的紧张性；还有从武国的立场，接受孔子的"文教"，让孔子之教辅助神皇之"武道"，以达文武合一的尽善尽美之国度者。以上孔子或孔子之教的多种形象论，都企图解消"神"与"圣"的紧张性。站在这些主体性立场强烈的日本学者而言，孔子之教或孔子之道只能扮演辅助的工具角色，不可"儒主神辅"或"以儒掩神"。《神纪》中有一段："生大八洲，是知见国土犹如血肉，见产物犹如婴儿。"此一语道出日本风土与日本人间的不可分割的神圣性。因此即便有神国意识者说道："我神国之教，则神人一体，事理不二，简易正直，无自他畛域之隔，是以与圣人之本旨，不期而暗合冥契焉。"[②]看似神圣可同揆，实际上

---

①　荻生徂徕：《論語徵》庚卷，页 270—271。
②　松宫观山：《松宫観山集》第 2 卷《和学論》，东京：国民精神研究所，1936 年，页 196。

还是"神主儒辅"。以下引用《神儒辨疑》一书中,有一段作者立石垂显针对一位儒者质疑天照女神之事的批判的回应,显出根深蒂固的"神主儒辅"之思维。该儒者的《神代卷笔记》载:

> 又使女神授以天上之事,此女之执事不正,故孔子削女娲之事,不为万世之法,是与此意相背驰矣。[①]

此段旨在质疑《日本书纪》所载有关天照女神是由父母神生出后,授之掌管天上而成为天神的一段神话,儒者引用孔子删订六经,不见有女娲补天之事,证明《日本书纪》记载天照女神与孔子的理性精神相违背。立石垂显在《神儒辨疑》如此批驳:

> 彼以与孔子之意背驰为非,然我神道,与孔子之意悉符合,则斯儒道而已。非独孔子为然,若尧舜禹汤、文武周公之圣、禅让放伐之类,我邦之大禁,可忌惮之尤甚者也。是神道之所以为神道者,而至其盛德大业悠久无疆也。盖虽圣人,亦有所不能焉。此神明不测之妙道,天地之所覆载,虽万国异区域,不可不尊信我神道,故谓道神道,亦曰琼矛道,谓我邦称中国,亦称神国也。[②]

立石垂显之论系针对那些尊孔子之道者,动辄强要日本神道"与孔子之意符合",认为这是典型的"儒主神辅"态度,而这样的思维只会把日本变成"儒道"国家,从而失去"神道"的色彩。立石还指出被许多儒家学者奉为圣王的"尧舜禹汤、文武周公"及理想政治形态的"禅让放伐"都与日本神皇体制格格不入,同时还强调"盖虽圣人,亦有所不能焉","神道"优于"圣人之

① 参立石垂显《神儒弁疑》一书之引用,页216。
② 同上书,页216—217。

道"之论跃然纸上,故其结论必然是"神国"优于"圣人之国"、"武道"(琼矛道)胜于"文道"、"中国"(即日本)尊于"万国"。

上述之论,像极了明治维新以后"神主儒辅"的国策,特别展现在1890年(明治23年)颁布的《教育敕语》中。该敕语中也有所谓儒教的"忠孝"道德,亦不乏强调五伦关系,但都成了"扶翼天壤无穷之皇运"的工具。显然,日本在从前近代到近代的过程中,愈来愈往"神国"方向迈进,但这不是近代才忽然冒出的,而是前有所承。反观中国在向近代的转换过程中,儒学被愈发朝"去圣"乃至全盘否定的方向推进。中日两国近代的"崇神"与"去圣"的发展,堪耐寻味。

8 朱舜水的孔子形象及其对日本的影响

徐兴庆[*]

一、前言

朱舜水在日本传道,最得意的门生当属长崎居留时期(1659—1665)的柳川藩儒安东省庵(1622—1701)。他曾经对省庵说:"儒者非有他道也。即文、武、周公、孔子之道,即尧、舜之道也。不为则已,一旦奋发为之,举之必有其效,行之必着其功。"[①] 也说:"儒者之道,无有他奇异可以动人,惟是君义臣忠、父慈子孝、夫和妇顺、兄爱弟敬、朋友信诚,祇如布帛菽粟而已。故君大夫宜详所以教之也。一家之夫妇,兄弟之道传出,而事君求友无不尽其道。推而一乡、推而一国,无游手之民,四野辟货,财聚仓廪,实民安物阜,国富而兵自强。户有诗书弦诵之乐,人怀亲上敌忾之心,其国有不倡者乎。推而至于天下,天下有不平者乎!"[②] 他在日本宣传以学问治国的理念,隐藏着诸多孔子的学说与形象。

1664 年冬,朱舜水往来越南、长崎之际,德川光圀(1628—1701)遣儒

---

* 中国文化大学日文系特约讲座教授。
① 徐兴庆:《新订朱舜水集补遗》,台北:台大出版中心,2004 年,页 193。
② 同上书,页 193。

臣小宅生顺（1638—1674）前往长崎，欲访耆老硕儒，二人之间有一段长时间的对谈，而留下珍贵的《西游手录》抄本史料。朱舜水在"答小宅生顺问"中，就曾告知，他居留日本是因为有一个夙愿，即想要推动圣人之学。朱舜水说：

> 孔子历聘七十二君，求一日王道之行而不可得。以仆之荒陋而得行其志，岂非人生之大愿？诚恐贵国惑于邪教，未见有真能为圣人之学者。此事必君、相极力主持之，岂一二儒生与下任微官所能挽回气运也！仆故不敢承命。如有其机而故为退托，得罪于孔子多多矣，况仆之视贵国同为一体，未尝有少异于中国也。贵国惑于邪教，深入骨髓，岂能一旦豁然？①

朱舜水在日本江户及水户讲学 17 年（1665—1682），他给德川光圀四个治理政治的要谛，一曰"政教分离，扫除迷妄"，二曰"实施公平的税制"，三曰"大学制度"，四曰"海"（造船振兴贸易）。②其中所谓的"大学制度"首重圣堂的建设。光圀深知在领地普及汉学、建立"藩校"，进而拔擢优秀人才，是落实水户藩教育的根本政策。关于振兴教育的根本大计，朱舜水早已做了周详的规划。他说："古者建学，必于国都，大事于此焉出。其后饮至策勋，行之大庙，而献馘献囚，必于泮宫，所以圣庙与学校不宜相去也。"③这里朱舜水提到的圣庙、学校与孔子的学说息息相关。

本文从思想交流的角度切入，针对学问的传播与文化移植两个焦点，论述朱舜水心目中的孔子形象及其对德川社会的影响。

---

① 朱舜水：《答小宅生顺问》，收入朱谦之：《朱舜水集》，北京：中华书局，1981 年，页 406—407。
② 冲方丁：《光圀传》，东京：角川书店，2012 年，页 650。
③ 朱舜水：《文苑遗谈》卷 1，收入徐兴庆：《新订朱舜水集补遗》，页 254。

二、从学问传播论朱舜水的孔子形象

（一）教养与仁政：朱舜水与德川光圀

朱舜水获聘到江户讲学之后，便对德川光圀推动德政有很深的期许。他先引孔子说的"大道之行也（中略）天下为公，选贤与能，讲信修睦……"，希望水户藩能成为日本普及大同思想的典范，[1] 又说："兹幸际知遇之隆，私计近世中国不能行之，而日本为易。在日本，他人或不能行之，而上公为易，惟在勃然奋励，实实举而措之耳。"[2] 朱舜水认为"治道有二，教与养而已。养处于先，而教居其大"[3]，述及："圣人之大德，莫重于施仁，仁政之大端，莫先于养老。"[4] 这里对"教"的解释，是亲父子、正君臣、定名分、和上下、安富尊荣、定倾除乱。"实实举而措之"即以民生日用为先，而以积德累仁为法，如此则百姓可登于春台，人君之福寿，操左券而取之。朱舜水引孔子的话："君子惠而不费，劳而不怨，欲而不贪。"[5] 希望光圀为政能因民之利而利之，如此可施恩惠而自己无耗费，役使民众而民众没有怨言；追求仁德，却不贪图财物。朱舜水认为这是仁君可大可久的施政方法，势必有道，希望光圀能熟讲而次第行之。

朱舜水又引宋景公说过的话，曰："岁凶则无民，无民吾何以为君？"于是荧惑退舍，以及楚昭王有疾，诸大夫请祭诸郊，但被他拒绝的例子。朱舜水说："孔子曰：楚昭王知天道矣，其永世也宜哉！"称赞宋景公、楚昭王，谪见于天，象观诸卜，尚不为惑。又引《诗经》："永言配命，自求多

---

① 朱舜水：《元旦贺源光国书》，收入朱谦之：《朱舜水集》，页113。
② 同上。
③ 同上书，页115。
④ 同上书，页114。
⑤ 同上。

福"，说明人君之所以祈天永命者，是有其道理。复引《书》曰，"皇天无亲，惟德是辅""作善降之百祥"，说明神所凭依者，将在德矣。"德"与"善"是人君为政的重要价值理念。朱舜水提醒德川光圀说："人君之庆赏刑威，无非德也，无非善也。但当克永观，克永省，终身以之，非只一岁之中竞竞而已也。"①

（二）孝友诚信，顾行谨言：朱舜水与林春信

林春信又名懿，字孟著，又称又三郎，以梅洞、勉亭为号，为德川幕府朱子学派大儒林罗山（1583—1657）之嫡长孙。朱舜水于 1665 年应德川光圀之聘，初抵江户，于幕府儒官人见竹洞（1637—1696）斋中初见林春信。之后春信执弟子礼，朱舜水甚赏其才，曾提及春信生而颖异，林罗山期之为千里之驹，形容其年少求学过程是："六岁初读《大学》、唐宋诗若干首，皆成诵。又三年，大父［林罗山］口授论［《论语》］、孟［《孟子》］、中［《中庸》］］，读过辄不忘。……年十二，读《尚书》《礼》《易》《左氏传》。明年冬，侍学士往晤朝鲜使臣李明彬，即赋诗，再为酬答，李大奇之。大父复口授文选、东坡、山谷诸集，而笃号迁、固史。语人曰：'孙年十三，读书十倍吾幼时'。"②年仅十三，已熟读经史，博学卓识，并精诗学，颇得林罗山寄望，后承幕府拔擢为儒官。③朱舜水称赞林春信的人品说："沉潜贞静，和惠爱人。宽裕亮直，不迫不阿。好扬人善，勤改己愆。孝友诚信，顾行谨言。"④

林春信曾经问朱舜水："崇祯年中，巨儒鸿士，为世所推者几人？愿录示其姓名。"朱舜水答曰："明朝中叶，以时文取士，时文者，制举义也。""巨儒

---

① 朱舜水：《与源光国书》，收入朱谦之：《朱舜水集》，页 118—119。
② 朱舜水：《勉亭林春信碑铭》，收入朱谦之：《朱舜水集》，页 598。
③ 林春信之父林鹅峰，继掌幕府文教，司学政，为弘文院学士。朱舜水抵江户之际，鹅峰亦曾致仪表意。春信弟林春常（凤冈）亦曾向舜水问学。林春信著有《史馆茗话》一卷，《六义堂杂记》《梅洞全集》四十一卷，《勉亭诗集》十卷，《兴来一哦》一卷，《本朝一人一首评注》十卷。
④ 朱舜水：《勉亭林春信碑铭》，收入朱谦之：《朱舜水集》，页 598。

鸿士者，经邦弘化，康济艰难者也。"①又说："贺牧倾心颇厚，是欲共相敦勉，劝兴圣学。求千里马者，先市其骨，从来旧矣。"②振兴圣学，成为二人之间主要的对话内容。

林春信虽少年得志，惜因罹重病，于 1666 年（宽文 6 年）9 月即逝，享年仅 24 岁。春信逝世之后，朱舜水曾写《勉亭林春信碑铭》，叹曰："今勉亭英英未见，而晚年卓识，乃欲穷搜六经，身体大道，是究是图，诚足翼辅当世。斯人不死，骎其有兴乎！盖天而不欲日本之兴于斯文也，何为而生若人？天果欲日本之兴起于斯文也，又何为而翦若人？"③再叹曰："鼎新革故，生必才贤，秀实修短，夫岂偶然！余厚望于是邦也，俗可易而圣可传。何为其于若人也，纵之以脱颖，而靳之以永年，吾低徊不得其解，叹曰：'胡然也而帝！胡然也而天！'"④

（三）近里着己：朱舜水与奥村庸礼

奥村庸礼（1626—1687）原为佛教界人士，后来成为协助加贺藩主前田纲纪普及汉学教育的助手。他常因公前往加贺藩在江户的藩邸，因此有机会问学于朱舜水，时间长达十余年，朱舜水对他有殷切的期待，说：

> 今贤契职亲禄重。大用有日矣。又且年富力强。耳聪目明。而不及今为学。一旦参掌大政，机务填委。轻重狐疑。不能晓畅，岂不贻霍子孟、寇莱公之诮一乎。古人云："世间何物最益人神智？"曰："无如读书。"然则读书非特修身、正行，适所益人神智也。

奥村庸礼曾问朱舜水："幼年而丧父母，人生之不幸也。先是，不知圣贤

---

① 朱舜水：《答林春信问》，收入朱谦之：《朱舜水集》，页 383。
② 同上书，页 287。
③ 朱舜水：《勉亭林春信碑铭》，朱谦之：《朱舜水集》，页 598、600。
④ 同上书，页 601。

之道,故日用之间,不能尊信圣贤之规范。及长,国政之暇,闻经书,其理难
□,面墙立处,遮不足行继述之道。古曰:'事亡如事存',又曰:'祭日,入室
则□然,出户则肃然,容貌声音,洋洋焉如在前'。忠孝之感应,自然所以发
越也。凡人以孝敬事君长,则忠顺不失,爵禄祭祀,两者守保。"①

关于圣学之道,朱舜水答曰:

> 圣贤之所以持心,君子之所以守道,其得力政不在多,只要一
> 句两句扼其要领,遂终身用之不尽。如此条所问,止在"事亡如事
> 存"一句。人之所自然行往坐卧,无适而非父母也。偬然见乎其位,
> 肃然闻乎其容声,皆此"如存"之念为之也。自然一举足而不敢忘
> 父母,一出言而不敢忘父母。以孝事君则忠,以敬事长则顺,忠顺
> 不失,自能保其禄位宗庙。孝敬之心,日加纯谨,圣贤之道,不在他
> 求。刚而不挠,精而不浮,莫过于是,何多自逊也。②

在这里,朱舜水用最广义的解释所谓圣学即是圣贤之道。他想要传达的是,
为政者必须具备"以孝事君则忠,以敬事长则顺"的态度以及"刚而不挠,精
而不浮"的精神。孔子曰:"五刑之属三千,而罪莫大于不孝。"又说:"臣事
君以忠。"朱舜水认为孝与忠的行为与治国息息相关,所谓"事死如事生,事
亡如事存"。其精神在于恭谒先人有如先人在世般的敬意,这是孝的行为之
最佳体现。

他提醒奥村庸礼说:"吾闻自古明王以孝治天下矣,未闻不已孝而可谓
之治国者,未闻治国而禁人之为孝者。"③又引孔子的话:"行己有耻,使于四
方,不辱君命可谓士矣。"④期勉他实现忠孝的精神而成为称职的藩儒。

---

① 朱舜水:《答奥村庸礼问》,收入朱谦之:《朱舜水集》,页376。
② 同上。
③ 同上。
④ 朱舜水:《与奥村庸礼书》,收入朱谦之:《朱舜水集》,页255。

　　奥村庸礼又问："虽然，国俗不任所欲，祭祀长废，或欲成终远之志，性情软屝，气品龘笨，孝敬之心日弛，圣贤之道弥离，伏冀先生示严谕。"[1]

　　朱舜水答曰：

> 　　至于祭祀长废，国俗不任所欲，愚谓不然。公侯卿相者，礼义之所司，作则于上，而为市民之所观感而取法焉者也。闻有矫国而革俗者矣，岂有委身以循故俗者哉？孔子之答问孝也，曰："生事之以礼，死葬之以礼，祭之以礼。"[2]

　　关于祭祀与礼仪，朱舜水引用孔子说的"生事之以礼，死葬之以礼，祭之以礼"，说明生事、死葬、祭祀皆能以礼，便是尽孝。朱舜水还说："不佞于孔子不啻天壤，独是诲人不倦之心，则于孔子无少间也。是故随事随物，则必惓惓恳恳，乐于言说，而学者漠然听受，过耳辄忘，介介毒恶是耳！"[3]

　　最后，朱舜水向奥村庸礼提示了做学问的方向，他说：

> 　　不佞但要贤契知向学之方，推之政治而有准，使后人知为学之道，在于近里着己，有益天下国家，不在乎纯弄虚脾，捕风捉影。若夫窃儒之名，乱儒之实，使日本终不知儒者之道，而为俗子诋排，则罪人矣。[4]

　　孔子"近里著己"，深入求精的精神，在这里起了作用。

（四）敏慎与实践：朱舜水与木下顺庵

　　木下顺庵（贞干，1621—1699）师承藤原惺窝（1561—1619）的弟子京

①　朱舜水：《答奥村庸礼问》，收入朱谦之：《朱舜水集》，页376。
②　同上。
③　朱舜水：《答奥村庸礼书》，收入朱谦之：《朱舜水集》，页272。
④　同上书，页274—275。

都朱子学者松永尺五（1592—1657），后成为普及加贺藩汉学教育的导师，朱舜水逝世的 1682 年（天和 2 年），木下顺庵成为幕府的儒官，并为第五代将军德川纲吉（1646—1709）的侍讲。日本国立公文书馆"内阁文库"留有 17 封木下顺庵寄朱舜水书简，[①] 是探讨二人思想交流不可或缺的重要文献。

根据《先哲丛谈》卷 3 的记载，木下顺庵为日本古学之开祖、旷古之伟器、一代之通儒。顺庵给朱舜水的书简中，提及："干向在东武（江户），私自计敝寓与贵馆，邻近咫尺，须当日候左右，饱聆玄论。"[②] 而朱舜水对他的印象是："文苑之宗，人伦之冠，博综夫典谟、子、史，研穷乎孔孟程朱。逖矣闻名于西土，晚哉相见于东都。身体力行，无须拾格致之余渖，意诚心正，自能怯理气之肤言。"[③] 二人的交往，始于江户。朱舜水曾对顺庵说："今贵国君（藩主前田纲纪）英年骏发，慨然有志于圣贤之学，斯贵国之福也。"[④] 期望他在加贺藩推动圣贤之学并能付诸行动。又说："建国君民，教学为先，非欲其文辞遐畅，黼黻皇猷而已，诚欲兴道致治，移风而易俗也。"[⑤] 强调普及圣贤之学应以教学为先，对推动圣贤之学有十足的信心，接着又说：

> 圣贤之学，行之则必至，为之则必成。譬之农夫然，深耕易耨，则坚好颖栗，卤莽而布之，则灭裂而报之矣。非若他道之方缪，可望而不可即，可喜而不可食也。[⑥]

说明圣贤之学贵在实践的理念。

此外，朱舜水也对顺庵提及"敏""慎"的为学态度。依照朱舜水的说法是，"敏者见事风生，或失则躁。慎者长虑却顾，或失则葸。若夫慎密镇

---

① 徐兴庆：《新订朱舜水集补遗》，页 127—137。
② 木下贞干：《与朱舜水书》，收入朱谦之：《朱舜水集》，页 772。
③ 朱舜水：《谢木下贞干启》，收入朱谦之：《朱舜水集》，页 202。
④ 同上。
⑤ 朱舜水：《答木下贞干书》，页 201。
⑥ 同上书，页 202。

静而能迎机导窾,英俊果毅,本之持重安详,此殆全德矣。"① 对此,木下顺庵
答曰:

> 夫敏慎为学之要,敏而不思于躁,慎而不失于葸,此乃君子之全
> 德,干何敢望于万一。传曰:"仁人之言,其利溥哉。今乃以赠言之
> 训,颜之座右,仰观俯督,昼诵夜思,孜孜勉勉,若有所得者焉。"②

朱舜水 70 岁之后,屡向德川光圀提请告老还乡之愿,对此,顺庵回应说:

> 夫执政之心,则公之心耳,公欲留之,故执政留之。公之留者岂
> 徒呼,盖其志欲依先生相与有为,以兴斯道于东方而已。凡事之不
> 成,以志之不立,苟志之有立,未有事之不成者,此干所以知其终必
> 有成矣。③

木下顺庵认为德川光圀慰留朱舜水,是想达成兴斯道于东方,终必有成的愿望。

(五)敬身为大:朱舜水与古市务本

古市务本,又名清原季敬,为加贺藩的年轻儒子,是前述奥村庸礼的女
婿,也是朱舜水深以期许的门生之一。关于为学的方法,朱舜水对古市务本
说:"躬行之外,更无学问,所谓归而求之有余师者,如斯而已。足下少年重
禄,当念居亲之恩至为难报。"④ 又说:

> 足下公余之暇,惟在读书。一则日远损友。古人日益亲,则路

---

① 朱舜水:《敏慎》,收入朱谦之:《朱舜水集》,页 502。
② 木下贞干:《与朱舜水书》,收入朱谦之:《朱舜水集》,页 772。
③ 同上。
④ 朱舜水:《与古市务本书》,收入朱谦之:《朱舜水集》,页 330。

境日益熟；匪人日益远，则持身日益高。①

再说：

> 学者以躬行心得为主，而润色之以文彩；不可以文字为主，润色
> 之以德行，能知其本末先后，则庶几矣。勉之哉！②

这里，朱舜水首先传达了实践与孝行、德行的正确方向。

朱舜水曾为古市务本作《典学斋记》，提及诸多为学的理念。他说：

> 人之所以资于学者何？盖前人之学也已成，所以着之即为教，
> 后人之学也。未成而求成，因以循古先圣贤之道而为之，斯为学。
> 学之于人也，其执柯伐柯也乎！今人以学为戏，邯郸之步履，优孟之
> 衣冠，皆为学矣。或者以学为市，脩其天爵，以要人爵；既得人爵，
> 弃其天爵，皆为学矣，无怪乎终身为学，终身未之学也！③

简单地说，朱舜水理想中的为学之道，就是因循古圣先贤之道。而在实践的
方法上，朱舜水接着说：

> 夫学者，所以学为人尔。子臣弟友，皆为学之地，忠孝谨信，皆
> 为学之方，出入定省，皆为学之时，诗书执礼，皆为学之具。终身处
> 于学之中，而一心越于学之外，欲求如古圣先贤也，其可得乎？玉不
> 琢不成器，人不学不知道，始之于典学也。一息尚存，此志不容少

---

① 朱舜水：《与古市务本书》，收入朱谦之：《朱舜水集》，页334。
② 同上书，页333。
③ 同上书，页487—488。

懈,终之于典学也。终始典于学,而学有不成者乎? 歌焉诵焉,泳焉
游焉,而学有不典者乎? ①

显见朱舜水对这位年轻儒子的殷切期盼。

此外,有关释奠习仪如何演绎,朱舜水希望古市务本能自己亲身体验、
获得传承,他说:

> 释奠习仪,名虽三献,其实一献而已。足下虽未与观礼,何歉恨
> 之深耶? 宰相上公欲习五庙祭礼。五庙有牺有祫,仪文曲折,节目
> 周详,若非精心探讨,岂能有裨幽明。不佞见学者泄泄玩忽,两年来
> 恳恳力辞,上公坚意欲习此,今秋冬间想当举行。礼仪既已卒备,初
> 学势难卒成。明年足下入都,正在演绎之际,方当与贤者讲贯情文,
> 修明礼教,知其大者,则其小者举而措之耳,不足深嗟也。②

朱舜水在《清原季敬名务本说》中,传达了许多孔子的思想。例如,
他说:

> 孔子曰:"君子无不敬也。敬身为大。"然则敬身,敬之本也。
> 君子从事于本、敬,功要而行立,操约而用宏,从事于末,则杂思而
> 无绪,勤苦而难成。③

朱舜水也就"清原季敬"之名,解释说:

---

① 朱舜水:《与古市务本书》,收入朱谦之:《朱舜水集》,页488。有关朱舜水对加贺藩的学问
  传播,请参阅拙稿《朱舜水思想与加贺藩儒教发展再考》,收入拙编《朱舜水与近世日本儒
  学的发展》,台北:台大出版中心,2012年,页339—360。
② 同上书,页335。
③ 同上书,页447。

清其原，务其本，其德有不成者乎？从事者，务之也。清其原
者，知也。务其本者，行也。如是则万事万物，君于此橐钥焉。可不
知所乎。[1]

在这里，我们看到朱舜水传播了事亲、守身、敬身统于一敬的思想，并强
调学问的汲取皆须归于诚心。

（六）释奠习仪，潜移默化：朱舜水与服部其衷

服部其衷为加贺藩（今石川县）孺子，幼得加贺藩家老奥村庸礼之介，
就学于朱舜水，与今井弘济、安积澹泊、下川三省等人同为舜水之近身弟
子。宽文12年（1672）冬，德川光圀请朱舜水详释奠礼，并亲率众儒生于水
户学官习释奠礼、改定仪注，乃当时日本学界之一大盛事。日本学界久废释
奠礼，初习屡有差错，唯有服部其衷最能胜任。朱舜水在致古市务本的书简
中，赞曰：

至于习礼一节，通场未有出其右者。不但出其右，即多年习礼
之儒，亦无有能及之者。从容次第，礼无违错，不吴不傲，柔顺温
私，不谓其遂能及此。彼独任人之所难为，不择简使，若更加之以
端详庄重，雝肃得宜，则大善矣。其他亦有一二事可观，异日或能长
进，亦未可知。惜乎！无可观摩以为善耳。[2]

此后，舜水每遇行礼，必以服部其衷为佐。服部其衷在《致朱舜水书》中曰：

衷虽蒙老师教育，自恨童騃，茫无知识，适如以蠡量海，岂能测

---

① 朱舜水：《与古市务本书》，收入朱谦之：《朱舜水集》，页447—448。
② 朱谦之：《朱舜水集》，页329—330。

其濯溉。惟冀天假遐龄，他日庶可几及高义之道耳。两年以来释奠
习仪，进退雍容，礼仪卒度。[1]

服部其衷也形容日本各方对朱舜水推行释奠习仪的反应，他说：

> 宰相样[德川光圀]谓："十数百年未有之礼，先生以教日本之
> 人，莫大之恩"。加贺守殿[前田纲纪]谓："先生以此礼教后人，乃
> 先生莫大之功。"贺国多士谓："三代礼仪尽在于斯。凡观者无不称
> 赏叹服曰：不图礼意之美，廼至于此。或曰：'一至此地，不严而肃，
> 憍慢之气不觉销镕顿尽。其间老成人至有泣下者，此仅老师绪余
> 耳。若使老师大道得行，吾国之至鲁至道不知作如何观也。'"[2]

释奠习仪，潜移默化，渐有其效。

1673 年夏天，朱舜水 74 岁，不慎染病，终夜喘疾，汗流无度，时时呕吐，
粥米皆不能进，舜水自意将不起。其间汤药起居，皆赖服部其衷扶持调养，
方得治愈。

三、朱舜水的"孔子赞"与"圣像赞"

朱舜水在尚未寓居日本，往来越南与长崎之际，就有在日本推动孔子学
说的构想，从下面这一段话可以得到证明：

> 近于海舶中，多购得书，珍藏者侈为美观，记诵者亦成书簏，其
> 君其相及其通国之豪杰，均未闻有作而兴之者。瑜今年从交趾复

---

①　徐兴庆：《新订朱舜水集补遗》，页 125。
②　同上。

来日本，得崇信仲尼者三人焉，其二乃在父子，夫家学渊源，贻谋式谷，诚非异事，然其俗尚浮屠，千年沉锢，而独有此二人者，卓乎特立，真乃是父是子矣！易曰："鸣鹤在阴，其子和之。"书不云乎："厥子乃弗肯堂，矧肯构。"刘歆之学，尚叛其父；况在徼外之国哉！瑜深嘉之，因其请而乐为之序，不有仲尼之序［今按："序"字疑误］。进秦、楚若在乎？赞曰：一幅装轴，一幅片纸，一般手笔，一样形似。不画如来，廼画孔氏；不念弥陀，乃诵经史。是宁子以承其父，抑将父以传其子？惜乎！我将西归，匆匆行李，未得见此两人，命其面而提其耳。有日大道昭明，胡能舍尔乔梓。①

朱舜水称赞孔子之道，说：

仲尼之道，大则则天，明则并日。有心以援溺，无位而忧时。表章六经，丕承七圣，覆冒八荒，焜煌九有。岂形容彷彿之可肖，语言文字之可尽，支流小道之可拟议哉！然在中国，帝王之治或有盛衰，则仲尼之道固有明晦。况在日本，国小而法立，气果而轻生，结绳可理，画地可牢，前乎此，未闻有孔子之教也。故好礼义而未知礼义之本，重廉耻而不循廉耻之初。一旦有人焉，以孔子之道教之，行且民皆尧、舜，比屋可封，宁止八条之教朝鲜而已哉！②

又在"圣像合图四配赞"中提及：

孔子集百王之大成，道则高矣！美矣！然则其道可能乎？不可能也，则及门不宜有颜、曾，而私淑不宜有孟子舆；如可能也，则至

---

① 徐兴庆：《新订朱舜水集补遗》，页560。
② 同上。

亲莫如父子，何以不传之伯鱼，而子思子复于曾氏得其宗？可见好学与不好学，存乎其人矣。非天之所得而私之也，非父与师之所得而私之也！[①]

朱舜水另撰有《孔子赞》三首。

第一首曰：

诚而明，明而诚，圣人也。进以礼，退以义，圣人也。不思不勉，从容中道，圣人也。达欲兼善天下，穷乃独善其身，圣人也。滔滔皆是，不忘悲天悯人，圣人也。和而不流，中立而不倚，圣人也。陈善闭邪，格君心之非，而使天下蒙其福，圣人也。不怨不尤，下学上达，世莫宗予矣，而后代之帝王宗之；知我其天乎，而千百世之英贤明哲，愚夫愚妇，以及于薄海内外，莫不知之。舍此不图，而图之于章甫缝掖，尧颡禹腰，盖亦末矣。即使形容甚似，阳虎不尝貌似孔子乎？[②]

第二首曰：

传圣人者，要在传其诚与明，不在传其音与声；求圣人者，但当求之权与教，不当求之笑与貌。苟能见之于羹，见之于墙，是即所谓圣谟洋洋，嘉言孔彰。[③]

第三首曰：

三王毕，素王出。亘万古，教惟一。文彬彬，本忠质。上律下

---

①　朱舜水：《圣像合图四配赞》，收入朱谦之：《朱舜水集》，页561。
②　朱舜水：《孔子赞》1，收入朱谦之：《朱舜水集》，页557。
③　同上书，页558。

袭,宪章祖述。滔滔已知皆是,何乃周流无失。举世虽莫宗予,宁敢自遑暇逸。浮海藉曰乘桴,居夷且已永日,疑为天下之清,终是声名洋溢。①

主要在说明孔子之所以为圣人的原因,呼吁大家发扬千百世的英贤明哲之道。同时也在传播圣人之道贵在诚、明与教的道理。

此外,《朱舜水集》中,收录了《圣像赞》四则,内容如下:

（一）网而不可返者年也,至不可加者日也。盈科而进,苟为无本,涸可立待。大禹圣王,致惜寸阴;孔子圣人,兴怀流水。学者悠悠岁月,逝而弗悔,亦独何欤!②

（二）前乎此者无仲尼,则尧、舜之道,际衰周而绝;后乎此者无仲尼,则物则民彝,至于今殒灭。集百王以成大,汇文明而睿哲。若乃日月晦而嘉种锄,无惧阴噎喧而莠桀桀。有志者欲明明德于天下,奈何使夫圣教之渝于销蔑?自评:圣教至今不坠地者如线矣。居恒有感,故因是以发之。③

（三）比隆唐、虞,庶几昌而炽与?左麟右凤,夫孰非夫子之志欤?朞月而可,三年有成,何终莫之试欤?天不能自悲而夫子悲之,人不之自悯而夫子悯之。当年不能殚其蕴,而万世乃受其赐与!④

（四）世之人艳称圣人,可旦暮而弋获,而夫子之道,必由家庭日用,君臣父子,达道达德,身体力行,铢积寸累,善信美大,而后几于圣神,则顿与渐相万万也。世之人竞谈祸福功罪,可颠倒于俄顷;而夫子之道,必曰人心道心,兢兢业业,不敢逸豫,不敢怠荒,于是有诤

---

① 朱舜水:《孔子赞》1,收入朱谦之:《朱舜水集》,页558。
② 同上。
③ 同上。
④ 同上书,页558（应锅岛伯养之需）。

臣、静子、严师、益友，补其阙遗，披之大道，而后臻于粹美。其有作
不善者，不为降之百殃，而且孝子慈孙，百世不能改，则惧与恃相万万
也，宜乎不为世之徼幸欲速者所喜也。幸而夫子之道，事事有据，言
言可征；如取火于燧而取水于方诸，不爽锱铢毫发。有志于治国平天
下者，舍此，其道无由也；不然，其为世所弁髦敝屣而唾弃也久矣。[①]

这四则《圣像赞》是朱舜水为了有志于明明德于天下者和想治国平天下者而
写。他指出为政者必先存人心、道心，且具有兢兢业业、不敢逸豫、不敢怠荒
的精神，亦即政治家必须时时刻刻思考如何推展道德上的"圣学"，点出了
孔子常说的"家庭日用""身体力行"之实学形象。此与朱舜水在日本积极
传播"经世济民"的实学思想，在方向上是一致的。

四、朱舜水的《学宫图说》与《学校议》

（一）《学宫图说》中的孔子形象

1670 年，朱舜水 71 岁，德川光圀为了在水户藩普及儒教学说，请作《学
宫图说》，商榷古今，剖微索隐，览者若烛照而数计，并使梓人依其图而以木
模缩成 1/30 制作完成。《学宫图说》栋梁栱橑，殿堂结构之法，梓人所不能
通晓者，朱舜水皆亲指授之。度量分寸，凑离机巧，教谕缜密，经岁而毕。文
庙、启圣宫、明伦堂、尊经阁、学舍、进贤楼、廊庑、射圃、门楼、墙垣等，皆极
精巧。现在东京最大的孔庙汤岛圣堂是根据朱舜水的《学宫图说》监造的，
圣堂供奉的孔子像是朱舜水从舟山带去的三尊孔子像中的一尊。

有关学宫（孔子庙）设计，朱舜水的做法是先以图纸绘规格尺寸，再使

---

① 朱舜水：《孔子赞》1，收入朱谦之：《朱舜水集》，页 558。

儒臣小宅生顺、野传等人参与其事,使学宫的知识成为传承的学问,进而流传于日本社会。幕府认为儒教的仪礼、制度与精神的养成是垂千万世的文化事业,尔后汤岛圣堂不断大规模的改建,在此过程中,幕府多次取来朱舜水指导的模型作为参考的指针,希望通过祭祀的方法,将伦理、道德的知识推广给日本一般民众。[①] 当初,朱舜水权构学宫于驹笼别庄,使习释奠礼;折衷礼典,定仪注;庞眉皓发,褒衣博带,日率府下士子讲肄其间,周旋规矩,蔚有洙泗之风。观者无不叹赏曰:"不图礼仪之美至于此矣。武人骄慢之气,不觉销镕顿尽;老成人至有泪下者。明德之馨,使人熏陶兴起者如此。"[②]

对此盛况,《文苑遗谈》卷 1 中也叙及:

> 今闻郭中之地,纵广各五十步,庙堂斋舍,尽可量地而为之。时下生徒不甚多,斋舍必自有余;异日生徒众多,至学舍不能容,此时别议恢廓,则事事皆为美举,人情欢欣踊跃,无不乐从。如此则上公今日之盛德大业,且为四国所兴观,而京师亦来取法矣。诚见四国之人情,皆以上公之举动为正鹄,小有不善,则人情解体,而圣教不兴。行之得其道,则上公为圣教之首功,而日国兴贤之鼻祖。四方且尸而祝之,与孔子永永不磨,又何长虑却顾之有。人之不才,不至孙皓苻生,必不毁及圣庙,又无烦过虑也。[③]

(二)习释奠礼与改定仪注

1672 年冬,朱舜水 73 岁[④],水户彰考馆落成,德川光圀请朱舜水率儒学

---

① 仓员正江:《『舜水朱氏談綺』編纂をめぐって—『大日本史編纂記録』を資料として—》,《融合文化研究》第 4 号(2004 年),页 147。
② 安东守约:《悼朱先生文》,收入朱谦之:《朱舜水集》,页 737。
③ 徐兴庆:《新订朱舜水集补遗》,页 255。
④ 虚字。——编者

生习释奠礼,改定仪注,详明礼节,让水户藩士研习孔子祭祀之礼。1673 年,复于别庄权装学官,使再习之,于是学者皆精究其礼。这段实况在《桃源遗事》有记述:"延宝元（1673）年,义公（光圀）欲刜建学宫于水府,大兴文教。使先生亲指授梓人为学宫木样,又使小宅生顺、野传论定其事。先生复二子书曰:'上公（光圀）贤君也,聪明睿智,不世出之主也。兹欲建数千年未有之业,而垂之千万世之久,诚宜熟讲而安行之,合乎天理、宜乎人情,后日可以无悔。'"①

在这里朱舜水向小宅生顺、野传说明圣庙与学校的关联性,首先提及:

> 古者建学,必于国都,大事于此焉出。其后饮至策勋,行之大庙,而献馘献囚,必于泮官,所以圣庙与学校不宜相去也。②

又说:

> 古者爵人必于朝,刑人必于市,非徒予之弃之、与众共之、示王者不敢自专而已,亦所以厉世磨钝也。厉世磨钝之大者,莫大于学宫。农夫之子,可以升之司马司徒,辨论官材;簪缨之胄,可以移之郊遂,创惩逸志。一升一沈之间,人目不得不愤发为善,而销阻其邪慝之思,于是国借成德达材之用,而家裕温恭孝弟之规,法至善也。所以圣庙不宜与学校悬隔也。③

立庙之后,与学校如何呼应? 又如何推行与实践,朱舜水解释说:

> 既已立庙,朔望必当行香,若上公亲行,而众官不随,则威仪不

---

① 朱舜水:《文苑遗谈》卷 1,收入徐兴庆:《新订朱舜水集补遗》,页 253—254。
② 朱谦之:《朱舜水集》,页 322。
③ 同上。

肃,号令不申;若众官必欲从行,则车马人徒,劳烦过甚,每月两次,人情不堪。未行而遇风雨,不得不止;已行而遇风雨,不得不归,弛废之端,便从此始。且上公归阙之后,必须处守摄行,执事有恪,恐难始终如一。委之守庙人员,无足重轻。是远庙之不便一也。[①]

在执行的方法上,朱舜水详细地解释说:

> 春秋二仲皆有丁祭,牵牲系牲,视牲点牲,皆先一日行礼,而要须国君亲行。卿士大夫各有执事,远则难归而复往,必当建立斋官,又须别建,如此则工费浩繁,而从官及随役,尚无止宿之处。是远庙之不便二也。即或权宜立厂,少薮雨露霜雪,而四无屏障,下无架阁,不能驱御风湿。官徒劳勚饥疲,转生困怠,风寒所侵,或有二三人少生病患。愚人之心,易致猜嫌,必谓孔子至圣,祭之不能致福,而反以生灾,诚不及我佛之灵感。且官民非真能崇信圣教,特以上公劝谕之切,稍稍二三其志。一旦不见可悦,而徒见可畏,则事佛之心,较前益坚。是上公诱之为正,而反驱之从邪,则深负盛心。是远庙之不便三也。[②]

水户至江户,距离遥远,若为祭圣庙,使藩人徒劳奔波,在现实面,有窒碍难行之虑。因此,朱舜水也提及变通的办法,他认为:

> 今闻郭中之地,纵广各五十步,庙堂斋舍,尽可量地而为之。时下生徒不甚多,斋舍必自有余;异日生徒众多,至学舍不能容,此时别议恢廓,则事事皆为美举,人情欢欣踊跃,无不乐从。如此则上公

---

① 朱谦之:《朱舜水集》,页322。
② 同上书,页322—323。

今日之盛德大业，且为四国所兴观，而京师亦来取法矣。诚见四国之人情，皆以上公之举动为正鹄，小有不善，则人情解体，而圣教不兴。行之得其道，则上公为圣教之首功，而日国兴贤之鼻祖。四方且尸而祝之，与孔子永永不磨，又何长虑却顾之有。人之不才，不至孙皓苻生，必不毁及圣庙，又无烦过虑也。①

又，野节曾问国家的根本之道为何。朱舜水答曰："君臣、父子、夫妇、昆弟、朋友、天地间之定位也。士、农、工、商，'国之石民也'。男耕而食，女织而衣，民生之常经也。所谓本根者，如斯而已。而又'壮者以暇日修其孝弟忠信'，国何患不治？何患不富？何事于浮文末节哉？以末节而图治，是犹理丝而棼之也，吾未见其能治者矣！"②

（三）《舜水朱氏谈绮》中的孔庙图录

《舜水朱氏谈绮》是德川光圀生前筹划的一个重要文献，推测写于宝永元年（1704），共有上、中、下三卷。当时即提到建设大成殿的事。其中，上卷由人见又左卫门懋斋编集，原书名为《朱氏谈绮》，有朱舜水门生安积澹泊之序。懋斋自小即为光圀的近侍，后师事朱舜水。中卷又分"中之本""中之末"，收录孔子庙等图录及《改定释奠仪注》。卷之下则以"事物名称"分类为"天地""居处""人伦""形体""衣服""饮食""宝货""器用""禽兽""鳞介""米谷""草木"等语汇，并注有和训及说明文，主要是搜集过去朱舜水使用过的汉语语汇，供彰考馆员学习中文，进而作为水户藩普及汉学之用。《舜水朱氏谈绮》的序文由朱舜水另一门生今井弘济所撰。

《耆旧得闻》③中也提到："义公欲建学校，询问先生阙里之图，先生命工

---

① 朱谦之：《朱舜水集》，页 323。
② 朱舜水：《答野节问》，收入朱谦之：《朱舜水集》，页 388。
③ 有关《耆旧得闻》，请参考拙编《日本德川博物馆藏品录——朱舜水文献释解》，上海：上海古籍出版社，2013 年，页 19—24。

造之，亲自以萝卜刻图指示，其小形今藏于水户之文库（彰考馆），其图在《朱氏谈绮》可见。义公常感先生多才多能，开无人之国，集众男女于一，先生一人至其地，为学问及百工之师。宽政中，幕府见此图，要求进览，以作为设计昌平学圣堂之参考。"

（四）朱舜水的《学校议》

学校的制度及教育与国家发展，关系密不可分，朱舜水说："庠序学校诚为天下国家命脉，不可一日废也。非庠序之足重，庠序立而庠序之教兴焉，斯足重尔虞、夏、商、周以至于今，未之有改也。是故兴道致治之世，君相贤明，其学校之制，必厘然具举，焕乎可观。于是人才辈出，民风淳茂，而运祚亦以灵长。至若衰世末俗，不念经国大猷，事事废弛，以致贤才郁湮，民风偷薄，弱肉强食，奸宄沸腾，而国运亦以随之矣。明朝承百王之后，修明礼制，建兴胶庠，比之三代、两汉之隆则不足，较诸因循苟简之朝，则又大相径庭已。学校之设，约略计之，凡有六等。"[1]

举凡上述朱舜水的诸多言论，可以窥知他不断强调成立学校、建立圣堂的重要性，而这些建议，德川光圀也都听进去了。光圀毅然决定建立大成殿（圣堂）作为推动水户藩大学制度的开端，极力排除藩内守旧派的意见，但是当时水户藩诸多文教事业的推动与进行中的史局事业（《大日本史》编纂）重叠，致财政面临危机，窒碍难行，最后只好放弃，这可说是德川光圀在水户藩的施政过程中，毕生所遇挫折中最引以为憾的事。

但是，据《太平年表》所述，朱舜水去世后的第8年，即元禄3年（1690）7月，第五代将军德川纲吉提议新建孔子庙，以忍冈狭隘，命移之汤岛，令大名松平辉贞（1665—1747）督役。翌年（1691）春正月，复令相关儒臣在外神田台建造圣堂（汤岛昌平坂之堂）。孔圣庙成，纲吉亲书"大成殿"三字

---

① 　朱舜水：《学校议》，收入朱谦之：《朱舜水集》，页 461—463。

以揭之，改正平坂名为"昌平坂"。又据《十三朝纪闻》指出：1691 年二月，纲吉命林信笃（春常、凤冈，1644—1732）蓄发，奏任大学头。迁忍冈圣像于新庙。新制十哲神主，命狩野益信（1625—1694）作七十二贤及先儒图，亲讲《论语》。后数亲讲，使诸侯及僧侣听之。原本德川光圀一心想要建立学校的夙愿，终于得偿。虽然圣堂在元禄 16 年（1703）遭大火烧毁，但随即于翌年宝永元年（1704）重建，汤岛圣堂在宽政异学之禁后，于 1797 年改名为"昌平坂学问所"。《文苑遗谈》卷 1 中也述及：约 100 年之后的宽政年间，"幕府仍持续命有司建造昌平坂孔庙，而莫详其制度。闻本藩【水户】有大成殿木样，传旨求观。本藩具其木样上之，幕府乃仿其制度，以造大成殿。及成，幕府临观，嘉制度之始备，传旨本藩赏谕焉。文公乃遣使，祭告先生庙"。[1] 显见朱舜水推动圣堂仪式与庙堂之制以振兴教育，普及孔子之教的重要性已受到往后德川幕府的重视。

五、结语

朱舜水对水户藩主德川光圀或加贺藩主前田纲纪，都给了一个圣贤之君必以学校为先务的概念。举例而言：朱舜水初到江户时，曾向德川光圀说："仆以上公能尊德乐道，故不自揣，而远涉至此。上公傥能更制善俗，经邦弘化，谨庠序之教，申孝弟之义，而为万古之光，以仆之所闻于师者，庶或可以赞相万一。"[2] 在《答源光国问》中，也明示："圣庙，即学校也。中为圣庙，西为明伦堂，北为尊经阁，东北为启圣宫，或西或东为射圃，以较射为义，故曰校也。每府每县，必建学立师。"[3] 光圀曾依朱舜水建议，计划建立大成殿。

① 徐兴庆：《新订朱舜水集补遗》，页 255。
② 朱舜水：《答源光国问》，朱谦之：《朱舜水集》，页 347。
③ 同上书，页 349。

德川光圀的近臣藤井德昭对主君与朱舜水的二人关系回忆说："顾主君之贤,先生之德,同气相求,同明相照,岂天意之所为,欲使圣贤之道复明于世者? 非耶! 殊非人智之所能及,力之所能致也。主君敬礼,[①]以为宾师,乘舆数访,献酬尽欢,近臣候门,络绎于道。"[②]道尽了圣贤之道复明于德川社会的重要性。

若用安东省庵的话来形容,其恩师朱舜水在日本的为学之道,是以开物成物、经邦弘化的宏观视野,推展礼乐刑政于日本,微观则在传播制度、文物之备;而其为学的方法,则未尝高谈性命,而以孝弟忠信,诱掖奖励,不离民生日用彝伦之间,本乎诚而主乎敬,发于言而征于行,随处充满着对孔子形象及其思想的传播。

在本文中,朱舜水指出的"圣学"与学校(庠序)、学宫是有关联性的概念,他以实践为方法,结合孔子的学说与形象,来做异地文化移植的工作。朱舜水认为以实践的方式在德川社会,特别是在水户藩推动"圣学"的必要性。将落实"圣学"精神与诚、敬、仁、爱、忠、孝的观念成为一套实施法则,圣学的问题便带有孔子形象的意味。但就结论而言,朱舜水理想中的大学制度并没有完成,而这个问题如何可能? 他从精神领域及生活实践两个方面来思考。而这个问题与德川日本社会产、官、学界的制度建立以及推动能量有着密切的关系。

---

① 有关礼制的传播问题,请参阅拙稿《朱舜水与德川水户藩的礼制实践》,《台大文史哲学报》第 57 期(2011 年 11 月)。

② 徐兴庆:《新订朱舜水集补遗》,页 243。

9　关于日本"圣人观"中的孔子地位问题
——兼论中国的有关话题[*]

韩东育[**]

一、孔圣人地位在近世日本的疑窦

受中国传统的影响,孔子是圣人的说法,在日本的中世甚至近世早期,一直是不刊之论。但是,到了近世中后期,日本人的这一观念开始发生动摇。动摇的现实背景,是江户时代蓬勃兴起的与儒家理想国迥然异趣的商业利益社会;而动摇的理论背景,则是江户思想界对以儒学正统自居的程朱理学所表现出的深刻怀疑甚至否定思潮。于是,作为儒家创始人的孔子,还能不能继续高居圣人之位的问题,开始成为思想界,特别是日本古学派思想之集大成者——徂徕学派的重要话题。

认为孔子能不能称圣的经典根据,来自《礼记·乐记》:"作者之谓圣,述者之谓明。明,圣者,述,作之谓也。"由于孔子也曾自称"述而不作",所以,这便成为孔子不是圣人的自我注脚。在荻生徂徕(1666—1728)看来,孔子作为圣人,的确是不太合乎标准,至少是不完全符合圣人的标准。本

---
*　初稿刊登于《二十一世纪》(香港),2003 年 10 月号,总第 79 期(2003 年 10 月),页 99—105。

**　东北师范大学历史文化学院教授。

来，"圣者，作者之称也"。① 可是，"至于子思，推孔子之谓圣，而孔子无制作之迹"。② 这就给"孔子为圣"的命题造成了事实和逻辑上的语塞。这一局面的出现，开始让徂徕左右为难："孔子，我不敢谓之圣人也，亦不敢谓之非圣人也……孔子虽非作者，是特未得位耳。得位则能作。"③ 就是说，按照严格的定义来讲，孔子虽不能被称为圣人，但孔子不能称圣，只是由于未逢其时和未当其位，而不是说他没有制作的能力。这样，便不好说孔子绝对不能被称为圣人——徂徕显然陷入了两难之境。"夫孔子之德至矣。然使无宰我、子贡、有若、子思之言，则吾未敢谓之圣人也。夫吾以我所见，定其为圣人，僭矣。僭则吾岂敢? 我姑以众人之言，定其为圣人，无特操者已。无特操则吾岂敢? 虽然，故圣人之道藉孔子以传焉。使无孔子，则道之亡久矣。千岁之下，道终不属诸先王，而属诸孔子。则我亦见其贤于尧舜也已。盖孔子之前无孔子，孔子之后无孔子。吾非圣人，何以能定其名乎? 故且比诸古作者，以圣人命之耳。"④ 徂徕的无奈态度，是因为"教"本来是与"位"相伴的、与政治实践相密结的东西，而孔子的"不幸"也刚好在于他只是从事学问的"儒"。"夫圣人之教，必得其位而后大行于天下。若夫子，得其位则亦当如三代圣王也已。……故夫子之为儒者，可谓圣人之不幸也。"不过他同时指出，孔子学问中的内向部分，被后儒拿来大肆张扬，这是谬解，而伊藤仁斋(1627—1705)置孔子于尧舜之上的做法，就更是大谬不然。"其教唯被之学者而已矣，庸何能得使民不惑于所从焉乎? 此仁斋之所以独是孔子，悉非三代圣王，而破碎经传以立门户者，岂不陋乎!"⑤ 与徂徕有密切书信往来并受到过徂徕重大影响的屈景山(一作崛景山，1688—1757)，在谈到孔子

① 荻生徂徕:《弁名》上，收入《日本思想大系》36《荻生徂徕》，东京:岩波书店，1973 年，页216。
② 荻生徂徕:《弁道》，收入《日本思想大系》36《荻生徂徕》，页201。
③ 荻生徂徕:《蘐园七笔》，收入《荻生徂徕全集》第 1 卷，东京:河出书房新社，1973 年，页548。
④ 荻生徂徕:《弁名》上，页217。
⑤ 荻生徂徕:《蘐园随笔》，收入《荻生徂徕全集》第 1 卷，页469。

圣人论时,亦曾表现出类似的狐疑:"所云圣人之名,大体皆谓古以德治天下之天子。称无位之人为圣人者,仅限孔子一人也。""《礼记》亦言:'作者之谓圣'。所谓作者乃一代天子也,作天下礼乐、教民、正风俗者也。非天子不可为礼乐也。"[1]

所谓孔学中的内向部分,是指被思孟程朱发展到极致的心、性、理学说。孔子的论著中记载孔子有关"心""性"论的,并不多见。孔子谈"心",凡一见,还是孟子代言者,即:"孔子曰:'操则存,舍则亡;出入无时,莫知其乡。'惟心之谓与?"(《孟子·告子上》)至于言"性",则孔子本人只讲过一次,即:"性相近也,习相远也。"(《论语·阳货》)所以子贡说:"夫子之文章,可得而闻也;夫子之言性与天道,不可得而闻也。"(《论语·公冶长》)但孟子却把孔子言之即止的心性论,极端化为"尽心→知性→知天"模式;而朱熹"理→形而上→道→未发→静→性"与"气→形而下→器→已发→动→情"这两大概念体系所凸显的,则是"性"与"情"的对立。由于"性"中含具"天理",因而朱熹把它视为绝对的"善";也由于"情"易滑为"欲",于是它在朱熹眼里便成了"恶"之渐。朱子学的人性论体系,大体可作如是观。

具有浓重思孟色彩的朱子学性理说之所以遭到诘难,是因为它所代表的儒学正统性给日本学界留下了这样的印象,即"圣门之学,无非论心者也",[2] "如徂徕所述","儒家者流"的"道的概念……始说于子思、孟子。其言说千言万语,而终不脱'以性为本'的正统性"。[3]而讹为"圣门之学"之主要特征的心性之学,恰与江户中后期兴起于商业利益社会、以事实判断和务实好利为原则的"人情论"相对垒。无论是伊藤仁斋的"随于土地,合于人情",还是荻生徂徕的"故今行礼而求合人情"等主张和感慨,其现实根

---

[1]　泷本诚一编纂:《日本经济大典》第17卷,东京:启明社,1929年,页344。

[2]　松宫观山:《学论二编》,国民精神文化研究所编:收入《松宫观山集》第2卷,东京:东京第一书房,1987年,页86。

[3]　子安宣邦:《事件としての徂徕学》,东京:青土社,1990年,页282。

源,均无法脱离江户社会所发生的巨大变化。由于江户时代(1603—1867)是日本商品经济的大发展时期,所以,"町"一级组织,作为日本早期近代化的"毛坯",几乎凝结了社会发展论的主要原则以及这些原则在日后伸展的全部可能性。其中所通行无碍的首要和最基本原则,就是利益原则。在这里,儒家的内在道德提倡不再绝对,而外在的利益追逐和法度严守,却获得了最高的重视。这一特征,较集中地体现在元禄(1688—1704)和享保(1716—1736)年间,尤其是前者。[1] 在这种情况下,打着孔门正统旗号的性、理论说教,自然引起了人们的普遍反感。惟其如此,孔子便容易被视为"恶"的根源。荻生徂徕说:"仁义礼智,自思孟发之。"[2] "自仲尼不得其位也,其平生与门弟子所讲论,率多自修之言。及后大儒君子,亦多详内而略外,则流风所弊,后学者陋隘之见。"[3] 他还特别强调指出:"孟子以前亦言性,孔子之时既然。"[4] 这话可能是受了古学派先驱伊藤仁斋的启示,因为后者认为,"彼(指荀子)盖观论语专主教,而不言性,而遂为此一偏之说。殊不知孔子虽不明言性之善,然性善自在其中矣。"[5]

徂徕反对宋儒的理由,至少有以下五点。第一是将"仁"内在化为"爱之理""心之德";第二是"以仁为性";第三是以"性"来变化"气质";第四是于"心"上求"仁人";第五是以"修身"为"仁"之本。然而,徂徕之所以如此反对宋儒的上述观点,从根本上讲,是因为以上充满唯心主观色彩的全部理论,与徂徕依"人情论"而形成的"气质不变"这一唯物而客观的学说,适相反对。[6] 而且徂徕认为,在这个重大的原则问题面前,宋儒和思孟自不待言,连圣人孔子恐亦难辞其咎、难脱其责。他之所以在孔子是否应该称圣

---

① 参见拙作《日本近世新法家研究》,北京:中华书局,2003 年,序章。
② 荻生徂徕:《蘐園三筆》,收入《荻生徂徕全集》第 1 卷,页 513。
③ 同上书,页 463。
④ 同上书,页 562。
⑤ 伊藤仁斋:《古学先生文集》卷 2,收入《日本思想大系》33《伊藤仁斋·伊藤東涯》,东京:岩波书店,1971 年,页 275。
⑥ 参见拙作《日本近世新法家研究》第 2 章。

的问题上态度游移、不知所云,原因当在这里。

反对"以心治心",是整个徂徕学派的一贯论调。徂徕虽然在孔子的圣人问题上狐疑不决,但他的弟子太宰春台,却在"心"的问题上开始"拉"孔子,并以为论辩时的权威依据。他认为,"先王之道,不务治心也。孔子特语心之去无定处尔。夫人心者,善动之物也。……圣人明知心之不可治,故不教人治心也。然则圣人果弗治心乎? 曰:圣人未始不治心,而不必治耳。"[1]同时,在日本人为发展论开辟理论通道时,孔子亦成了一面挡箭牌:"以富国强兵为霸术者,后世腐儒之妄说也。自尧舜以来至于孔子之教,圣人治天下之道,罔非富国强兵!"[2]

然而,当发现对孔子的"拉",显得对社会发展作用不大时,徂门的后人又开始了对孔子的彻底打击的过程。徂徕的徒孙海保青陵说:"先王之礼乐刑政,美则美矣,而于今无用。不啻闲余之谈,童子玩具也!"[3]甚者当被兰学者桂川甫周大骂为"儒者尽蠹物也……足下乃大蠹物也"后,竟幡然悔悟曰:"鹤(青陵自称)心豁然开悟……纵孔子之言,倘与理相悖,亦仅值二百匹;凡夫之语,倘不悖其理,乃值千匹!"[4]"利者,不可弃者也。民者,不可爱者也。治世而弃利,非天理者也。甚爱民者,非天理者也。动乱之世,孟子所云合天理也。然当今之世,而准于孔孟救无道之论,岂不惜乎!"[5]

二、中国文脉下的孔子圣人化经纬

在中国儒家的舆论世界中,经过"智慧化""政治化""神秘化"的人为

---

① 赖惟勤校注:《斥非付録・内外教弁》,收入《日本思想大系》37《徂徕学派》,东京:岩波书店,1972 年,页 423。
② 太宰春台:《経済録》卷 5《食貨》,收入《日本经济大典》第 9 卷,页 490。
③ 海保青陵:《萬屋談》,收入《海保青陵全集》,东京:八千代出版株式会社,1976 年,页 395。
④ 海保青陵:《天王談》,收入《海保青陵全集》,页 511—512。
⑤ 海保青陵:《稽古談》卷之 1,收入《海保青陵全集》,页 5。

过程,圣人变成了具有广泛意义的价值标准化身,也转化成了最高精神境界的化身。[1] 由于"作者之谓圣"中"作者"之所"作",是直接用于管理的政治经济制度、社会秩序和权力系统,因此,作为政治家的"作者"所能提供给人们的,也只能是在实际生产生活当中具有可操作性的规矩和准绳。其具象而非抽象、务实而非务虚等特征,与形而上意义的"精神境界",毕竟还是两码事。所以,称尧舜禹汤文武周公为圣人,历史上并无异议。然而,圣人之所以后来从政治家演变为精神领袖和思想家,与孔子的成圣过程密不可分。孔子不是"作者",这一点即便在中国,亦不乏相关议论。只是,人们的议论方式很特别,即孔子本人和孔门弟子每每以政治理想的抒发言论和遗憾与愿望口吻来表达之。孔子"文王既没,文不在兹乎?"(《论语·子罕》)的豪言,透露的便是其欲以文王的继承者身份来施展政治抱负的雄心;他的弟子们则把先师置于尧舜之上,认为"孔子贤于尧舜远矣"(《孟子·公孙丑上》)。儒家信徒公孟干脆认为,孔子本来就应该是天子(《墨子·公孟》)。这种想称帝称王的想法日后几成儒者的习惯,所以孟子也曾一度自播:"夫未欲平治天下。如欲平治天下,当今之世,舍我其谁也!"(《孟子·公孙丑下》)清代曾静甚至说:"皇帝合该是我学中儒者做,不该把世路上英雄做。"所以他认为,孔子、孟子、二程、朱熹、吕留良等都应该做皇帝(《知新录》)。刘泽华先生指出,孔子没有当上王,无论如何是儒家的一大遗憾。后来的儒生们,为了填补心灵的不平衡,均试图把孔子列入"王"的行列。如"素王""云者是也。[2] 这种遗憾和愿望,到了清季,终于被解决。山东曲阜孔子墓碑所刻"大成至圣先师文宣王"者,至高地体现了后人对他的追封。

孔子被称为"圣人",是因为他乃六经的整理者和传承者。尧舜禹汤文武周公这些"作者"们的"制作"遗迹,的确是经由孔子之手而流传后世、"遗泽千古"的。这恐怕也是人们以"孔子之前,非孔子无以显;孔子之后,

---

[1]　王文亮:《中国圣人论》,北京:中国社会科学出版社,1993 年,序章。

[2]　刘泽华:《中国的王权主义》,上海:上海人民出版社,2000 年,页 443—453。

非孔子无以明"来譬况孔子承前启后地位的原因。[1] 然而,孔子之所以最终无法成为真正的"王"——一个严格意义上的"圣人",完全是由于他充其量不过是一名教师。马克斯·韦伯的逻辑是:无论如何,使人成为杰出学者或学院教师的那些素质,并不是在生活实践的领域,或更具体地说,只有在政治领域里,才能造就领袖人物的素质;如果一个人也具备后面这些素质,那纯粹是出自运气;如果教师感到他被期待着利用这些素质,那会是一种极为堪忧的局面;如果听任所有的学院老师在课堂上扮演领袖的角色,情况将更为严重,因为大多数以领袖自居的人,往往是最不具备这种角色能力的人;最重要的是,不管他们是不是领袖,他们的位置根本没有为他们提供就此做出自我证明的机会。[2] 孔子本为教师,"运气"曾使他得以把自己的所学一度用于政治实践,大司寇的官位也不可谓低。可是,齐国策划的一场政治阴谋,使鲁君的做法与孔子的学术理想发生了激烈的冲突。于是,对自身价值观的固守,使孔子只能回到本职,携徒转徙,颠沛流离,并把再度被重用的希望投向别国君主。结果亦如人们所熟知的那样,除了教徒授业的诲人不倦和纬编三绝的古籍留存外,孔子是以不如意的心境了其余生的。古今学者之所以称孔子时即已有了"心性学"端倪,实际上透露出的是这样一种逻辑:孔子作为一个教师,既然想做自己做不来的事,也只能用心来揣摩、来解释。但是,理性的观念与事实之间,毕竟是有距离的。这种距离,有时甚至是河汉悬隔。后学孟子之所以"迂远而阔于事情",并不奇怪。然而如此教学的结果,却使以往直接关乎国家治理和国计民生的事务之理("物理"),开始逐步让位给供学者们追求精神满足与自娱的道德理想("道理")。几乎所有的中国传统政治家,都将历史上的那些"作者"当作自身经世济民的最高目标来模仿和效法。但是,由于"作者"们的言行和政治理念,是通过

---

[1]　济宁地区出版办公室编:《曲阜观览》,济南:山东人民出版社,1983 年。

[2]　马克斯·韦伯:《学术与政治》,冯克利译,北京:生活·读书·新知三联书店,1998 年,页 42。

孔子的整理才传诸后世的,因此,其中相当的成分,不免带有孔子本人的揣度色彩和发挥内容。这一点,从孔子对"未之逮也"的"大同之世"仅凭"有志"的愿望便敢于浓彩重抹的大段描述中,可略窥一斑(《礼记·礼运》)。于是,政治家的圣人信仰,便容易在不自觉间染上孔子"圣人观"的明显痕迹。由于孔子及其弟子们都知道圣人首先应该是政治人,所以"学而优则仕"(孔子)和"始乎为士而终乎为圣人"(荀子),便成为儒者一门难以改变的政治理想和人生追求;而在孔子思想的影响下,政治家不但要做政治上的"王",更想成为道德上的"圣"。似乎觉得只有这样,他的影响才能无远弗届,无微不至,让人既口服,又心服。"圣王"概念的形成(《左传》桓公六年),无疑是政治操作与道德教化的"合金"。然而,就"合金"物的成分比例而言,道德教化的部分随着时间的推移开始明显加大。历史上,孔子的再传弟子段干木对魏文侯,据说便发挥过这种价值转换的功能。就道理而言,魏文侯附庸风雅的唯一理由,是因为在他的心目中,"势不若德尊,财不若义高"(《淮南子·修务训》)。习染既久,中国古代便自然催生了"道、王二系""道高于君""道的形而上内容远远超过了君主"等独特的政治思维,而且这种思维至于宋儒乃臻于巅峰。[1] 该转变的直接诱因,是北宋王安石变法的失败。余英时认为,这一失败,对近世儒家外王一面的体用之学构成了一大挫折。于是,南宋以下,儒学的重点转到了内圣一面。一般地说,"经世致用"的观念漫漫地淡泊了,讲学论道代替了从政问俗。[2] 而作为经典上的标志,则是朱子《四书》体系的完成并成为科举考试的最高标准。在政治和教化这一"偏正结构"中,政治的务实主义本质显然在舆论上已位居下陈,而"无事袖手谈心性"的道德说教,反成了高贵清雅的象征。马克斯·韦伯发现,"中国的士大夫是……在远古语言的不朽经典方面训练有素并科考过关的文人。各位读一下李鸿章的日记就会发现,他最引为自豪的,就是自己的

---

[1] 刘泽华:《中国的王权主义》,页396—408。
[2] 余英时:《论戴震与章学诚》,北京:生活·读书·新知三联书店,2000年,页338。

诗赋和出色的书法。这个阶层，利用取法乎中国古代而发展出来的一套规矩，决定着整个中国的命运。如果当年的人文主义者（指西欧范围内）哪怕有稍许的机会得到类似的影响力，我们的命运也许会和中国差不多"。[1] 韦伯对同中国士大夫以"诗化境界"代替"实在世界"行为羞与为伍的表白，使人们在一定程度上理解余英时先生的以下感慨成为可能："今天无疑又是一个'儒门淡泊，收拾不住'的局面，然而问题的关键已不复在于心性修养，而实在于客观认知的精神如何挺立。因此我深信，现代儒学的新机运只有向它的'道问学'的旧传统去寻求才有着落；目前似乎还不是'接着宋、明理学讲'的时候。"[2] 这类迟来而未晚的"关心'形而下'"提倡，[3] 凸显的不过是柏拉图"哲学家＝王"这一类似于中国古代"内圣外王"命题的反命题："圣人不一定有机会成为实际政治的领袖。就实际的政治说，他大概一定是没有机会的。"[4] 盖其归结点在于"政教分离"而不是"政教合一"。

三、日本近代语境中的孔圣人之解构

明清实学时代，国人对"圣人"所当追求的目标，开始有了新的诠释。上述由"尊德性"到"道问学"的转移，体现了这一倾向。尽管如此，人们对待该转移说的态度却往往是低调的。章学诚就断"不肯说浙东和浙西的不同在于一个偏重'尊德性'，一个偏重'道问学'，虽然他明明知道这是朱陆异同的传统分野"。[5] 然而，一个重要的现象是，孔子作为圣人的地位，却没有因此而发生什么动摇。戊戌变法中的《孔子改制考》，与当代新儒家"内圣开出新外王"的命题，实无本质上的差别；而尊"孔教"为"国教"的国民

---

① 马克斯·韦伯：《学术与政治》，冯克利译，页73。
② 余英时：《论戴震与章学诚》，页9。
③ 拙稿《迟来而未晚》，《读书》2000年第1期。
④ 冯友兰：《中国哲学简史》，北京：北京大学出版社，1996年，页8。
⑤ 余英时：《论戴震与章学诚》，页351。

精神提倡,[①] 则注定了"秀才造反,三年不成"这一可以预知的结局——一个不懂得如何去破的人,其实也不懂得如何去立。中国近代"自改革运动"中的孔子形象,与日本江户时代孔圣人地位的游移,就大的文化背景而言,已发生了意义深刻的差别。日本对圣人孔子的逆反,起始于对以儒学正统自居的朱子学的否定。其实,徂徕对朱子学的认识,并非仅限于朱子学本身。他是把朱子学放在整个中国思想史的发展进程中来观察的。在他看来,朱子学并不是突然出现的理论流派,它根源于先秦时期的儒家,特别是与思孟学派间有着极深的渊源关系,因此,要从根本上摧毁其影响,就需要对思孟学派进行批判乃至否定。实际上,徂徕的矛头指向,早已被他的老师林凤冈不幸言中。据载,"一日凤冈过柳泽侯,侯使徂徕伴接。凤冈谓曰:'闻汝近倡异说以驳程朱。驳程朱犹恕之,然其驳程朱者,乃驳思孟之渐也。至驳思孟则吾决不少假之。'徂徕顿首拜谢"。[②] 后来的事实表明,徂徕不但与程朱对决,而且并诋思孟。其"孔子非圣人论"的提出,在当时的日本绝非偶然。而这一理论,对明治时期的思想家可谓影响甚大。本来,江户思想家不乏想彻底否定孔子者,只因碍于尚属强大的尊孔舆论,乃不敢直抒胸臆,赤膊登场。徂徕表面所言之"孔子不幸"云者,流露出的正是这样一种复杂而微妙的心理。丸山真男也不得不把类似的表述视为徂徕论说的"巧妙处"。[③] 然而时至明治,思想界则彻底揭去了这层保护色,开始直言孔子不可能得位,也不可能有制作之迹的道理。福泽谕吉指出:"后世的学者……说孔子不遇时,孟子也是如此。……那么,所谓'时'是指什么呢?是否说,周朝诸侯如果能任用孔孟,委托国政,天下必然大治,而没有重用他,这是诸侯的罪过呢?……如果说'不遇时'就是不合两三个人的'心意',那么所谓'时',

---

① 康有为说:"无教者,谓之禽兽;无道者,谓之野人。道、教何从?从圣人。圣人何从?从孔子。"见康有为:《春秋董氏学》,收入《康有为全集(二)》,上海:上海古籍出版社,1990年,页628。

② 原念斋:《先哲丛谈》,东京:有朋堂书店,1928年,页37。

③ 丸山真男:《日本政治思想史研究》,东京:东京大学出版会,1998年,页103。

难道就是由三个人的心意形成的吗？假使周朝诸侯，偶然重用孔孟，……果然就能象今日的学者所想象那样，完成千载一遇的大功而成大业吗？所谓'时'，和两三个人的愿望没有什么差别吗？所谓'不遇时'，就是指英雄豪杰的愿望和人君的愿望互相矛盾的意思吗？依我看来，完全不是这样。孔孟之未被任用，不是周朝诸侯的罪过，而是另有使诸侯不能任用他的原因。……这个原因是什么呢？就是'时势'，当时人民的'风气'，也就是当时人民普遍赋有的'智德'水平。"[1] 照之于日本近代化改革的社会实际，他还叮嘱欲为改革作理论先导的思想家说："理论家的学说（哲学）和政治家的事业（政治）是有很大区别的。后世的学者，切不可根据孔孟之道寻求政治途径。"[2]

孔子是不是圣人另当别论，但孔子所固有的崇高地位在江户日本的动摇，却是不容小视的事实。由孔子传承下来的圣人制作之迹中固然有孔子个人的价值附加，但无论怎样，孔子的叙事还不至于全无凭依。可是，近世以来日本思想界对孔子的微词，似乎已波及三代之学并暗含了某种在根源上摈弃和超越中国文化的用意。古学思想家伊藤东涯曾披露过这一信息："三代圣人之道，变为今日之学……而今日之学，不复与古之学同矣。"[3] 倘按照朱谦之的说法，荻生徂徕隐约间甚至已端出了"自我作圣"的姿态。[4] 这至少表明，在中国人观念中万古不易的孔圣人乃至三代思想当中，已经明确地显现出其与早期近代化和近代化观念相抵牾、相冲突的成分。当我们了解到日本近代化的成功在很大程度上受益于"脱儒"运动的时候，[5] 日本"圣人观"中有关孔子地位的两难性争论，便应该成为中国的研究者需要关注的重要问题，而不应被有意回避之。

---

① 福泽谕吉：《文明论概略》，北京编译社译，北京：商务印书馆，1997 年，页 50。
② 同上书，页 53。
③ 伊藤东涯：《古今学变序》，收入《日本伦理彙编》第 5 册，东京：育成会，1903 年，页 216。
④ 朱谦之：《日本的古学及阳明学》，北京：人民出版社，2000 年，页 156。
⑤ 参见拙稿《从"脱儒入法"到"脱亚入欧"》，《读书》2001 年第 3 期。

10 "宗教"一语的成立与服部宇之吉的孔教论

陈玮芬[*]

一、前言

19、20世纪之交,对东亚儒教文化圈诸国而言,是一个受到西方文明挑战而在价值取向和文化认同上都产生剧烈动摇的时刻。内忧外患之中,不少知识分子着眼于通过"宗教"拯救人心,所提出的治本之道则不一。

1900年,文廷式(1856—1904)与日本知名的佛教学者大内青峦(1845—1918)、高楠顺次郎(1866—1945)等人恳谈后,试图振兴佛教,撰作了《独逸哲学与佛学之比较》,指出在哲学义理上,佛教丝毫不逊于西洋。[①]无独有偶,蔡元培(1868—1940)在阅读井上圆了(1858—1919)的著作后,也编译了《佛教护国论》,其中开宗明义指出:"国无教,则人近禽兽而国亡。是故教者,无不以护国为宗旨。"他认为秦汉以降,儒教和佛教逐渐没落,"我国遂为无教之国",人民也"日近于禽兽矣";故而主张应仿效日本东本愿寺,由孔、佛合一的观点,提出一个护国之教,以抵御西方外侮,维系

---

*   "中研院"中国文哲研究所研究员。

①   文廷式:《东游日记》,收入《文廷式集》下册,北京:中华书局,1993年,页1164—1173。

中华文化于不坠。①

也有些知识分子受传教士论述的影响而寄望于基督教。明恩溥（Arthur Henderson Smith, 1845—1932）的《耶稣圣教有益于中华说》、周馥（1837—1921）的《儒佛辩》及《教务记略》、顾鸣凤（1873—？）的《问近年中华民教不和之案层见迭出》等文献，可以说都表征了肯认基督教的看法。他们视基督教为一帖能去毒、益神、培元、补气的药方，裨益于积弱的中国。

即便如此，主张儒家学说建构了中国的伦理基础，无须外求其他精神力量的人，还是居于多数。例如王先谦的《重刊景教碑文纪事考证后序》批评"洋教"不如人们想象得全能，指出："敬天之理，今古全同，福善祸淫之训，上帝有赫之歌，诗书略陈之以垂世戒……行万世而无弊者，唯我孔子之教。"② 梁启超也主张保存中国原有的宗教，斥责外国人毁坏孔子铜像的举动。③

恢复"孔教"的呼声，不仅出现在中国大陆，也出现在东亚儒教文化圈诸地区。除了以康有为（1858—1927）的孔教会为主的孔教运动外，④ 日本以服部宇之吉（1867—1939）等东京地区教授为主组成的孔子教会、⑤ 韩国

① 关于1900年前后中国知识分子的宗教兴趣，葛兆光教授有深入的考察。参见氏著：《孔教、佛教抑或耶教——1900年前后中国的心理危机与宗教兴趣》，收入王汎森主编：《中国近代思想史的转型时代》，台北：联经出版事业公司，2007年，页201—240。

② 王先谦：《清王葵园先生先谦自定年谱》，台北：台湾商务印书馆，1978年，页348。

③ 梁启超：《呈请代奏查办德人毁坏圣像以伸公愤稿》，收入夏晓虹编：《饮冰室合集·集外文》，北京：北京大学出版社，2005年，页31。

④ 关于康有为等人孔教运动的研究汗牛充栋，以1990年代之后的著作试举数例，如竹内弘行：《中国の儒教の近代化論》，东京：研文出版，1995年；浅野裕一：《孔子神話》，东京：岩波书店，1997年；房德邻：《儒学的危机与嬗变：康有为与近代儒学》，台北：文津出版社，1992年；Benjamin A. Elman, *From Philosophy to Philology: Intellectual and Social Aspects of Change in Late China*, Harvard University Press, 1990；等等。

⑤ 日本孔教方面的专论不多，Warren W. Smith Jr., *Confucianism In Modern Japanese: A Study of Conservatism in Japan Intellectual History*, Tokyo: The Hokuseido Press, 1959；严绍璗：《日本中国学史》，南昌：江西人民出版社，1991年；坂出祥伸：《中国哲学研究の回顧と展望——通史を中心として》，氏著：《東西シノロジー事情》，东京：东方书店，1994年；拙著《近代日本と儒教——「斯文会」と「孔子教」を軸として》第5章《「斯文会」と「孔子教」の成立》，福冈：九州岛大学中国哲学史研究所博士学位论文，1999年；可供参考。

的李炳宪(1870—1940)等人的儒教宗教化活动、①中国台湾地区的儒教团体崇圣会(1917—　)②,虽然活跃的时间前后有别,但主旨都是为了强调民族共性、维系社会伦常,而倡议推行"孔教"运动。

日本的"孔教"运动,尤为显示孔子的形象在近代所衍生的变化。德川时期,《论语》被奉为"最上至极宇宙第一书",但在近代,传统思想受西方思潮冲击,加以各种不断变化的历史因素影响,孔子形象更加多元。虽然儒学一度式微,但孔子在不同思想流派的知识分子中经常是共同话题,各人的孔子观,可说是随着其儒学观、中国观和亚洲观的变化而不断变化。此外,近代学术精神的根本要求,是学术奠基于客观的分析,因此近代知识分子也开始试图针对孔子的历史意义进行析解,通过文献思想的考证,分析儒学与孔子在日本产生的作用及其间的是非曲直,还原历史本来的面貌。

归纳近代日本知识分子所描摹的孔子形象,约可大别为欧化论者、基督徒、儒学者三类。欧化论者秉持文明论的角度,批评孔子的学说保守、过时、妨碍精神自由;基督徒批评孔子学说重私德轻公益,哲学思想贫瘠、缺乏神性思想。但耐人寻味的是,他们都肯认儒学在历史上的作用,认为儒学扫除了迷信,推动日本走向文明之域,虽然不符合新世代之需,但其历史地位不可抹杀。此外,他们也都特别推崇孔子。例如福泽谕吉认为孔子是儒家的

---

① 韩国的儒教宗教化运动主要出现在20世纪初的"韩末时期",结束于二战前;由汉学者主导,发生的地区相当分散,时间亦无持续性。朴殷植、张志渊于1909年9月创立大同教;李承熙于1931年于中国东北密山府韩兴洞设立孔教会的支部"东三省韩人孔教会";李炳宪则忠实地继承了康有为的主张,在曲阜衍圣公府孔教会支部的认可下,于丹城培山创办培山书堂、奉祀孔子神位。关于韩国孔教运动的专论有,琴章泰:《韩国近代的儒教思想》,汉城:汉城大学出版社,1990年;刘准基:《康有为思想对韩国儒教改革的影响——以孔教为中心》,《韩国学报》第9期(台北:韩国研究学会,1980年);坂出祥伸:《李炳宪の孔子教運動——康有為に師事した朝鮮の儒者》,收入《栗原圭介博士頌寿記念東洋学論集》,东京:汲古书院,1995年;坂出祥伸:《康有為と朝鮮の儒者·李炳憲》,《出版ダイジェスト》,东京:出版梓会,1993—1994年;等等。

② 台湾的孔教运动亦起源于日据时期,台北的崇圣会、台南的台湾彰盛会等团体意在藉孔教之名,提倡三纲五常,以安定社会民心,并未刻意将孔子学说体系化。参见李世伟:《日据时代台湾儒教结社与活动》,台北:文津出版社,1999年;翁圣峰:《日据末期的台湾儒学——以〈孔教报〉为论述中心》,《第一届台湾儒学研究国际学术研讨会论文集》上册,台南:成功大学,1997年,页27—50。

最后一个圣人。他说："汉儒的系统是从尧舜传到禹、汤、文、武、周公以至于孔子,孔子以后,圣人就断了种,不论在中国,或在日本,再没有出现过圣人。"[1] 而孔子之所以圣,在于他的伦理学,"孔孟的学说,是讲修身的伦常道理的,毕竟是讨论抽象的仁义道德的,所以也可以称为伦理学。道德是纯洁的,不应该轻视,对于个人来说,它的功能是极大的"。[2] 基督徒内村鉴三认为孔子"的确是伟人,中国的伟人、东洋的伟人",但他强调孔子是作为"政略之人、方便之人而非圣善之人"。[3] 至于儒学者,则多半颂扬孔子之教乃儒教的精髓,主张孔子是东方文化的重要表征。

笔者认为,在林林总总的孔子形象中,服部宇之吉的孔教论述极具特色与系统性。他将近代日本宗教理解的特色,以及儒教与日本固有思想在先天的龃龉中发生的调和共生,具现在其孔教论之中。

二、服部宇之吉及其孔教论

作为"明治青年的第二代",[4] 服部宇之吉的一生波折不断,尽管可能是偶然,但是他人生的几个重要的转折,却奇异地与该时代的重要的关键不谋而合。

服部出生于庆应 3 年(1867)4 月,德川幕府即将迎向终幕、走入历史。他的父亲服部藤八郎是福岛县安达郡二本松町的藩士,但双亲在他出生后不久便相继撒手人寰,他的左眼又因伤而近乎失明,幼年时期可说相当不顺遂[5]。迁居至东京之际,适逢文部省修正学制,于是能顺利升学。他在自由民

① 福泽谕吉:《文明论概略》,北京编译社译,北京:商务印书馆,1992 年,页 148。
② 同上书,页 52—53。
③ 内村鉴三 1867 年 12 月 24 日致其弟的信。转引自三浦叶:《明治の漢学》,东京:汲古书院,1998 年,页 56。
④ 参照色川大吉:《明治精神史(下)》,东京:讲谈社,1976 年,页 75。
⑤ 服部宇之吉出生后一年便丧母。其后,二本藩加入奥羽同盟,与官军为敌,父亲也在战事中身亡。叔母带他前往农家避难,藏身马厩中,却仍被官军寻获,左眼被打伤。

权运动的衰退期(同时也是天皇制的强固期)度过青春,在1887年顺利考入东京帝国大学哲学科就读,①1890年毕业,这也正是颁布《教育敕语》之年,独尊天皇的教育政策雷厉风行,"国家神道"的体制也在区分"祭祀"(神社)与"宗教"(神道)的方针下成形。

服部由东大毕业后,先进入文部省任职,但由于无法适应官僚体系的作风而转任京都第三高等中学的教员。1894年担任东京高等师范学校教授,协助校长嘉纳治五郎推动校务。1899年获聘为东京大学助教授,又奉派前往中国留学。此时恰逢康有为的孔教运动因戊戌变法的失败首次受挫,接着又遭逢义和团事件,在北京的枪林弹雨之中,他的生命一度受到清军威胁,②而暂时返回日本。随后又转赴德国,就读于柏林大学。不及一年半,又奉令前往北京,参与京师大学堂的筹备工作,并受邀担任总教习一职。可惜他到任数年后,渐感该校校务方针难以如其理想推行,遂于1909年1月离任。③他于昭和14年(1939)8月病逝,正是第二次世界大战爆发前夕。④

服部的学术关怀主要环绕三个主题。东大哲学系时期的研究重心是西洋哲学,甫毕业所撰的《论理学》(1892)、《心理学》(1893)、《伦理学》

① 服部宇之吉在学制颁布后的1872年跟随叔父移居东京,曾学于新设的麻布小学、共立学校(开成中学前身),后就读大学预科,顺利考入东大。
② 服部在1926年出版记述事件经过的《北京笼城日记》(服部家藏版),后收录于大山梓编:《東洋文庫》53《北京籠城》,东京:平凡社,1980年。
③ 关于京师大学堂成立的经过及日本人的参与,可参见大塚丰:《中国近代高等師範教育の萌芽と服部宇之吉》,国立教育研究所编:《国立教育研究所紀要》1—5集,东京:清水书院,1988年。
④ 本文有关服部宇之吉经历的叙述,主要采自宇野精一:《服部宇之吉》,江上波夫编:《東洋学の系譜》第1辑,东京:大修馆书店,1992年,页85—95;并参考其他如《服部先生自叙》,收入《服部先生古稀記念論文集》,东京:富山房,1937年,页1—32;《服部先生記念祝賀会》,《斯文》第18编第6号(1936年6月),页1—31据日本国会图书馆藏本信息改;《服部先生追悼録》,《漢学会雑誌》第7卷第3号(东京:汉学会,1939年,页77—131;《服部随軒先生追悼録》,《斯文》第21编第9号(1939年9月),页14—81;《座談会「先学を語る」——服部宇之吉博士》,《東方学》第46辑(东京:东方学会,1973年),页163—184;吉川幸次郎:《折り折りの人——服部宇之吉》,收入氏著:《音容日に遠し》,东京:筑摩书房,1980年,后收录于东方学会编:《東方学を回想Ⅰ先学を語る(1)》,东京:刀水书房,2001年,页109—134;小野和子:《下田歌子と服部宇之吉》,收入竹内好等编:《近代日本と中国(上)》,东京:朝日新闻社,1974年,页201—221。

（1896），尝试采用西洋哲学的逻辑来对儒教伦理进行分析；[①] 旅居中国期间所撰《清国通考》（1905）、《北京志》（1908）等书，勾勒出他所亲身体验到的中国社会；[②] 返日后出版的《东洋伦理纲要》（1916）、《孔子及孔子教》（1917）、《儒教与现代思潮》（1918）、《孔子教大义——孔子教与支那思想》（1939）、《儒教伦理概论》（1941）则以"三礼"及儒教伦理的探究为主。此外，他在1909年到1916年间，担任"汉文大系"的总编，系统介绍中国古代基本典籍，[③] 并采择德川、明治时期具有权威的优秀汉学者的注释[④] 刊行。目的在于有系统的把中国古典学术的精华介绍给当代的研究者、学子和广大日本民众，同时把日本儒者的研究成果告知世人。[⑤] 该大系共收录38种典籍，合为22卷，服部为之解题者达17种，几达二分之一。其余参与解题、校订者有重野安绎、星野恒、小柳司气太、安井小太郎、冈田正之、岛田钧一、儿

---

① 船山信一在《明治前期論理学の実践的性格》（收入氏著：《明治論理学史研究》，东京：理想社，1966年）中指出，明治20—30年代的学术界相当流行伦理学研究，并试图运用伦理法则解决政治社会问题的对策。

② 其他相关论文尚有《清国の教育について》，《教育公報》，东京：帝国教育会，1904年；《清国時言》，收入《太陽》，东京：博文馆，1904年；《清国と新文明》，收入《東亜の光》，东京：东亚协会，1909年。

③ "汉文大系"经书选《四书》《五经》《孝经》计10种；子书选《老》《庄》《列》《管》《晏》《墨》《荀》《韩非》《淮南》计9种；史书选《十八史略》《左传》《战国策》《史记》"列传"，计21种；专集选《楚辞》《孔子家语》《弟子职》《文章轨范》《古诗赏析》《古文真宝》《小学》《三体诗》《七书》《唐诗选》《唐宋八家文》《近思录》《传习录》计13种。可以看到经部和子部的典籍颇为赅足，史部和集部则不免疏略。《四书》《五经》等基本经典均已收罗，先秦两汉子书仅《吕氏春秋》《春秋繁露》《论衡》未被收入其中。史部特别不足，《资治通鉴》《汉书》及其他史论皆未收载。集部亦有可议者，何以未收《文选》《古文辞类纂》，而选择《古文真宝》和《文章轨范》。不过其侧重经部和子部、忽略史部和集部的编辑旨趣，颇能显示出日本汉学的传统特征。

④ "汉文大系"不仅收载日本研究汉学的佳著，也辑录中国的近人著述，如王先谦的《荀子集解》和孙诒让的《墨子间诂》等。

⑤ 町田三郎在《『漢文大系』について》（收入前引《明治の漢学者たち》，本文有中译《服部宇之吉及其所编〈汉文大系〉》，收入町田三郎：《日本幕末以来之汉学家及其著述》，连清吉译，台北：文史哲出版社，1992年，页177—199。）一文指出，《汉文大系》共收罗22卷共38种经籍，其中由服部解题的就有17种，几乎占半数之多，可知《汉文大系》的刊行主要是以他为核心而运作。同时在刊行《汉文大系》前后近10年期间，服部所遭遇诸多困扰，已至身心疲惫的情形，概可想见。他却能安定持续地历经多年而顺利完成，则其作为主事者如无巧妙的运筹协调能力，恐不易完成此事。因此町田对服部的才能给予了相当高的评价。

岛献吉郎、井上哲次郎等人,都是研究中国学的一时之选。

服部宇之吉的中国经验对其孔子观产生了决定性的影响。他两度旅居中国,前后总计 7 年,对中国人的现实生活有一定程度的了解;在北京的实地体验,促使他对儒教在国家治乱兴亡中所发挥的关键性角色及潜在的支配力形成深刻的自觉。他的中国论和儒教论[①]最鲜明的特色,是关注现实问题、尝试在古典文献中寻绎面对新局的应变之道,强调儒教具备贯古通今、解决现世问题的能力。辛亥革命前夕,他发表《支那对孔子的尊崇》一文,对于尚能维持统一的中国抱持相当的好感,并将之归功于中国人于孔子之教有正确的认识:

> 我居留支那期间,特别留意到支那国民对孔子所持的态度。持续一段时间的观察后,我深切的感受到支那的统一与孔子密不可分。……支那所以能保持统一应归功于孔子之教。[②]

他强调儒教作为中国的国教,对于国家的存续发挥莫大的作用,正因为如此,儒教之教学体系作为"圣学",在历史长河中一直保持中国正统学问的地位。

他对儒教抱持如此高度的期待,辛亥革命的发生却令他的期待落空,其中国观也产生巨大的改变。1912 年,就在上海"孔教会"创会当日,东京的"东亚学术研究会"也举办了"孔子诞辰会",服部宇之吉受邀以"支那面临的道德危机"[③]为题发表演说。在他看来,辛亥革命的成功代表着中国丧失

---

① 例如《儒教の天命説》,收入《哲学雑誌》,东京:有斐阁,1910 年;《孔子の集大成》,收入《漢学》,东京:育英社,1910 年;《儒教における君臣の大義》,收入《東亜研究》,东京:学海指针社,1912 年;《東洋倫理綱要》,东京:京文社,1916 年;《儒教と現代思潮》,东京:明治出版社,1918 年;《儒教倫理概論》,东京:富山房,1941 年;等论。

② 服部宇之吉:《支那における孔子の尊崇》,《東亜研究》第 1 卷第 1 号(1911 年),页 1—10。

③ 服部宇之吉:《支那に於ける道德の危機》,《東亜研究》第 2 卷第 11 号(1912 年),页 12—22。

了作为一种固有文明的普遍性，共和制也只是更加助长政治的腐败与社会的混乱，相对的，只有君主制才能够真正平复国家内部的纷争、巩固支配者的地位、维系社会的永续与安定。他对中国的现状表示强烈的忧虑：

> 吾人无法冷眼旁观现代中国的转变。他人之牵强诬妄愈甚，吾人更需加以论说辩难，阐明孔子教之真意。此为吾孔子教徒之义务。孔子教是否能够在支那永续长存，非吾人所能左右，唯借孔教之名行污蔑圣人之实乃吾人所不容许，故不得不鸣金以攻此罪。[①]

此文发表于 1913 年，该年《孔教会杂志》问世，而康有为在去国离乡十五载后，也首次得以由日本返回中国。陈焕章、严复等人开始呼吁"孔教国教化"，推动一连串的请愿运动。虽然袁世凯企图借助孔教恢复帝制的举动对康有为等人而言是推动孔教国教化的绝佳机会，不过他们的美梦很快因为袁世凯去世及五四运动的发生而破灭。

眼见中国孔教运动所历经的诸多波折，服部感叹儒教的真精神在辛亥革命之后的中国已经沦丧，唯有日本才能够发扬儒教的"真髓"，他撰写《孔子及孔子教》，[②] 提出"日本式孔子教"的主张，把"阐明孔子的一统主义"视为自己承受的"天命"。他说：

> 儒教的真髓就是孔子教。此真精神在支那久遭遗忘，而今或为三民主义所误，无法继续发扬光大；或因极端欧化思想所影响，几乎完全消失净尽。职是，吾等博览东西文化之士，当发觉孔子教在吾国受到更完整的保存、更广泛的普及时，皆深深叹服我国民卓越的

---

① 服部宇之吉：《孔子教に関する支那人の誣妄を辨ず》，《東亜研究》第 3 卷第 10 号（1913年），页 1—9。
② 服部宇之吉：《孔子及孔子教》，东京：明治出版社，1917 年。

文化建设力。……吾等当同心协力，完成宣扬孔子教的伟大使命。①

他认为中国传统儒教的“真精神”久被埋没，新兴的中华民国又倡导三民主义，很可能令此精神逐渐消失殆尽。并强调孔子的知天命的目的是为了激发“日本帝国的天命”意识，换言之，“日本用东西文明融会的新文明，使东洋的天地打成一片，进而横扫世界，让世界人类都沐浴这种新文明的恩泽之中。”②

在“斯文会”成立后，他更积极以立庙、宣讲、发行杂志等行动来推广“孔子教”。虽然他的行动乍看之下似乎以康有为的尊孔运动为模仿的样本，可是他在理念和主张上，却刻意反驳及批判康有为等人的论调，强调二者“同名异质”，③ 又以中国的“儒教”和日本的“孔子教”的称呼，来表示与康有为等人孔教论有别。④ 他晚年所出版的《孔子教大义——孔子教与支那思想》⑤ 一书，完整陈述了其孔子教主张。在斯文会发行的刊物《斯文》（1919—1945）中，他不间断地发表论文，论述革命之是非，中日忠孝观念之同异，以及发扬日本“国体”、建设“王道日本”之必要等等。如同他在《斯文》创刊号中对斯文会的创设目的所作描述：“赋予儒教新生命，立之为维新时期之权威，以繁盛斯文自任”般，他认为毋须墨守儒教的旧义，而应该随时势的变化加以转换，使之进步。⑥ 他的孔子教论，也是一种尽量不与民主、自由、个人主义等思潮相抵触的，因应政策需要而发展的论述。

---

① 前引《东洋伦理纲要》之《序》。
② 服部宇之吉：《孔子及孔子教》，页75—76。
③ 服部宇之吉：《孔子教的特徵》，《斯文》第4编第3号（东京：财团法人斯文会，1922年6月），页1—8。其中强调康有为等孔教会人士提倡的孔教是把孔子视为宗教家、定孔教为国教，斯文会主张孔教是一种信仰，而反对孔教是宗教，是二者间最大差异所在。不过观之《斯文》诸论，可发现其投稿者未必全盘接受服部的观点，也有人主张将孔子教定立为国教。
④ 服部宇之吉：《東洋倫理綱要》第1编第8章，东京：京文社，1938年。
⑤ 服部宇之吉：《孔子教大義——孔子の教と支那思想》，东京：富山房，1939年。
⑥ 服部宇之吉：《現代に於ける儒教の意義》，《斯文》第1编第1号（1919年2月），页19—36。

在《谈谈孔子》一书的结语中,他说:"孔子之教很早传入我国,与我国固有之德教相融会,一面阐明之,一面维持之。其教于今日尚有生命,绝非已成为过去的历史。虽然于今日生命之有否依如何理解其教而认识不同,但其决非限于一时一地之教。此乃通古今而不谬施中外而不悖万古恒常之教。因此作为孔子之徒,深入了解孔夫子人格与德教的精神与根本,以之修己之身,进而感化统领天下之人,乃当然之务。"[1] 笔者将他所描摹的孔子形象归纳为5点:(1)孔子一尊,(2)支持君主制,(3)反对革命,(4)拥护国体,(5)非宗教性,下文分述之。

三、服部宇之吉的孔子观

(一)独尊的孔子

服部宇之吉借由《周礼》,说明孔子教因孔子"非以儒自居"而得以成立:

> 周礼分为道艺与德行两者,长于德行者是为贤者,亦为师;长于道艺者是为能者,亦为儒。……孔子以仁为根本概念统一道德、集师儒于一身。既已统一道德,又集师儒于一身,自无道理以儒自居。……孔子统一道德,集合师儒,是其对原始宗教所作的改革之一。[2]

换句话说,不论是就统一"道艺"与"德行"而言,或就统合"师"与"儒"而言,孔子都在孔子教的教说里居于首要地位。孔子提出新的论述,所以他既是共同体的祭祀仪礼的延续者(儒),又是共同体的统帅指导者(师)。他以

---

①　服部宇之吉:《孔夫子の話》,东京:京文社,1927年,页303。

②　前引《孔子及孔子教》,页163—164。

"非以儒自居"这句孔子的话来为孔子教的成立佐证，强调这句话意味着孔子教与"原始的儒"不相连续、或者该说与"原始儒教"的境界相异。他认为孔子集原始儒教之大成，并赋予其普遍性：

> 中国的儒教在时代更迭中逐渐赋上各种独特的文化要素，洋溢中华民族的色彩，不容易扩及历史相异、人情不同的其他民族。可谓民族性教义，而非世界性教义。春秋时代，孔子集前代儒教（先圣教义）之大成，将富含民族性的教义转化成能够与其他思想融合的世界性教义，随之流传至东亚诸国，甚至及于现今欧美地区。[①]

服部把孔子教界定为"道"与"德"、"师"与"儒"的统一，并进一步将之扩充为"孔子立教之大旨"，指出此大旨的主要内容为"古来皆将道与德区分为二，至孔子时，进一步将道与德合为一，建立一贯之道，将其本原归于天。并将受到古来的思想领域涵盖其中，将原本隶属于宗教方面、特别是与伦理纲常相关的事物以更广泛的范围来论述"。[②]

由于孔子与其弟子具备上述特质，因此服部将之定义为"孔子教"的成立，或者是"儒教的成立"，可以说他所谓的"孔子教"，是将"儒教的成立"视为"孔子立教"。以"孔子立教"界定"儒教的成立"，目的在于以历史的实态，来掌握儒教之论述体系在中国传布的整体过程。他认为儒教不仅在中国，在包含日本在内的整个东亚，都散发出强大的影响力，甚至扩及欧美地区。

孟子、荀子未能确实祖述孔子之教的主因，是他们都侧重民主思想的宣传，提倡"汤武放伐"和"易姓革命"的思想，因此不仅未能继承孔子的本意，且导致君臣关系的不稳定。而谶纬思想及公羊学的三统说、张三世、异

① 前引《東洋倫理綱要》，页338。
② 前引《孔子及孔子教》，页153。

内外之说，也扭曲了孔子的本意。服部说：

> 公羊学者之说未能妥当征引春秋、也不合乎公羊传的宗旨，因此矛盾破绽尽出，难以弥补，实在荒唐无稽也。当代支那人以此荒诞之说为孔子——春秋之要旨，借孔子之权威为革命之道德准据。因此吾人试图辨公羊学之妄以去其惑。①

此《辨春秋公羊学之妄》文与《辨支那人对孔子教之诬妄》②文都指出何休的《春秋公羊传注》混入谶纬之作，无法尽信，也批判纬书逸离经书的规范、任意发挥，又捏造牵强附会之说，诱惑人心。他认为汉朝的公羊学者以河图、洛书为黄帝授与文王的文献，视为王者受命于天、开启新王朝的唯一征证，借助龟甲兽骨传递这样的讯息，一方面运用此说将孔子神秘化，另一方面也为刘邦、刘秀以武力取得的政权背书，伪造他们受命于天的证据；而清末民初的公羊学者继承其说，变本加厉地将纬书当作"革命改制"说的文献证据加以利用，倡导"自由天授""还政于民"等观念，甚至伪造"革命"说为孔子所提倡、或者"民主共和"为孔子理想的说法，都属诬妄之举、毫无根据；而康、梁、谭之"三世说"均属无稽，应解为"国家主义—国际主义—世界主义"才是；最后他强调"有朝一日，孔子教的势力未必不能彻底颠覆中华民国"。③

（二）支持君主制的孔子

服部引述孔子的"祖述尧舜、宪章文武"之语，指出孔子不取黄帝而祖述尧舜，正表示孔子骨子里主张君主政体。④他引用《左传·宣公二年》的"秋九月乙丑，晋赵盾弑其君夷"来证明孔子作《春秋》的动机在于"正

---

① 《春秋公羊学の妄を辨ず》，《東亜研究》第3卷第6号（1913年），页1—9。
② 前引《孔子教に関する支那人の誣妄を辨ず》，页3。
③ 前引《現代に於ける儒教の意義》，页35。
④ 服部宇之吉：《春秋公羊学の妄を辨ず》，《東亜研究》第3卷第6号（1913年）。

名",又引用《易系·辞传上》的"天尊地卑,干坤定矣。卑高以陈,贵贱位矣"来证明孔子的目的在于"尊王室、抑诸侯,严明君臣之分",故"乱臣贼子惧";① 而《论语·颜渊》的"齐景公问政于孔子。孔子对曰:君君,臣臣,父父,子子"以及《论语·八佾》的"定公问君使臣。臣事君,如之何?孔子对曰:君使臣以礼,臣事君以忠"都说明了孔子以君为尊、以臣为卑的"君臣"观。

此外,他分析了孔子的"知天命"语,指出孔子天赋异禀,又极其好学,"十有五而志于学",必有特殊之抱负,学习修己治人的方法;志学以来三十五载,至五十岁便自觉道德已完备于一身,油然而生出天之恩宠集于吾身之强烈自信,领略天降使命于我,② 这个使命就是为"济民与繁盛斯文",③ 于是奋起而周游天下,为斯民斯文尽力。④ 可惜孟子以后的中国儒者皆无法完整继承孔子真意、宋明理学者之说也与孔子教义不相合。唯独子路所言"不仕无义。长幼之节不可废也。君臣之义,如之何其废之。欲洁其身,而乱大伦。君子之仕也,行真义也。道之不行,已知之矣。"⑤ 最能发挥孔子"君臣之义"的精神,而孙泰山(992—1057)在《春秋》尊王思想的基础上撰写《春秋尊王发微》倡导"大义名分"论,最能把握孔子"尊王攘夷"的要旨。他说:

> 孔子以后儒教数变,宋代以后的理气、性理说虽未必与孔子之教义相符合。唯泰山孙明复的春秋尊王发微说倡导大义名分论,阐明且发挥孔子教的要点。⑥

① 《孟子·滕文公下》:"孔子成春秋,而乱臣贼子惧。"
② 服部宇之吉:《孔子と知天命》,《斯文》第9编第9号(1927年9月),页518—519。
③ 前引《東洋倫理綱要》,页340。
④ 服部认为若把"五十而知天命"作此解,将令"孔子毕生之活动具莫大意义,读论语也因此获致莫大教诲"。见氏著:《東洋倫理綱要》,页341。
⑤ 《论语·微子》第18。
⑥ 前引《東洋倫理綱要》,页338。

（三）反革命的孔子

《易·革》有"天地革而四时成，汤武革命，顺乎天而应乎人"之语。孔颖达疏云："夏桀，殷纣，凶狂无度，天既震怒，人亦叛主，殷汤，周武，聪明睿智，上顺天命，下应人心，放桀鸣条，诛纣牧野，革其王命，改其恶俗，故曰汤武革命，顺乎天而应乎人"，谓天子受命于天，王者易姓。这是服部宇之吉等日本汉学者习惯以"汤武放伐""易姓革命"等词汇表述"革命"的语源。服部以统一"道艺"与"德行"、"师"与"儒"的观点来抬高孔子的地位，在《论语》中求取孔子尊王、忠君、侧重君主制、反对革命的证据，并以"民族性"与"世界性"截断了孔子之教与原始儒教的关联，再以"革命"说在孔子和其后的儒者间设下界线。相反地，他强调孔子的"尊王"思想以及对君主政体的支持与日本固有思想十分切合，因此一开始便广泛受到日本人的接纳，也才得以完全的发挥：

> 吾人亦可由此清楚看出孔子教对吾国之影响。吾国之儒教乃广义之儒教，或谓孔子教。广义的儒教涵盖多种宗教思想，未必与吾民族思想相合。然孔子教以天为人物之主宰、道德之大本，虽然具备信仰的因素，其他方面就只以伦理意义立说，不涉及宗教的意义。这就是为什么孔子教在初入我国时，并未与固有思想冲突，而可以直接同化的原因。……因此吾等认为支那有儒教而无孔子教，日本则是有孔子教而无儒教。[1]

孟子"信奉天命不如孔子之强，以天命自任未如孔子之大"，虽有"君子不怨天不尤人"之语，[2] 言行毕竟与孔子有相当的差距。因此孟子、荀子成为

---

[1] 前引《東洋倫理綱要》，页338。
[2] 《孟子·公孙丑下》："孟子去齐。充虞路问曰：夫子若不豫色然。前日虞闻诸夫子曰：君子不怨天，不尤人。"

中国革命频仍的主因：

> 孟、荀二子之汤武放伐论，虽然在弑君或诛独夫的观点上有所出
> 入，但皆肯认革命思想。中国的历史也再三验证了革命不绝的事实。[①]

按照孟子、荀子的理论，君臣关系的维系基准在于"义"的存在与否。服部
认为"义"是一种任意的、后天的意志，取决于臣民的自由，无法维系君臣关
系的稳定。他强调君臣关系是人伦之本，君臣可以比拟为父子，臣子要如子
女般无条件地服从于君主、恭顺双亲般的仕奉于君主，君主也应以恩、情等
一家之长的态度施德于民。但令人遗憾的是，中国的"忠君"思想淡薄，人
民并没有将君臣关系视同血缘、亲族的关系一般了解和对待，因此革命相继
而起，无法保障政权的永续性。

（四）为"国体"背书的孔子

截断孔子之教与原始儒教以及孟荀等后儒的关联后，服部试图以"国
体"为"日本式孔子教"赋予孔子正统之传的地位。他指出孔子之教移植到
日本之后，熏染上日本色彩，成为"日本式孔子教"，说明对于"万世一系"
的日本而言，现实的支配者——天皇——代代都源自同一个血缘，无形中其
地位便受到保障，维持了安定性。也唯有日本的君臣之道才与孔子教的精
神完全一致，现代中国则违反了孔子的意旨，因此日本人不能就此置而不
顾，必须以发扬孔子教为自我的"天命"。

对于这样的"天命"他躬身力行，除了在斯文会的各项事务上竭心尽
力外，更在颁布教育敕语40周年的1930年，以"醇化国体"的名义，协助
汤岛圣堂的重建以及孔祭的举行。他也不断地在各种场合倡导日本人必须

---

① 服部宇之吉:《儒教に於ける君臣の大義》,《東亜研究》第2卷第12号（1912年），页8—
　15。

对被赋予的"天命"有深刻的自觉,发扬能与万世一系之"国体"相契合的孔子教。[①]

"国体"本身应是个普遍性的概念,世界各国都拥有自己的国体。日本政治学者后藤总一郎却如此形容"国体"在近代日本所产生的作用:

> 在日本近代史上,从来没有一个像"国体"这样的名词和概念,能紧紧地把日本的近代咒缚在黑暗当中。换言之,近代日本的形塑过程,就等同于"国体"概念之创出、形成、实体化,肥大化的历史。[②]

究竟汉语词"国体"的概念经历了怎样的转化过程,又如何把近代日本"咒缚"在黑暗之中呢?

"国体"最早见于《管子·君臣篇下》:"四肢六道,身之体也。四正五官,国之体也",意指君臣父子五行之官,基本上具有"组成国家之要素"的意思;《春秋谷梁传》庄公二十四年有"大夫,国体也"句,范宁注云:"国体谓为君股肱"。《晋书》《汉书》所引"国体",则表示了"国家组织""国家样态""国家之体面"等意。[③]

日本的文献最早可见"国体"一词,是在《古事记·出云国造神贺词》的"出云臣等视远祖天穗比命为国体时……"(出雲臣等が遠祖,天穗比命を國體見に遣はしし時)句,此"国体"读音为"くにかた",意指"国土之

---

① 服部宇之吉:《勅語煥発四十年記念講演会について》,《斯文》第 12 编第 12 号(1930 年 12 月),页 801—802。

② 后藤总一郎:《国体論の形成——その思想史的祖型》,《歴史公論》1997 年 8 月号(东京:雄山阁出版)。

③ 《晋书》列传第 17《傅玄》:"明达国体,朝廷制度多所经综"(《新校本晋书》卷 47,台北:鼎文书局,1980 年,页 1332);《晋书》列传第 26《江统》:"亏败国体,贬损令问"(同上书,卷 56,页 1537);《晋书》列传第 26《简文三子》:"宜崇明国体,以述旧典"(同上书,卷 64,页 1740);《汉书》列传第 54《翟方进传》:"堕国体,乱朝廷之序"(《新校本汉书》卷 84,台北:鼎文书局,1986 年,页 3414);《汉书》列传第 18《贾谊传》:"贾谊言三代与秦治乱之意,其论甚美,通达国体"(同上书,卷 48,页 2265)。

形势"。① 德川时期，"国体"一词经常出现水户学者的著述中，用法多半与
《管子·君臣篇》大同小异。幕府末期，会泽正志斋为了挽救全国性的财政
危机、安定开国后动荡的民心，主张以"国体"强调日本的主体性，寻找起死
回生之路，消弭亡国的危机。他的著作《新论》揭开了近代日本"国体论"
盛行的序章。其"国体"章有言："国之为体，其何如也？夫四体不具，不可
以为人。国而无体，何为国也？"② 可知他所谓的"国体"，沿袭《管子》君臣
篇的定义，也是"国之体""国家的组成要素"的意思。他主张天皇的地位
应在藩国之上，以国家主祭的身份来统合各地的神社，再以神道的典礼祭祀
来教化人民，令"亿兆一心，皆亲其上而不忍离"。③ 这个"以祭为政""以政
为教"的祭、政、教合一体制，是通过以天皇为"天祖"进行祭祀的宗教仪礼
来完成。④ 虽然《新论》充满了封建色彩，不过会泽正志斋最终的目的，是以
全民自发性的服从来取代当权者强制性的支配，达成国家统一。经历了安
政大狱（1858）后，尊王——敬幕的微妙平衡瓦解，民间对幕府的不信任感
加重，吉田松阴（1830—1859）于是提出新的"国体"论，强调"日本国体"
的独特性。⑤ 他以天皇为施政的主体"王者"、幕府为篡夺王权的"霸者"，试
图由"王道政治"的观点把幕府体制由天皇政体中切除。⑥ 吉田松阴理想未
酬而身死，其弟子们在他被处决后完成了他的政治理想，王政复古、明治维
新的成功令"一君万民"的理念成为最高政治准则。

　　到了近代，日本的国体和国民性是日本帝国主义宣扬的核心。维新时
期"国体"的定义虽然一向暧昧不明，却总是予人神圣尊严、不可侵犯的印

---

① 高木武：《「国体」という語の意義に就いて》，收入《国語解釈》第2卷第1号（东京：瑞
　　穗书院，1936年），页2—3。
② 会泽安著，桥川文三译：《新論·『国体』本論》，东京：中央公论社，1974年。
③ 同上。
④ 尾藤正英：《水戶学の特質》，收入《日本思想大系》53《水戶学》，东京：岩波书店，1973
　　年，页565。
⑤ "将皇国之君臣与汉土之君臣同一而论者，余万万不服矣。"（山口县教育会编：《吉田松陰
　　全集（三）》，东京：岩波书店，1939年，页498）。
⑥ 本山幸彦：《明治思想の形成》，东京：福村出版社，1969年，页62。

象，因为它主要被用来讨论日本的建国原理或国家形态。自由民权运动时期，法学家穗积八束（1860—1912）开始在"国体"论中引入"君民同祖"的"家族国家"观（即以天皇为"族父"，日本全民皆其"赤子"），[1] 呼吁官民的亲睦谐和。《大日本帝国宪法》（1890）制定后，随着家族国家观的推广，"国体"观念更加普及，通过法令和制度渗透到日本各阶层。国体论者刻意运用拟宗教式的超自然神秘性，强调天皇世代在血缘上是"万世一系"的，又把平等主义的根据托付于天皇"公平无私"的恩泽之上，把"德治"的内容替换成"一视同仁"，[2] 他们一方面企图以这种血缘关系的同一性来打破江户时期残留的社会阶级，引发举国团结的心态，以克服内忧外患；另一方面他们也主张日本国体在世界上绝无仅有、优越无比，其地位不容侵犯。

拟血缘制的国家原理与"一视同仁"的政治体制其实是一体的两面，天皇既然是天照大神的直系总本家、"现神"，他底下的士农工商，只要属于大和民族，便都同样是天皇的赤子，当然每一个人都有享受"一视同仁"恩泽之资格。拟血缘制国家原理与"一视同仁"的政治体制之所以会成为"国体论"论述的主要内容，就是因为两者具有相辅相成之作用之故。然而"天皇只爱护日本人"这种以血缘的同一性为前提条件的国体式平等主义，和标榜"神爱世人""上帝之下人人平等""普渡众生""人皆可以成佛"等只要拥有信仰而不计较种族、血缘的基督教精神或佛教精神，明显是有冲突的。例如井上哲次郎便曾说明基督教不能见容于日本的国体：

> 基督教信奉唯一神耶稣，因此拒绝崇敬其他任何神明，包括我天皇祖神之天照大神。而我日本国自古存有之神道教义明言天

---

① 换言之：日本是由单一民族所构成的血缘国家，是拥有共祖的后裔。

② 例如著名法学者一木喜德郎便曾经说："在日本，天皇陛下是现神。……天皇对于其下的子民，绝无谁是憎恶，谁较可爱之分。……不论在何处，天皇像太阳的光芒般一视同仁，公平无私。……我们深信，对于所有在国家上方的政治家者，其最重要的德治就是一视同仁，公平无私。"（《太阳·国体特集》第 28 卷第 8 号［1922 年］。）

照大神乃世上最伟大之神明,是皇室之祖神,历代天皇因此成为人
神,受到尊崇。不惟如此,我日本人之伦理道德皆依据皇祖皇宗之
遗训而形成;我国体亦据此原理而存在。故基督教与我国体水火不
相容。[1]

他认为基督教义不涉及国家之事,只重视天国而轻蔑现世,又不重视忠孝道
德,天皇无法享受崇高地位、与各阶层人民的待遇相同,[2] 因此与日本国体水
火不容。

丸山真男却认为国体有如"非宗教的宗教",它的巨大的使命就是"扮
演基督教精神在近代欧美国家形成期的角色",[3] 建构一个"机轴"来把宗教
信念淡薄的日本人心归属合一,天皇是"人神"与日本是"神国"的说法,就
是由此衍生而出。

服部的国体论则刻意忽略孔子对统治者须行使"仁政"的要求,而侧重
臣民有忠诚与服从的义务。然而,过分强调"日本国体"的优越性,一旦走
入极端,便可能演变成自我中心和排他。铃木正幸便指出,国体论之所以具
有强烈的排他性,是因为它是以大和民族为一个政治单位来设计的,它强调
日本人的纯血性,并且在纯血性的前提下提倡施政平等,把异民族排除在
外。所以当日本试图扩张领土或统治异族时,把国体运用在团结国内民族,

---

① 井上哲次郎:《教育と宗教の衝突》,收入《教育時論》第 280 号,东京:开发社,1893 年。
② 陈培丰由"同化"与"平等"的观点讨论近代日本"国体论"的各种面向,指出"国体论"的
主要内容除了在宣扬"君民同祖"、"万世一系"所象征的拟血缘制国家观外,亦表述了某
种"一视同仁"、"公平无私"的政治态势。参见陈培丰:《近代日本の国体イデオロギーと
台湾の植民地统治——上田万年の国語観を中心に》,收入《中国研究月報》(东京:中国
研究所,1995 年 9 月);《重新解析殖民地台湾的国语"同化"政策——以日本的近代思想
史为座标》,《台湾史研究》第 7 卷第 2 号(台北:"中研院"台湾史研究所筹备处,2001 年
6 月),页 1—49。
③ 丸山真男:《日本の思想》,东京:岩波书店,1961 年,页 30—31。他指出德川时期的"国
体"论是通过"上天赋予的超自然知性"来建构,帝国宪法制定后才被赋上近代政治学的
概念,虽然"国体"论的形成过程复杂,各个时期的任务却大同小异,都是扮演"非宗教的
宗教"角色。

则可以发挥极大的作用。[①] 因此上述 “国体” 论在甲午战争到第二次世界大战结束为止的期间达到鼎盛，[②] 试图为日本在东亚的侵略行为寻找合理性的根据。

　　服部也不例外，他引述孟子以 “五霸” 为三王罪人[③] 之语，批评德国的军国主义是假仁义之借口、行武力征服世界之实，连五霸都不及，不可能施行 “王道”，但是日本是基于仁义，实行 “王道” 以维持国际和平，因此培养武力是必要的。更有甚者，他在日本扶植 “满洲国” 后，进一步将 “王道” 解释为天皇统治之道，为 “王道乐土” 的建国理念背书。他主张日本因 “天壤无穷” 的 “皇统” 而能够维持政权的安定，正表示日本的政治传统是最优越的，因此日本在世界中应居特权地位，日本人必须拥护此 “世界无可比类” 的国体，同时借由崇敬孔子的举动，将尊皇的理念推广到世界各国。[④]

（五）非神明的孔子

　　既然佛教、基督教的宗教性都太强，教义也和 “国体” 不合，儒教因此成为较合宜的选择。为了避免儒教中可能的 “革命” 性，服部宇之吉的孔子教试图在对国体的信仰和对孔教的信仰间取得协调，把 “非宗教的宗教”（国体），与 “类宗教的非宗教”（孔教）合并而论。

　　服部认为 “（在民国之前）孔子教维系了中国的统一”，[⑤] 又说中国人 “未以香火祭祀孔子，祈求现世与未来的幸福”，足以显现中国人 “真正能体会

---

① 铃木正幸：《近代天皇制の支配秩序》，东京：校仓书房，1986 年。
② 第二次世界大战战败、日本无条件投降时，向盟军所做的唯一请求就是希望能护持国体。国体对于日本人之意义可见一斑。
③ 《孟子·告子下》：“五霸者，三王之罪人也。今之诸侯，五霸之罪人也。今之大夫，今之诸侯之罪人也。”
④ 服部宇之吉：《满洲国と王道》，《斯文》第 14 编第 5 号（1932 年 5 月），页 1—2。
⑤ 子安宣邦指出服部所言 “孔子以天下一统为理想，并且在一统之世中贯彻孔子之教” 的说法，是 “近代国民国家日本最优秀的支那学者，面对清亡后的新生中国，在孔教中寄托了复杂的期许” 的表征。参见氏著：《「儒教の成立」と「儒教の本質」》，收入《江户の思想》3，东京：ペリカン社，1996 年，页 2—11。

孔子教的精神,尊奉孔子之道";又指出相对于神道、佛教信仰提供了即物式的、现世的救济,儒教基本上不牵涉任何现实利益的企求,而由于孔子并非神明,因此中国人尊崇孔子"伟大崇高的人格",代表了中国人已经正确地把握到儒教的精神。

因此我们可以了解为什么服部要再三强调其主张的"孔子之教包含了哲学性、伦理性、政治性的意义,而无宗教性在内",[1] 故而与康有为等人的孔教本质不同:

> 孔教会的成员们如果没有看到孔子在宗教家方面的身份,就无法真正看到孔子之大。……吾等虽将孔子教立于宗教性信念上,但却不将其视为宗教。此点与孔教会成员们之见解有极大的出入。[2]

他认为没有必要再给予孔子任何"谥号或人爵"之称谓,孔子就是"至圣先师",而不是神;[3] 主张"孔子教的中心在孔子的人格""孔子的身体就是孔子之道的体现",是孔子之教至今保持生命的原因;进一步在晚年之作[4]《孔子教大义》中指出:

> 吾人所谓的孔子教,与民国五、六年前后的中国在宪法问题层面争论是否应为国教的孔子教,以及欧美学者所提的Confucianism三者之间,究竟是否意义完全相同? 抑或同名异义? 有必要进一步

---

① 前引《東洋倫理綱要》第 2 编第 5 章。

② 服部宇之吉:《孔子教の特徵》,《斯文》第 4 编第 3 号(1922 年 6 月),页 1—2。

③ 服部宇之吉:《孔夫子に对する崇敬》,《斯文》第 10 编第 8 号(1928 年 8 月),页 1—25;以及服部宇之吉:《聖堂の復興に就いて》,《斯文》第 12 编第 5 号(1930 年 5 月),页 1—4。

④ 《儒教伦理概论》是在 1941 年出版,服部的自序所附的年份为 1939 年 5 月。而《孔子教大义》的序文则是在前述自序年份作成一个月后,也就是在 1939 年 6 月时写成。另外阿部吉雄亦于《服部宇之吉先生著『孔子教大義』》(《斯文》第 22 编第 1 号)指出此书"恐怕是博士之绝笔,博士将此书赠世后便溘然长逝"。

说明。……孔子教不是阳明所见之孔子教，也不是程朱所见之孔子教，更不是汉唐学者所见之孔子教，唯有除去后人所附加的解释，将其赤裸裸地呈现出来，才是真正的孔子教。也唯有如此，吾等所谓的孔子教才与支那的孔子教归为同一。[①]

他再三声明后儒对孔子之说的解释都是穿凿附会，唯有日本的孔子教才符合"赤裸裸"的孔子教诲，把握孔子真意。所谓"赤裸裸"的孔子之教，在服部眼中，自然是以忠君、爱国、赞同君主制反对民主制为要，在日本"万世一系"的国体中才获得保障，也才能遏止"汤武放伐""易姓革命"的发生。

综而言之，《教育敕语》是为了重建村落传统秩序而发布的，要求每个臣民服从天皇的教化而成就道德；服部则在此基础上，通过对"孔子教"的提倡而试图将天皇巩固为唯一的道德权威，统合臣民。在这个意义下，服部的"孔子教"变成了统合日本人意识形态的手段之一。

四、结语

《孟子》的"王道"论与"放伐"论互为表里，公羊学的本质也是以"王道政治"为理想。孟子的王道论，主要是希望具备安民能力的"王者"出现，稳定天下秩序。[②]担负此责任的"王者"，是怀抱"不忍人之心"，以这样的内在道德为基础施行"仁政"并获得民众支持，将社会由混乱归于秩序、统一天下的人物。公羊学王道论，由《春秋公羊传》的"夷狄进而至爵"或"王者

---

① 前引《孔子教大義——孔子の教と支那思想》第 1 章《孔子教とは何か》。
② 孟子的王道论参见武田耕一：《『孟子』の「聖人」諸説話と王道論の相関》，二松学舍大学《人文論叢》第 51 辑（东京：二松学舍大学人文学会，1993 年）；松浦玲：《「王道」論をめぐる日本と中国》，《東洋学術研究》第 16 卷第 6 号（东京：东洋哲学研究所，1977 年），页 1—17；黄俊杰：《孟子的王道政治论及其方法论预设》，《台湾大学历史学系学报》第 16 期，台北：台湾大学历史学系，1991 年 8 月，页 47—62。

欲一乎天下"①等语可知,是试图通过王道达到其一元支配("大一统")的目的。②纵使《孟子》与公羊学都以王道政治为终极追求,但相对地,正如《易经》的原理"亢龙,有悔"般,王朝不见得会永远繁荣。"易姓革命"作为天的理法,其中已经预测新王朝必然出现。

上述"王道"论的理念依据与"皇统"要求绝对及永恒的主张,彼此间本来就有很大的矛盾。因此德川末期主张尊皇的水户学者藤田幽谷、会泽正志斋分别展开了"正名"和"国体"的论述,吉田松阴也提出"尊王"论,③服部宇之吉"孔子教"论便是在这些论述的基础上发展的。他强调孔子教非宗教,排除孟子、荀子与公羊学者在"圣学"的传承之外,讴歌"王道政治"。他之所以否定孔子教的宗教性,是因为在《大日本帝国宪法》规定皇室将取代宗教成为国家机轴的原则下,必须将儒教限定于"德教"的范围内,同样地,孔子不能是神,因为天皇既然是立宪体制下国家神道的司祭者,便不可能建筑天坛以主祭身份祭孔。主张孟子、荀子以降的儒教与"孔子教"之间并无关联,是要杜绝革命论的存在,而"王道政治"最后竟成为日本侵略东亚的幌子。

服部宇之吉的"孔教"论,约晚康有为10年,并且深切意识着康有为之论,意图进行批判性的修正。

康有为撰著《孔子改制考》,将何休等人以"衰乱——升平——太平"解释的三世说内容,改以"处乱——升平——太平"解之,巧妙地把公羊学的尚古式回归史观转换为近代式的进化史观。④康有为尝试基于这样的史观,

---

① 《春秋公羊解诂》,隐公元年"夷狄进而至爵",成公十五年"王者欲一乎天下"。
② 公羊学的王道论参见滨久雄:《中国思想に占める公羊学の地位》,收入氏著:《公羊学の成立とその展開》,东京:国书刊行会,1992年,页17。
③ 参照藤田幽谷的《证明论》、会泽正志斋的《新论》,以及吉田松阴的《讲孟札记》。
④ 梁启超的"三世六别说"(多君为政之处乱世——一君为政之升平世——民为政之太平世),以及谭嗣同的"两三世说"(洪荒太古之太平世——君主出现之升平世——孔子至清末乃君统之处乱世——三代君统之处乱世——地球大一统他的弟子之升平世——全地民主之太平世)都是类似的论法。

把封建君主政体推向立宪君主制之路, 也成功地劝进光绪帝发动戊戌变法。他充分利用今文经学所具有的解释广泛性和浓厚的神学色彩, 来强调孔子的圣王身份, 主张孔子的权威超越了与王权, 来自上天、也由上天所保障。[①]他的理论根据是东汉末期的纬书《演孔图》所述孔子诞生神话, 把孔子打扮成超越世俗王权、君临大地的救世主, 呼吁儒教徒应体认孔子的伟大, 尊奉孔子, 奋起为传播孔子教义而努力。可以说, 他改换了经书解释的坐标轴, 创作了孔子(改制者)——康有为(变法者)的方程式; 把一介布衣的孔子拟作改制者, 将黔首变身为变法者。他强调《春秋公羊传》《易经》《礼记·礼运》《春秋繁露》皆蕴含"革命"的微言大义, 从中摘取适当的理论为变法自强提供根据。在康有为眼中, 辛亥革命的结果代表着"我中华五千年文明"的崩坏, 中华民国只是带来"暴民专制", 社会犹如堕入无政府状态。因此他主张要"保国"须先"保中国魂", 所谓的"中国魂"就是"孔子之教"。[②]

服部提倡"孔子教"的时期, 也正是天皇体制的确立期, 天皇信仰居于所有价值体系之上。在国家神道的体制下, 全国的日本民众不问信仰, 都应该做天皇的信徒。日本国民的唯一"正统", 就是对天皇制意识形态展现绝对的忠诚, 否则就是叛逆, 成为"异端"。因此汉学者须将儒教思想中不符合天皇制国家主义的要素排除, 或是改换其内容, 才表明对"正统"的忠诚。服部之提倡"孔子教", 采取更积极、自发的态度, 从儒教中找出能与神圣化天皇及国家等价值体系相合的要素, 并将儒教编入正统思想之架构内。他主张"孔子教"是收拾混乱的国家秩序的有效手段之一, 致力于发掘儒教教义中令人意料未及的可适性, 充分发挥实利实用的一面, 提供给执政者。

服部的"日本式孔教", 不仅扣紧在两个关键性思维, 即"革命"和"国

---

① 康有为:《孔子改制考》, 上海:上海书店, 1992 年, 序。

② 康有为:《中国学会报题词》,《孔教杂志》第 1 卷第 2 号(上海:孔教杂志社, 1913 年), 页 45。

体"之上，也承继了井上哲次郎"以伦理代宗教"的观点，将孔教定位为一种伦理运动，或一种立于德教的运动。主张由"孔子之教"发展而来的"儒教"，是一种"德教"；盛赞孔子不同于其他的宗教家，既不陷于迷信、表现神怪的荒诞无稽，而重视现实的伦理道德，又不流于功利主义，立足于道德主义。他认为这种超功利的崇高、平凡中的非凡，正是孔子的优点所在。

作为汉学界龙首的服部宇之吉在正统和异端、中国和日本、异国和国粹、普遍和个别等两极的概念中，毫不犹豫地选择了日本优位的立场。他的抉择不难理解：消极而言，他认同天皇制之"正统"架构的价值；积极而言，在自由民权运动撼动了天皇制国家的精神价值之际，他选择孔子之教来继绝存亡、为政统护符。他的"孔子教"也因此无法摆脱现实政治的制约，亦无法累积制度性的社会力量。但这种实践性极强的儒教主张，确实主导了明治中期到昭和中期的汉学走向，蔚为一时之风。

朝鲜、越南篇

11　朝鲜时代君臣对话中的孔子与《论语》

——论述脉络与政治作用（14—19世纪）*

黄俊杰**

一、引言

　　东亚儒家经典诠释传统的重大特征之一，就是经典的解释者在"诠释"经典的同时，也在"运用"经典及其内容，使经典的文义对当代产生撞击。①许多东亚经典解释者常假设经典作者的意旨是可以被解明的，他们常通过对于历史悠久的经典的诠释，为自己的现实处境定位，并策划未来的行动纲领。在东亚经典解释行动中，解读经典、回顾"过去"乃所以温故知新、定位"现在"，并策励"未来"。他们的解经活动实以当代的经典解读者作为主体，他们的解经活动所彰显的是读者的主体性。

　　在上述"诠释即运用"的东亚思想传统之下，儒家经典的解释者常常在

───────────

*　本文初稿刊登于张伯伟编：《域外汉籍研究集刊（第七辑）》，北京：中华书局，2011年，页3—14，收入本书曾略加修订。

**　台湾大学讲座教授。

①　艾柯（Umberto Eco）曾指出"诠释文本"（interpreting a text）与"使用文本"（using a text）之间的区别。参看艾柯等：《诠释与过度诠释》，王宇根译，北京：生活·读书·新知三联书店，1997年，页83，但是，在东亚经典解释传统中，"诠释文本"与"使用文本"常常交织为一，不另区分。

政治领域中交锋,也在政治脉络中开发经典中潜藏的现实政治涵义。在东亚儒家解经传统中,"权力"在经典解读中发生着巨大的作用;而且,在东亚历史的权力结构发生巨变的转型期中,如中国的春秋战国时代、秦末汉初、魏晋南北朝、隋末唐初、唐末五代、宋元之际、明末清初、清末民初等,日本的德川初期、幕末维新时期,朝鲜王朝末期等关键时期,经典解释均与权力转移以及政治秩序的变动,发生密切互动之关系。①

最能彰显儒家经典诠释与政治权力结构的相互渗透关系的,莫过于东亚各国君臣对话中对孔子(公元前 551—前 479)思想的引用与讨论。本文写作之主旨即在于分析 14—19 世纪朝鲜宫廷中君臣对《论语》义理的论述,探讨双方论述的脉络及其论述的含义。

在进入本文主题之前,我们必须先说明 14 世纪以降朝鲜的社会与思想的特质。朝鲜时代(1392—1910)的社会特征在于父系结构的亲族系统备受重视,社会阶层明确。朝鲜社会的上层阶级"两班",虽然人数相对稀少,但几乎垄断了政治、经济、学术方面的资源和官职,形成贵族治理的社会形态。"两班"以下是"良民"或"善民",负担赋税、军事、劳役等责任。朝鲜时代初期,"两班"和"良民"的界线其实不算严谨,"良民"并不被排除在应考资格以外,担任官职者亦时有所闻。然而经过一个世纪的发展,阶级分化使得"良民"处于"两班"之下,仕途开始受到限制,都市地区愈来愈多的"良民"凭借着经济活动而成为社会的新贵。从 14 世纪开始,朝鲜社会、政治与思想都深深地浸润在儒家价值理念之中,也受到儒学的转化。社会上层阶级"两班"既是儒学的推动者,又是中央权力的掌握者,在地方上也有巨大影响力。儒家在朝鲜时代几已成为国家信仰。②从 14 世纪初期开始,中国与朝鲜半岛的儒学交流更为密切,朝鲜人在元帝国的首都大都中举人

---

① 参看黄俊杰:《东亚儒学:经典与诠释的辩证》,台北:台大出版中心,2007 年,页 76。

② 参考 Martina Deuchler, *The Confucian Transformation of Korea: A Study of Society and Ideology* (Cambridge, Mass and London: Council on East Asian Studies, Harvard University, 1992), pp. 3–27。

数大幅增加, 反映出朝鲜儒学已相当发达, 而在中国中举的朝鲜学子, 除了学术成就受人肯定, 为家族博得显赫名声之外, 无形中更强化了朝鲜社会的儒家精英主义。朝鲜儒者深信《五经》乃先王之圣典, 经世之大要皆大备于斯, 唯有精研先王之教, 政治革新才能落实;《四书》(尤其是《大学》), 则被视为新儒家思想精义之所在, 上自君王, 下至臣属, 人人必须熟读; 此外,《性理大全》涵盖了宋代新儒家的形上学、修身与礼法之学, 也深受朝鲜学者重视; 而朱熹(晦庵, 1130—1200)的《近思录》与《四书集注》也成为朝鲜儒者必读之经典。①

二、政治脉络中朝鲜君臣的《论语》论述及其得失

从 14 至 19 世纪朝鲜历代皇帝《朝鲜王朝实录》的资料来看, 朝鲜君臣(1)常在政治脉络中对孔子思想与《论语》进行政治性的解读;(2)常从《论语》中开发出经典对现实政治的意涵, 尤其是儒者常因文寓谏, 企图通过对《论语》解释权的掌控而导引当前政治走向;(3)但是, 朝鲜君臣对孔子思想与《论语》所进行的政治性解读, 常常遗漏孔学思想世界中具有超越性与普遍性意义之思想内涵。我们接着举例析论上述 3 项论点。

(一)在政治脉胳中解读《论语》

在朝鲜时代的宫廷里, 朝鲜君臣将《论语》中的义理, 放在他们所身处的政治情境中解读, 并开发《论语》的当代政治意涵。这种政治性的阅读, 在 14—19 世纪的历代《实录》中一再出现。

这种政治性的解读, 常可以开发《论语》中潜藏的意涵。例如定宗(李曔, 初名芳果, 1398—1400 在位)元年(1399)1 月 7 日的《定宗实录》云:

---

① Martina Deuchler, *Op.cit.*, pp. 89-128.

御经筵。知经筵事赵璞进讲《论语》，至《仍旧贯如之何》章曰："此欲人君罢土木劳民之役也。"上曰："土木之役，已罢矣。忠清道监司李至，请除宫城盖茨。余思之，中外民贫，不能赍粮，国无所储，又不能给。盖茨转输之际，其弊不小，是害吾民也。当此之时，一切营缮，皆所当已。况宫城盖茨乎！是以从其请。"璞对曰："殿下此言，诚吾民之福也。"①

定宗与赵璞（1356—1408）所讨论的是《论语·先进·一四》：

鲁人为长府。闵子骞曰："仍旧贯，如之何？何必改作？"子曰："夫人不言，言必有中。"②

赵璞从《论语》中开发出"此欲人君罢土木劳民之役也"的当代政治新意涵，颇能为《论语》建立当代相关性。在《论语》原典中，闵子骞（名损，公元前536—前487）的话是针对"鲁人为长府"而发，所以14世纪的赵璞对定宗说这一章的原意是要求"人君罢土木之役"，既符合原典意义，又切中当时朝鲜政治事务，可称善解。

在有些对话场合中，朝鲜君臣的《论语》解读，也可以确认或巩固孔子的意见之政治意义。例如纯祖（李玜，在位于1800—1834年）7年（1807）11月21日的《纯祖实录》云：

戊午／昼讲。讲《论语·民无信不立章》。上曰："兵、食、信三者之中，如当临阵对敌之时，迫不得已而当去之，则何者当先乎？"

---

① 《朝鲜王朝实录一·定宗卷一·元年（1399）己卯正月》，首尔：东国文化社，1955年（以下所引历朝《实录》均同此版本），页1—2，总页143a—143b。
② 朱熹：《论语集注》，收入《四书章句集注》，北京：中华书局，1983年，页126。

特进官金履永曰："汉于长坂之战，兵、食乏绝，而江陵士卒十余万，男负女戴，不叛而来者，以其信故也。"上曰："非此之谓也。如汉高帝之在围之三匝之中，事出急遽，命在顷刻，当溃一面潜出之际，必不得已而有所去于三者之中，则何者当去乎？"侍读官徐有望曰："虽当如此之时，信则尤不可去矣。"①

纯祖与金履永及徐有望（1766—1833）的对话围绕的是《论语·颜渊·七》子曰："足食，足兵，民信之矣"这一章，孔子以"自古皆有死，民无信不立"作结。朝鲜纯祖的侍读官徐有望确认孔子原意应是"信则尤不可去矣"。这样的解读与《论语》原意若合符节，《论语·子张·一〇》子夏曰："君子信而后劳其民；未信，则以为厉己也。信而后谏；未信，则以为谤己也。"这一段话，正可以作为孔子原意之最佳批注。

但是，在多数场合中，历代《实录》所见的朝鲜君臣对话，常不免有窄化或过度诠释《论语》之嫌。举例言之，《论语·子张·九》中子夏曰："君子有三变。望之俨然，即之也温，听其言也厉"这一段曾经成为朝鲜君臣对话的主题，中宗（李怿，在位于1506—1544年）15年（1520）闰8月17日的《中宗实录》云：

> 御夜对，讲《论语》。侍读官黄孝献曰："君子有三变之言，反覆见之，其意甚好。望之俨然，即之也温，听其言也（确）〔厉〕，此人君之所当勉也。……臣观自上威仪之间，可谓至俨矣，而但欠温和之气，接对群臣之间，只率循常之例，而未见有论难之事。夫君臣之间，如父子之亲，上和颜而接待之，则下亦乐于进言矣。自上春秋虽盛，然自今始为圣学之功，未为晚也。"……上曰："君臣之间，俨、和、（确）

---

① 《朝鲜王朝实录四十七·纯祖卷十·七年（1807）丁卯十二月》，页47—48，总页594b—595a。

> ［厉］三字，宜兼有之，但君臣之间，非如常人朋伴之间，故其情意，
> 未能相孚也。此则其势使然也，非故为过严也。"……孝献曰："……
> 大抵君臣之间，虽主于严威，而以和柔相可否，亦可也。"上曰："信之
> 于人大矣。古之人无信不立。今者法不信于民，号令朝立夕变，国家
> 法章，易为变更。自古云：'朝鲜之法只三日。'其不信甚矣。"①

在以上这段对话中，侍读官借《论语》所描述的孔子"君子三变"之说，要求
中宗对臣下应"和颜而待之"，中宗则答以"君臣之间，非如常人朋伴之间"，
词意和缓，但微妙地表达了君臣之间的权力关系。从一方面来看，这段君臣
对话将《论语》原典中作为人格典范的"君子"（特指孔子）解释为"人君"，
固然是对《论语》意涵的窄化，但是从另一方面来看，将"君子三变"放在君
臣相与之际的政治脉络中解读，则又有将原文中潜藏的德行意义加以过度
解释的现象。

　　朝鲜君臣在政治情境中既诠释而又运用《论语》这部经典，其实是东亚
思想史中常见的现象，这主要是因为儒家经典皆以平治天下为其鹄的，有其
强烈的经世取向；而历代东亚儒者大多同时身兼儒者与官员的双重身份，他
们在王权至上的东亚各国权力网络之中，"政治的自我"特别彰显，他们的
经典诠释事业遂不能免于与权力巨灵的纠葛。②不仅朝鲜儒者运用《论语》
以讽谏国君，中国汉代君臣对话也屡见在政治脉络中引用儒家经典的史例。
例如西汉成帝（刘骜，在位于公元前33—前7年）时，翟方进（字子威，？—
公元前7年）在宫廷政治斗争中攻击政敌，就引孔子所说"人而不仁如礼
何！人而不仁如乐何！"以攻讦政敌之"内怀奸猾，国之所患"。③我们可以

---

① 《朝鲜王朝实录十五·中宗卷四十·十五年（1520）庚辰闰八月》页22—23，总页683b—
　　684a。
② 黄俊杰：《论东亚儒家经典诠释与政治权力之关系：以〈论语〉、〈孟子〉为例》，《台大历史
　　学报》第40期（2007年12月），页1—18；Chun-chieh Huang, *East Asian Confucianisms:
　　Texts in Contexts* (Göttingen and Taipei: V&R Unipress and National Taiwan University Press,
　　2015), chapter 1, pp. 25—40。
③ 班固撰，颜师古注：《汉书》卷84《翟方进传》，北京：中华书局，1982年，页3419—3420。

说：在东亚各国的宫廷中，在政治脉络中解读经典是君臣对话的常态。

（二）从《论语》中提出对当代政治的主张

朝鲜时代君臣讨论《论语》思想内涵时，臣下常常随文发挥、因文讽喻，发掘《论语》的现代启示，提出自己对当代政治事务的具体主张，较为重要的有以下几件。

（a）不同地域的人才之争。肃宗元年（1675）4月23日《肃宗实录》记载：

> 辛亥／御昼讲，讲《论语·举直错枉章》。李夏镇曰："今日用一直言者，错一不直言者，明日用一直言者，错一不直言者，又明日如是，则直者自进，不直者自退，朝廷岂不清明乎？"权愈曰："不必讲他章，只此一章足用矣。"金锡胄曰："任贤去邪，皆属于知人。知人然后，能知枉直之所在。不能知人，则有以直为枉，以枉为直之弊。当今人物眇然，且有外忧，须察人才而用之。"时，上以西人为枉，南人为直，故夏镇进说于上，请日日错西人一人，举南人一人，愈又言不必讲他章也。西人余存者，夏镇、愈等欲尽去之，以此为妙计，锡胄恶之，请以知人为先也。夏镇等于筵席，为此等言，张善澂、金万基及锡胄，时或辨之，上不省也。①

肃宗与李夏镇（1628—1682）、权愈（1633—1704）所讨论的是《论语·为政·一九》：

> 哀公问曰："何为则民服？"孔子对曰："举直错诸枉，则民服；举枉错诸直，则民不服。"②

---

① 《朝鲜王朝实录三十八·肃宗卷三·元年（1675）乙卯四月》页39，总页268a。
② 朱熹：《论语集注》，页58。

李夏镇在阅读《论语》时，将孔子所说"举直错诸枉"的普遍性用人原则，落实在17世纪下半叶朝鲜宫廷中不同地域出身的人才之争的特殊情境之中，并具体建议肃宗在宫廷中斥退西部之人，提拔南部之人。

（b）李珥（1536—1584）从祀文庙问题：

李珥从祀文庙争议，与朝鲜宫廷的党争相终始。韩国的文庙制度始于新罗时代的圣德王16年（717），但朝鲜儒者之配享文庙则始于高丽后期忠烈王6年（1319）配享安珦，此后朝鲜中宗12年（1517）配享郑梦周，光海君2年（1610）配享金宏弼、郑汝昌、赵光祖、李彦迪、李滉，肃宗7年（1681）配享李珥、成浑，肃宗43年（1717）配享金长生，英祖32年（1756）配享宋时烈、宋浚吉，英祖40年（1764）配享朴世采，正祖20年（1796）配享赵宪、金集、金麟厚等，14—18世纪一共配享18位朝鲜儒者，但是在这18位朝鲜儒者中，只有李珥与成浑是配享之后被黜、之后再配享的。[①]

仁祖元年（1623）西人在政治上占上风，开始与反对李珥配享文庙的东人党争论李珥的文庙配享问题。仁祖13年（1635），西人与南人之间对这个问题争议尤烈。到了肃宗15年2月（1689），西人在政治上失势，南人跃登政治舞台，李珥与成浑被黜享。肃宗20年（1694），随着西人政治上得势，同年5月朝廷决定李珥再配享。总之，李珥的文庙配享与黜享，与朝鲜宫廷党争关系密切。[②]

这件事也在朝鲜君臣的《论语》阅读中发酵。《仁祖实录》云：

> 上朝讲《论语》于文政殿。……特进官柳舜翼曰："人君当崇儒、重道、贲开、文治，故古有投戈讲艺、息马论道者。况今拭目新化之

---

① 金相五：《黨爭史의立場에서본李珥의文廟從祀問題》（从党争史的立场看李珥的文庙从祀问题），《全北史学》4（1980年12月），页175—187。承郑墙漠博士协助解读韩文，敬申谢意。
② 同上。

时,尤当崇奖儒术,先贤李珥从祀文庙,则士论洽然矣。"上曰:"文庙从祀,所关重大,不可轻易为之。"承旨闵圣征曰:"事若不可为,则虽久难从;事若可为,则何必持难!"侍读官李敏求曰:"李珥非凡儒,宜速从祀。圣上不知李珥学问浅深,故以轻易从祀为难。若取览其文集,则可知其学问之所造矣。"检讨官俞伯曾曰:"李珥从祀,乃一国公共之论,而第缘曩时公论不行,故迄未举行。臣意则虽不见文集,速许从祀宜当。"敬舆曰:"从祀李珥之请,实出公论,圣上必已闻之矣。圣学高明,其文集,或者曾已取览矣。目今义理晦塞,道学不明,士子之趋向未定,宜速快从,使一国士子,知其趋向。"①

仁祖朝的儒臣企图从对《论语》的解读中提出以李珥从祀文庙之具体主张。

(三)朝鲜君臣的《论语》诠释之得失

从本节所讨论朝鲜君臣"诠释即运用"的《论语》解读实例之中,我们可以发现:14—19世纪约500年间,朝鲜君臣常从他们时代的角度进入孔学的思想世界,他们怀抱着自己时代的问题叩问孔门师生,向孔门师生求取答案以解决他们时代的政治问题。

这种经典阅读与诠释的方式,最大的长处在于使孔子思想与《论语》不再是博物馆里的木乃伊,而是读者可以进入的图书馆,读者可以倘佯于《论语》的思想世界之中,携古人之手,与古人偕行。

但是,朝鲜君臣对《论语》所进行的当代政治解读,却将孔学世界中诸多具有普世意义的道德命题,转化成为当代政治斗争而服务的工具,陷入某种"政治化约论"(political reductionism)而不自知,诚可谓买椟还珠,

---

① 《朝鲜王朝实录三十三·仁祖卷一·元年(1623)癸亥四月》页35,总页518a。

未得其小，先失其大。举例言之，《论语·颜渊·一○》："子张问崇德、辨惑。子曰：'主忠信，徙义，崇德也。爱之欲其生，恶之欲其死。既欲其生，又欲其死，是惑也。诚不以富，亦祇以异。'"[1]孔子回答子张的问题时，是针对"崇德辨惑"而提出普遍道德命题，但17世纪下半叶朝鲜君臣阅读这一节《论语》原典时，却将它转化成政治上排斥异己的合理化理由。肃宗元年（1675）4月16日《肃宗实录》云：

> 御昼讲，讲《论语·崇德辨惑章》。知事金万基曰："凡人之情，于其所爱者，虽有过误而蔽不能知，于其所恶者，虽无罪而亦不能察，至有抱冤之人，人君之好恶尤大。……崇德、辨惑两言，圣人工夫最切处，人君尤宜省也。"上曰："唯。"万基之言，讽谕深切，副提学洪宇远等，甚厌恶之。宇远以捧成虎锡疏，请推考承旨，仍言："宋时烈死有余罪，而特用宽典，置之德源，今犹自以为是。一边公卿、重臣及台阁之臣，庇护时烈，退处不仕，污秽朝廷，有若为时烈立节，自古岂有如此时乎？宜以严旨责之，不可下温批也。"宇远老衰，常时言语，仅能出口，至是，辞气暴勃，声震一筵。[2]

从撰写《实录》的史臣所说："万基之言，讽谕深切"一语，可以推知金万基（1633—1687）所发挥的孔子"崇德辨惑"之旨确有明确的指斥的政治对象，而不是作为一般道德原则提出。

三、古与今的对话：《论语》在朝鲜宫廷中的政治作用

现在，我们进一步讨论《论语》在朝鲜宫廷中所发挥的政治作用。从历

---

① 朱熹：《论语集注》，页136。
② 《朝鲜王朝实录三十八·肃宗卷三·元年（1675）乙卯四月》页33，总页265a。

朝《实录》所见的史料看来,《论语》这部经典在朝鲜时代约 500 年之间,大致发挥了两种类型的政治作用:(1)引导性(orientative)作用,(2)评价性(evaluative)作用。前者指在朝鲜君臣对话中,儒臣引用《论语》以引导当前现实政治的行动或决策;后者指儒臣常引用《论语》内容以评骘当代政治人物。我们接着讨论这两种类型的政治作用及其在现实政治语境中的操作。

(一)引导性作用

朝鲜时代儒臣引用《论语》以讽喻国君,企图引导当前政治动向之实例甚多,最具有代表性的是宣祖(李昖,在位于 1567—1608 年)2 年(1569)的例子。1569 年 4 月 19 日,宣祖在文政殿听奇大升(1527—1572)讲《论语·卫灵公篇》,奇大升说:

> 古人之言,虽指一偏,固当比类而观。若圣人之言,则上下皆通矣。双峰饶氏出注处多,而古人以为:"饶氏善于出注,而自得则少云。"好货好色之言,于《孟子》亦有之。①

奇大升在对宣祖讲《论语》时,批判饶鲁(字伯舆,一字仲元,1194—1264)之说,出自于饶鲁对《论语·宪问·二二》"子路问事君。子曰:'勿欺也,而犯之。'"的解释。朱子注这一段文字云:

> 犯,谓犯颜谏争。范氏曰:"犯非子路之所难也,而以不欺为难。故夫子教以先勿欺而后犯也。"②

朱注解"犯"字为"犯颜谏争",但饶鲁进一步推衍朱注云:

---

① 《朝鲜王朝实录二十一·宣祖卷三·二年(1569)己巳四月》页 6,总页 204b。
② 朱熹:《四书章句集注》,收入《朱子全书》第 6 册,上海:上海古籍出版社、合肥:安徽教育出版社,2002 年,页 194。

　　事君以不欺为本，然不欺甚难，须是平日于慎独上实下工夫，表里如一，方能如此。今人自家好色、好货，却谏其君勿好色、好货，皆是欺君。①

饶鲁强调"事君以不欺为本"，并主张只有臣下本身表里如一，才有资格谏诤皇帝。饶鲁的说法明显地较朱注"犯颜谏争"退却而有屈服于皇权之嫌，从而引起了朝鲜儒臣的注意。尹根寿（1537—1616）说"君臣之间，如家人父子，情义至重。君有一事之误，一念之差，或言官、或侍从，皆当规谏。若待吾身无过，然后始得以谏君之过，则人无过者鲜矣。非孔、孟、程、朱，则何得以谏（若）〔君〕哉？特以情意切迫，故见君之过，不得不谏。其身虽不能不为好货好色，而固当谏之。饶氏之言极为误矣"，②企图保住儒臣的谏诤权。奇大升进一步发挥尹根寿的意见，并主张皇帝不必泛观杂书，他说"我世宗晚年，不见辑注，凡四书，只印大文大注而览之"，③主张回归《论语》原典与朱子集注，力争谏诤权，以巩固儒臣作为皇帝的道德导师之角色。

　　从以上这一个朝鲜君臣有关《论语》及其批注的细腻的对话，我们看到了《论语》在朝鲜时代的宫廷政治中所发挥的引导性的作用。这种引导性的作用，在 16 世纪朝鲜朱子学大师李滉（退溪，1502—1571）在经筵为宣祖进讲《论语》时，也获得充分发挥。1568 年 8 月 1 日《宣祖修正实录》记载：

　　上御经筵。李滉入侍，因讲《论语》"假我数年，卒以学《易》，则可以无大过矣。"及其注"学《易》则明乎吉凶消长之理；进退存亡之道。"仍推衍其义，进启曰："姑以干卦言之，上九，位已亢极，故贵而无位；高而无民，有亢龙有悔之象。人君若以崇高自处，简贤自

---

① 胡广：《论语集注大全》，收入严灵峰编：《无求备斋论语集成》卷 14《宪问 14》，台北：艺文印书馆，1966 年，第 7 函第 6 册，页 27。
② 《朝鲜王朝实录二十一·宣祖卷三·二年（1569）己巳四月》页 8，总页 205a。
③ 同上。

圣，独知驭世，无下下之意，则应此象，而有穷之灾。人君知此，则可以无大过矣。"翌日又别为札记以进，上曰："警戒之言，予当日以为戒。"①

李滉所讲的是《论语·述而·一七》子曰："加我数年，五十以学易，可以无大过矣"这一段经文。李滉顺着朱注《易》道明乎"进退存亡之道"，而进谏宣祖应以此自警。李滉在深受宣祖信任，望重一方之时，"在经筵，随事陈戒，台谏之启，或不从者，皆右之，上无不从之"，②企图通过对《论语》的解释，而导引宣祖以《易》道自惕。

（二）评价性作用

其次，《论语》经文也常被朝鲜儒臣引用以臧否人物，发挥评价性的作用。这样的例子通贯朝鲜时代屡见不鲜，我们举其一例概其余。

1520 年 9 月 13 日《中宗实录》记载：

御夕讲，讲《论语》。特进官金世弼曰："此云：'君子之过也，如日月之食，过也，人皆见之，改也，人皆仰之。'人非尧舜，何能每事尽善？虽匹夫，有过则要思改之。况人主处亿兆之上哉？人主过而能改，则百姓之仰之，岂啻若日月之光明乎？近来朝廷更化之事，多矣。虽变，而岂能尽得其中哉？去五六年间，自上锐意思治，新进喜事之人，争以好古之说见用，而变更祖宗旧章，从此乱焉。大臣虽见其弊，而不敢发言，其弊至于上下乖离，情意不通，终莫之救。不得已而朝廷处置改变，然岂能得中而无后弊哉？"③

---

① 《朝鲜王朝实录二十五·宣祖修正实录卷二·元年（1568）戊辰》页 10，总页 412a。
② 同上。
③ 《朝鲜王朝实录十五·中宗卷四十·十五年（1520）庚辰九月》页 33，总页 689a。

儒臣金世弼（1473—1533）从《论语·子张·二一》"君子之过也"章讽谏中宗（李怿，在位于1506—1544年）任用赵光祖（1482—1519）、金湜（1482—1520）等人之不当，并对当朝人物多所评骘，使得中宗立即辩白人事任用与黜骘之原因。

从以上这个君臣对话的实例来看，我们可以说，《论语》之所以在14—19世纪朝鲜宫廷政治中，得以发挥评价性的作用，最重要的原因就是朝鲜君臣怀抱着他们时代的政治议题与实况，进入《论语》的思想世界，他们过度"自由"阅读《论语》，力求古为今用，常常逸脱《论语》的原始语境而开发出过多的当代政治意涵。

四、结论

本文考察14—19世纪朝鲜君臣讨论《论语》的若干实例，以论证东亚儒者解读经典时的一项重要特征——诠释即运用。在朝鲜时代约500年间，朝鲜君臣双方在诠释《论语》的同时，也将《论语》运用在他们的时代的具体政治问题之上。

在东亚儒家经典解释学中这种"诠释即运用"的传统之下，朝鲜儒臣在为国君讲解《论语》时，除了讲解经典中的"言内之意"（locutionary intention）外，更特别用心开发经典大句中的"言内之意"（illocutionary intention）以及"言后之意"（perlocutionary intention）。[1] 只有阐明经典中文句的"言外之意"与"言后之意"，朝鲜儒臣才能将《论语》这部经典拉近他们自己的时代来理解，在政治脉络中解明孔子话语的现代意义。他们的《论语》解读确是一种政治行动，为政治目的而解读经典，本质上是一种政治的

---

[1] John R. Searle, *Speech Acts: An Essay in the Philosophy of Language* (Cambridge: Cambridge University Press, 1969); John R. Searle, "A Taxonomy of Illocutionary Acts," in K. Gunderson ed., *Language, Mind, and Knowledge* (Minneapolis: Minnesota University Press, 1975), pp. 344-369.

解读。这种读经法的优点是观书不徒为章句，而能从经典中开发其现实意义。但是，就朝鲜君臣约 500 年间读《论语》的经验看来，他们的政治性读经方法，常常障蔽了他们的视域，使他们忽略了孔学思想世界中超越性的意涵。

朝鲜君臣这种"诠释即运用"的读经方法，使《论语》这部经典在 500 年间的朝鲜宫廷政治中发挥了引导性与评价性两种政治作用。《论语》不仅是引导朝鲜时代政治走向的指南针、反映政治升沉的温度计，更是衡断政务、臧否人物时具有评鉴作用的试金石。其所得在此，其所失亦在此。

12　越儒范阮攸《论语愚按》中的孔子形象

林维杰[*]

一、前言

　　本文探讨越儒范阮攸（1739—1786）在《论语愚按》中呈现的孔子形象。在文献运用上，主要是建立在对《论语》《四书章句集注》《论语愚按》等三重文本的比对。对圣人形象的内涵阐释，则是借助《近思录》的《观圣贤》作为参考坐标，通过"象征"手法凸显范阮攸视野中的孔子如何作为"天道"与"道统"的双重代表。就本文的立场而言，单纯的文字颂德并不足以描绘孔子，鲜明的意象其实更能捕捉圣人的身份与光彩。在这一点上，《四书章句集注》与《近思录》都有近似的表现，但范阮攸的特殊见解与自由嫁接不同文脉的方式，使得其作品中的孔子形象略有别于中州儒者之处，而此也是经典在地化与再脉络化诠释的必然结果。

二、《论语愚按》的表现方式

　　《论语愚按》是越南后黎朝（黎中兴）儒者范阮攸的作品。范阮攸，原名

*　"中研院"中国文哲研究所研究员。

为谦,字好德、养轩,号石洞,乂安河真福县邓田社人。①景兴己亥40年(清乾隆四十四年,1779年)11月,朝廷"开盛科,试天下贡士,取合格范阮攸等十五人",12月府试,又赐"范阮攸进士出身"。②阮攸在仕途上曾任监察御使、乂安督同、东阁大学士等职位。③他活跃的时期稍晚于大儒黎贵惇(字允厚,1726—1784),在学术界与政界的影响力也小于后者。

　　《论语愚按》的撰写历时两年(1778—1780),但直至明命3年(1832),才由阮攸的女婿胡宗士(尊士)刻印问世。此刻本如今已逸失,现存为龙冈书院抄本,分上、下两册,此抄本或许即是根据当年的刻本而成。④本书算是经学类典籍,内容安排乃是把《论语》的原先篇章结构打散,再依照范阮攸自己的分判与兴致重新铺陈。从编排的"形式"来说,《论语愚按》正文18卷,加上目录1卷,合计19卷,493章(条)。全书共分4大篇,分别是《圣篇》(4卷)、《学篇》(6卷)、《仕篇》(3卷)与《政篇》(5卷),每"篇"底下又有若干小类(正文18卷中,某些类分成上、中、下,故合计23类),再将493章的内容分别置于各类之下。每章之处理皆先贴以《论语》正文,再附加"愚按"字样,表示是阮攸自己的评述。这样的自由裁剪,在越地不算少见。例如黎贵惇的《芸台类语》与《见闻小录》,即是根据黎氏自身的笔记加以编纂,其编排是依越地之实用与学术志趣区拣择而成,《论语愚按》也是在这种方式下写就成书。书中言,其释文曾参考朱子(名熹,字元晦,号晦庵,1130—1200)的《四书章句集注》("宗《集注》以发正文")⑤与先儒批

① 见丁清孝:《〈论语愚按〉景印弁言》,收入范阮攸:《论语愚按》,台北:台大出版中心,2011年,页Ⅶ。
② 陈荆和编校:《大越史记全書》下册,东京:东京大学东洋文化研究所,1984—1986年,页1191。
③ 丁清孝:《〈论语愚按〉景印弁言》,收入范阮攸:《论语愚按》,页Ⅶ。
④ 同上书,页Ⅷ。
⑤ 范阮攸:《〈论语愚按〉凡例》,收入《论语愚按》,页12。关于官方推崇的程朱儒学在越南的影响,亦可看李焯然:《越南狂士黎文敬〈大学晰义〉对〈大学〉的诠释》第3节,收入郑吉雄、张宝三合编:《东亚传世汉籍文献译解方法初探》,台北:台大出版中心,2006年,页177以下;关于范阮攸的部分,见页183。又,《论语愚按》受朱子之影响者并不止于《四书章句集注》,《愚按·学篇》中的"致知类"上、下两类以及"力行类"上、中、下三类,皆有朱子"知行观"的痕迹。

注，其解说亦大致遵循中州儒者的观点（尤其是科考影响下的程朱理学），[①] 但其检别偶尔亦有越儒的"在地化"处理。相较于中州儒者的著作深度与理论高度，本书似乎比较委屈。然而越南学者本来即长于感性而弱于理性（感性生命大于智性思维），[②] 理论创建较缺乏，多是发挥、整合外来思想的内容，他们自己也承认这一点。中华儒典在越地多用于应世与科考，学术的深化贡献较少，即便如此，我们仍可从其著作中看出"再脉络化"的端倪。

从《愚按》的"内容"来说：圣、学、仕、政诸篇的顺序，是先总说圣人的思想境界与行止矩范（《圣篇》），其次是达致圣道的学习（《学篇》），再其次是为官要求（《仕篇》），最后是合宜的政治行事（《政篇》）。这4类的篇名、篇旨只是大体言之，其章节内容与此4篇、23类的归属及深意，有时还需要读者进一步思量。例如《论语·述而》的"我非生而知之者"章，在《愚按》中安排在《学篇》的"力行类"而不是"致知类"；又如"孝悌类"与"交际类"（交友）一同归于《学篇》，也显得《学篇》的学习范围太过宽泛，孝道与友道如果可以置放在一起，整个五伦则皆为必须学习者，若是如此，则《八佾》篇"公问君使臣"章的君臣规范如何又放在"政篇"？凡此总总，皆值得吾人对纲领与章节间的对应关系再做推敲，然而由于篇幅所限，在此无法细论，只能从"圣""学""仕""政"的编排顺序做一简单说明。按《圣篇》谈的是圣人的"盛德事实"，[③] 也是士人学者的终身与至高目标，学、仕、政诸篇的解读过程则是根据"达致圣人之道"的顺序。此顺序的安排是"由内到外"的，由"个人"生活的学习力行逐步过渡到"群体"活动的政治规范与实践。[④] 用《大学》的话来说，就是"物有本末，事有终始"，必须"知所先

---

① 蒋秋华：《范阮攸〈论语愚按〉析论——以对管仲的批评为例》，"中研院"文哲所、越南社会科学院哲学所合办："越南儒学传统与创新"国际学术研讨会（顺化，2011年9月5—6日）。

② 参见拙文《黎贵惇思想中的格物学》，收入钟彩钧主编：《黎贵惇的学术与思想》，台北："中研院"中国文哲研究所，2002年，页281—312，尤见页283。

③ 范阮攸：《〈论语愚按〉凡例》，收入《论语愚按》，页16。

④ 关于"圣""学""仕""政"与各篇、各类、各章的学习逻辑，可参见张立文：《结构与诠释——范阮攸〈论语愚按〉的理学特质》，《学术月刊》2008年8月号（总471期），页22—26。张立文言："为圣是人的人格理想，实现理想需要学……学是为圣的修养工夫，学而优则仕……由《学篇》学为圣的修养工夫，到《仕篇》的为仕实践工夫，为《政篇》如何为政累积了扎实的思想、修养、知识、素质、实践和经验的基础。"（页24—25）

后", 才能近道。其顺序虽然简单, 但不失法度。

　　依书中《自序》所言, 此书之编排"有统属, 有法度", 学者可以"就篇求类、就类求章、就章求意, 一览了然", 其贡献程度理应超过《论语》的原先编排方式。阮攸引朱子之言, 认为《论语》乃孔子弟子"杂记其言而卒成其书", 其中又"每篇取篇首两字为别, 初无意义", 如果阅读者屈就原来的篇章次第, 其实是"就无意义中, 强求有意义";① 其次,《子路》《子张》等以人名为篇名, 但他们乃是贤人, 却与《卫灵公》《阳货》《季氏》等非贤之人名篇章并列, 这样的安排甚有问题; 阮攸由此坚持重编是有意义的, 他反问:《论语愚按》以打散且重新安排的方式, "不谓之有功, 而谓之有罪, 可乎"? 虽然他随即又谦虚道"不敢自以为功, 亦不敢自以为罪",② 但大致说来, 他对此书的编纂形式是很自豪的, 只是少言其见解之"内容"有胜于前贤处。

　　除了少数引自孔门弟子之言,《愚按》书中所记大致上是孔子在圣、学、仕、政 4 方面的嘉言懿行。由于言行多端, 故由此出发进而形塑孔子之"形象", 也必然是多重样貌。以《学篇・孝悌类》的"父在, 观其志; 父没, 观其行"(《学而》篇)为例, 此章是谈为人子在不同时刻的孝顺表现。而《仕篇・中仕类》的"子产有君子之道四焉"(《公冶长》篇), 则是阐述为官使民的君子之道。孝悌之行与君子之道乃是不同的作为, 由此呈现的要求当然也不一样。若依照《愚按》的分类(23 类)来看, 扣掉重复之处, 其内容衬托的孔子形象恐可列出十数种之多。如此数量固然可以说明圣人在各方面的"盛德事实", 但若没有主导性或简别性的线索与纲领, 则形象杂多亦等于没有形象, 至少没有"突出形象"。关于圣贤形象方面的线索, 由中华儒者朱熹、吕东莱(字伯恭, 1137—1181)共同编纂的理学著作《近思录》, 可提供一个有效的参考坐标。

---

① 范阮攸:《〈论语愚按〉自序》, 收入《论语愚按》, 页 10—11。
② 同上书, 页 11—12。

三、《近思录》在形象表现上的参照

　　《近思录》最后一卷，乃是赏析、品评甚至批判圣、贤、名人的言行。此卷有"观圣贤"之卷名（依南宋叶采本而有①），其卷首说明此卷用意乃是叙述"道统"之传。②关于孔子与道统之关连，下文将详论，此处要凸显的是对卷中人物的"品评策略"。众品评中表现得最突出者，无疑是大程子程明道（名颢，字伯淳，1032—1085）。他以正面角度评价"诸葛武侯有儒者气象"与"周茂叔胸中洒落，如光风霁月"；以负面角度批评"荀子才高，其过多；扬雄才短，其过少"。③这些品评其实是出自北宋四大儒者心中之"理念"。此理念评为正面者有"气象"（胸中洒落、光风霁月之呈现"有道者气象"，见清代张伯行注本所引的李延平赞语），④气象或形象亦可用天候地貌"象征"之；对评为负面者则不言"气象"，亦少用"象征"，或许是觉得不值得如此。简言之，《近思录》品评策略之最成功者，乃是以山川、四季、天候等具象之实体、实物来表现圣贤之抽象"理念"及其理念展现之言行功过，以下可能是其中最精彩的一段：

---

① 《近思录》初始并无篇名，只有纲目，依《朱子语类》所述，卷一四原先有"圣贤气象"之规划（朱熹：《朱子语类》卷一〇五，黎靖德编：《朱子语类》第7册，北京：中华书局，2004年，页2629），叶采本则定篇目一四为"观圣贤"（参见朱熹、吕祖谦编，叶采集解：《近思录》，收入《景印文渊阁四库全书》第699册，台北：台湾商务印书馆，1983年）。张伯行本的"观圣贤"当是依据叶采本。

② "此卷论圣贤相传之统，而诸子附焉。断自唐虞尧舜禹汤文武周公，道统相传，至于孔子。孔子传之颜曾，曾子传之子思，子思传之孟子，遂无所传焉。楚有荀卿，汉有毛苌、董仲舒、扬雄、诸葛亮，隋有王通，唐有韩愈。虽未能传斯道之统，然其立言立事，有补于世教，皆所当考也。迨于宋朝，人文再辟，则周子唱之，二程子张子推广之，而圣学复明，道统复续，故备着之。"见朱熹、吕祖谦编，张伯行集解：《近思录》，收入《近思录集解·北溪字义》，台北：世界书局，1991年，页327。

③ 此三段品评分见张伯行集解：《近思录》，收入《近思录集解·北溪字义》，页332、334、330。

④ 张伯行集解：《近思录集解·北溪字义》，页334。

> 仲尼，元气也。颜子，春生也。孟子并秋杀尽见。仲尼无所不包，颜子视不违如愚之学于后世，有自然之和气，不言而化者也。孟子则露其材，盖亦时然而已。仲尼，天地也。颜子，和风庆云也。孟子，泰山岩岩之气象也。观其言皆可见之矣。仲尼无迹，颜子微有迹，孟子其迹着。孔子尽是明快人，颜子尽岂弟，孟子尽雄辩。[①]

用天候地貌为象征，绝对比单纯的文字论述更胜一筹，所以和风庆云（颜渊）、泰山岩岩（孟子）与光风霁月（濂溪）要胜过相对枯燥的"儒者气象"（诸葛亮）。就是要在天候、地貌的"感知性强化"中，气象才会更具有气象。气象、意象也有等级，"气象等级"是依照"圣贤等级"来划分，所以才有无迹、微有迹与其迹著的分别。孔、颜、孟的逐级差别大概是儒门共识，但元气、春生与秋杀之别，与明道自身的气质亦不无关系。

北宋四子对这种"感知性强化"之使用，还有金玉矿物与身体部位，程伊川（名颐，字正叔，1033—1107）即在其《明道先生行状》中，以精金、良玉描述明道：

> 先生资禀既异，而充养有道。纯粹如精金，温润如良玉。宽而有制，和而不流。忠诚贯于金石，孝悌通于神明。视其色，其接物也如春阳之温；听其言，其入人也如时雨之润。胸怀洞然，彻视无闲。测其蕴，则浩乎若沧溟之无际。[②]

伊川很少有如此精粹鲜活之言，可能是他在追忆时，为乃兄的学问行止所

---

① 张伯行集解：《近思录集解·北溪字义》，页 328—329。关于圣人气象及其兼具"感知"与"智性"性质的说明，笔者有两文可供参考：《象征与譬喻：儒学诠释的两条进路》，《"中央大学"人文学报》第 34 期（2008 年 4 月），页 1—32；《〈近思录〉中的人物意象》，收入钟彩钧、周大兴合编：《跨文化视野下的东亚宗教传统：体用修证篇》，台北："中研院"中国文哲研究所，2010 年，页 7—36。

② 张伯行集解：《近思录集解·北溪字义》，页 335。

激发。精金、良玉、金石、春阳与时雨都是明显的物象与天候,读来让人感受到明道的温润性格与心志境界。更有意思的是,在这种感知能量的极致催化中,精金、良玉与春阳等物象与天候表现了明道的心志品行,而且不仅是表现,更是"摄彼于此"的象征,而非"借此明彼"的单纯媒材。明道本来就最擅长这类的言说艺术,伊川想必深有体会,才有如此不逊于其兄的表述。

其次是关于身体部位,明道曾以手足之痿痹与疾痛形容仁心与仁者,《近思录·道体》记录明道的两段言词:"医书言手足痿痹为不仁,此言最善名状。仁者以天地万物为一体,莫非己也。"[①] 又:"夫人岂有视四肢百体而不爱者哉? ……医书有以手足风顽谓之四体不仁,为其疾痛不以累其心故也。夫手足在我,而疾痛不与知焉,非不仁而何? 世之忍心无恩者,其自弃亦若是而已。"[②] 心之不忍即是肢体的不麻痹,以识"体"说识仁,这是体现思维的善譬,也是仁的具体征象。"手足痿痹为不仁"几乎是儒学说仁的案例中,令人印象最深刻者。

这些成功的表述(气象、征象),其实皆由理念、意念而出,此类意念用西方哲学术语来说,便是理念(idea)。理念可以联系上感知物、知觉物而成为意象(image)。意象在德文中即是"Bild",而"Bild"有比"image"更丰富的意涵,它既是图像(如画像、圣像),也是意象(如自然物)或形象(如人物),并可发展出原型(Urbild)、仿型(Abbild/Nachbild)等语词。"Bild"的希腊文字源有二,在柏拉图哲学的研究中,通常将一者译为形态(eidos),另一者译为理型、理念(idea)。对原型理念的模仿,即为仿型,而如何达致成功的仿型,则往往需要借助感知物。综合所述,可知"image"与"Bild"兼具"感知"与"智性"双重意涵,"智性物"必须借由"感知物"才能表现出来,

---

① 张伯行集解:《近思录集解·北溪字义》,页 12。
② 见《河南程氏遗书》第四卷,程颢、程颐著,王孝鱼点校:《二程集》上册,北京:中华书局,2004 年,页 74。

如同 "理念" 须由 "形态" 来彰显。（用理学术语来说，便是 "理" 在 "气" 中才得以彰显。）由此观之，"和风庆云" 与 "泰山岩岩" 并不是单纯的自然征候，而是至圣、亚圣之 "精神" 在 "自然" 中的显象、形象、征象与意象。进一步言，按照 "由气显理""道在（形）体中" 的参考结构来看，为学者是否得通过圣贤之意象、形象，方可真正把握含藏在诸 "象" 背后的 "理念"？其实不然，真正的形象无须成为 "阶段性工具"，而是以它本身强大的说明力、体证力成为 "鹄的"。理念在此并非外于形象或处于形象背后的指涉物，而是被辐凑、体现于形象之中。鲜活的形象总是有一种 "让……存在" 的作用，是它让理念有其表现（presentation, Darstellung）的能量。所以真正的形象乃是收摄理念的象征（symbol），而不是过渡到理念的寓喻（allegory）。

回到宋儒与明道。明道除了因善用自然征候的实体与实物感而能将圣人理念化为象征，其自身的语言艺术也起了很大的作用。我们在《二程集》中固然不易区别那些二程兄弟的相混表述，但从语言艺术来检视，往往也有一定的效用。反过来说，单纯进行语言描述，人物并不容易获得 "鲜明形象"。用前一段的意思来说，言说艺术在人物掌握上的最高成就，并不是借由文字论述所形成的理念、概念，而是借由意象、形象、征象与气象等 "象" 对理念、概念加持（试想 "程门立雪" 对于学问以及 "周茂叔窗前草不除" 对于天道所起的鲜活想象）。

综合上述，《近思录》的参照作用有二。首先，从卷一四的《观圣贤》来看，对圣贤进行 "品评" 乃是构成圣贤形象的有效方式。其次，品评中最有效的方式是 "理念感知化" 与 "感知理念化"，即通过自然征候等之 "具象物" 来收摄精神之 "抽象物"；而在此过程中，具象物也异化为精神理念之 "代表"。由此对比于《论语愚按》，最能符合这种人物品评者，乃是《圣篇》中的《说圣类》与《议圣类》两部分。此两部分虽然有篇章之别，但其内容主要是环绕着孔子门人或他人与门人关于孔子的谈论。

四、《论语愚按》中的圣人形象之一：天道

范阮攸将《论语》中对孔子的谈论搜罗在一起，并冠之以说圣、议圣之名，以为这些内容皆是对圣人的品评赞扬。品评中的相关言词有时运用到感知物，有时则平叙之，阮攸则是对这些赞扬之词进行阐释，并有己见之发挥。先看以下一段出自《论语·子罕》中的言论：

> 颜渊喟然叹曰："仰之弥高，钻之弥坚；瞻之在前，忽焉在后。夫子循循然善诱人，博我以文，约我以礼。欲罢不能，既竭吾才，如有所立卓尔。虽欲从之，末由也已。"①

这段言词乃颜渊对孔子的赞叹与自愧，我们可以先参看朱子的注解。朱子的解释分为3部分，即夫子之道、夫子之教与颜渊之学。针对夫子之道的高妙，朱子言"此颜渊深知夫子之道，无穷尽、无方体，而叹之也"；针对夫子之教的循然善诱，朱子则曰"言夫子道虽高妙，而教人有序也"；最后是颜渊自己觉得力有未逮，朱子评道："此颜子自言其学之所至也。盖悦之深而力之尽，所见益亲，而又无所用其力也。"②朱子的解释相当朴质，并未脱离《论语》的设定范围，解说则提纲挈领，尤其是以"无穷尽、无方体"说夫子之道，很有"无极"概念的想象。阮攸的阐释则是：

> 愚按：始乎为仰钻瞻忽之颜子，中乎为如有所立之颜子，终终[第二个终为衍字]乎为末由也已之颜子。盖其初学而知难，既学而有得，既得而未化。斯时[《愚按》为辰]也，其工夫到熟，从容俟化

---

① 朱熹：《四书章句集注》，北京：中华书局，1983年，页111—112。
② 以上的朱子注文见《四书章句集注》，页111—112。

之时乎？极贤而将圣之时乎？于此见夫子诱掖之善。颜子天资之美，学力之至，学者不可不勉。[①]

原文是颜渊针对夫子的宏伟而发，阮攸则把重心转移到颜渊，成为颜渊的三段自省之词。这个转向解释虽然与原意稍有距离，却也不算离谱。重要的是，阮攸的解说是"借着颜子说孔子"，以颜渊自己的初学而难、既学而得与既得未化来衬托"圣道"的宏伟与"圣教"的诱掖有方。换个角度来说，"自谦的颜渊"乃是圣人之道与圣人之教的反衬式"象征"。

阮攸的解释固然自由，但就"兴象"手法而言，其实并不输朱子（输明道则较远）。然而夫子之道究竟到何种程度，以至于颜渊只能仰钻瞻忽？底下是一段《愚按》收录的《子张》篇文字，其顺序接在前一条之后：

> 陈子禽谓子贡曰："子为恭也，仲尼岂贤于子乎？"子贡曰："君子一言以为知，一言以为不知，言不可不慎也。夫子之不可及也，犹天之不可阶而升也。夫子之得邦家者，所谓立之斯立，道之斯行，绥之斯来，动之斯和。其生也荣，其死也哀。如之何其可及也！"[②]

对陈子禽贬抑夫子来奉承自己，子贡的指责是很得体的。子贡对夫子的看法分两部分，首先是象征式的以夫子为"天"，其次则解释夫子之所以为天，乃落在他的治理邦家之道。对此段引文的第一部分，朱子的注解是"大可为也，化不可为也，故曰不可阶而升"，夫子之道已入化境，故不可踏阶而升至；对第二部分的治理邦家，朱子除了逐字解释之外，主要是援引了程、谢两家的看法，以为治理邦家之道有其神化、变化莫测之处，故言夫子乃如"天"

---

① 范阮攸：《论语愚按·说圣类》，页107。原书中，所有的"辰"字皆应作"时"字，此可参见后文《愚按》引《阳货》的"圣人以'天何言哉，四辰行，百物生'"。改时为辰，不知何故。

② 《四书章句集注》，页192—193。

之不可及与不可阶升。① 阮攸的解释则较为自由：

> 愚按：圣人以"天何言哉，四时【《愚按》为辰】行，百物生"告
> 子贡，子贡于此以夫子犹天晓子禽。天即圣，圣即天。至是子贡已
> 能知之，子禽辈何足以语此？生、荣二字，提出素王七十余年宇宙，
> 俨然羲黄尧舜禹汤文武，一首出庶物，万国咸宁。圣人其人则贱，其
> 道则荣，此非寻常见到。②

相对于朱子谨慎的章句注解，阮攸则援引了《论语·阳货》的"天何言哉？
四时行焉，百物生焉，天何言哉？"按"天何言哉"云云出自孔子与子贡的对
话。孔子欲以无言回应天亦无言，子贡进问之，才引来夫子"四时行焉，百
物生焉，天何言哉"的回答。"予欲无言"与"天何言哉"的对称性，其实已
表明"圣人行事"与"天道流行"的契合，更深一层则是"圣言"即"天言"、
"圣道"即"天道"的寓意（不仅是人言与人道）。阮攸的解释应该已经体会
到这一层次，所以才会以《阳货》篇进行义理嫁接。在阮攸的认识体系中，
孔子如天一般的不可及，与颜渊对孔子之道的仰钻瞻忽是一样的，所以两
条经文在《愚按·说圣》中前后相续。对阮攸而言，夫子之为圣，不是"犹
天"，而是"即天"，圣人就是天。进一步言，"犹天"之天还只是指涉圣道的
"寓喻"，此为"借此明彼"；"即天"之天则是收摄圣道的"象征"，此为"摄
彼于此"。至于生荣死哀，阮攸则独取"生荣"二字叙述孔子的素王伟业，以
为不输伏羲、黄帝、尧、舜、禹、汤与文武等有位之王，诸王事迹皆如干道之
"首出庶物"，必能"万国咸宁"（《易·干·象》）。

　　由以上所述，阮攸的解释包含两个重点："圣人即天"与"圣人承续"。
"圣人即天"饱含了圣人在"言说"与"功业"两层面的比配形象，"圣圣相

---

① 　两段注解见《四书章句集注》，页 193。
② 　范阮攸：《论语愚按·说圣类》，页 108—109。

传" 之承续则是一般所言的 "道统"。关于圣人与天道的相即,《愚按·学问类》有一段解说可资参照,其解说是针对《论语·宪问》,经文为:

> 子曰:"莫我知也夫!" 子贡曰:"何为其莫知子也?" 子曰:"不怨天,不尤人。下学而上达。知我者其天乎!" ①

此章是夫子的自叹与自道。朱子则以此段为孔子 "反己自修,循序渐进" 的平常之道,"无以甚异于人而致其知",又言 "有人不及知而天独知",② 注文非常平和周到。阮攸的解释比较特别:

> 愚按:不怨天,不尤人,天道之徧覆也。下学而上达,天德之健运也。圣人无以异于人处,即圣人与天为一处。此意高第尚未喻,况夫人哉?然反覆中间十一字,学者要不出此,苟求知之切,俯仰戚戚,欲速成而不渐进,此等人难乎其有闻矣! ③

阮攸这次的解释又是义理嫁接,与原先的文理脉络颇为不符。先莫说《宪问》篇的原文并未进一步涉及天道、天德,即使是朱子注文,也只是强调下学上达的循序渐进,人不知己而天知即可。阮攸则直接把 "天" 与 "圣人" 相比配:"天道" 公平徧覆,所以人无须怨天(与尤人);学问修习可自下而上,这是 "天德" 贯行上下的健运。由此可见圣人与常人之不同处,在于前者与天(天道、天德)的同一化。阮攸的解释完全脱离《宪问》篇语脉,尤其把朱子注文的 "无以甚异于人" 进一步发挥为 "圣人与天为一处",更是曲解,圣人之要能与天同,不是 "无以异于人",而应是 "异于人"。这种自由

---

① 《四书章句集注》,页 157。
② 同上书,页 157。
③ 范阮攸:《论语愚按·学问类》,页 60。

甚至恣意的解释，乃是由心之体证圣人与道出发，实际语脉如何则被认为不在话下。

除了前引文之外，阮攸还有不少把圣人提升至"天"之层次的发言。如针对《论语·乡党》"寝不尸，居不容。见齐衰者，虽狎，必变。见冕者与瞽者，虽亵，必以貌。凶服者式之。式负版者。有盛馔，必变色而作。迅雷风烈，必变"①，朱子所注，大约是环绕着孔子居寝服食的仪容态度是否恰当而言，与"天"有关者则是由"式负版"及"迅雷风烈，必变"而言"敬天"。②《愚按·居处服食类》对此则阐释道：

> 愚按：圣人一身都是天理，触事随时[《愚按》为辰]，动可为则。[原文有"此一节有一节"，乃赘文]。有寝居之则者，有接见之则者，有行车之则者，有当馔之则者，有遭变之则者。从容礼度，不期而然。学者亦可自省矣。③

阮攸捻出"天理"二字，此乃视圣人如"天道、天德"一般，且进而规定其行表现为"理则"（天理）。圣人一身是"天理"，触事之时（寝居、接见，行车等）不是他遵守法则，而是其行事可充作法则（动可为则）。此天理表现在圣人的行事，故其举手投足如大道的自然流行，所谓"从容礼度，不期而然"是也。

这种从容自然的天理流行，还表现在对《论语·乡党》的解释文字中。《乡党》篇云："食不厌精，脍不厌细。食饐而餲，鱼馁而肉败，不食。色恶，不食。臭恶，不食。……食不语，寝不言。虽疏食菜羹，瓜祭，必齐如也。"④此段所谈的居处饮食更细致，而且要求更为烦琐。《愚按》同样是"天理"二字阐释之：

---

① 《四书章句集注》，页122。
② 同上书，页122。
③ 范阮攸：《论语愚按·居处服食类》，页65。
④ 《四书章句集注》，页119—120。

愚按：圣人一饮一食，莫非天理。斯须必谨，毫厘不差。一点人欲之私，不得以动之，学者能即此反之于心，省之于身，逐节而加察焉，虽未造至善之地，亦庶几不失其正矣。[①]

此段与上一段对天理的阐释几乎相反。前一段是"触事随时，动可为则"，且"从容礼度，不期而然"，此段则是"斯须必谨，毫厘不差。一点人欲之私，不得以动之"；前者的天理是圣人境界，后者的天理则是未至圣境前的规矩要求。从后者可以对显出前者乃"法则"之自然有度，也是圣人各种行止的征象。圣人之为天道、天德与天理，并非僵化固守大道，而是大道成为圣人自身之道。故阮攸言"圣人与天无间"（《愚按》解《子罕》"子疾病"章），[②]这种从容无间便是"圣人一言，如风吹万物，无所不遍。……从容和平，自然顺理"（《愚按》解《乡党》"问人于他邦"章），[③] 又是圣人之心"触处呈露，自然而然"（《愚按》解《八佾》"子入太庙"章），[④] 凡此皆为类似之意。

总而言之，孔子具有天道、天德的高度，又表现天理流行之自然，故阮攸在《圣篇总说》中说："圣人之道，其精则足以配无极、太极之运，而其粗不出日用彝伦礼乐刑政之具，其远则磅礴古今宇宙之不可穷际，而其近不出起居出入动作饮食之间。"[⑤] 这段盛赞之词很长，不及备载，其言之大旨在于孔子之为圣，道在其身，乃为自然之天理与至德之天道的彰显。

---

① 范阮攸：《论语愚按·居处服食类》，页68。
② 范阮攸：《论语愚按·处变类》，页90。《愚按》道："诚者天之道，圣人与天无间。太公而至正，行所无事，顺其自然，有则有，无则无，可立越上帝，又乌用由之行诈哉！"（页90）依《子罕》篇，孔子病重时已去位，子路尊孔子，故以门人充家臣。孔子责子路行诈，不愿欺人欺天。阮攸则以为孔子的"与天无间"是行止之自然无欺。
③ 范阮攸：《论语愚按·应事范物类》，页80。依《乡党》篇，此章言一拜（康子馈药）与再拜（问人于他邦）之礼的区别，阮攸的回答则是把孔子言行的守礼合度上提至理、道层次。
④ 范阮攸：《论语愚按·议圣类》，页114。依《八佾》篇，此章言孔子入太庙问礼，针对他人讥讽不知礼，孔子反以问礼才是礼答之。朱注言："敬谨之至，乃所以为礼也。"（《四书章句集注》，页65）这是从"问礼的态度"而非"礼的内容"角度回答，所以阮攸亦言："愚按：圣人之心，无斯须不敬，无毫发不谨。触处呈露，自然而然。"但多加自然呈露而已。
⑤ 范阮攸：《论语愚按·圣篇总说》，页123。

五、《论语愚按》中的圣人形象之二：道统

再来是关于圣圣相续的"道统说"。"道统"概念乃是在"道"与"圣人"之间既建立中介与被中介的关系（圣人传道），又拉开历史向度（圣圣相传）。按《孟子·尽心下》最终章即有诸圣传承各隔 500 年之说，[①] 这是儒门通见。至于"道统"一词的正式来源，初唐盖畅曾著《道统》10 卷，极可能是"道统"概念最早的文字出处，只是此书已逸。后来古文复兴运动的前驱人物韩愈盛论"诸圣"与"道"的传承关系，后人遂以为"道统"之内容来自韩愈，并为日后宋儒（特别是朱子的《中庸章句序》）之道统概念提供想象空间。韩愈言：

> 斯道也，何道也？曰：斯吾所谓道也，非向所谓老与佛之道也。尧以是传之舜，舜以是传之禹，禹以是传之汤，汤以是传之文、武、周公。文、武、周公传之孔子，孔子传之孟轲。轲之死，不得其传焉。[②]

这段话大概是关于道统说的最著名文辞。其中不仅点出诸圣之名及其传承

---

① 《孟子·尽心下》："由尧舜至于汤，五百有余岁，若禹、皋陶，则见而知之；若汤，则闻而知之。由汤至于文王，五百有余岁；若伊尹、莱朱则见而知之；若文王，则闻而知之。由文王至于孔子，五百有余岁，若太公望、散宜生，则见而知之；若孔子，则闻而知之。由孔子而来至于今，百有余岁，去圣人之世，若此其未远也；近圣人之居，若此其甚也，然而无有乎尔，则亦无有乎尔。"（《四书章句集注》，页 376—377）此章历述群圣之传及其传承之统，并以"见而知之"与"闻而之知"区分见道与闻道的时间距离。

② 韩愈：《原道》，收入韩愈撰，马其昶校注：《韩昌黎文集校注》卷一，台北：世界书局，1960年，页 10。同期柳宗元另有针对经、道、圣人三者关系进行的论述："本之《书》以求其质，本之《诗》以求其恒，本之《礼》以求其宜，本之《春秋》以求其断，本之《易》以求其动，此吾所以取道之原也。参之谷梁氏以厉其气，参之孟、荀以畅其文，参之庄、老以肆其端，参之《国语》以博其趣，参之〈离骚〉以致其幽，参之太史公以着其洁，此吾所以旁推交通而以为之文也。"见柳宗元：《柳宗元集》卷 34《答韦中立论师道书》，收入《柳宗元集》第 3 册，北京：中华书局，2000 年，页 873。关于韩愈与柳宗元之"人与道"及"经与道"之对比，参见拙作《朱熹与经典诠释》，台北：台大出版中心，2008 年，页 237—239。

系谱,还批判当时流行的佛老,表明"道"须通过儒学"诸圣"才可传承。

宋儒的说法大致不出韩愈所言之范围。有趣的是,北宋有伊川补上乃兄明道以继孟子之绝,南宋时又有朱子补上周敦颐(字茂叔,号濂溪,1017—1073)、张横渠(名载,字子厚,1020—1077)与二程兄弟以示北宋儒学的复兴,之后朱熹弟子黄干(字直卿,号勉斋,1152—1221)又补上周、张、二程与朱子,表示朱子的集大成。系谱人物须补足,如此道统才可以相传,也不会消减了自身与学派言说的能量。但自有宋之后,似乎无人敢补亲朋好友入道统传,情况直至民国时中山先生慨然以为己任为止。[①]阮攸虽是越人,然其为儒者,自然也接受道统之说,只是他不敢将越地儒者补入道统之林。关于圣圣相传,《愚按》有针对《论语·子张》之解释文,《子张》篇云:

> 卫公孙朝问于子贡曰:"仲尼焉学?"子贡曰:"文武之道,未坠于地,在人。贤者识其大者,不贤者识其小者,莫不有文武之道焉。夫子焉不学?而亦何常师之有?"[②]

本章言孔子的学问出处。子贡的回答显得非常大器,他以彼时仍可知的"文武之道"(朱子注,此言文武之"谟训功烈"与周之"礼乐文章")[③]表示夫子学问的历史渊源与纵深。而孔子既然深知"文武之道",必然也是继承圣道之人。至于阮攸的阐释则是:

> 愚按:自伏羲至于文武,斯道一脉,圣圣相承。天生夫子以续道统,生知安行,浑然太极,亦何待于学哉?此岂公孙朝所知,子贡亦

---

① 民国时代,孙中山革命时自觉接上道统,蒋介石亦承认中山先生的道统自觉,同时也自称是中山先生的继承人。政治家的道统继承,乃是借道统而取得政治的合法性。
② 《四书章句集注》,页192。
③ 同上书,页192。

姑因问而答耳。①

伏羲至文武乃圣圣相承,孔子继之,当然就成为道统系谱之一员("斯道一脉")。阮攸之阐释至此,都符合经文意旨。但他接下来转而提及"生知安行"(生而知之、安而行之)之语,又说夫子"浑然太极"(有如从容天理),何待于学哉,即与子贡所言不同。阮攸为了弥合自身解释与《论语》意旨上的差异,便说子贡"亦姑因问而答耳",有些令人无语。搁此不谈,阐释文把经文中"文武之道"与"孔子之学"的渊源关系扩大为圣学道统之承续关系,是很有洞察力的。甚至可以说,由于孔子已至"浑然太极"的境界,所以孔子之续道统,即表示他乃道统传承的高峰。阮攸的这层意思并非孤例,书中还有其他根据,先看一段《述而》篇的文字:

> 子曰:"述而不作,信而好古,窃比于我老彭。"②

这段记载的重点本来很简单,就是孔子"述而不作"的自谦之词。依朱子《集注》,述是"传旧",作是"创始",只有圣人能创始,而传旧则属于贤人;但由于孔子有"删《诗》《书》、定礼乐、赞《周易》、修《春秋》"的绍述传旧,所以他乃是"集群圣之大成而折衷之",其功则"倍于作矣"。③依上述朱子所解,"夫子之述"比其他"圣人之作"来得伟大,而此观点也保留在阮攸的解释中:"功倍于作,此朱子发出夫子贤于群圣处。"④

---

① 范阮攸:《论语愚按·说圣类》,页 109。
② 《四书章句集注》,页 93。
③ 同上书,页 93。
④ 范阮攸:《论语愚按·学问类》,页 57。阮攸同章又续释道:"然曰述曰信曰好,味其辞,尤足为万世教也。学者不察乎此,遂至如王荆公之变乱旧章,岂知古也者乃后之所当信好而述之哉。"述、信、好的对象都是古之旧章,王安石(荆公)变法之事自然为阮攸所批判。按:宋神宗病逝,哲宗年幼,由太后听政,旧党司马光上台,他批评"王安石不达政体,专用私见,变乱旧章,误先帝任使",新政于是尽废。

除了"述"与"作"的优劣论辩之外，"默而识之"一段也是阮攸发挥的地方，《述而》篇云：

> 子曰："默而识之，学而不厌，诲人不倦，何有于我哉？"①

朱子与阮攸俱以为这三者是孔子的自谦之词。朱子解默识为"不言而存诸心"，②而此正是阮攸解释的致力之处，其注文曰：

> 愚按：三者虽圣人自谦之辞，而其万世事业，贤于尧舜，都从此心上来。世教微，师道绝，虽以邹国、考亭二大贤之力，未足以障颓澜，阅时益。③

按"从此心上来"之"心"，即朱注的"默识不言而存诸心"之心。此是以"默识"为关键，有默识之心，才能通过学不厌与诲不倦而传下万世事业。就此事业而言，孔子是"贤于尧舜"的。后段注文提到孟子、朱子，正可对比于孔子打下而无人能及的文化基业。问题是作为关键处的"默识之心"为何？是证道之心或教法之心？语意不算清楚，也许两者皆是。《论语·尧曰》的"尧曰咨尔舜"章或可充作一说明。

按此章言及尧舜禹（汤）与武王等诸圣名号，又述《尚书》中所记誓师之言，明显也是圣圣相传的系谱。而本章朱注最后的集解引杨氏之言，亦以为《论》《孟》终章皆"历叙尧、舜、汤、文、孔子相承之序"。④阮攸将此章名之曰"门人记群圣道统"，很能体会前儒之意，其解释云：

---

① 《四书章句集注》，页93。
② 同上。
③ 范阮攸：《论语愚按·学问类》，页57。
④ 《四书章句集注》，页194。

　　　愚按：此章见道一也。尧、舜、汤、武在上为治教，夫子在下为
　　言教。一统相续，传之无穷。于《尚书》见尧、舜、汤、武之事业，于
　　《论语》见夫子之事业。[①]

尧舜汤武之道为"治教"，此为政事；孔子之道为"言教"，此为由教育而成
之文化。文化与政事虽皆为圣人事业之所及，然其性质本应有所不同，由此
所成之道亦应有别。儒家历来皆承认尧舜汤武有王位、有政绩，而孔子无位
（素王），其功乃在文化。然而儒家历来也认为政教与文教可以相通，而孔子
正是从"文教之道"接续尧舜汤武的"政教之道"。阮攸说其"道一也"，又
言诸圣是"一统相续"，即是这种打通政教与文教的意思。但相反来说，诸
圣之道虽然相续成统，孔子在中国文化发展与道统传承上的转折点却也是
明显的。孔子之后，曾子、子思、孟子（乃至于宋儒）的道统传承，传的都是
文教、言教之统，因而他也被尊为至圣与教主。依此而论，前文论及孔子之
贤于群圣、贤于尧舜之处，乃在于他的文教、言教的文化事业。他的至圣地
位是由于文教与学统的身份。

六、结　论

　　本文通过"天道"与"道统"两个角度，捕捉、描绘越儒范阮攸解说《论
语》时透显的孔子"形象"。

　　从"概念"确定的角度来看，天道是超越的，道统是文化与历史的。超
越的"天道""天德"是孔子的行止与修为中透显的境界，"天理"则是天道
流行在孔子身上的从容与自然表现。另一方面，文化与历史的"道统"表明
孔子以其"言教"继承前圣之"治教"并开创后世的"文教"，孔子实是道统

传承中最关键的"转折人物"。范阮攸所提及的这两项（天道与道统），并不是新的论点，而且可以用来描述孔子的侧面还有很多（例如作为内在性的"仁"即很重要，只是在《说圣类》与《议圣类》并未处理），但还是很有代表性的。牟宗三先生谈论孔子开创的儒教时，称之为"人文教"与"道德宗教"，[①] 以为具有"伦理学"与"形上学"两面，又认为这两面足以"指导精神生活之途径"与"规范日常生活之轨道"。[②] 超越的天道与外在的文化，正是向上提升（尽管这种提升需要奠基于内在的仁性主体与日常规范的基础。阮攸的阐释中提出的天道（天德、天理）与道统，对于孔子形象的说明是很有力量的。

再从"形象"与"理念"的"感知关系"来说。圣人的理念需要通过一系列的文字描述才能呈现，但此往往还要借助于强烈而鲜活的感知物方能成就"象征"。对于描绘圣人来说，山川、天候与季节都是很好的素材。相较于中州（中华）儒者的成功经营，越儒阮攸的《论语愚按》在这方面是比较欠缺的。"天"确实可以作为圣人的表征，兴象的作用也不错，但因为运用此概念的儒者太多，所以阮攸的解释特色不易凸显。明道虽也用天地形容仲尼，但他还有元气的取譬，其余如和风庆云（颜渊）与泰山岩岩（孟子）则更为鲜明。至于"道统"，情形也是如此，尧、舜、禹、汤、文、武、周公诸圣固然是很好的衬托象征，然而中州的无数儒者与思想家早就使用过度，阮攸并没有新例与创见。尽管在取譬上的想象力不算充分，但在道统观的治教与言教之分，以及孔子以"浑然太极"的境界继承道统之论上，阮攸还是颇有新意的。这表明他作为一个越地儒者，拥有不同于中华儒者的想象空间与解

① 参见牟宗三：《生命的学问》，台北：三民书局，2000 年；《道德的理想主义》，台北：台湾学生书局，1985 年。"道德宗教"一词提出后，牟先生即少提"人文教"，此可证诸《心体与性体》第 1 册，台北：正中书局，1985 年，综论；以及《中国哲学的特质》，台北：台湾学生书局，1982 年。相关论述可参见拙文《牟宗三先生论儒教》，《揭谛》第 7 期（2004 年 6 月），页 77—108；《儒学的宗教人文化与气化》，《中国哲学与文化》第 8 辑（2010 年 12 月），页 115—142。

② 牟宗三：《中国哲学的特质》，页 91 以下。

释脉络。而脱离中华学术环境的约束，也允许异域学者发挥这种想象与拓展其空间。关于其中的脱离与拓展，我们可以通过黄俊杰教授的"脉络化研究"来说明这一点。

黄教授曾用"去脉络化"与"再脉络化"的"脉络性转换"来说明东亚文化交流史上不同地域的文本、人物或思想间的交流现象；此即将异地传入的文本、人物或思想先加以"去脉络化"，再予以"再脉络化"于本国情境之中，以融入于本国的文化风土。① 而此中同时涉及了"去脉络化"的"方法论"是否合法，即应该与否的问题。② 此说甚是，阮攸的《论语愚按》确实很能表现这种不同于中华儒者的"脉络性转换"阐释特色——虽然他的方法论意识不甚强烈。在黄教授的反省基础上，我们可以更进一步指出：这种脉络性转换的"去脉络化"还有其"存有论"的一面。从此侧面来看，"去脉络化"的方法论意识即使强烈，也不可能在"存有论"上达到彻底的去除程度；在离开"原脉络"而进入"新脉络"的过程中，解释者及其诠释对象其实仍保持与"原脉络"的联系。借用诠释学的术语来说，在新脉络的再脉络化中之"不同的理解"（Andersverstehen）并非彻底的不同，而是在"不同的理解"、"更好的理解"（Besserverstehen）与"相同的理解"（Gleichverstehen）中调和。阮攸的阐释之所以常有出乎吾人意料的、不同文脉的义理嫁接，或许即出于越地儒者的特殊理解与解释的自由度。但我们不会不懂他的阐释与想法（如解"述而不作"时，以为"述"之功倍于"作"），即使我们不一定同意他的观点（如以"天道之徧覆"解"不怨天，不尤人"）。这就表明阮攸的脉

① 黄俊杰：《东亚文化交流史中的"去脉络化"与"再脉络化"现象及其研究方法论问题》，《东亚观念史集刊》第 2 期（2012 年 6 月），页 55—78。

② 黄俊杰：《从中日比较思想史的视野论经典诠释的"脉络性转换问题"》，《台大历史学报》第 34 期，页 381—402，尤见页 396。此外，黄俊杰指出："从域外的经典解读者的立场言之，'去脉络化'的解经方法当然是合法而必要的。但是，这种'去脉络化'的工作，从中国儒家经典中之概念均有其所从出的脉络这项事实来看，可能有其问题……"（页 396）这个问题就是中国儒者之动心忍性实践体证的心路历程，以及异时异域的经典解释者如何回归经典的原初脉络。（页 397—398）

络转换是持续摆荡在"原脉络"与"新脉络"之间，而且是"义理未变而文脉变"——天理、道统这些为中州儒者所熟稔的概念，在阮攸的使用中并没有真正改变它们的原初意涵，差别在于其义理在不同文脉之间发生的、较为自由的嫁接（这与日本、朝鲜学者的情形是不同的，参考黄俊杰的前述论文）。而这种嫁接之后形成的孔子形象，当然也有些微的差异。除非我们忘却阮攸阐释时针对的《论语》原文而只记得他的结论，否则真正的理解应该是结合原文与阐释两者的。例如"下学而上达"本来是描述孔子论自身为学的循序渐进之道，阮攸则结合原文后述之"知我者其天乎"而解为天德健运于上下两端，并且进而以这种天德之健运比配于圣人之健运。如此而成的孔子形象是孔子根本没有未知的下学阶段，渐进而不速成的下学上达是对常人（学者）而言的。孔子虽自言非"生而知之"者，但依阮攸的阐释来看，其德既然贯穿不同的知识阶层，则当然是"生知"而非"学知"者。圣人即使孜孜于好与敏（《述而》），仍没有真正的下学阶段与学习历程。极度宣扬圣人是异域儒者的习惯之一，阮攸在此点上比他的前辈黎贵惇来得更加明显。

附
至圣先师与停滞帝国

—— 19 世纪英国报章所见孔子形象与中国论述

陈其松*

Punch：……我详阅过你的生平。你一手创建的体制后来发展
　　　　成了中国伦理道德的基础。

孔夫子：是呀一切可不都进展得挺顺利？

Punch：不！先生，一点也不！中国人之所以沉默忍受千百年，
　　　　只因为僵化无力而非随喜乐受。你教授他们消极服从，
　　　　王权天授，还有其他那些造作空谈跟繁文缛节，简直把
　　　　中国人都给搞成了机器人。瞧他们既邪恶又无助，最后
　　　　还得靠咱们的阿姆斯特朗大炮才矫正你那套破绽百出
　　　　的制度！嗯？可没话说了吧。还是又想狡赖？

孔　子：噢，这番话真是精辟入理呀！我可完全被说服了。且让
　　　　我在这石板路上磕——按道理——九十九个响头，承
　　　　认自己简直比最硬的石块还要不思变通。

　　　　　——《伟大的改革家孔夫子与更伟大的改革家彭奇在
　　　　　　北京大教堂的相遇》

　　　　　　　　　　　　　　　　　彭奇，1860 年 12 月 2 日。

* 国际日本文化研究中心机关研究员。

一、序论

　　1860 年末,英国最负盛名的讽刺画报,《笨拙》(*Punch*)在第 39 册合集的刊头安排彭奇这位虚构的谐趣人物与孔子做了一场极尽揶揄挖苦的对谈。其间不仅批评孔子抛妻弃子、空言泛泛,更严厉指责孔家学说正是中国停滞不前的主因。最后孔老夫子不敌 Punch 的如簧巧舌,只能顶礼拜服。(图 1)这篇对谈虽纯属 *Punch* 杂志的想象杜撰,但其中对孔子的描述却精准浓缩了 19 世纪大多数报刊的各种刻板印象,相当具有代表性。

图 1　《伟大的改革家孔夫子与更伟大的改革家 Punch 在北京大教堂的相遇》
（图片来源：*Punch*, vol. 39, Dec. 29, 1860.）

　　孔子作为中国文化导师,也受西方人普遍认定为中国文化的塑造者、定型者。作为西方人所最熟知的中国人物,孔子学说早在 16 世纪已由罗明坚、利玛窦等耶稣会传教士做过译介。从 19 世纪英国伦敦会传教士柯戴维在马六甲出版英文版《孟子》、汉学家理雅各在香港出版《四书》及 20 世纪初辜鸿铭的英译等来看,儒家经典在东西交流上有其稳定的历史传播脉络,西方思想界对其绝不陌生。历史上也出现过"中国潮",连王尔德、伏尔泰等西洋文豪也倾倒于儒家学说，对孔子有极高评价。然而进入19世纪，对孔子的评价却从褒转贬，认为孔子是中国"停滞""僵化"的"历史罪人"。不仅黑格尔等为文严词批判，报纸舆论也充斥对孔子与礼教的激烈指责。似乎中国当日的僵化落后全因盲目奉行两千年前孔子提出的礼教条规所导致。

19世纪西方社会中普遍存在的对孔子与中国文化的批判，并非单纯仅是近代西方思潮对儒家学说的反思性修正。其目的似乎更多在于寻找与"证明"中国与生俱来的"落后"文化基因。通过梳理西洋报章的相关报导，可以发现19世纪西方人对"孔子"与"中国"的形象论述之间，存在交互建构的有机联结。批判孔子对中国的文化作用，既为"野蛮中国观"提供文化上的立论基础，也合理化了进步史观下东西文化的优劣高低论。或者可以说"孔子批判"其实是19世纪"中国停滞论"的一个变体。中国的落后必有其因，而儒教作为中国最重要的文化基因之一，身为教祖的孔子在这套以"落后中国"为前提的话语体系中几乎是毫无招架之力。

儒学在思想史研究领域早有许多诸学先进累积丰厚的积累，笔者不敢妄为蛇足。但管见所及，在文化交涉史方面，聚焦于西洋报刊、探究孔子论述与其意义的研究似乎仍有耕耘空间。[①] 西洋新闻史料浩繁、搜罗不易自是其因之一，以庶民史料重构19世纪东亚观的研究取径也还需要更多学术积累。19世纪市民社会的生活样式与文化渐趋完熟，反映中产阶级关心的报纸舆论，正提供了理解西方民众最重要的史料资源。报纸杂志作为"非经典"的信息传播系统，难免存在各种对事实的误解、偏见与错误。然而这些对事实的误认误判，甚至偏狭理解，正可反映当时的时代氛围，成为一窥百年前西方社会的文化窗口。

---

① 就笔者管见所及，张涛的《孔子在美国：1849年以来孔子在美国报纸上的形象变迁》（北京：北京大学出版社，2011年），以及英国杜伦大学的司马麟（Don Starr）于2012年世界汉学大会上发表的《1700—2000年英国报刊中孔子形象的演变》是较具代表性的研究成果。张涛主要聚焦于美国刊行的报纸杂志，而司马麟的论文则以英国报刊为主，在较长的时间轴上探讨英国报刊中孔子总体形象的变化。

西洋报章卷帙浩繁，碍于篇幅限制及考虑史料语境的连贯性，本文聚焦于收集整理 19 世纪在英国伦敦出版的报刊中与孔子相关的新闻报导，还原当时西方社会关于孔子的总体意象与文化论述。通过对孔子形象表述的分析，笔者欲揭示西方舆论如何将孔子转化为代表"中国"的文化符号的话语体系，以及如何通过评述"孔子"其人其行，构建并强化被 19 世纪西方社会普遍认知的"僵化停滞"的中国图景。

二、道德家·孔子

在西力东渐的大背景下，19 世纪西方人对于远东的兴趣与日俱增。鸦片战争后，中国紧锁的大门在战火洗礼后应声而开，英国人获得五口通商权香港的统治权。传教士、商人、外交官员纷纷来华，"中国"这棵扎根东方的盘古巨树，似乎一下被拉近到了大英帝国子民的面前。对他们而言，中国既新鲜又陈旧，而她将可能与自己比邻而居。1857 年的《早报》（*The Morning Post*）便提到当时英国人对中国的浓厚兴趣：

> 在英国人眼中，中国是如此有趣且重要——我们对它谈论的这么多，却又知道的那么少。它的内部情况，社会，风俗，上流人士的生活，商业状况……①

中国既正式成为国际社会的一员，对这个东亚古国如何定位与理解成了西方社会的当务之急。在摸索的过程中，"孔夫子"似乎是一条重要的思想线索。既然其言其行被无数中国人倾心研究，甚至在日常生活中尊奉力行，孔子自然可以被西方人作为解开"中国之谜"（Chinese Puzzle）的重要

---

① "Christianity in China," *The Morning Post*, May 8, 1857.

关键。《家庭杂志》(*Family Magazine*)便曾将孔子比作中国的基督,直言"其著作对于中国人来说,就等同于圣经对于西方人一般重要"。①

然而,西方虽然将孔子定位为中国最重要的思想家之一,19世纪报章杂志对孔子,特别是思想上并未给予高度评价。许多评论认为孔子的主要成就仅仅是对前人材料的收集整理,至多算是一个道德家,并不具备哲学家、思想家的高度。黑格尔便认为孔子的作品只是一些教条格言,但"他的思想中含有一种反复申说、一种反省和迂回性,使得它不能出于平凡以上"。②类似的见解也在新闻报刊上反复出现。《早报》引述1870年帕克(E. H. Parker, 1849—1926)在《亚洲季刊》(*Asiatic Quarterly Review*)上发表的《孔子的生平,著作与教条》("The Life, Labours, and Doctrines of Confucius"),称孔子"不是神学家,也不是纯粹的哲学家;他带有一种逍遥学派式的投机主义者倾向"。③1874年《早报》的书评引述了《紫禁城》(*The Forbidden City*)的章节,称中国人的面相是"愚蠢与聪慧的奇妙混合"。这是他们的导师孔子的哲学教导所致,而他"只是一个道德家,其著作里没有任何对未来的愿景"。④《家庭杂志》也认为孔子"伪装成国家的改革者,实际上没有任何原创的东西,只是宣说推广其他智者的教条而已"。⑤《伦敦每日新闻》(*London Daily News*)则认为"对大多数不熟悉中国语言的人来说,孔子是个道德哲学家,是世界上那些'不被认可的立法者'之一,而非一个宗教导师甚或教祖"。⑥拉伯克(John Lubbock, 1834—1913)于1886年在伦敦工人学院(Working Men's College)的演讲中对于《论语》亦未给予太高的评价。他认

① "Language of the Chinese," *Family Magazine: Or Monthly Abstract of General Knowledge*, vol. 2 (1835), p. 78.

② 黑格尔:《历史哲学》,王造时译,上海:上海书店出版社,2001年,页135。

③ "Literary Notes," *The Morning Post*, Mar. 26, 1897.

④ "Ramble Round the World," *The Morning Post*, Nov. 3, 1874.

⑤ "The Reigns of Yaou and Shun," *Family Magazine: Or Monthly Abstract of General Knowledge*, vol. 2 (1835), p. 323.

⑥ "Current Literature," *London Daily News*, Sep. 2, 1880.

为《论语》的价值只在于它影响了"这个世界上人口最多的民族",除此之外没有任何特出之处。①《考官》(*The Examiner*)则指称孔子的学说只是一种中国式的形式主义的延伸,而对东方人来说,"形式就是一切"。②

相较于孔子,老子的思想更被西方人承认为一种哲学。1868 年湛约翰(John Chalmers, 1825—1899)出版了最早的老子英译本,《考官》评论如下:

> 老子远比他的对手,孔子来的更像是个哲学家。孔子致力于再制、集成前人的智慧,试图从过往的经验上组织一个规律的,纳入所有人际关系与责任的生活体系。③

1880 年理雅各重刊了他在牛津大学的讲义内容,即《中国的宗教,儒与道与基督教的比较与评论》("The Religions of China, Confucianism and Taoism, described and compared with Christianity")。《伦敦每日新闻》为此刊登了书评,其中提到理雅各对孔子有高度评价:

> 对他而言,孔子不仅是一个单纯的道德家,或是一套伦理系统的创立者。他是个解说家,也是中国古代宗教的代言者;他的信条里包含的戒律,是源自于对全知力量与祖先庇佑的远古崇拜……④

虽然书评作者承认理雅各在中国的经历使他的意见有其"不可否认的重要性",但也认为"严格定义过的概念多少限制了他的视野与判断"。⑤言下似乎是对理雅各推崇孔子相当不以为然。

---

① "Sir John Lubbock on Books," *London Standard*, Jan. 11,1886.

② "The Chefoo Convention," *The Examiner*, Sep. 8, 1877.

③ "Untitled Article," *The Examiner*, Nov. 14, 1868.

④ "Current Literature," *London Daily News*, Sep. 2, 1880.

⑤ Ibid.

从以上节录介绍的一部分报道内容,可见 19 世纪英国报刊媒体普遍对孔子的"思想性"抱持着相当怀疑的态度。他们认为孔子充其量是个道德的宣讲者,而非智慧的哲人。甚至在西方人眼中,中国世代相承的"孔子道德"早已离弃对美善的单纯追求,剩下的只是僵固空白、虚妄难解的仪教规条。孔子便是通过传统的礼俗风尚,将中国人囚禁于他的"礼教帝国",阻绝一切对体制可能的改革与反抗。

三、中国社会与孔子

(一)中国社会风俗与孔子

西方人观察中国,很难不发现孔子在文化上的深刻影响。但与其深思细究其中内涵,西方媒体更常聚焦在这个所谓"纳入所有人际关系与责任的生活体系"对中国人的巨大影响。黑格尔便曾注意到中国的礼俗绝大多数出自以孔子为中心的儒教经典。[1] 报纸也经常戏指中国人为"孔子门徒"(the disciple of Confucius),讽刺他们衣食住行、婚丧喜庆,无一不尊奉孔老夫子的千年教诲。1869 年《早报》转载《一年四季》(*All the Year Round*)所报道的旧金山的华人葬礼,便有以下描述:

> 当他们把尸体扛到坟地,有个严肃的中国人撒着一些双面都写着孔子语录的小纸片;在他们的门楣上也都贴有红纸条,上面写着相似的格言。致哀者们在坟前放上一只烤鸡,米饭跟一瓶"中国酒"之后,便头也不回地离开。[2]

---

[1]　黑格尔:《历史哲学》,页 135。

[2]　"Chinese Funerals in California," *The Morning Post*, Mar. 17, 1869.

在场的记者应该不甚熟悉中国文化，以致无从分辨纸钱与门联上的"格言"在内容与功能上其实天差地别。其他原文转载此则新闻的报纸，如《劳埃德周刊》（Lloyd's Weekly）等亦皆未见相关指正。① 可见西洋报章对中国文化一方面不求甚解，另一方面又将"孔子＝礼教"的刻板印象套入其文化观察，以致误认中国人将儒家圣言同时用于献祭与门联，全然未意识到个中差别。

孔子教条的约束力并不仅限于庶民百姓，纵使贵为皇帝也不可违背。1872 年同治皇帝大婚，西方媒体争相报道（图 2）。《早报》在《中国皇帝的婚礼》（"The Marriage of the Emperor of China"）中描述了中国皇帝阶级分明的后宫是如何依照孔子的礼教条规来运作的：

> 　　基于法律——"仪式"也具有法的效力——除了皇后之外，皇帝必须另娶获选为妃的 3 位女性，这是第一层级；第二层级则是 9 名；第三层级是 27 名，另外还有总数 81 名的妾。这些女性都被精确地赋予各自的职责。而皇帝在婚后选择侍寝对象时，也和迎娶她们的时候一样没有太多自由。例如，不论与皇后关系如何，他必须依照孔子所定下、士大夫们所尊崇的古礼，在每次满月——也仅在此时——与其共度。②

清代后宫制度的明确规范肇始于顺治，成熟于康熙。乾隆朝更修《钦定宫中现行则例》，明定后宫阶级、待遇、仪礼，典制大备。《早报》的报道也确实认识到后宫位阶分明的事实。但是认为皇帝连宠幸后妃都没有个人自由无疑是夸大的错误认知。另外清制虽规定每年大年三十、初一、初二皇帝必须与皇后共度，③ 但绝非如报道中所述必须"依古礼"在满月日召幸皇后。

---

① 　"Chinese Funerals in California," *Lloyd's Weekly*, Mar. 21, 1869.
② 　"The Marriage of the Emperor of China," *The Morning Post*, Nov. 7, 1872.
③ 　李寅：《清代后宫》，沈阳：辽宁民族出版社，2008 年，页 31。

在这样的认识基础下，包令爵士（Sir John Bowring, 1782—1872）会感叹孔子所说的每字每句"都是格言、成语、金句"[1] 也是理所应当了。

图2　西方媒体所载同治皇帝大婚图

（图片来源："The Chinese Imperial Marriage at Pekin," The Illustrated London News, Dec. 28, 1872.）

（二）孔子与中国女性

就算不论公侯将相厅堂之上，中国平民百姓的家庭生活，在西方人看来也同样充满束缚与限制。黑格尔更是直接断言中国家庭关系的外表性几乎与奴隶制如出一辙。[2] 这种看法在新闻报道中国的家庭关系时也不断反复出现。例如《早报》便直言：

> 的确，维持家庭秩序是孔子最重要的教训——权威与屈就，就是"中国"社会金字塔的顶端与基盘。[3]

而这个礼教"金字塔"中，女性则是地位最为低下、最不受保障的群体。

---

① "The Fortnightly Review," *The Examiner*, May 16, 1868.
② 黑格尔：《历史哲学》，页128。
③ "Men and Manners in China," *The Morning Post*, Nov. 20, 1855.

许多关于中国虐媳风俗的报导,都描述女性如何不堪其苦,甚至只能一死以求解脱:

> 中国家族中境遇最悲惨的便是嫁入门的媳妇。年轻、健康是选媳的要件。但从出嫁开始,她便被自己的双亲所弃,被丈夫的亲戚作为奴隶使唤。中国人经常三四代同堂的家庭形态更使情况雪上加霜。女方父母则完全无法干涉,至多只能在这个可怜女孩含冤自杀之后替她筹办一场奢侈的葬礼——而这并不少见。对这类悲剧的普遍舆论,可以从一位母亲对自己自杀未遂的女儿所说的话中得到验证:"你怎不在还有机会的时候死一死?"某些案例中,婆婆的虐待更演变为谋杀事件。但即使如此,只要赔钱,凶手便可赎罪出狱。①

1894 年《伦敦每日新闻》刊载《女人在中国》("Woman in China")也同样提到中国女性没有自主权,在生活中限制重重。她们不只被丈夫轻蔑地称作拙荆(dull thorn),缠足的习俗也使她们"不可能打高尔夫,网球或者登山",只能"单调而安静地活着",受婆家虐待致死的情事更时有所闻。②

针对中国女性的悲惨境遇,英国报章再度将问题指向孔子。孔子休妻一事被多次提及,除佐证孔子本身便对女性有歧视态度,更指责他是造成中国女性地位低落的始作俑者。《家庭杂志》在 1832 年写道:

> 中国的文圣,孔子,与妻子离婚时甚至没有说明原因。而他的从众们自然有样学样的对待这些柔弱的女性。付给女方家长的聘金让女人变成可供买卖的商品,并使她的地位与奴隶没有两样。③

---

① "Chinese Characteristics," *The Morning Post*, Aug. 30, 1895.

② "Woman in China," *London Daily News*, Jul. 6, 1894.

③ "Chinese Females," *Family Magazine*, 1832, p. 111.

1869年《东伦敦观察家》(*East London Observer*)刊登了赛顿牧师(Rev. Reuben Seddon)的演讲,其中也提到女性在中国地位低下,不仅普遍存在虐媳杀婴的风俗,孔子身为精神导师竟也同样歧视女性:

> 在野蛮未开的国家,对待女人就跟奴隶一般。一个阿拉伯人爱自己的马胜过妻子;中国女人的立场也好不到哪儿去。她们就是实质上的奴仆杂役。当懒惰的丈夫每天在家宴客赌博,她得背着孩子终日工作。更过分的是中国人还雇请接生婆扼杀女婴,就连他们伟大的立法者孔子也曾在文章里表达对女性的极度蔑视。[1]

常年在中国传教的美国公理会牧师明恩溥(Arthur H. Smith, 1845—1932),于1894年出版了《中国人的性格》(*Chinese Characteristics*)。《早报》长篇引述其内容,并质疑孔子所规范的子以父为尊,妻以夫为尊的家庭关系,称其从根本上阻碍了中国的进步:

> 孔子对婚姻中的相互责任毫不重视。基督教导人从父母身边独立,与妻子长相厮守。孔子却反其道而行,把父母放在首位,要求妻子凡事要以丈夫为先……说来奇怪,孝道本该是种美德,在中国却像是一株毒树,扼杀所有自然生长的机会。"种树乘凉,养儿防老"这句谚语一方面体现敬重先祖,却也把年轻与年老的世代捆绑在一起……阻碍了中国开始真正迈步向前。[2]

《伦敦每日新闻》甚至认为孔子强调敬祖的结果,是使他自身亦被神化,其权威更留荫了后人:

①　"Women," *East London Observer*, Jun. 19, 1869.
②　"Chinese Characteristics," *The Morning Post*, Aug. 30, 1895.

孔子的后人在他极为保守的改革之中得利甚多……孔子注意到死者未受足够重视，因此建立了一套带有庄严仪式的祖先信仰。对逝去先祖的尊敬之情同时为孔子个人增添了神圣与智慧的光彩，他的后人也得以沾光。据称他的族系长久以来一直备受尊重。[①]

从西方个人主义的角度来看，中国以家族为单位整合的社会关系，是对个人与社会的严重束缚。中国的家庭关系中不存在对等互惠，不论在亲子或夫妻之间都只存在单方向的压榨与责任。礼教扼杀了中国人的个体发展与创新能力，连带造成中国两千年来只能原地踏步，无法从静止状态破茧而出。而此"偏差体制"的肇始，老话一句，还是源自于孔老夫子的教示训诲。在此论述框架之下，中国"至圣先师"的存在，竟然成为西方"停滞帝国论"最有力的文化论据之一。

四、至圣先师与停滞帝国

19 世纪西方的报刊中经常会问，为什么中国人拥有火药、罗盘、印刷术这些在人类文明史上的重大发明，结果却是西方取得了工业技术的进步与成功？黑格尔在《历史哲学》中便提到中国的发展在很早的阶段便已经终止，此后便停滞不前，自外于世界历史的潮流：

中国很早久已经进展到了它今日的情状；但是因为它客观的存在和主观运动之间仍然缺少一种对峙，所以无从发生任何变化，一种终古如此的固定的东西代替了一种真正的历史的东西。中国和印度可以说还在世界历史的局外，而只是预期着、等待着若干因素

---

① "Untitled Article," *London Daily News*, Feb. 26, 1877.

的结合, 然后才能够得到活泼生动的进步。客观性和主观自由的那种统一已经全然消弭了两者间的对峙, 因此, 物质便无从取得自己反省, 无从取得主观性。[1]

但需要注意的是, 黑格尔所论述的停滞中国, 专制政体与家庭关系才是两大主因,[2] 他并未直接指责孔子是这些制度问题的始作俑者。但在19世纪的许多西洋报章中, 却论定了孔子与中国的停滞僵化之间存在毋庸置疑的因果关系。既然中国是一个凡事皆以孔子为尊的国家, 当日中国的兴衰荣败他岂能置身事外?

1851年在伦敦举办了世界首次的万国博览会。中国也率团参加, 展出了许多工艺精品。但对这些来自一个"从不改变也不进步"国家的作品, 《早报》的评论是毫不留情的:

你能相信那些纸糊灯笼, 象牙雕刻, 华丽服装与无用的玩具是那个曾经发明印刷术、火药、丝绸与瓷器的国家送来展示其发明天赋的吗? ……当我们的祖先还是赤身裸体的野人, 中国人已经熟知磁石引力, 并掌握了将铁磁化的方法。一个拥有如此实用且重要发明的民族, 在科学上居然毫无长进, 不论数学、天文学、地理学都还得就教于西方的传教士, 简直是咄咄怪事。

不过讲到这些精工细活, 还是要承认他们确实相当具有天赋。但这更像是鸟类筑巢、蜜蜂筑窝, 不能算是人类真正的理性进步。从这些孔子门徒的身上, 原创力似乎早已消失殆尽。[3]

---

① 黑格尔:《历史哲学》, 页117。
② 同上书, 页117、121—122。
③ "Untitled Article," *The Morning Post*, May 27, 1851.

1853 年同样论调的文章又再次出现,认为中国虽然在人类历史上首先造出火药罗盘,但却没有更进一步开展科学:

> 几乎所有被认为是源于欧洲的重要发明,中国人都早在西方人还没想到之前就发明出来了。他们创造了用于印刷的活字,火药、罗盘、算数……天启并没有降临在他们身上。但受惠于这种独立性,孔子也得以尽其所能建立一个国家的理性宗教。这是他们的宿命,创造这些东西。但也仅止于此。他们无法使其完善以发挥更大功效。就算所有伟大的想法在中国萌芽都早于西方,它们也都发育不良、无法成长茁壮。[①]

额尔金伯爵(Earl of Elgin, 1811—1863)于 1861 年在英国皇家学会的晚宴上关于中国发表了评论。他也提到虽然中国人曾经发明火药、罗盘、活字,但是他们无法有效利用这些发明:

> 在中国人手中,火药只能被制造成无害的爆竹烟花,航海罗盘只装载在沿岸的戎克船上,印刷的技术也只被用以印刷活字版的孔子教义。而那些最为讽刺恶心的成品就是中国概念中美善的产物。总之,我绝不相信在这堆杂碎与垃圾之下藏有一丁点儿,能在我们国人的智慧辅助下成为燎原大火的神圣火花。[②]

那么究竟是什么原因造成中国当时远落后西方国家的呢? 西方人再度将矛头指向中国历史上最重要的哲人导师——孔子。中华帝国两千年来的停滞恐怕老夫子是难辞其咎。因为在中国,"人们可能会欺骗、说谎,但也

---

① "Untitled Article," *The Morning Post*, Sep. 5, 1853.

② "Banquet at the Royal Academy," *The Morning Chronicle*, May 6, 1861.

从不会忘记打躬作揖、恭维奉承，并且仔细地执行所有那些孔子曾教导过的仪式"。①

1870 年里昂·布雷费尔博士（Dr. Lyon Playfair, 1818—1898）在伯明翰和米德兰学院（Birmingham and Midland Institute）演说《科学与劳动的密切关系》。其力陈在上位者绝不能与劳工大众脱节，忽视他们在生活中所积累的知识经验，否则科学、哲学都将无法进步，而中国就是最糟糕的榜样：

> 在中国，读书人都在追求各种理论，因此这种问题益发深刻。在那里，唯一的权力来源就是知识。因此中国成功地在一个比欧洲要小，且气候条件差不多的土地上生养了全世界三分之一的人口。从这个角度来说，中国的文官组织（intellectual organisation）确实成功协助这个国家长久存续，但同时也让她渐失活力。中国的农业能够取得惊人的进展，但工业却一直衰落，其原因就在于如同欧洲长久以来崇尚柏拉图与亚里士多德的哲学一样，中国人也服膺孔孟学说，并将他们的作品作为国家考试的内容。就这样，中国将自己困锁在过去，听任外界时光流逝。②

布雷费尔认为文官制度即使成功地长久维持了中国的政局与社会稳定，但是对于工业发展毫无帮助。其原因便是孔孟之学被奉为圭臬，使中国的老百姓与上层脱节，致使中国政府无法汲取普罗大众的知识经验，造成除了农业之外，各项发展都停滞不前。

《伦敦每日新闻》也对中国的保守僵化做出如下批评：

> 从他们女人的小脚到政府的形式——从他们的传统艺术到宗

---

① "The Condition of Italy," *London Daily News*, May 21, 1857.
② "Birmingham and Midland Institute," *The Morning Post*, Sep. 30, 1870.

教，没有什么是合理相称的，也没有什么得以自由成长。在这个时代，天底下没有哪个国家比中国更缺乏科学常识，以及对自由的渴望。

任何事业能够在中国发展之前，注入新观念——像输入新血——摧毁他们如化石般的保守主义是绝对必要的。那些愚蠢的习俗与惯例也需要一场由外国人与本国人共同参与的革命来打破。①

而对于中国人停滞不前的原因，《伦敦每日新闻》亦把问题指向中国以经典圣人为尊的知识结构：

于是我们要问，为什么在这样一个看似成功的系统里，情况却发展得如此之糟……这个重大的失败——对这些号称富有而睿智的官僚们简直是种羞辱——肇因于对于知识本质的错误理解（特别在过往的年代里）。在文明发展的很长一段时间里，文学的重要性被过度夸大了。中国很早便达到这个阶段，一如我们所熟知的，此后便停滞不前。就算世界上已有一些卓越识见，说明书本只是其中一种获取知识的手段，但他们令人绝望的一概选择忽略……当经典与圣人既是他们的智慧来源也代表了智慧本身，中国人自然不可能对此提出质疑。但只要我们仔细阅读他们的教条，关注他们的学问内涵，就会发现里面根本没有可以算是知识的东西。我们否认圣人治国的理念曾经在中国被真正落实。天朝帝国的圣人贤者从来没有跨过形而上的阶段（他们在神话时代、社会创始之初可能曾经是预言家），而且他们所有的信条都在梦想着一个远远超越他们的时代。②

---

① "China," *London Daily News*, Mar. 3, 1855.
② "China," *London Daily News*, Mar. 3, 1855.

中国的文化与知识都被文官系统把持的结果，就是停滞。不论是否为后见之明，中国的发展被归结为文化与政治的缺陷所造成的结果。而这个破绽百出的系统正是源自于以孔子为首的儒教经典。其结果不只造成中国科技落后，还让中国人拒斥新科技、新事物，造成中国整体的国力衰弱。《早报》引述著名锡安主义运动家马克思·诺道（Max Nordau, 1849—1923）于1896年所出版的《悖论》（Paradoxes）的片段，认为每个时代最杰出的人物将会影响那个民族的总体特质，因此"孔子训练出一整个国家的儒夫，而拿破仑则训练出一整群的士兵与征服者"。① 1887年《早报》描述中国官员对铁路建设的矛盾心态时，又讽刺地提到"只因为孔子从未提及铁道与蒸气引擎，便足以激起他们对这些眩目的夷人机具的厌恶"。② 1896年英国作家、军事评论家麦奎尔（Dr. T. Miller Maguire, 1849—1920）于艾伯特亲王图书馆（Prince Consort's Library）针对英国的远东战略发表演说，他语带双关地讥刺中国人由于独尊孔子致使国力难振：

> 是武器，而非金钱或文字，决定一个国家的命运。中国人埋头于学习孔子的教条（maxims of Confucius），却没想到要买马克西姆机枪（Maxim guns）。③

1895年《早报》刊登《中国人的特质》（"Chinese Characteristics"）一文，提到中国人之所以不接受西方器械，是因为对他们而言这些科学技术如同魔术戏法，而孔子正是最反对讨论鬼神之说的：

> 他们承认西方人更加熟悉机械科学的奇技淫巧，但大多数时候

---

① "Book of the Day," *The Morning Post*, May 14, 1896.
② "Railway Enterprise in China," *The Morning Post*, Dec. 27, 1887.
③ "Strategical Questions in the Far East," *The Morning Post*, Feb. 5, 1896.

就跟我们观赏魔术的感受一般，会感到好奇、难以解释，但也觉得没
什么大用。我们的技术在他们看来是某种超自然力量。别忘了孔
子最不喜欢谈论的正是这些魔术。[①]

虽然子不语怪力乱神，但要从孔子对鬼神的态度推论中国人对近代科
学的排斥倾向，自是极为牵强。但孔子在中国的崇高地位与文化影响使其
不可能被排除在19世纪的中国相关论述之外。

从上面的报道倾向可以发现，孔子"反科学"的形象并非源于对儒家教
典的理性分析，反而更倾向于一种非理性的、轻率的刻板印象。在西方媒体
无限"上纲"的想象之中，孔子从一位历史人物，被扁平化、神格化为笼罩中
国的千年黑幕。至此，中国拒斥西学、迷信愚昧的行为都有了完美合理的解
释。纵使孔子著作的英译提供部分西方人士理解孔子的机会，但孔子作为
代表中国的文化符号不断被片面重制、挪用，映射出的便是19世纪西方语
境下一个千年停滞、野蛮古旧的中国形象。

五、中国的教育、科举与孔子

西方人对中国的教育及科举的评价，也基本延续前述的中国停滞论述
框架，认为中国的旧式教育造成两千年来中国思想的禁锢枷锁。他们观察
到，通过教育与科举，孔子的教条同时深植于民间与政府，使中国得以长期
维系政体稳定，形成专属于孔夫子的思想专制帝国。《早报》引述怀特（Mr.
White）的游记《从亚洲到欧洲之旅》（"A Jourey from Asia to Europe"），批
评中国的知识分子目空一切，仅以孔子为尊：

---

① "Chinese Characteristics," *The Morning Post*, Aug. 30, 1895.

图 3　《教师讲授孔子教义》

（图片来源："Chinese Life and Character," *The Graphic*, Mar. 26, 1871.）

中国的学者……是这个国家最为冷漠疯狂的部分，大学根本是耻辱；谈论中国文学独厚孔子的著作当真可笑至极。①

1871 年知名图像新闻《图形》（*The Graphic*）登载《中国人的生活与性格》一文。附有一张中国教师的画像（图 3）。但从《图形》对这位教师的形象描绘来看，与其说他是睿智长者，反倒更像是个粗鄙学究：

第一张图片呈现的是一位中国教师正在讲授孔子。他要求学生们多读历史以为己戒，却不鼓励他们阅读小说。他的主要特征是长指甲，脏手跟一副大眼镜。②

1873 年《伦敦每日新闻》刊登的《中国的文学与教育》（"Literature & Education in China"）一文则对中国教育情况有较细致的观察。作者发现中

---

① "Narratives of Travel," *The Morning Post*, Sep. 6, 1871.

② "Chinese Life and Character," *The Graphic*, Mar. 26, 1871.

国尚文之风颇盛，各店铺的招牌都以汉字写就，且一般人也似乎都能辨识无碍，言下颇为称许。然而一旦谈到教育的实际内容，作者便笔锋一转，批评中国教育着重在背诵圣人著作，"就像是要求我们的幼童也能背诵柏拉图一般"，无异于填鸭教育；且学童从懵懂到能够完整掌握文章内容需要花上十数年的时间，而这番苦学勤读的最终目的，便是参加科举求取功名。① 作者认为这个持续千年的系统使人变得极端无知保守，以致知识分子不仅死守着千年前孔子的精神遗骸，还对一切外来的新事物都要加以拒斥：

> 在中国所谓读书人，也就是受教阶层，是仇外者，是电报、铁路与任何新事物的反对者。他们的典籍可以追溯回孔子的时代，所有历史与知识所必需的理性思维都在那个时代就停止进步了。中国佬死啃着这些枯骨，一旦有其他的狗靠近便要露齿咆哮。教育的内容被限缩的如此狭隘，他们的心智也被压缩得像是女人的小脚。中国女孩的脚在幼年期便停止发育，而读书人的心智成长也早在孔子的时代就已经结束。②

这篇报道于文末总结，认为中国这个古老的东方国家能够维持如此稳定长久，确有值得借鉴之处。作者并且观察到中国女性也有受教的机会，甚至可以教书谋生，认为中国这点要比其他东方国家进步。但对于中国人将孔子奉为"跨时代的导师"，作者仍持保留态度，认为这利害参半。③

1893年《伦敦旗帜晚报》(*London Standard*)刊登《中国科举》("Chinese Examinations")一文，介绍中国科举盛况。18 000 名江苏与安徽的考生齐聚南京，最后只有 155 人被录取，竞争激烈。针对 3 道出自《论语》、《中庸》与《孟子》的考题，报道不仅将其翻译录出，更予以严厉批判：

---

① "Literature & Education in China," *London Daily News*, Feb. 22, 1873.
② Ibid.
③ Ibid.

这三道题目只容许极尽官腔的空洞的阿谀之词；只是对谎言与伪善的迎合，也是对国家自尊的无谓奉承 —— 不禁让人想到在扇子与挂轴上也常看到同样的溢美诡媚。题目不允许展现批判力、判断力跟常识，竟还要将答题者塑造成一个极尽空泛瞎扯之徒。将那些古人与"天"相比，歌颂他们的才干与道德，将使这些考生无法成为真正的文化人，更不可能诞生任何政治—道德的改革者。[1]

关于中国试场要求的八股官样文章，早在 1853 年便可见类似批评。《纪事晨报》（Morning Chronicle）提到中国人虽然重视教育，却不关注技术实用，反将全副精力灌注在对国计民生毫无用处的各种孔子研究上，阻挠了社会阶层的流动与进步。

我们知道在中国，能书会文是最受重视的事。也因此中国的教育普及程度可能比其他国家都高。但这不代表中国文学具有很高的水平。其中既没有对科学的追寻，也对周遭大自然的精微之妙不感兴趣。更从不试图开展心灵或增进社会便利。事实上，在中国存续的这两千年间，不但知识，精技，幸福的程度没有增进一丁点，反而都专注在拆解孔子神秘的思想网络，修习他伦理中最微不足道的影响与倾向，比对远古帝王的世袭家系，考究他曾经的天朝居所。这些绝非经世实用的学问。但精通此道的中国绅士占据了这个社会的高层。每个想跻身庙堂，进封爵位的人都得从这个"天朝牛津"（Celestial Oxford）毕业才行。[2]

从上可知，西方舆论对于中国人处处以孔子为圭臬，且通过教育以及科

---

① "Chinese Examinations," *London Standard*, Dec. 26, 1893.
② "The Insurrection in China," *The Morning Chronicle*, Aug. 17, 1853.

举的方式推广其影响力的做法相当不以为然，认为这样是对中国社会发展的限制阻碍。但是这类讨论与其说是对于中国文化或是孔子思想本质的探讨，不如说是一种后见之明，更多的还是以此为施力点，赋予"中国停滞论"一个明晰可见、简易明了的文化因素论据，也就是孔子在中国的文化霸权。

六、儒教与基督教

西洋报纸批判孔子在中国的影响之余，也将儒教与基督教两者互做比较，以证明基督教的优越性。《早报》便如此批评：

> 孔子明显地是个无神论者。他的教条只是一种唯物主义，他的原则与真理相矛盾。他的信徒们的所作所为也为基督教义所不容。[1]

该报又另刊登了一则由斯托威尔神父（Rev. Canon Stowell, 1799—1865）所转述，"听自一位中国裁缝"的对话：

> 某人掉进洞里无法脱身。孔子经过，从洞口对那人说："可怜人，我真心为你感到难过。怎会傻到掉进洞里去呢？给你个建议，假如能出来，下次小心别再掉进去了。"又有一位僧人经过，他说："可怜人，你的苦楚我感同身受。假如你能攀上三分之二处，我便拉你出来。"最后一位圣徒经过听见呼救，攀住边缘探身入洞将其救出，并对此人说："走吧，以后别再犯错了。"[2]

相对于愿意舍身入洞的圣徒，只在洞口指责对方的孔子与要求对方自

① "Christianity in China," *The Morning Post*, May 8, 1857.
② "Christianity in China," *The* Morning Post, Oct. 6, 1859.

救的佛僧，自然是略逊一筹。《伦敦旗帜晚报》批评孔子信徒们刻意模仿孔子言行，以之为行事准则似乎流于肤浅，基督教则更为春风化雨：

> 据说在中国，孔夫子的衣着相貌、一言一行都被信徒奉为圭臬直到今天。基督教徒则不会这样。相对来说，基督所立下的典范存在于精神里、每次呼吸的空气里、在他为我们所设定的理想愿景里……①

在中国以儒教为优位的思想环境里，上位官员对于基督教的蔑视也引发反感。他们被批评为自大无知，除了孔子什么也不认识：

> 看来中国的官员对于膜拜棍棒与石头嗤之以鼻，并且认为斋戒与节食的目的只是为了榨取钱财。对中国的士大夫来说所谓的"经典"就是孔子所留下来的经书……我们意识到这些满脸自大，剃头又结着长辫的大人们认为所有感动人心，激发智性的宗教都对国家有害；而对于基督教、天主教或清教派，比对培根或牛顿还一问三不知。②

在这样的环境下，其他宗教在中国要存活是相当不容易。《早报》批评中国的宗教可以说是被盛行的孔教所消灭了，只剩下无用书生的几上空谈：

> 虽然中国还有佛教，但是连这点宗教的小火花也即将熄灭。高位者信奉僵死的唯物主义，对于其他信仰嗤之以鼻；所遵行的孔子教义也只是一些单纯的道德信条，不仅有害其根本，长久以来更被那些在中国文学中无益的占有重要地位的哲学家、评论家们所堕落腐化。③

---

① "Easter Service," *London Standard*, Apr. 18, 1881.
② "Roman Catholic Priests in China," *The Examiner*, Jun. 21, 1851.
③ "Christianity in China," *The Morning Post*, May 14, 1857.

　　除了批评儒家的基本教义，中国人对于基督教与传教士的排斥与反抗是另一个报道焦点。对层出不穷的"教案"与迫害，关于中国人残酷野蛮的印象也被大肆报道。1856年，广西爆发"西林教案"，法国传教士马赖（R. P. Chapelaine, 1814—1856）私入广西传教，被知县张鸣凤逮捕，严刑之后枭首示众。1858年2月27日，法国图像新闻《世界画报》（Le Monde Illustré）报道马赖神父遭受掌嘴、笞杖、站笼等酷刑仍面不改色，最后受斩殉身。文中还刊登了两幅残忍的受刑图像，显示中国人的凶残野蛮。（图4、图5）

图4　《在中国的传教士马赖神父在广西省所遭受的刑罚》
（图片来源："Tortures subies par le R. P. Chapedelaine, missionnaire en Chine, martyrisé dans la province de Quang-si," *Le Monde Illustré*, 1858.2.27）

图5　《中国酷刑》
（图片来源："Supplice Chinois," *Le Monde Illustré*, 1858.2.27）

对于中国层出不穷的"教案"事件，西方报纸再度指称孔子的儒教是这些迫害的根源因素。据《伦敦每日新闻》报道，1892 年在湖南发生了对中国基督徒的迫害，每个宗族都被要求要举报不敬拜"至圣先师孔子"（the most holy ancient teacher Confucius）的人；一旦信徒身份暴露，便被押进祠堂，施加各种压力被迫"走回正道"；在汉口有名中国信徒则是在被拷打之后逐出宗族，但即使如此他也没有放弃基督信仰。[①]

1897 年 11 月 1 日山东省发生曹州"教案"，两名德国传教士能方济（Father Franciscus Nies, 1859—1897）和韩理加略（Father Richard Henle, 1865—1897）遇害。事件发生 11 天后，《早报》以《在华传教士谋杀案》为题简单报道了事件始末，强调两名传教士只是为了与当地工人共庆诸圣节（All Saints' Day），却惨死于暴民对于外国人的宗教仇恨之下。文末说明山东省是所谓"'孔子的摇篮'，也因此狂热主义倾向比其他地方更加严重。"[②]

曾任镇江领事，著有《历代地理沿革图》的奥根汉姆（E. L. Oxenham, 1843—1897）谈到 1885 年在镇江的外国传教状况，也认为在中国传教困难重重：

> 中国人一点也不感谢这些传教团体的付出。中国人，这些孔子信徒自满于所创立的道德体系，觉得被外国人说教训诫简直是奇耻大辱。他们觉得自己有更多可以教导我们的东西。在道德教训与难解的唯物思索上，他们有伟大而著名的导师们，从我们这他们只想得到机械与科学。与其投资中国传教事业，可能还不如把经费花在伦敦或非洲。[③]

---

① "This Morning News," *London Daily News*, Aug. 3, 1892.
② "The Murder of Missionaries in China," *The Morning Post*, Nov. 12, 1897.
③ "Missionary Enterprise in China," *The Morning Post*, Aug. 28, 1885.

七、"孔子门徒"论孔子：中方回应

虽然为数不多，在西洋报纸中，也刊登有中国人评论孔子的言论。作为前述西方主流舆论的参照，本文在最后略花篇幅介绍这些属于中方的回应。笔者所搜集到的四份报道分别来自于"一位匿名的中国读者"、曾在西方巡回演出的"中国巨人"詹五九（1841—1893）、蒲安臣使节团中某位不具名的中国官员，以及曾于 1896 年周游欧洲各国的李鸿章。四位不同身份的中国人分别于不同时间、不同目的往赴外洋，其被西洋报纸所转载的言论中都提到了孔子，且无独有偶地，他们都或明或暗地尝试借孔子之言向外国人陈述何谓"中国"。在这里孔子再次成为论述中国的基础语言。只是这次陈述夫子之名的，是这些来自天朝上国的"孔子门徒"，且这些言论相当程度呈现出与前述西方观点相异的孔子形象。

（一）一个匿名的中国读者

鸦片战争后中国的劳动力市场向海外开放，华工自东南沿海远赴澳洲、美洲，但由于利益冲突经常引发当地劳工反弹，各地政府也对中国劳工进行各项管制。1859 年为数份报纸所转载[①]的一封中国读者的投书，便提到在澳洲政府对中国移民的课税问题：

> 执政官在我们上岸时就要求缴交一笔税款。登岸之后，又有其他款项被强加在我们身上。证件税，保护税，还有居住票……我曾询问过一些有知识的人为什么只对中国人，而非其他国家的人征税。得到的回答是中国是世界上人口最多的国家，假如允许中国人自由

[①] 这篇投书原刊于澳洲报纸《亚历山大山邮报》（*The Mount Alexander Mail*），之后数份英国报纸，如《伦敦每日新闻》于 8 月 18 日、《劳埃德周刊》于 9 月 11 日皆转载此文。

入境，他们会建立起一个中华帝国，并把金矿都据为己有；还有些人说我们从不携家带眷，就是为了一赚到钱便要离开，回国享乐。①

19世纪盛行的"黄祸论"对于中国人繁殖力有极大恐惧。中国人的数量优势也是"排华论"最有力的论点之一。为澄清对中国移民的疑虑，投书者试图从文化角度提出说明，而最有力的佐证即是孔子之言：

> "可是其他欧洲人也都在发迹以后就回国"，我回道，"假如我们带上妻子也只会增加这里的中国人口，让你方才提到的问题更加严重。我们最伟大的智者与哲学家，孔子曾说过：'儿子必须孝顺父母，弟弟要敬爱哥哥，而臣子要忠于他的君王。'假如我们不回到饱受相思之苦的父母身边，甚至不让妻子在家照料他们，又怎么算遵守了这些规则与箴言呢？"②

这名中国人试图以孔子之言解释中国移民的行为是来自于中国传统的孝道，是对家庭的忠实承诺，而非仅为贪图个人享乐。这个例子之中，孔子再度成为中国文化的代言人，但所呈现的不再是先前西方人所指责的思想暴君，而是充满人道人情的孔子。

（二）中国巨人詹五九

另一例是曾在西方多年巡回表演，尔后移居海外的"中国巨人"（Chinese Giant）詹五九。1865年詹五九（Chang-Woo-Gow）与妻子金福（King-Foo）及一名张姓侏儒首次在位于伦敦皮卡迪利大街（Piccadilly）上的展示馆埃及厅（Egyptian Hall）亮相，会场上还出售其自传。《伦敦新闻画

---

① "The Chinese in Australia," *London Daily News*, Sep. 8, 1896.
② Ibid.

报》(*The Illustrated London News*)称他身高有 7 呎 8 吋(约 233 公分),身型瘦削,相貌温和,平易近人。① 詹五九的欧洲巡回引起很大回响,新闻争相报道这位"中国巨人"。在宴会上也有人以叠罗汉的方式模仿这位中国巨人以取乐,可见当时詹五九的高度话题性。② 1866 年 2 月,在艾克斯特堂酒店(Exeter Hall Hotel),国王学院的中文教授萨摩斯牧师(Rev. J. Summers, 1813—1884)赠予詹五九一本中文《圣经》。詹五九也对此发表了感谢演说。其中提到《圣经》与孔子的关系:

> 各位先生,我诚心感谢你们所赠送的,讲述耶稣真义的书籍。其中许多片段我已经借由翻译得知,并且惊讶于这些内容与我国的伟大导师孔子的教诲如此相似——而他亦受过同样的伟大意志,唯一真神的启发。我相信基督在所有的圣人之中给了我们人类最大的恩泽,即使仍有许多伟大的著作是出自中土的导师们,但没有谁比祂更清楚的指明通往天堂的道路……我会仔细研读这些书籍,并相信其中的教诲能像太阳的光与热一般,照射进我智识里的阴暗角落……③

这段文字相当柔软地处理了东西宗教的歧异问题。首先陈述孔子与基督其实教义相似,在赞赏基督教的同时也未否认东方的智者,且表示自己会虚心领受上帝话语。不论这段回应是否完全为詹五九本人的原意,作为一个公众表演人物,以上的文章在服务西方观众的意义上可算是"政治正确"。虽然所谓孔子也受过真神天启云云不全为事实,但撰稿人试图调解东西文化歧异的努力,即便孔老夫子在世也未必深责吧?

---

① "The Chinese Giant," *The Illustrated London News*, Sep. 30, 1865.
② "The Oxford," *The Era*, Oct. 8, 1865.
③ "Presentation of Bibles to Chang Woo Gow and Party," *The Morning Post*, Feb. 22, 1866.

（三）未具名的中国官员

向来对于中国不甚友善的《早报》在报导蒲安臣使节团到访法国时，提到一位未具名的中国官员对西方人所作所为的强烈不满，并称要以其之道还施彼身：

> 你们教导，或者该说强加你们的文明给我们，以及所谓商业上的重要原则——互惠。现在我们唯一为你们所做的就是提供茶叶。你们倒为我们做了很多，例如说提供鸦片以协助减少我们过多的人口，让士兵从北京拿走一些皇帝的财宝以妆点枫丹白露与温莎城堡。先前我们并不知道这些行为是为基督教国家及其法律所许可的。你们派传教士来到我们之中，试图证明儒家与佛教，儒与佛，都不是来自天堂的真信仰，当我们无知的群众把他们当作骗子赶出天朝帝国，你们便派战舰来保护这些圣者。现在注意了，我们也要开始所谓的"互惠"！我们有会烧灼胃部的米酒，持续饮用会像鸦片一样使人昏愚，丢失性命。我们会拓展与西方的贸易关系，无疑的，自由贸易免除关税将会加速我们良性的进步改革。最重要的，是我们想要向英国与法国——向全欧洲——送出传教士……我们发现欧洲人正期待有新的宗教出现。孔子的《四书》《五经》将随中国的船舰渡海，成就宗教使命与商业互惠。[1]

这名中国官员威胁中国能以文化与物产反输入西方，更声明要派出孔教传教士，用四书五经像给西方人一场思想洗礼。这篇报道西方人读后应该只会哑然失笑吧。这段叙述或许只是狂妄的春秋大梦，但也是少见的将孔子与儒教以主动地位陈述的文字。对照百余年后的今天，这场中国梦是

---

[1]　"France," *The Morning Post*, Feb. 22, 1869.

成真还是未醒，可能还有待时间的验证。

（四）李鸿章

另一位在新闻报纸上曾对孔子相关言论发声的具名人物是李鸿章。1896 年李鸿章周游欧美各国，报章上对于这位中国权臣的到访皆予以热烈报道。《伦敦每日新闻》赞他是个"了不起的人物"（Wonderful Man），[①]《劳埃德氏伦敦新闻周刊》（*Lloyd's Weekly Newspaper*）也称他为"世界上最值得关注的人物之一"，并以长文介绍其生平事迹，文末还引述福斯特（Hon. John Foster）对李鸿章的评价：

> 作为一个政治家，他必须斡旋于保守而偏狭的支持者及对外国无知又偏激的同僚之间。从他所受过的教育、经历以及环境来看，他可称为是亚洲政治家第一人，也是世界上最特出的公众人物之一。[②]

但提到他所受的中式传统教育时仍有许多批评：

> 中国的课程是在两千年以前订下的标准，因此极度保守，一成不变。它基于中国的经典，内容包括孔子的教诲与哲学、治国理论、中国诗词与历史等大约 7000 本书。与西方的教育大相径庭，其中没有科学或通史，也没有数学。而对于地理也只有最粗略的概念。因此对中国人来说李鸿章是个大学者，但从我们看来，就是公立小学的孩子也比他通晓必备的常识。[③]

但总体而言西方媒体对于李鸿章的到访都表示期待与欢迎。1896 年

---

① "Li at Barrow," *London Daily News*, Aug. 18, 1896.
② "Li Hung Chang," *Lloyd's Weekly Newspaper*, Aug. 9, 1896.
③ Ibid.

8 月李鸿章到访英国西北的著名造船港巴罗（Barrow）。18 日《早报》、《伦敦旗帜晚报》都刊登了李鸿章于市政厅通过翻译所发表的演说，其中孔子被与英国的文人与科学家相提并论：

> 中国是一个哲学与文学之国。虽然英国人是这个世界上最实际的民族，在文学与哲学的领域也孕育出许多伟人，例如培根、莎士比亚、斯宾塞、达尔文、赫胥黎等。而他们的努力所得出的答案，与中国的孔子、老子的主张并无不同。他们发现的原理法则归结自最务实的实验科学，然而具体事物与抽象概念应当同等重要。总督认为这些工业技术的终极目标，就是和平。俗话说，对战争的万全准备正是对和平的最佳保障。在中国我们求取最抽象的东西，但即使有最杰出的学生与学者，我们仍需要借镜英国的实用科学，像是造船、采矿等等。（欢呼）希望这次到访大不列颠，能加固两国间既存的友好关系，并启发我的同胞们不只关注抽象的主题，也要讲究务实的应用。①

李鸿章将中国与英国的本质各自归结为重视哲学与实用。在这论述之中，孔子再度作为中国哲学的代表被提出，与世界上的著名哲人比肩而立。重视抽象概念的中国虽然会向重视实用的大不列颠民族学习实用技术，但这是价值差异而非优劣高下。

由于文中没有仔细说明中国哲人孔子、老子的主张与英国的哲人与科学家相同的意义为何，《伦敦每日新闻》在简要整理了李鸿章的演说后不无几分讽刺地总结道：

---

① "Li Hung Chang in the North," *The Morning Post*, Aug. 18, 1896.

他将中国与英国各自对比为重视理论与实用之国,并暗示孔子已经预示了斯宾塞(Herbert Spencer)所得出的结论。[①]

八、结论:"中国"与"孔子"的形象交互建构

翻阅 19 世纪西洋报纸,孔子虽然经常被提及,对于其人及思想却少有深究。除了语录引用与偶有的正面评价外,大多都旨在批评孔子是中国僵化落后的恶根病灶、西化图强的思想包袱。纵有如理雅各等知识分子对孔子提出较深刻的评论理解,"野蛮中国"与"迂贤腐儒"的刻板印象依然通过报刊反复在社会上广泛流传,仿佛一切难解的"中国之谜"总能在孔老夫子留下的只言片语中寻得千年预示,映证眼前的破落倾颓。在西方人的想象里,两千年来儒教君临中国思想界,以礼法限制家族,以科举维系王权,建立起千年不易的僵化帝国;孔子作为教祖端坐庙堂,尽享世间吹捧崇拜,中国人在保守思想钳制下浑浑噩噩,凡事唯孔老夫子是瞻,拒斥科学、不思进取。也难怪《彭奇》会为中国百姓激动不平,派强兵巨炮要震醒中国人的千秋大梦。

这些对孔子的讥评笑骂,反映的正是西方社会中以"野蛮、停滞"作为主轴建构中国意象的话语体系。报刊上对孔子反复批驳申说,与其说针对孔子其人,不如说是在为"停滞论"寻求文化及历史上的佐证。通过媒体传播,孔子被化约为特定的文化符号,成为西方人所谓禁锢了世界上三分之一人类灵魂的思想暴君,代表封建中国所有反近代,反科学的核心价值。上述孔子与中国文化间的因果关系一旦被确立,不仅孔子的形象只能在"野蛮中国"的框架中被圈禁形塑,所有西方人所不理解的中国文化内涵都可被简单划归为孔子的千年遗毒,丧失了陈述文化主体的正当性。

[①]　"Li at Barrow," *London Daily News*, Aug. 18, 1896.

不过，本文的目的并非在于指责西洋报纸对孔子与中国的偏颇报道是一种"错误"。偏见与误解本是对异文化理解过程中，不可避免——有时甚或是必须——的一种文化策略。接触异文化时所产生的困惑、恐惧、憎恨等情绪面的副产物便是通过刻意、无意的偏见、误解体现在个人的生活之中。只是在媒体时代，这些原本属于个人的文化经验，会在报纸、书籍的传播下快速流通于广大的阅听族群之间，形成集体印象与共同体验。假若如安德森所述，群体内部的文化连带感有部分是来自于共同的阅读经验，那么对异文化的集体印象——或说"文化观"——也极有可能诞生于类似的文化机制之中。以上对西方报纸对孔子形象的论述分析，除了揭露"孔子形象"如何成为19世纪西方建构中国形象的论述工具，其中所反映出西方对东亚世界的文化策略，也是值得持续深入讨论的问题。

孔子第七十五代直系孙孔健在2012年出版的《孔子全集》的前言中对孔子有如下描述：

> 从明朝万历年间开始，西方传教士纷纷来华，孔子及其思想也随之越过重洋，传入西方，并在西方产生广泛的影响。德、英、法等国的一些学者和思想家，如莱布尼兹、沃尔夫、伏尔泰、歌德、拜伦等都曾赞誉过孔子的思想和学说。"孔子是东方的太阳，《论语》是亚洲的圣经"，进入21世纪，而随着现代中国的崛起，亚洲经济的发展，孔子思想备受西方国家所推崇，在全球范围内产生着更大的影响，被全世界誉为中国的文化巨人。[①]

上述文字极言力陈孔子过去对西方的深远影响，并对近代孔子学说的

---

① 孔健：《孔子全集》，北京：东方出版社，2012年，前言。

全球传播给予相当正面的评价。回顾历史，曾几何时"孔子门徒"们已然成功夺回了诠释"孔子"的话语权。不过，纵使在表象与目的上东西方的诠释南辕北辙，"孔子"似乎依然是一个核心的、有效的中国文化符号，并持续被挪用于建构特定的中国意象。昨非今是，其中关窍值得玩味。

人名索引

名词索引

图书在版编目（CIP）数据

东亚视域中孔子的形象与思想 / 黄俊杰主编 .
北京 : 商务印书馆 , 2025. --（东西哲学与文明互鉴文
库）. -- ISBN 978-7-100-24588-3

Ⅰ. B222.25

中国国家版本馆 CIP 数据核字第 202448XR25 号

东西哲学与文明互鉴文库

东亚视域中孔子的形象与思想

黄俊杰　主编

商 务 印 书 馆 出 版
（北京王府井大街 36 号　邮政编码 100710）
商 务 印 书 馆 发 行
北京虎彩文化传播有限公司印刷
ISBN　978-7-100-24588-3

2025 年 2 月第 1 版　　　　开本 710×1000　1/16
2025 年 2 月北京第 1 次印刷　印张 22¼

定价：118.00 元